CONSTANTIN MELNIK
PRÉSENTE

LE SOUS-OFF

DU MEME AUTEUR

BÉRETS-VERTS EN ALGÉRIE (éd. Rossel).
LES HARKIS (éd. B.M.).
LE BAROUDEUR (éd. Grasset et Livre de Poche).
FUSILIERS MARINS ET COMMANDOS (éd. Copernic).
LES FUSILIERS MARINS DE LA FRANCE LIBRE (éd. Grasset).
LA PÊCHE A PIED (éd. Pen-Duick).
LE GUERRIER (éd. Grasset).
LE Ier RÉGIMENT DE CHASSEURS PARACHUTISTES, t.1, 2 et 3, (éd. Lavauzelle).
LE PARA (éd. Grasset). Prix Maréchal Foch, 1983.
LE COMMANDO (éd. Grasset).
ADIEU SERGENT (éd. Grasset).
MOURIR À LANG SON (éd. Grasset).
DJEBELS EN FEU (éd. Grasset).

GEORGES FLEURY

LE SOUS-OFF

BERNARD GRASSET

PARIS

1. VOUS N'AUREZ PAS L'ALSACE ET LA LORRAINE...

Un sous-officier en uniforme de serge kaki aux plis bien marqués au fer traverse d'un pas souple la cour de la caserne Niel, à Verdun. Il n'est pas très grand, un mètre soixante-dix peut-être. Il ne semble rien voir des tristes alignements du quartier résonnant des ordres d'instructeurs en treillis plus ou moins bien ajustés qui malmènent en gueulant des sections de conscrits fraîchement appelés au Centre d'instruction régional n° 1. Sa démarche féline trahit le baroudeur. Deux sergents sortant du bloc administratif de la caserne se dirigent vers lui et saluent ses barrettes d'adjudant-chef. C'est à peine s'il répond à cette marque de déférence d'un geste machinal qui amène sa main droite à la hauteur de la visière noire du képi tout neuf coiffant sa tête aux tempes nettes. L'un des sergents se retourne en heurtant son compagnon du coude.

— T'as vu le placard, lance-t-il à ce dernier en traçant un trait imaginaire de son pouce droit sur le côté gauche de son blouson vierge de décorations, il en a au moins quinze ! Qui c'est ?

Le second sergent ne se retourne pas. Il connaît le sous-officier aux cinq rangées de décorations et à la fourragère de la croix de guerre des théâtres d'opérations extérieures à titre personnel qui rehausse l'épaule gauche de sa tenue.

— C'est l'adjudant-chef Péréra, apprend-il à son égal en grade, il râle tout le temps pour foutre le camp en Algérie...

Insensible à l'intérêt qu'il vient de soulever, Lucien Péréra, médaille militaire, onze fois cité au feu des maquis, de l'Indochine et de l'Algérie, atteint les bureaux du C.I.R. n° 1. Ses yeux, petits et marron, sont durs. Ils brillent de l'éclat métallique qui marque à jamais les vrais guerriers. Trois hommes le saluent encore. Il leur répond d'un air toujours aussi absent. Puis un adjudant l'aborde.

— Alors, vieux, s'enquiert ce dernier en lui serrant sèchement la main, quoi de neuf pour toi ?

Péréra se déride. Ses lèvres charnues de bon vivant, régulièrement ourlées et rehaussées d'une fine moustache nette et blonde, laissent apparaître pendant une fraction de seconde des dents bien soignées en un rictus carnassier.

— Je viens justement aux renseignements, répond-il à son compagnon bien moins décoré que lui, on est déjà en septembre, ça va faire bientôt huit mois que je pourris lentement au Centre... On se bat pourtant de plus en plus dur là-bas...

Là-bas, c'est bien sûr en Algérie, où combat son régiment, le 151e R.I., qu'il avait quitté au début de cette année 1956 et où les opérations dites « de maintien de l'ordre » se transforment peu à peu en véritables actions de guerre.

— Tiens-moi au courant, propose l'adjudant qui allait sortir de la caserne, et merde !

Péréra sourit encore et passe machinalement un doigt de sa main droite sur l'aile de son nez rectiligne. Puis il pénètre dans un bureau, bien décidé à insister encore pour obtenir le droit de retourner au feu, si possible à la tête de la section d'appelés qu'il avait confiée à son départ au commandement du sergent-chef Collot, un ancien d'Indochine lui aussi.

Le silence se fait dans l'antre des paperassiers à l'entrée du baroudeur. Huit paires d'yeux se braquent vers l'arrivant à la mine des mauvais jours. Un caporal-chef déjà bedonnant et aux cheveux un peu longs pour un vrai soldat fouille dans une chemise, en extrait une feuille de papier et, tout sourire, la tend à Péréra qui a ôté son képi et lisse de sa main droite ses cheveux blonds et légèrement frisés.

— Tenez, mon adjudant-chef, lance le caporal qui se veut jovial, il y a ça pour vous...

L'adjudant décoré dépose son képi sur une table encombrée de dossiers et de porte-tampons. « C'est peut-être enfin mon ordre de départ », espère-t-il en lançant une main nerveuse vers la feuille qu'on lui tend.

Deux mots accrochent tout de suite son regard : Légion d'honneur.

— Qu'est-ce que c'est que ce fourbi, grommelle-t-il en détaillant le texte sans âme de l'état de proposition préparé à son nom, c'est formidable !

Et, ayant terminé sa lecture, il s'empare d'un stylo à bille qui traînait tout près de son képi pour signer l'acte qui fera de lui, si tout se passe bien, un chevalier dans l'ordre de la Légion d'honneur. « Lucien, se conseille-t-il in petto en contrôlant les battements de son cœur, n'écris pas comme un goret... »

La main sûre de l'adjudant, qui a oublié d'un seul coup ses préoccupations, trace d'une écriture fine et penchée les six lettres de son nom, les souligne d'un trait nerveux et achève la signature d'une large boucle. Puis il rend la proposition inespérée au secrétaire qui lui sourit toujours.

— Et pour le reste, interroge le futur chevalier, toujours rien ?

Le caporal, qui sait toutes les démarches du sous-officier pour retourner au combat dont on le prive au nom de l'instruction d'appelés qui vont, eux, en Algérie au bout de quatre mois d'écolage, oblitère son sourire.

— Non, mon adjudant-chef, toujours rien, avoue-t-il avec une moue de compassion, c'est que le colonel tient à vous garder...

Péréra n'ajoute rien, rajuste son képi sur ses cheveux courts, salue machinalement les occupants du triste bureau et sort du bâtiment. « La rouge, se dit-il en se retrouvant à l'air libre, c'est bien... Je suis bigrement content... Mais il faut que je retourne au casse-pipe, c'est vraiment plus une vie par ici... »

La matinée tire à sa fin, les sections menées à la dure par leurs instructeurs ont déserté la cour de la caserne. Tout est silencieux. Péréra lève la tête vers le ciel sans nuages. Il goûte la qualité de l'automne et oublie un instant son dépit pour ne penser qu'à la récompense qui l'attend dans quelques mois. L'écarlate de son ruban s'impose à son regard soudain rêveur. Il met un point final à la palette bien fournie qui occupe une bonne partie de sa veste d'uniforme : jaune et vert de la médaille militaire, vert et rouge de la croix de guerre 1939-1945, rouge et blanc de la barrette de la croix de guerre des T.O.E., rouge et blanc de la croix de la Valeur militaire, et aux chamarrages de sa croix de la Résistance, de la médaille des Blessés, et d'autres encore qu'il a glanées au fil de quinze années de combats.

L'adjudant à la carrière bien remplie franchit sans vraiment s'en rendre compte le large portail de la caserne. Une sentinelle en tenue de sortie, casquée et armée d'un fusil Mas 36, rectifie d'instinct la position. « Bon, se promet Péréra après avoir salué le garde, je vais écrire au colon du régiment en Algérie... Lui au moins trouvera bien le moyen de me faire foutre le camp d'ici... Et, si ça ne marche pas, je quitte l'armée... »

Le sous-officier qui a commencé sa carrière exemplaire dans le maquis se sent soudain envahi par une sourde révolte. On nous avait pourtant fait de belles promesses au retour d'Algérie, se souvient-il, on nous offrait presque la lune... Et qu'est-ce qui nous reste aujourd'hui ? Des conditions de vie infernales... Verdun-Metz deux fois par jour dans un mauvais camion... Une vie de famille inexistante ou presque... J'aime encore mieux le baroud...

La future Légion d'honneur est loin, ne demeure que la rage d'avoir été berné. « Heureusement qu'il me reste l'instruction en rase campagne, s'avoue l'adjudant furieux, même si ce n'est pas la vraie guerre...

Ça serait tout de même bien con de tout laisser tomber comme ça... Je l'avais pourtant bien commencée, ma foutue carrière de sous-off ! »

Et l'adjudant fait en pensée un prodigieux bond dans le temps, qui le ramène au mois de juin 1940, chez lui, en Lorraine, au bourg de Ranguevaux, niché bien au tiède entre trois collines boisées.

L'après-midi du 14 juin 1940 tire à sa fin. Ranguevaux paresse aux derniers rayons du soleil. Quelques jeunes hommes, qui ont terminé leur travail aux aciéries de Wendel d'Hayange, marchent à pas traînants sur les trottoirs de la grande rue du village tranquille. Lucien Péréra, chemise à col ouvert, mains dans les poches d'un pantalon de grosse toile brune, la taille bien marquée d'une ceinture de cuir à boucle patinée par l'usage, une casquette à forme molle portée sur l'arrière du crâne, à la Gabin, flemmarde, adossé au mur de la maison de ses parents. Une demeure qui fut celle de quatre générations de Péréra.

— Tu viens faire un billard ? lui propose un des jeunes ouvriers. Tu me dois la revanche d'hier...

Péréra n'a pas envie de jouer. Il se donne encore quelques minutes de farniente avant d'aller au jardin, derrière la maison, pour voir s'il n'y a pas quelque chose à y faire avant la soupe que prépare sa mère, Marie.

— J'ai pas l'temps, refuse-t-il de son accent lorrain traînant, on aura bien l'occasion demain...

Un bruit de moteur trouble soudain le calme estival du bourg peuplé de huit cents habitants. Les jeunes gens se taisent, curieux. Péréra rajuste machinalement sa coiffure sur ses cheveux bouclés. Il ne passe jamais grand monde sur la départementale 152 C qui vient du nord-est, de Florange, pour remonter à angle droit vers Hayange.

— Qu'est-ce que c'est que ce boucan ? demande le jeune homme à la casquette en exprimant ainsi à haute voix les pensées de ses quelques compagnons figés sur le trottoir.

Le bruit de moteur se rapproche. Une motocyclette apparaît.

— Merde, gronde Péréra, un Boche !

La moto à fourche bien droite ne roule pas vite. Le soldat qui la conduit est casqué sévèrement. Il porte un ample imperméable gris-vert. Les grosses lunettes pare-poussière qui mangent la quasi-totalité de son visage ajoutent à la rigueur du casque et lui donnent l'air d'un chevalier teutonique. Il porte une mitraillette en sautoir sur le haut de sa poitrine, et son masque figé ignore les jeunes gens silencieux qui le dévorent du regard.

Un side-car s'impose à son tour dans le champ de vision de Péréra qui se sent tout à coup envahi par une sourde excitation. La nacelle basse de l'engin est occupée par le servant d'une mitrailleuse M.G. dont le canon d'acier noir et ajouré capte pendant quelques secondes toute l'attention des ouvriers des aciéries d'Hayange. « Cette fois la guerre est bien là, se rend compte Lucien Péréra, salopards de Boches ! »

Une voiture à la carrosserie sans courbes et décapotable suit les deux motocyclettes pétaradantes qui ralentissent, puis s'arrêtent une fois parvenues sur la place de l'église. Quatre soldats, en comptant son chauffeur, l'occupent. L'un d'eux n'est pas casqué. Une aigle nazie orne de ses ailes déployées la casquette à coiffe grise extrêmement tendue qu'il porte bien vissée sur son crâne rasé.

— Sales Boches ! se laisse emporter à lancer le jeune Péréra vers le véhicule de tôle ondulée, sans remarquer que son père et sa mère, attirés par les bruits de moteurs, l'ont rejoint sur le trottoir. Foutez le camp de chez nous !...

L'officier allemand en casquette tient une carte d'état-major dans ses mains et, lorsque son chauffeur arrête la curieuse automobile à quelques mètres du side-car et de la moto vert sombre, la consulte d'un regard crispé. Quelques ouvriers des usines de Wendel se sont prudemment éclipsés vers leurs logis. Lucien Péréra, au contraire, se sent irrésistiblement attiré vers les Allemands auxquels il adresse de nouvelles insultes, emporté par la fougue patriotique de ses dix-sept ans.

— Foutez le camp, on vous dit ! a-t-il le temps de crier une dernière fois avant que les trois véhicules ne reprennent la route.

Le silence est à nouveau maître de Ranguevaux. Le jeune Lorrain au cœur battant de rage mal contenue revient sur ses pas en fixant le bout de la rue pour voir si d'autres Allemands ne viennent pas l'insulter de leur présence.

— Lucien, viens ici ! s'entend-il furieusement héler par la voix de son père.

Le jeune homme élevé dans la haine des Allemands, qui furent chez eux à Ranguevaux jusqu'en 1918, obéit.

— Espèce d'idiot ! lui lance son père lorsqu'il pénètre dans la maison qui ne possède qu'un étage, tu aurais pu tous nous faire fusiller... Attends un peu...

Et, comme le père hors de lui fait mine de frapper, l'insulteur choisit la fuite vers le fond du couloir et bondit dans le jardin qu'il s'était promis de soigner en refusant la partie de billard. Sa course rageuse le mène en quelques foulées au sommet d'un promontoire qui domine le village souillé par la brève intrusion d'une poignée de soldats du IIIe Reich hitlérien.

— Il va certainement en arriver bien d'autres avant peu, se dit l'adolescent essoufflé en se laissant tomber dans l'herbe, là où il aime venir rêver au futur, et dire que les nôtres sont déjà loin à l'heure qu'il est...

Les « siens », les soldats défaits de l'armée française, avaient tristement traversé Ranguevaux. Sacs à dos énormes, bandes molletières, casques démodés, il lui avait semblé voir défiler des revenants de la

Grande Guerre, des compagnons de combat de son oncle Jules tué le 3 août 1916 et enterré à Baccarat, dans les Vosges. « Mon père aussi a pourtant souffert en 14-18, se souvient le solitaire en mâchouillant un brin d'herbe au goût frais, qu'est-ce qu'il lui a pris de m'engueuler tout à l'heure… Il n'avait qu'à pas m'élever dans le dégoût des Boches ! »

Subitement rasséréné par le calme de la campagne, le fils de l'ancien soldat de la Grande Guerre laisse traîner son regard brun sur les lignes basses et de plus en plus sombres des maisons de Ranguevaux. Il pense à la dernière guerre, la fausse « der des der » que son père et son oncle avaient commencée dans le camp du Kaiser, comme presque tous les Mosellans en âge de porter les armes. Les deux enrôlés de force, moustaches en crocs relevés et casques à pointe avaient vaincu en Belgique en 1914. Leur unité de fantassins avait dans son élan irrésistible traversé les longues plaines du nord de la France avant d'être enfin arrêtée au bord de la Marne par une manœuvre habile du général Joffre. Vinrent alors, comme le sait par cœur le mâcheur de brins d'herbe, les horreurs de la guerre de tranchées. Les deux frères Péréra, qui avaient pris la décision de changer de camp en même temps que deux autres enrôlés de Ranguevaux, guettaient l'occasion de filer, de nuit, vers les lignes françaises toutes proches.

Le jeune homme revit la mise à exécution du plan de désertion de l'oncle Jules, telle que son père la raconte encore aux soirs de veillées. Un sourire déride son visage crispé. « Sacré tonton, j'aurais bien aimé le connaître, regrette-t-il à l'évocation colorée, ça devait être un rudement drôle… Il a pris le temps de chier dans son casque à pointe et de le planter sur le parapet de sa tranchée avant de foutre le camp… »

Le sourire né à l'image rabelaisienne se fige vite. « Mais, songe en effet le neveu du héros qui avait réussi à rejoindre les lignes tenues par les poilus français, papa n'a pu le suivre puisqu'il avait reçu une balle française dans la jambe une heure avant. »

La fraîche tombe sur l'écrin de collines vertes qui domine Ranguevaux. Rien ne bouge sur la départementale. Lucien crache le brin d'herbe sans goût qu'il mâchait depuis près d'une heure, se lève, et se dirige à pas lents vers la maison familiale. « J'ai prié deux dieux pendant toute mon enfance, se souvient-il en s'arrachant comme à regret aux images colorées du passé de la Grande Guerre, le vrai, celui du crucifix de grand-mère, et l'autre, la médaille militaire de tonton Jules qu'elle garde dans un sous-verre tout près du premier… »

Puis, oubliant la prière païenne et appréhendant un peu l'accueil de son père, il se met à chantonner en pressant le pas : « Vous n'aurez pas l'Alsace et la Lorraine »…

2. LES PRISONNIERS DE LA SAINT-SYLVESTRE

La défaite des armées françaises est consommée. Le maréchal Pétain, l'homme de Verdun, le recours de tout un peuple, demande un armistice, qui est définitivement proclamé à Rethondes le 24 juin 1940. L'ordre nouveau s'installe à Ranguevaux, occupé par une unité motorisée de la Wehrmacht. Le commandant allemand est chez lui dans la mairie du village conquis sans combats. Lucien Péréra va et vient de l'usine au bourg au rythme des trois-huit. Il serre un peu plus les poings quand l'emprise de l'Aigle se fait par trop sentir, observe en attendant son heure, et se tait. « Jusqu'où vont-ils aller ? » se demande-t-il un soir en rentrant chez ses parents, où l'ambiance est des plus lourdes depuis le jour où il a jeté au sol des rations de secours que son père avait acceptées de l'occupant.

Les jeunes de Ranguevaux se divisent en deux clans : ceux qui espèrent et ceux qui subissent sans réaction. Les choses se gâtent un peu plus chaque semaine qui passe, des gens sont appelés à la Kommandantur pour des contrôles d'identité et, dès la mi-août, certains habitants de Ranguevaux, Juifs, Français nés dans d'autres départements que la Moselle et naturalisés français sont expulsés vers la France occupée, pour bien marquer la territorialité allemande de la Moselle. Les serres de l'Aigle nazie se crispent encore un peu plus en septembre. Les rues de Ranguevaux qui portent un nom sont débaptisées. La place de la mairie devient « Adolf Hitler Platz ». Des portraits du Führer sont distribués pour être placés en évidence dans chaque famille. Des affiches en allemand interdisent bientôt l'usage de la langue française pour les actes officiels, et proclament que les Lorrains sont allemands de langue et de sang.

— Ils peuvent toujours courir, lance Lucien Péréra à l'un de ses compagnons de travail, moi je suis français, et je vais le rester…

L'interlocuteur du jeune homme toujours coiffé de sa casquette informe n'est pas hanté par le même patriotisme.

— Bah ! lui répond-il, pour ce que ça changera pour nous…

Péréra hausse les sourcils.

— Ouais, poursuit l'autre, qu'on soit français ou boches ne nous empêchera pas d'aller tous les jours à l'usine… Pas vrai ?

Péréra ne trouve rien à répondre à l'argument de son compagnon qui s'éloigne déjà. Il sait très bien que depuis des générations les hommes de Ranguevaux sont voués au service de la sidérurgie et aux fonctions les plus subalternes, que la maîtrise des aciéries de Wendel vient depuis toujours de l'intérieur de la France, et que cela sera toujours ainsi.

— C'est pas pour autant qu'il faut se foutre d'être allemand, se dit-il pourtant après ces amères constatations, j'aime mieux être un esclave français... De toute façon je serai parti soldat à dix-huit ans...

Des hommes ne pensent pas comme lui au village peu à peu germanisé. Il en est même qui servent les nouveaux maîtres avec enthousiasme. Ceux-là, une douzaine seulement, ont accepté de revêtir l'uniforme kaki des sections d'assaut du parti national-socialiste. Ils sont bottés, coiffés d'un képi à courte visière orné d'une aigle tenant une svastika rouge dans ses serres, et leur bras gauche arbore un brassard aux couleurs noire et rouge du Reich. D'autres Lorrains, un peu moins engagés sur les chemins du nazisme, portent simplement au revers de leur veste un insigne large comme une pièce de vingt-cinq centimes et frappé d'une croix gammée rouge. Une minuscule inscription atteste qu'ils sont de pur sang allemand quoique nés en Lorraine. Aucune aigle nazie chez les Péréra, aucun insigne à croix gammée, aucun portrait d'Hitler. On ne parle chez eux que français et l'étrange patois lorrain, remis au goût du jour chez les patriotes pour narguer les vainqueurs.

Les jeunes de la S.A. sont menés à la dure par Roger Mangematin, un grand gaillard dans la trentaine qui semble ivre de sa nouvelle importance. Il ne fait pas bon, même pour un vieillard, de porter sur leur passage suffisant le traditionnel béret qui fait bien trop français à leur goût.

— Il ferait bon qu'ils viennent me dire quelque chose au sujet de ma casquette, confie Péréra de plus en plus révolté à Roger Heyer, un de ses copains de Florange qui travaille comme tout le monde chez de Wendel, il y aurait du chaud dans ma rue... Ces salauds de nazis ont réussi à couper le village en deux...

Les yeux du jeune homme de Florange brillent eux aussi de haine pour les Allemands et leurs complices.

— Faudrait voir à tâcher foutre le camp, propose-t-il au Rangueva-lois, avant qu'on soit tout à fait boches... tu crois pas ?

Un contremaître qui fait partie de la section d'assaut s'approche du poste de graissage où travaille Péréra. Roger Heyer l'aperçoit, impose d'un geste de main le silence à son compagnon qui allait bien sûr abonder dans son sens, et s'éloigne. L'homme du Parti le suit longtemps du regard, et menace Péréra d'un doigt tendu.

— Faudrait pas oublier le travail, lui lance-t-il d'un ton rogue en indiquant l'énorme cylindre haut de plus de cinq mètres qui lamine régulièrement des barres d'acier incandescentes, tu vois pas que ça chauffe un peu trop, là-dedans !

Le jeune graisseur résiste difficilement à l'envie d'envoyer paître le nazi. Il serre ses mâchoires imberbes pour se contrôler et ajoute de l'huile épaisse dans le puits de graissage qu'il avait effectivement négligé depuis trop longtemps. « Un beau matin, se promet-il, je vais laisser tout le fourbi chauffer à mort, et on verra ce qu'on verra... »

Les jeunes les plus patriotes parlent de plus en plus de la France libre. Le nom du général de Gaulle revient souvent sur leurs lèvres. Lucien Péréra écoute chaque soir Radio Londres avec son père qui a enfin compris que les Allemands de 1940 ne sont pas du tout de la trempe de ceux qu'il a connus avant 1918.

— T'as bien raison, mon garçon, approuve ce dernier après avoir écouté le récit écœuré que lui a fait son fils d'une altercation entre trois gars de la S.A. et deux vieux du village qui refusaient d'enlever leur béret. Continue à ignorer ces gens-là, ne parle jamais allemand, et après on verra...

Pressé de voir, Lucien Péréra s'endort chaque soir les oreilles bourdonnantes des *pom pom pom pom* de la symphonie de Beethoven et en rêvant de l'Angleterre, terre mythique pour lui qui ne s'est jamais éloigné de plus de trente kilomètres de Ranguevaux. Le travail à l'usine se fait dans une ambiance de plus en plus malsaine. Les ordres ne se donnent qu'en allemand. Les ouvriers qui refusent de parler la langue des vainqueurs sont en butte à des tracasseries de plus en plus fréquentes. Ils sont bientôt déplacés de leurs postes aux laminoirs. Munis de pelles et de pioches, ils creusent des abris tout autour de l'usine afin de protéger le personnel en cas de bombardement des avions anglais qui passent au-dessus de la Lorraine pour aller déverser leurs projectiles en Allemagne. Lucien Péréra se fait les muscles pendant deux mois et réintègre son poste au graissage, toujours décidé à ne pas prononcer d'autres mots allemands que les insultes qu'il réserve aux membres de la S.A.

Les quarts de nuit à l'usine ne sont pas les plus durs. La Royal Air Force de George VI lance en effet des raids fréquents. Les ouvriers passent grâce à elle de longues heures à jouer aux cartes au fond des abris construits par les plus fortes têtes des ateliers.

— Je ne souhaite pas bien sûr que les aviateurs lâchent leurs bombes sur nous, commente Lucien Péréra au cours d'une interminable partie de belote, mais ça ferait peut-être bouger les choses...

Comme un responsable de la S.A. se trouve dans l'abri éclairé à l'aide de lampes Pigeon, personne ne répond à l'irréductible qui rêve de rejoindre la France libre. La fin de l'alerte est sonnée. Les ouvriers regagnent sans hâte leurs postes aux ateliers. Des contremaîtres allemands, qui viennent d'arriver en Lorraine pour prendre la place des cadres français expulsés vers leurs départements d'origine, houspillent les traînards, parmi lesquels se trouve bien sûr le fils Péréra.

— J'en ai par-dessus la tête de leurs beuglements, rumine ce dernier, je vais foutre la merde et saboter mon poste...

Têtu, le Ranguevalois à la musculature bien marquée par deux mois de terrassement des abris passe aux actes. Il fait mine de bien huiler son puits de graissage, puis part se promener dans l'usine. Les heures s'écoulent, il se décide à revenir aux nouvelles. Son cœur bat à tout rompre. « Je vais jouer à l'imbécile, prévoit-il, ils ne pourront pas prouver que je l'ai fait exprès... »

Une épaisse fumée couronne son poste de travail. Des contremaîtres s'activent autour du désastre. Le saboteur ne peut réprimer un petit sourire de contentement. Il s'approche du groupe, faussement étonné. Le contremaître-chef, un des militants les plus enragés de la S.A., bondit sur lui, l'engueule copieusement et le gifle par deux fois en éructant des insanités en allemand. Le jeune ouvrier, qui ne s'attendait pas à être frappé, vacille sous la violence des chocs. Une rage folle l'envahit en une fraction de seconde. Il décide de tout faire payer en bloc au cadre nazi qui continue à l'insulter ; toutes les humiliations subies depuis le mois de juin, l'attitude presque servile de son père au début de l'Occupation, les privations, les gosses enrôlés dans la Hitler Jugend dès l'âge de huit ans, et la suffisance des membres de la S.A. Il s'empare d'une énorme tenaille de lamineur qui traînait au sol et la projette en se redressant au travers de l'homme qui l'a frappé. Le contremaître s'écroule dans la poussière en hurlant sa douleur en français. Deux sympathisants de l'ordre nouveau empoignent le lanceur enragé au moment où il allait se ruer sur leur compagnon allongé et le jettent hors de l'usine sans autre forme de procès. Et c'est sans remords que l'expulsé raconte toute l'histoire à son père.

— Tu vas aller te faire oublier en forêt avec ton oncle Narcisse, décide le chef de famille sans faire l'ombre d'un reproche à son fils satisfait d'avoir enfin commencé à résister aux nazis. Tu gagneras moins qu'à l'usine, mais au moins tu seras tranquille...

L'oncle Narcisse, un peu plus vieux que son frère, a travaillé pendant de nombreuses années sur la ligne Maginot, et est à la base de la vocation militaire de l'ouvrier renvoyé. Il l'accueille bien volontiers dans son équipe de coupe. Il n'y a pas de problème de langage en forêt, les bûcherons n'usent que du patois lorrain et pas un seul d'entre eux n'affiche de sympathie pour l'occupant.

— Si les Boches n'étaient pas en bas, avoue à son oncle le bûcheron d'occasion au bout de quelques jours, je serais presque heureux... C'est tout de même bon la liberté !

La fin de l'automne grisaillant ajoute encore à la lourde atmosphère de la vallée germanisée. Le 11 novembre n'est évidemment marqué d'aucune manifestation patriotique. Le père de Lucien Péréra accuse le coup. Il pleure au soir venu devant la photo de son frère Jules.

— C'est tout de même une honte, réussit-il à dire à son fils en se contrôlant difficilement, on n'a même pas eu le droit de faire l'appel des morts... Pauvre Jules !

Le temps passe vite en forêt malgré le froid et la neige. L'année se termine. C'est tout de même la fête à Ranguevaux. Les plus patriotes parmi les hommes du village ont envahi les cafés qui n'ont pas connu pareille affluence depuis l'invasion. Les demis de bière blonde passent de main en main à bon rythme. L'ambiance croît au fil des heures. Lucien Péréra, qui a choisi le Café de Metz pour faire la fête, n'est pas le dernier à vouloir oublier à tout prix la présence allemande.

— Raymond, une chanson ! hurle soudain une voix qui réussit à peine à percer le brouhaha bon enfant des groupes agglutinés le long du comptoir et autour du billard qui occupe le centre de la salle carrée.

L'assemblée reprend l'invite à l'unisson. L'intéressé, Raymond Chevalier, est un solide ouvrier des aciéries d'Hayange dont la trentaine lui confère une réelle autorité sur les jeunes de Ranguevaux. Il ne se fait pas longtemps prier et entonne une chanson paillarde qui est vite hurlée en chœur par tous les consommateurs.

Une deuxième chanson, tout aussi grivoise que la première, résonne dans l'estaminet. De nouvelles bières sont partagées. L'ambiance monte sensiblement. Raymond Chevalier, intarissable, lance en pâture à ses jeunes compagnons un troisième air de son répertoire bien fourni. Puis, lorsque ce dernier chant encore plus cru que les deux premiers se tait, une voix bien chauffée par l'effort entonne un chant patriotique. Lucien Péréra n'est pas le dernier à reprendre le couplet interdit. Il saute sur le billard en même temps que ses plus jeunes compagnons de liesse et, levant son demi presque vide, hurle : « Vous n'aurez pas l'Alsace et la Lorraine. »

L'atmosphère se fait grave. Les voix mêlées dans l'émotion se font respectueuses. La porte du café s'ouvre soudain. Roger Mangematin, le chef haï de la S.A., se fraie un chemin vers le bar en entraînant un de ses sbires dans son sillage. Le chant se tait. Les nazis commandent à boire. Lucien Péréra donne un coup de coude à l'un de ses choristes montés sur le billard et reprend de plus belle le chant séditieux. Le café résonne à nouveau d'envolées patriotiques. Tous les chanteurs fixent d'un regard dur les deux hommes en uniforme kaki. Ces derniers vident rapidement leurs verres, dévisagent un à un les choristes, surtout ceux qui sont sur le billard, et filent sans demander leur reste. Des quolibets et des éclats de rire saluent le claquement de la porte qui se referme derrière eux. Les chansons reprennent, la fête continue.

— Ils vont peut-être revenir avec les Boches, avance pourtant un des jeunes amis de Péréra, il faut foutre le camp...

Celui-ci, grisé par la bière et l'excitation patriotique, achève son demi d'un trait.

— Donne-moi plutôt à boire, tranche-t-il pour chasser les images trouble-fête, on verra bien demain... Ce soir on est en France !

Ce n'est qu'à l'aube que meurent les chansons. Les S.A. n'ont pas donné signe de vie. Ils ne se manifestent pas non plus pendant la première quinzaine de l'année 1941. Le père de Lucien Péréra est sur le pas de sa porte lorsque ce dernier rentre de son travail en forêt le 18 janvier.

— Tu es convoqué à la mairie, lui apprend-il d'un air inquiet, fais bien attention à ce que tu vas dire là-bas...

Le bûcheron pose son sac dans la cuisine où s'affaire sa mère, embrasse cette dernière comme pour la rassurer et, sans se presser mais tout de même troublé par la convocation, se dirige vers la mairie défigurée par le drapeau à croix gammée qui pend de son étage.

Les S.A. sont là, ricanants. Des gendarmes allemands discutent près d'un camion bâché. L'ancien graisseur de laminoir tend sa convocation écrite en allemand à un feldgrau sans armes et, sur un signe de celui-ci, penètre dans le bureau de la Kommandantur.

— Votre nom ? hurle en allemand l'officier aux traits durs qui le reçoit.

— Lucien Péréra, répond le bûcheron d'une voix qu'il espère assurée, né le 23 mars 1923, à Ranguevaux.

Le jeune homme, fidèle à la promesse qu'il a faite devant la médaille militaire de l'oncle Jules, a machinalement décliné son identité en français. L'Allemand consulte une liste, se lève d'un bond, tend sa main gantée vers la porte, et hurle :

— *Raus !*

Un homme de troupe armé d'un fusil Mauser empoigne le convoqué, le gifle par deux fois avec violence, et le pousse au-dehors d'un coup de pied aux fesses. Les gendarmes et les S.A. s'esclaffent. Le giflé demeure un instant figé devant la mairie puis, constatant que personne ne s'intéresse à lui, file à toutes jambes vers la colline où il se réfugie toujours quand quelque chose ne va pas dans sa vie.

Le camion qui stationnait devant la mairie démarre bientôt, emmenant vers l'inconnu dix des chahuteurs de la Saint-Sylvestre, tous plus âgés que Lucien Péréra.

— Qu'est-ce qui va leur arriver ? se demande ce dernier alors que le véhicule bâché et escorté d'un side-car file à bonne allure vers Hayange, et pourquoi pas moi ?

La réponse à la deuxième question du bûcheron marqué par l'arrestation de ses meilleurs camarades de sortie l'attend chez lui.

— C'est parce que tu n'as pas encore dix-huit ans qu'ils ne t'ont pas emmené à la prison de Thionville, lui apprend son père, il faudra bien te tenir tranquille à présent... Les gars de la S.A. vont te surveiller de près...

Sept des punis de la Saint-Sylvestre rentrent à Ranguevaux après un mois d'incarcération. Les trois autres ont été dirigés sur Dachau.

Le bruit court vers la mi-février 1941 que tous les jeunes Mosellans sans travail doivent être enrôlés dans l'armée allemande. Quelques jeunes de Ranguevaux devancent le souhait nazi et s'engagent dans la Wehrmacht. Un voisin de Lucien Péréra, qui a de l'influence aux aciéries d'Hayange, parvient à faire reprendre le bûcheron à l'usine. Le contremaître qu'avait frappé ce dernier n'est plus là. Le jeune patriote accepte de courber l'échine pour échapper à l'uniforme allemand qui l'attendait à l'échéance toute proche de ses dix-huit ans.

— Je serai sage, promet-il à son père qui devient de plus en plus complice de ses révoltes, mais je ne parlerai toujours pas le boche !

3. VERS LA LIBERTÉ

Le réintégré aux ateliers d'Hayange rentre en coup de vent chez lui.

— Papa, hurle-t-il, t'as lu le journal ?

Le père ne comprend pas tout de suite l'excitation inhabituelle de son fils. Ce dernier s'explique.

— Oui, poursuit-il, il paraît que tous ceux qui veulent aller vivre en France pourront le faire après s'être fait inscrire à la mairie… Moi j'y vais tout de suite !

La sœur du candidat à la vie libre emboîte le pas de son frère, qui a dix-huit ans depuis une semaine. Il y a déjà du monde à la mairie. L'ambiance est joyeuse. Les jours qui suivent l'inscription passent dans l'espérance. Puis Lucien Péréra apprend, toujours par le truchement de la presse à la botte des nazis, qu'il n'y aura pas de départs en raison du trop grand nombre de candidats.

— Tu as eu tort de te presser, lui fait remarquer son père, c'était certainement un truc pour recenser les vrais patriotes… Vous avez l'air malin maintenant, toi et ta sœur !

L'espoir renaît pourtant dans la seconde quinzaine du mois d'avril. Un car de volontaires pour l'expulsion quitte Ranguevaux.

— Ça va être bientôt à nous, jubilent le frère et la sœur qui ont regardé les élus prendre place dans le véhicule, les choses vont aller vite…

Le gauleiter Burkel, maître absolu de la Lorraine, émiette définitivement leurs espoirs en interdisant tous les départs vers la France aux premiers jours de mai.

Les hommes de la S.A. se font de plus en plus arrogants. Ils profitent de la moindre occasion pour provoquer ceux qu'ils connaissent pour être de bons Français. Lucien Péréra et quelques-uns de ses compagnons sont parmi leurs cibles favorites.

— Dire que j'ai maintenant l'âge de faire un soldat, rage le graisseur, et que je ne peux rien faire pour répondre à leurs insultes, c'est à devenir fou... Il faut absolument que je passe la frontière.

La ligne de la honte qui sépare la France occupée de la nouvelle province allemande n'est qu'à cinq kilomètres de Ranguevaux. Mais elle est bien gardée et personne ne peut espérer la franchir sans l'aide d'un passeur.

L'évasion hante les conversations de chaque soir chez les Péréra, malgré les interdits et les menaces répétées des hommes du sinistre Mangematin.

— Je connais un passeur, avance un de ces soirs d'espoir partagé en écoutant la radio de Londres le chef de famille, c'est le père Mousel, qui habite Moyeuvre-Petite...

Le candidat à l'évasion demeure bouche bée.

— Je lui ai parlé, poursuit tranquillement son père, il veut bien t'aider...

Lucien échange un regard enfiévré avec sa mère, dont le visage se ferme.

— Mais, reprend l'ancien de 14-18 qui accepte bien mieux qu'elle l'idée de la séparation prochaine, il faut attendre encore un peu, et surtout trouver un gars pour partir avec toi... A deux tout ira bien mieux.

Le mois de juin passe en attente crispante. Lucien ne trouve pas de partenaire pour l'expédition risquée. Le 14 juillet 1941 est pour les patriotes un jour encore plus dur à supporter que les autres. Pas de flonflons, pas de roulements de tambour ; les drapeaux d'anciens combattants, qui ont été pieusement distraits des emblèmes remis à l'occupant, demeurent dans leurs housses noires, cachés dans des soupentes.

Le dimanche 16 juillet, deux jours après la fête escamotée et qui n'a évidemment pas été chômée, Lucien Péréra décide d'aller tuer le temps dans un cinéma d'Hayange, bien qu'on n'y projette plus que des films de propagande hitlérienne. Des images de guerre habilement montées et magnifiant le Reich triomphant défilent sur l'écran carré de la salle bondée de jeunes. Elles font rêver le lamineur qui ne vit plus que pour la France libre et épie la moindre réaction de ses compagnons de sortie pour deviner celui qui viendra avec lui quand l'heure sera enfin venue de quitter Ranguevaux. La séance soporifique s'achève. Des groupes se forment dans la rue. Il fait très bon.

— On serait bien si on n'avait pas les Boches sur le dos, lance Péréra à ses camarades en espérant que l'un deux trahisse les mêmes désirs de liberté que lui.

Personne ne relève le propos. Déçu, l'ouvrier à la casquette entame à pied les quatre kilomètres qui séparent Hayange de Ranguevaux en échangeant des banalités avec les deux garçons de son âge qui l'escortent.

— On va boire un verre, propose l'un d'eux une fois que le village est atteint, il est encore tôt pour rentrer…

Le trio pénètre dans le café de Metz qui est aux trois quarts plein d'habitués, et s'accoude au bar.

Leurs consommations, des bières blondes rituelles, sont à peine servies que quatre volontaires de la S.A. entrent à leur tour dans l'établissement. Le silence se fait autour des tables à leur apparition martiale. Roger Mangematin toise l'assemblée d'un regard dur, fait un signe à ses trois affidés, se poste à côté des jeunes qui reviennent d'Hayange, et commande à boire en allemand. La patronne fait mine de ne pas comprendre. Lucien Péréra sourit à sa courageuse réaction.

— Qu'est-ce qui t'amuse, toi ? demande en allemand le chef de la S.A. qui a saisi l'ironie du jeune homme, et d'abord quel âge as-tu maintenant ?

Les conversations, qui avaient timidement repris autour du billard, se font murmures. Le S.A. se met à hurler :

— Je te parle, tu ne comprends pas ? Alors fous le camp dehors…

L'ouvrier pose son verre sur le comptoir et, ne baissant pas les yeux, refuse d'obéir. L'homme au brassard nazi fait un signe de la main. Ses trois sbires, qui s'étaient placés de l'autre côté des buveurs de bière, se mettent à frapper Péréra. La tête de ce dernier heurte durement l'arête du comptoir. Le café se vide rapidement. Le jeune patriote se retrouve seul au milieu des quatre brutes déchaînées. Il n'a pas le temps d'essuyer d'un revers de main le sang qui coule de son nez. Il lit la haine absolue dans le regard du chef de la S.A. « Ils veulent me tuer ! » se rend-il compte lorsque les coups se mettent à pleuvoir méthodiquement, et en réussissant à se faufiler entre ses tortionnaires sûrs de leur coup.

Les mains de l'homme seul empoignent une chaise qu'il lance sur les nazis vociférants. Puis il bondit derrière le billard, saisit une queue abandonnée par un joueur en fuite et la brise sur l'échine d'un collaborateur. Il ne demeure bientôt plus qu'un client dans l'estaminet aux chaises et aux tables renversées. C'est un ami du chef de la S.A. persuadé qu'il n'a rien à craindre et qui s'est blotti à l'abri dans un coin de la salle.

Les képis des nazis volent les uns après les autres dans la bagarre inégale. Lucien Péréra s'écroule entre les jambes de ses vainqueurs. Il fait un casque de ses bras meurtris pour protéger sa tête sanglante et essaie de glisser sur le côté vers la porte béante du café. Ses côtes s'enfoncent sous les coups de pied, une seconde de répit lui permet de se relever, une volée de coups de poing le propulse sur la place où il s'affale, incapable de bouger, mais étonnamment conscient.

Les brutes nazies le gratifient de nouveaux coups de botte puis, semblant découvrir le dernier client du café de Metz, se ruent sur lui et le passent à tabac en éclatant de rire. Le pauvre homme réussit à prendre la fuite, poursuivi par des insanités en allemand. Mangematin se penche sur Péréra.

— Il bouge encore, le salopard, se rend-il compte, achevez-le...

Les coups de pied recommencent à marteler le corps de l'ouvrier sans défense jusqu'à ce qu'il perde connaissance.

— Il a son compte, estime en ricanant méchamment le gradé de la S.A. après un dernier coup de talon bien appliqué, il a enfin eu ce qu'il méritait depuis longtemps...

Les nazis s'éloignent dans la nuit. Deux ombres furtives, un homme et une femme, sortent de l'encoignure d'où ils ont assisté au massacre, et courent vers la forme inanimée de Lucien Péréra, l'empoignent, et moitié la portant, moitié la tirant, la mènent jusqu'à un tas de fumier où elles la déposent tout doucement, puis guettent le moindre souffle de vie de leur fardeau.

Ce dernier bouge imperceptiblement au bout de quelques minutes. L'assommé réalise difficilement ce qui lui est arrivé, se met en position assise sur le fumier, crache du sang, s'ébroue et lève les yeux vers ceux qui l'ont porté là. L'homme et la femme le reconnaissent.

— On va t'aider à rentrer chez toi, pauvre Lucien, lui souffle l'homme en le remettant sur ses jambes douloureuses, qu'est-ce que tu as fait pour qu'ils te mettent dans cet état-là...

Le trio atteint à pas très lents la maison des Péréra. Le blessé est vite lavé de son sang et sommairement pansé de linges propres.

— Je vais les tuer, se met-il soudain à hurler en revivant la lâche correction et saisissant une hache.

— Non, Lucien, implore sa mère, ils vont t'abattre cette fois... Reste là...

La douleur est la plus forte. Le jeune homme aux vêtements souillés de sang se laisse désarmer et coucher sur son lit.

— Mangematin, murmure-t-il avant de sombrer dans un lourd sommeil, je te tuerai un jour ou l'autre...

L'aube estivale arrive vite. Le réveil du matraqué est des plus douloureux. Tout tourne autour de lui lorsqu'il fait mine de se lever. Il retombe sur sa couche et pleure de rage.

— Je n'ai rien de cassé, constate-t-il en faisant jouer les articulations de ses membres endoloris, c'est un vrai miracle...

Bien décidé à braver encore les salauds de la S.A., le blessé se lève à nouveau pour rejoindre ses parents qui guettaient ses réactions depuis longtemps déjà.

— Je vais à l'usine, leur annonce-t-il en luttant contre le mal, il faut leur montrer que je suis un homme !

Et c'est couvert de sparadrap et de pansements qu'il fait une entrée remarquée dans l'aciérie. Il repère tout de suite son ami Roger Heyer, qui ressemble lui aussi à une momie animée. Il a soudain envie de rire, mais le rire lui fait mal à hurler.

— Roger, lance-t-il tout de même à son copain de Florange en piteux état, qu'est-ce qui t'est arrivé ?

Heyer s'empresse d'expliquer qu'il a été pris à partie par des hommes de la S.A. à la sortie du cinéma. Péréra voit là un signe du destin.

— On va demander un bon de sortie, décide-t-il, j'ai à te parler loin des mouchards...

Les deux tabassés obtiennent facilement l'autorisation espérée. Ils se retrouvent vite sur la route de Ranguevaux, loin de toute écoute indiscrète.

— Qu'est-ce que tu comptes faire ? interroge Péréra d'une voix grave, les salopards de la S.A. ne vont certainement plus nous foutre la paix...

Le blessé de Florange est obligé d'admettre l'évidence.

— T'as raison, reconnaît-il, tu as une idée ?

Le Ranguevalois abat ses cartes.

— Oui, lance-t-il d'un ton péremptoire et en oubliant les douleurs qui le taraudent, on va filer en France...

Et il déballe d'une seule tirade énervée le plan élaboré par son père.

— T'es d'accord ? conclut-il.

Son interlocuteur fige ses pas mal assurés, plante son regard fiévreux dans les yeux de l'homme qui lui offre le moyen de recouvrer la liberté, et accepte l'idée de passer la frontière avec le père Mousel.

— Bon, jubile Péréra, pas d'usine demain, ils croiront qu'on ne va pas bien du tout... Et on fout le camp après-demain...

L'aube du 19 juillet est magnifique pour les futurs Français libres. Les adieux familiaux ont été pourtant durs, pour l'un comme pour l'autre. Adrien Péréra embrasse une dernière fois son fils dans la basse maison du passeur. Les deux jeunes gens rossés par les hommes de la S.A. ont enfilé deux pantalons l'un sur l'autre et portent des gros pull-overs malgré la saison. Ils ne sont encombrés chacun que d'une petite musette de toile renfermant un casse-croûte et un maigre nécessaire de toilette. La sœur de Lucien a décidé d'accompagner les deux évadés jusqu'à la frontière. Et la fille du père Mousel se joint elle aussi au petit groupe, qui fait semblant de chercher des champignons jusqu'à ce que personne ne puisse plus les voir de Moyeuvre-Petite.

— Ça y est, mes gars ! on a réussi, avertit le passeur après trois quarts d'heure de marche silencieuse dans la forêt, vous êtes en France !

Les deux éclopés ont envie de hurler leur joie mais se retiennent car la France vraiment libre, celle de la zone sud, est encore bien loin. Le père Mousel mène la marche des évadés jusqu'au petit village d'Avril, qui est situé à sept kilomètres au nord-ouest de Moyeuvre-Petite. Le groupe pénètre dans un café et s'attable devant des bières.

— C'est là que j'vous laisse, annonce le passeur en lissant ses moustaches poivre et sel, le patron d'ici va vous expliquer la suite... Bonne chance !

Le cafetier, maillon important de la filière d'évasion, se plante près de la table.

— Ouais, les garçons, commence-t-il à exposer aux ouvriers en sueur, il faut vous débrouiller pour arriver jusqu'à Salins-les-Bains... C'est un patelin du Doubs qui se trouve à trente-cinq kilomètres de Besançon...

Les évadés boivent les paroles de l'homme qui, sûr de sa maigre clientèle, leur parle tranquillement.

— Une fois là-bas, poursuit ce dernier, vous devrez vous présenter à l'auberge des Chapeaux, c'est pas loin de la gare, un passeur vous aidera ensuite à gagner la zone sud...

Lucien Péréra embrasse longuement sa sœur. Le père Mousel, ému, flatte le dos des deux garçons et leur donne le signal du départ.

— Direction Briey, leur lance-t-il, et perdez pas de temps en route si vous voulez attraper le train de Nancy...

4. LE PASSAGE DE LA LIGNE

Les évadés, constamment sur leurs gardes, réussissent à suivre à la lettre le plan du père Mousel. Ils arrivent sans encombre à Salins-les-Bains après avoir plusieurs fois changé de train. L'auberge indiquée par le cafetier d'Avril est vite trouvée. Il est presque midi.

— On y va, décide Péréra qui a depuis le départ de Briey l'impression de s'enfoncer dans une vie nouvelle.

Son compagnon de fugue acquiesce d'un coup de tête. La porte de l'établissement s'ouvre. Le lamineur de Ranguevaux sursaute en découvrant deux douzaines de soldats allemands qui boivent et mangent. Il a un mouvement instinctif de recul mais, se contrôlant vite pour ne pas attirer l'attention des nazis, entraîne son compagnon un peu plus grand que lui vers une table libre. La faim est plus forte que l'angoisse d'être repérés. Les deux Mosellans cassent une modeste croûte, comme quelques ouvriers qui mangent à l'écart de la soldatesque joyeuse. Un officier joue du piano dans un coin de la grande salle à manger, et une jeune femme à la blondeur artificielle l'écoute, un verre de vin à la main.

Les tables occupées par des Français se vident une à une. Péréra et son compagnon demeurent bientôt les seuls clients sans uniforme.

— Comment veux-tu qu'on trouve le passeur avec tous ceux-là, fait remarquer l'exilé de Florange à son camarade, on est mal tombés...

— J'en sais vraiment rien, répond le Ranguevalois qui en termine avec la maigre portion de fromage sans matières grasses qu'il a commandée pour tout dessert, t'as raison, on est bien mal lotis...

Une femme âgée et tout en noir apporte l'addition aux deux convives à peine rassasiés. Les soldats allemands se lèvent par paires et sortent de l'auberge. Les notes du piano s'entendent de plus en plus nettement. La fille blonde rit très fort à une plaisanterie de l'officier musicien.

— On fout le camp ! décide Péréra.

Et il retient la vieille femme en noir par la manche droite.

— C'est bien ici, pour le passeur, madame ? lui demande-t-il à voix basse tout en épiant le pianiste.

La femme comprend tout de suite le message. Elle fait mine de nettoyer un peu la table en se penchant vers son interlocuteur.

— Mes pauvres enfants, susurre-t-elle en remuant à peine ses lèvres sèches, le passeur est démasqué depuis trois jours... Il est bloqué en zone libre, et n'est certainement pas près de pouvoir revenir par ici...

Les deux évadés de Lorraine accusent mal le coup dur. La vieille frotte toujours leur table et poursuit :

— Il ne vous reste plus qu'à prendre un car pour aller à Pont-d'Hery, c'est à sept kilomètres d'ici...

Péréra interrompt son chuchotement.

— On va y aller à pied, propose-t-il à son compagnon.

— Pensez-vous, lui oppose la vieille dame en noir, c'est le plus sûr moyen de vous faire arrêter par une patrouille allemande ou des gendarmes de chez nous... Non, il faut prendre le car : il y en a un qui part à quatre heures... Une fois là-bas, vous vous débrouillerez bien, la ligne de démarcation est toute proche...

Les deux évadés remercient, paient chacun leur écot, remettent leur musette en bandoulière et sortent de l'auberge en ruminant leur déception. Ils se promènent prudemment dans Salins, font mine d'attendre un train dans la gare, consomment de la bière dans un café et prennent enfin place dans le car de Pont-d'Hery. Péréra dévisage à la dérobée quatre hommes seuls qui paraissent mal à l'aise.

— Ils font comme nous, souffle-t-il à son ami de Florange, on est vraiment sur la bonne piste...

Les sept kilomètres annoncés par la gentille vieille dame sont vite parcourus par l'autocar, que son chauffeur arrête devant un café de Pont-d'Hery. Heyer et Péréra , qui étaient debout depuis l'entrée du village, descendent les premiers. Ils se dirigent tout droit vers la porte du bistrot. Une femme d'une quarantaine d'années prend soudain Péréra par le bras droit. Elle est accompagnée par une adolescente aux yeux brillants.

— Ne restez pas là, susurre l'inconnue, suivez-nous... Vous risquez votre vie !

Les deux Lorrains interloqués s'interrogent du regard et emboîtent le pas nerveux des deux femmes. Le quatuor s'éloigne à la course en empruntant une sente pentue qui naît, bordée de ronces et d'orties, sur la droite du café dans lequel les voyageurs crispés du car se sont engouffrés les uns après les autres. La femme énergique qui mène la course s'arrête après trois cents mètres de grimpée. Les deux garçons ont le souffle court. Ils ne comprennent pas ce qui leur arrive et se retournent pour inspecter les abords du café devant lequel le car demeure en stationnement.

— Regardez, leur conseille l'inconnue qui les a éloignés du village, les voilà...

Quatre soldats allemands approchent à bicyclette, descendent de leurs machines, pénètrent dans le café et en ressortent au bout de deux minutes en poussant du canon de leurs fusils trois voyageurs venus de Salins-les-Bains.

Péréra serre les poings.

— C'est comme ça presque tous les jours, commente tristement l'inconnue en attirant sa fille tout contre elle, vous avez eu de la chance que le car soit arrivé un peu en avance ou que les Boches aient eu du retard... Sans ça ils vous auraient directement arrêtés dès que vous auriez mis le pied au sol...

Les deux Mosellans se rendent compte qu'ils viennent d'échapper à la prison. Ils se jettent au cou des deux femmes et les étouffent d'embrassades reconnaissantes.

— Nous allons vous conduire dans une ferme sûre, propose l'aînée des Jurassiennes en échappant aux étreintes des évadés, là-bas on aura tout le temps de réfléchir au calme...

Les deux hommes marchent à grands pas derrière leurs guides pendant une bonne demi-heure. Le fermier qui les accueille leur donne à manger et les couche dans son fenil.

— Dormez votre content, leur conseille-t-il avant de rejoindre sa famille, je viendrai vous réveiller à quatre heures, vous passerez la ligne avant le jour...

L'homme est de parole. Il secoue ses protégés à l'heure annoncée, leur offre du café bien chaud avec un bout de pain légèrement beurré et les mène juste avant le lever du jour au-dessus de la vallée de Pont-d'Hery.

— Tenez, leur indique-t-il en tendant le bras droit en direction d'une langue de forêt qui naît à environ un kilomètre du village encore endormi, c'est par là-bas, la ligne... Bonne chance !

Les Mosellans remercient. Et se lancent vers l'inconnu sous un ciel lourd de menaces de pluie. Ils contournent prudemment Pont-d'Hery, franchissent à la course une voie ferrée ; rampent au travers d'un champ de blé, atteignent le bois indiqué par le fermier juste au moment où crèvent les nuages bas et le traversent à la course.

Lucien Péréra, qui ouvrait la galopade, se retrouve à une centaine de mètres de baraquements en bois d'où sortent des Allemands en armes et des chiens-loups.

— On est foutus, gronde-t-il en repoussant son compagnon dans le sous-bois dégoulinant d'eau, faut filer d'ici !

Les deux malchanceux courent pendant près de deux heures dans la forêt. Ils grimaçent, tenaillés par des points de côté, leurs cœurs battent à se rompre, mais ils ne consentent à s'arrêter, la bouche ourlée de bave, qu'une fois parvenus au-dessus d'une plaine noyée d'humidité.

Une ferme se découpe à deux cents mètres des grands arbres. Un paysan décharge à gestes réguliers un tombereau de fumier fumant, à moins de cinquante mètres des fuyards.

— Faut lui demander où on est, propose Péréra après avoir un peu repris son souffle, fais comme moi...

Et c'est en rampant dans l'herbe mouillée qu'ils s'approchent de l'inconnu.

— Hep ! hèle l'évadé de Ranguevaux.

L'homme stoppe net son manège de déchargement, fouille la verdure d'un regard étonné et aperçoit les deux fugitifs aussi trempés que lui.

— Où sommes-nous ? lui demande Lucien Péréra alors que, fourche levée et tenue à deux mains, il se dirige vers eux.

— En France, bien sûr, répond-il d'une voix de basse.

— Quelle France ? interroge encore le Lorrain en se relevant un peu plus dans l'herbe.

L'homme à la fourche lui sourit en posant l'extrémité du manche de son outil entre ses croquenots boueux.

— Zone libre, lâche-t-il après avoir fait durer l'attente.

Les Lorrains hurlent leur joie. Ils se lèvent d'un bond à l'unisson et dansent la gigue en se tenant aux épaules, les yeux dans les yeux. Puis ils serrent les mains du Jurassien qui propose de les mener jusqu'à la ferme où il travaille.

Le fermier et ses journaliers font fête aux réfugiés. Les deux anciens ouvriers d'Hayange sont gavés de café chaud pendant que leurs vêtements sèchent dans l'âtre d'une large cheminée.

— Bon, décide le patron de la ferme lorsque les habits des Lorrains sont secs, maintenant faut aller trouver les gendarmes...

Un cheval est vite attelé à une carriole. Un ouvrier de la ferme mène les évadés au village le plus proche.

Les gendarmes sont rodés depuis des mois à l'accueil des réfugiés. Ils expédient vite l'interrogatoire de leurs jeunes clients et leur donnent des billets de car pour Lons-le-Saunier, où fonctionne à plein temps un centre d'accueil pour réfugiés et prisonniers évadés.

La prise en main est rapide au chef-lieu du Jura. Péréra et Heyer, encore tout étourdis par les péripéties de leurs dures journées de fuite, se retrouvent couchés au soir dans un des baraquements d'accueil qui ont été construits devant la gare de Lons.

— Qu'est-ce qu'on va faire maintenant ? interroge le garçon de Florange avant de couler dans le sommeil.

Péréra se redresse sur un coude.

— Je vais essayer de rejoindre le 7e régiment de tirailleurs marocains en Afrique du Nord, promet-il ; le fiancé de ma sœur, qui est de Ranguevaux lui aussi, y est sergent depuis une paire d'années...

Les fatigues du passage de la ligne obligent les évadés à abréger le partage de leurs espoirs, et ils s'endorment.

Ils sont plus longuement interrogés le lendemain dans le bureau du centre de tri, où ils affirment leur désir de s'engager dans l'armée. Un gradé du 151e régiment d'infanterie essaie vainement de les attirer dans son unité en leur faisant miroiter les avantages d'un cantonnement à Lons-le-Saunier, pas très loin de leur Lorraine natale. Le sergent renonce après plus d'une heure de discussion serrée. Les deux compagnons prennent le train pour Lyon, où ils sont à nouveau plusieurs fois interrogés par des fonctionnaires civils et des militaires dans le palais de la Foire envahi de réfugiés. Des sergents recruteurs rivalisent d'adresse pour enrôler dans leurs unités les jeunes à meilleure mine. Roger Heyer succombe le premier. Il opte pour le 155e régiment d'infanterie alpine tandis que son compagnon d'équipée dit adieu au Maroc en signant un engagement au titre du 10e bataillon de chasseurs à pied qui cantonne à Neuville-sur-Ain.

— On s'est peut-être fait avoir, craint le futur diable bleu en se séparant de son ami, on aurait sans doute dû réfléchir encore un peu et pousser jusqu'à Marseille...

L'évadé de Florange hausse les épaules, fataliste.

— En tout cas, conclut Péréra en abrégeant les adieux, je crois qu'on ne se reverra pas avant la libération du pays... Bonne chance !

5. DANS L'ARMÉE D'ARMISTICE

C'est le caporal-chef alsacien qui a si bien manœuvré pour enrôler Lucien Péréra qui escorte lui-même sa recrue jusqu'à Neuville-sur-Ain, où cantonne son bataillon chassé par la défaite de sa caserne de Saverne. Le futur chasseur l'observe en silence dans le train qui a quitté Lyon pour Ambérieu. « En tout cas, se dit-il en respectant le silence du gradé, j'aime bien l'uniforme... »

Le caporal-chef porte très bien sa mise bleu marine, ajustée à sa corpulence d'athlète et rehaussée par le jaune de ses galons, les brillances de son insigne à croix de Lorraine et le liseré jaune qui court sur les côtés de son pantalon bouffant sur des bandes molletières parfaitement croisées.

Le Lorrain n'apprécie pas ce dernier détail d'habillement. Pour lui, la bande molletière, c'est 14-18. « Enfin, se dit-il alors que le train entre en gare d'Ambérieu, je m'y ferai comme tout le monde... »

L'Alsacien, chaussé de godillots à épaisses semelles, guide l'engagé vers les wagons d'un tortillard qui démarre bientôt vers Nantua. Le futur chasseur goûte le paysage montagneux qui ne lui rappelle rien de la vallée de Ranguevaux. Le train poussif touche Nantua. Le caporal-chef et sa recrue ne traînent pas dans la ville bâtie autour d'un lac et dominée par deux montagnes abruptes. Ils sont vite à Neuville-sur-Ain.

Les nouveaux engagés sont chaudement accueillis par leurs futurs compagnons. Ils passent leur première nuit de soldats dans un baraquement sans confort. Péréra, dévoré par une nuée de punaises, ne dort presque pas. Les jours qui suivent ne lui laissent guère le temps de rêver à Ranguevaux. Visite médicale à Nantua, habillement, armement, outillage individuel et affectation pour les classes à la 3e section de la 1re compagnie du bataillon mené par le commandant Ely, un grand officier au visage dur, occupent tout son temps. Il apprend peu à peu le rituel des chasseurs chez qui tout est bleu, même les liserés et les galons jaunes des uniformes, qui deviennent « bleu jonquille ». L'instruction est assurée à un rythme d'enfer. « Au moins, se réjouit le Lorrain, on sent bien que nos chefs ont reçu l'ordre de préparer la guerre... Je crois que je suis vraiment bien tombé. »

De nouveaux engagés, tous recrutés au palais de la Foire de Lyon, arrivent chaque jour à Neuville. Ils remplacent les appelés de la classe 1939 qui sont démobilisés. Péréra, qui a déjà appris à porter crânement le large béret des chasseurs, croit rêver en reconnaissant au milieu d'un groupe d'enrôlés trois garçons de Ranguevaux, Roger Persh, Marcel Dubois et Robert Wilthien, un de ceux qui avaient été arrêtés le 18 janvier en représailles des chants de la Saint-Sylvestre. C'est surtout lui que questionne le chasseur à peu près dégrossi.

— On a vu ton nom et ton affectation sur le registre du palais de la Foire, lui apprend l'ancien prisonnier, alors on a décidé de te rejoindre...

Péréra veut tout savoir, la Lorraine, sa famille, et les aventures de ses compagnons retrouvés.

— Tes parents vont bien, poursuit Wilthien, les S.A. sont de plus en plus durs, et moi j'en ai bavé dans leur saleté de camp de Dachau... J'ai eu de la chance de m'en tirer... Je me suis sauvé dès mon retour au village pour ne pas risquer d'y retourner. C'était ça ou l'enrôlement dans l'armée boche...

L'automne 1941 s'écoule en manœuvres, dans les limites des règles du plan d'armistice qui sont sévèrement contrôlées par des officiers allemands et italiens. Les nouveaux chasseurs s'endurcissent un peu plus chaque jour, vivant le plus souvent dans la nature, faisant de longs raids en montagne, de la natation, de la course, de la boxe, de la lutte, et même du saut à la perche. La nourriture n'est évidemment pas suffisante pour compenser cette débauche d'énergie. Les Alsaciens et les Lorrains ne peuvent pas recevoir de colis de leurs familles, ni même de lettres, puisque le trafic interzone ne fonctionne pas à partir des provinces germanisées. Les chasseurs ne reçoivent, chaque soir et pour le lendemain, qu'une boule de pain pour seize, un café de mauvaise qualité au lever, un rata graisseux le midi et des légumes au repas du soir. Les montagnards qui accueillent les sections en manœuvre sont heureusement très généreux et leurs dons améliorent souvent copieusement le très maigre ordinaire du bataillon.

L'hiver n'arrange pas les choses. Les chasseurs se mettent au ski. Mais comme il n'y a pas assez de spatules pour tout le monde, le commandant Ely doit se résoudre à n'équiper qu'une seule section d'éclaireurs.

Lucien Péréra est un parfait chasseur lorsque naît 1942. Il est candidat, et accepté au peloton d'élèves gradés qui est formé et rattaché à la 1re compagnie du bataillon. Meyer, l'officier qui est chargé de son instruction, ne ménage pas les moyens pour faire de bons gradés de ses élèves. L'hiver ne compte pas pour ce solide Alsacien. Les futurs caporaux n'ont pas un instant de répit. Ils marchent en montagne, de nuit comme de jour et sous la neige. Ils traversent des rivières gelées et escaladent des à-pic vertigineux.

Le bataillon participe à une manœuvre d'envergure dans la vallée de Saint-Rambert-en-Bugey. Le maréchal Pétain assiste à l'exercice. Il passe ensuite les chasseurs en revue.

— Ce n'est pas possible que cet homme ne nous donne pas un jour l'ordre d'attaquer les Boches, se persuade l'élève caporal lorsque le vieux soldat passe à pas comptés devant l'alignement parfait de sa compagnie d'instruction, il n'a certainement pas oublié Verdun...

Les chasseurs quittent Neuville-sur-Ain pour aller relever les diables rouges du 125e R.I. à la protection du maréchal, à Vichy. Péréra découvre là un autre aspect de la vie militaire. Les gardes à la résidence du Parc succèdent à des prises d'armes et à des défilés qui n'enraient en rien la préparation au combat. Deux chasseurs se noient au cours d'un exercice de franchissement de rivière. « Les pauvres gars, se dit l'élève gradé après leur enterrement, ils auraient certainement préféré mourir à la guerre... »

Ely rameute ses compagnies en montagne au début du mois de juin et les engage tout aussitôt dans des grandes manœuvres autour du lac du Bourget. Péréra est ravi de participer à de grands déploiements de forces. Il voit là un dernier signe de la volonté des chefs de l'armée d'armistice, forte de seulement trente mille hommes, de reprendre bientôt le combat. Son peloton d'élèves gradés prend fin au début du mois de septembre. Il en sort, tout étonné, troisième sur trente-cinq.

— J'ai pourtant eu du mal pour tout ce qui touche à la théorie, avoue-t-il à un de ses compagnons de stage, heureusement qu'il y avait le sport et les manœuvres réelles...

Le caporal frais émoulu coud avec émotion deux galons « bleu jonquille » qui montent en V renversé presque jusqu'aux coudes de son uniforme. Puis il est affecté à la 1re compagnie, où servent ses trois amis de Ranguevaux. « Je suis bien plus jeune qu'eux, se rend-il compte, je ne vais pas avoir assez d'autorité sur eux... » Le nouveau gradé ne se trompe pas. Le rescapé de Dachau et ses deux compagnons ne font rien pour faciliter sa tâche. Ils ne voient toujours en lui que le tout jeune homme de leur village lorrain.

Les Allemands envahissent la zone libre le 11 novembre 1942. Le 10e B.C.P. touche son contingent de munitions réelles et se met en campagne.

— Cette fois, jubile Péréra lorsque sa compagnie a pris position au-dessus de Nantua, c'est la guerre ! Ça fait dix-huit mois que je l'attends... On va leur rentrer dedans et leur montrer ce qu'on vaut !

Le caporal belliqueux est allongé près d'un tireur au fusil-mitrailleur 24/29. Il scrute la route qui serpente en lacet étroit en dessous de sa position, espérant l'arrivée d'une colonne allemande. Rien ne bouge dans la montagne. L'attente exaspérante dure deux jours. Puis le bataillon réintègre son cantonnement de Neuville, comme à la fin d'un exercice.

Les Alsaciens et les Lorrains sont dépités et râlent sec. Les nouvelles ne sont pas bonnes. Les forces allemandes occupent toute la France, sauf une poche tout autour de Toulon. L'espoir d'en découdre enfin avec l'occupant renaît le 18 novembre, lorsque tombe à Neuville l'ordre de faire route au sud, pour aller renforcer la défense de la flotte ancrée à Toulon.

Les chasseurs s'entassent dans un train et défilent dans Toulon le 20 novembre au milieu d'une foule enthousiaste. Les compagnies s'égaillent ensuite tout autour de la ville. La 1re compagnie du capitaine Meyer prend position bien à l'est de la rade menacée, dans un sanatorium de Carqueiranne.

— On se croirait en colonie de vacances, fait remarquer Péréra à ses amis de Ranguevaux au bout de quatre journées de farniente crispé, qu'est-ce qu'ils attendent, les Boches, pour attaquer ?

Le capitaine Meyer emmène ses hommes le 26 sur la hauteur du cap de Carqueiranne, au fort désaffecté de la Colle Noire, d'où la vue est magnifique sur toute la rade.

— Regardez le grand bâtiment là-bas, conseille l'officier alsacien à ses chasseurs, c'est le *Strasbourg*, le bateau amiral de l'escadre…

Le caporal de Ranguevaux demeure bouche bée devant le spectacle des navires gris qui sont impeccablement alignés contre les quais de Toulon ou qui mouillent dans sa rade écrasée de lumière.

— Voyez la fumée du *Strasbourg*, poursuit le commandant de la compagnie, c'est bon signe, nous allons peut-être nous embarquer pour l'Afrique du Nord…

Le cœur de Péréra s'énerve à la nouvelle. « Une fois là-bas, espère-t-il, toute l'armée se regroupera et on reviendra débarquer en force… »

La section du caporal rêvant de revanche a quartier libre lorsque la compagnie Meyer redescend à Carqueiranne. Les pêcheurs varois accueillent les Lorrains et les Alsaciens comme des frères. Le vin rosé et le pastis coulent à flots dans les bistrots du petit port. Les chasseurs remontent en titubant au sanatorium qui leur sert de casernement. Péréra, peu habitué au vin, est des plus éméchés. Il tient à peine debout.

Le reste de la 1re compagnie est sur le pied de guerre lorsque la kyrielle avinée rejoint les autres sections. Roger Persh, Robert Wilthien et Marcel Dubois, qui ont bien mieux résisté au rosé que leur jeune caporal, bouclent le havresac de ce dernier et le lui ajustent sur les épaules.

La compagnie reçoit l'ordre d'aller se mettre en position au-dessus de Carqueiranne, sur la route qui mène à Hyères. Les sections progressent en colonne par trois. Péréra ne peut pratiquement plus mettre un pied devant l'autre. Ses voisins de marche, deux caporaux-chefs, le portent littéralement jusqu'à ce que vienne l'ordre de la mise en position de combat.

Les Allemands ne se manifestent pas. L'aube du 27 novembre 1942 éclaire petit à petit la mer et les hauteurs rocheuses qui la dominent. Les vapeurs d'alcool se dissipent lentement. Le Lorrain reprend pied dans la réalité. « Heureusement que les Boches n'ont pas attaqué, se rend-il compte, j'aurais raté mon baptême du feu... »

Et, penaud, le caporal fait mine de s'intéresser aux événements.

Il est bientôt 5 h 30. Des échos d'explosions courent au ras de la Méditerranée et ricochent sur les falaises. Tous les chasseurs regardent vers l'ouest. Le vacarme dure. « Les marins doivent se battre comme des lions, enrage le Lorrain dégrisé, dire que les Boches nous ignorent... »

De tristes nouvelles arrivent à la compagnie en fin de matinée. La flotte de Toulon s'est tout entière sabordée pour échapper à la capture. Les chasseurs à pied sont abasourdis. Leurs espoirs de revanche s'émiettent à tout jamais.

Un ordre les amène à Hyères, où ils embarquent dans un train qui les remonte dans l'Ain. Leur convoi parvient sans encombre à Avignon où il est mis sur une voie de garage pendant de longues heures pour laisser le passage à des trains bondés de soldats allemands. Les Alsaciens et les Lorrains veulent en découdre. Leurs gradés ont toutes les peines du monde à éviter le coup dur. Des insultes volent vers les rames allemandes. Péréra retient difficilement l'envie de tirer. Un violent mistral se lève, ses rafales gelées obligent les chasseurs à se calfeutrer dans leurs wagons pendant que leurs sergents et leurs officiers montent la garde sur le ballast. Le dernier train allemand passe. Le convoi du 10e B.C.P. est remis sur les bons rails. Péréra et ses compagnons réintègrent tristement leurs baraquements de Neuville.

— Il faut rendre les munitions, leur annonce bientôt le capitaine Meyer, exécution !

Les chasseurs râlent ferme. Des groupes se forment. Les gradés ne réussissent pas à collecter toute la dotation de balles et d'obus. Des armes de poing s'égarent. Les bruits les plus alarmants circulent dans la nuit fraîche.

— Les Boches et les Macaronis sont en route pour nous capturer, prédit même un des gradés de la section du Lorrain, c'est tout de même trop vache...

Personne ne songe à dormir dans les baraques froides. Un ordre de rassemblement général tombe vers minuit. Les compagnies désarmées s'alignent tant bien que mal derrière leurs officiers. Le commandant Ely se plante très droit devant ses hommes inquiets.

— Merde, fait remarquer le caporal de Ranguevaux à son voisin d'alignement, on dirait qu'il chiale... Qu'est-ce qui va bien se passer ?

Le chef de bataillon approche un peu plus de la ligne de ses sections. Sa voix, étrangement vibrante, brise le lourd silence du bataillon figé.

— Mes enfants, lance-t-il dans la pénombre, je pressens un grand malheur pour vous tous qui avez fui vos provinces annexées...

Les Alsaciens et les Lorrains retiennent leur souffle.

— Oui, poursuit leur commandant en dominant parfaitement son intense émotion, les nazis doivent certainement vous rechercher... Il ne faut pas qu'ils vous arrêtent, je vous rends donc la liberté sur-le-champ... Partez tout de suite, en civil si vous le pouvez, et tâchez de rejoindre de la famille ou des amis... Vos livrets militaires seront acheminés plus tard à l'adresse que vous avez indiquée comme étant celle de la personne à prévenir en cas d'accident...

L'officier au long visage se tait. Son regard embué traîne un bon moment sur ses hommes, puis il salue et disparaît d'un pas raide dans la nuit. Les sections se défont dans un brouhaha intense. Tous les chasseurs qui se sentent visés par les nazis et qui n'ont pas d'effets civils décousent leurs galons, retirent leurs insignes des cols et les liserés jonquille de leurs pantalons. Puis, par groupes pressés, ils quittent le lugubre cantonnement. Les quatre Lorrains de Ranguevaux se réunissent une dernière fois avec Lucien Torbick, un cousin de Péréra qui a fui Neufchef, un village situé à cinq kilomètres au nord-ouest de chez eux. Ils se séparent après avoir fait le serment de ne jamais se laisser prendre.

Péréra et son cousin mettent huit jours pour rejoindre à pied Maizilly, une petite bourgade de la Loire, où s'est repliée toute la famille Torbick. Ils apprennent en y arrivant à bout de forces que l'armée française a été dissoute.

— Ça ne m'empêchera pas de reprendre un jour le combat, gronde l'ex-caporal-chef du 10e B.C.P., je ne sais pas vraiment où ni comment, mais je me battrai...

Les chasseurs démobilisés se remettent vite de leur équipée. Leurs livrets militaires leur parviennent comme promis huit jours après leur arrivée à Maizilly. Ils mentionnent paradoxalement que les ex-chasseurs à pied sont placés en congé d'armistice, mais que leur engagement continue jusqu'à la fin de la guerre. « Quelle guerre ? ironise tristement l'évadé de Ranguevaux, on se fout vraiment de nous... »

La famille Torbick survit dans le dénuement le plus total dans une seule pièce. Les deux nouveaux arrivés réussissent à se faire embaucher dans une petite filature où ils travaillent comme maçons dans une équipe de réfugiés commandée par un autre cousin de Péréra. La maigre paie des deux tâcherons est engloutie chaque dimanche par le marché noir. Ils paient au prix le plus fort du beurre et du fromage qu'il faut aller chercher à pied à des kilomètres de Maizilly.

— On est vraiment au bout du monde, constate amèrement l'ancien caporal-chef ; personne de nos amis n'a de radio, les autres ne nous parlent presque pas, c'est pas une vie pour nos vingt ans...

Comme le petit canal auquel travaillait l'équipe de réfugiés est achevé, Péréra et son cousin se retrouvent au travail dans la filature.

— Foutez le camp chez vous, sales Boches ! lance un des ouvriers de

Maizilly aux nouveaux arrivants au bout de quelques jours de muette cohabitation, on ne veut plus de vous !

Lucien Péréra bondit sur une pelle. La face de l'insulteur s'ensanglante. Des cousins du blessé viennent à la rescousse. Quelques ouvriers de l'atelier prennent parti pour les Lorrains. La mêlée devient presque générale entre les métiers à tisser dont les cliquetis entêtants se sont tus. La lutte cesse bientôt. La filature se remet en marche deux heures plus tard.

— Je suis bon pour la porte, peste le Ranguevalois, ce n'est pas ça qui va arranger mes affaires...

Des ouvriers témoignent heureusement pour le Lorrain. Le blessé qui revient de l'infirmerie change de métier, Péréra obtient le sursis.

— Si au moins, confie-t-il à ses cousins qui ont aussi frisé le renvoi, on entendait parler de résistance, on pourrait prendre le maquis... Mais non, rien... Et je n'aurai sans doute jamais assez d'argent pour tenter de rejoindre l'Afrique du Nord... J'en ai vraiment assez...

Les deux anciens du 10e B.C.P. reçoivent en mars 1943 une missive officielle qui leur enjoint de se porter volontaires pour servir dans une unité du Génie fraîchement reconstituée dans le Gard. Péréra exulte.

— C'est certainement une façon déguisée de reconstituer l'armée, explique-t-il à son cousin, il faut y aller... Rien n'est encore foutu !

Le cousin Torbick n'est pas du même avis. Le caporal-chef quitte seul Maizilly.

La 2e compagnie du génie cantonne dans les Cévennes, au Vigan. Elle est commandée par le capitaine Roda, qui affecte Lucien Péréra dans une section logée en ville. L'ancien chasseur retrouve l'uniforme avec émotion. Et c'est vêtu de kaki, coiffé d'un béret noir, et toujours en bandes molletières qu'il visite Le Vigan avec quelques nouvelles recrues de sa compagnie. La mission de l'unité du Génie consiste à travailler à la pose d'un câble qui doit traverser la France entière. Les travaux ont déjà commencé en direction de Ganges, une ville de trois mille habitants qui n'est qu'à une quinzaine de kilomètres au sud-est du Vigan.

Le Lorrain et ses compagnons sont vêtus pour le travail de treillis blancs sans col qui datent des années 1900. Le caporal-chef est nommé chef d'équipe ferblantier quelques jours seulement après son arrivée à la compagnie. Son nouveau travail consiste à poser des gaines pour le câble dans les nombreux tunnels qui permettent le passage d'une voie ferrée, à partir de Pont-d'Hérault, à douze kilomètres au nord de Ganges.

— Le boulot n'est pas trop dur, s'avoue le Lorrain après quinze jours passés sous les tunnels, mais on n'a pas grand-chose à se mettre sous la dent...

Les sapeurs d'occasion pallient les carences du ravitaillement en pillant les potagers les plus proches de la voie ferrée. Des gendarmes pistent le Ranguevalois et deux de ses coéquipiers dont le manège a été remarqué par quelques paysans. Ils réussissent à les confondre en flagrant délit à la sortie d'un tunnel. Le capitaine Roda intervient pour faire libérer les voleurs de choux, leur passe un solide savon et annonce l'arrivée imminente d'un sergent qui prendra la place du Lorrain et saura certainement faire régner l'ordre dans la compagnie.

L'ambiance devient vite malsaine dans les corvées après le ridicule incident. Péréra se rend compte que ce qu'il avait pris pour une opération de camouflage d'éléments de l'armée en attente de réarmement n'est en fait que la banale exécution de travaux au seul bénéfice de l'occupant. Il n'est pas le seul à faire cette amère constatation. Les langues se délient. La compagnie se scinde peu à peu en deux groupes. Gaullistes et vichystes se détestent un peu plus chaque jour, les seconds étant nettement plus nombreux que les premiers.

— On va saboter le câble, décide un soir l'ancien chasseur après avoir fait le tour de la situation sans gloire avec quelques sapeurs acquis aux idées de Londres, on n'est pas venus ici pour servir les Boches...

Le Lorrain et ses compagnons commencent par mettre hors de service un des camions de la compagnie, puis posent de plus en plus de guingois les gaines de câble dans les tunnels cévenols.

Un sapeur gaulliste travaillant au P.C. du capitaine Roda prévient Péréra et ses compagnons qu'ils ont été dénoncés.

— Par qui ? s'empresse de s'enquérir le Lorrain furieux.

L'homme du P.C. hésite à donner un nom, puis cède devant l'insistance de l'ancien chef d'équipe.

— Le salaud, gronde ce dernier, on va lui foutre une rouste...

Le coupable, un petit rouquin aux yeux fourbes, reçoit la punition annoncée.

— On ne peut plus rester à la compagnie, décide Péréra après l'expédition punitive qu'il espère exemplaire, faut filer au plus vite...

Les conspirateurs les plus véhéments de la cellule gaulliste approuvent la proposition. L'un d'eux, Lino Menicussi, un solide Savoyard, avance même qu'il connaît une filière pour rejoindre l'Afrique du Nord.

— Si tu veux, propose-t-il à Péréra après la réunion gaulliste, on fout le camp dès dimanche, le passeur habite Alès...

Le caporal-chef saute sur l'occasion qu'il guettait depuis longtemps.

— D'accord, accepte-t-il sans prendre le temps de réfléchir, je pars avec toi ; de toute façon, je suis trop repéré par ici et il va sûrement m'arriver des ennuis avant longtemps...

Les deux hommes rejoignent Ganges par le train puis, musette sur le dos, partent à pied pour Alès en évitant les routes. Ils mettent près de quatre heures pour parcourir les vingt-cinq kilomètres qui les mènent au domicile d'un instituteur membre d'un réseau d'évasion.

— Vous n'avez pas de chance, leur annonce ce dernier lorsqu'ils se sont fait reconnaître à l'aide du mot de passe confié au Vigan par un de ses amis, le gars qui aurait pu vous aider a été dénoncé il y a trois jours… La chaîne est brisée…

Les deux sapeurs demeurent sans voix pendant quelques secondes sous le regard compatissant de l'instituteur.

— On retourne au Vigan, décide le Savoyard, le gars qui nous a envoyés ici a peut-être un autre tuyau…

Ce n'est que bien après la tombée de la nuit du lendemain que les deux candidats à l'évasion se faufilent dans Le Vigan.

— On va chez ma logeuse, propose Menicussi, et demain je chercherai mon gars…

La logeuse du Savoyard, Mme Creston, une veuve assez grande, devine sans mal la situation des deux sapeurs.

— On vous cherche partout en ville, leur annonce-t-elle le lendemain matin, vous ne devez pas sortir avant la nuit… Je ne dirai rien à personne…

Les deux amis demeurent cloîtrés pendant trois jours.

— Faut tout de même penser à bouger, décide Péréra au matin du quatrième jour de réclusion, on va finir par devenir fous…

Mme Creston pénètre dans la chambre.

— J'ai du nouveau pour vous, annonce-t-elle les yeux brillants d'excitation, j'ai parlé de vous à des voisins…

Le Lorrain sursaute. La logeuse saisit son trouble.

— Mais, plaide-t-elle, vous n'avez rien à craindre de leur part, tout au contraire…

Les deux hommes maintenant considérés comme déserteurs attendent la suite des explications.

— Mes amis, reprend la femme, connaissent très bien un pasteur protestant de Mandagout, un petit village qui n'est qu'à six kilomètres d'ici… Il a déjà camouflé des Juifs et des réfugiés… Je vais le contacter !

Péréra et son compagnon endurent deux nouvelles journées de claustration.

— Le pasteur Gillier est d'accord, vient enfin annoncer leur protectrice, il a décidé de monter un maquis dans la montagne, il vous attend…

Le mot « maquis » fait naître des images fracassantes dans l'esprit du Lorrain.

— Ça y est, s'enthousiasme-t-il sans trop bien saisir le reste de l'exposé de Mme Creston, cette fois je vais me battre…

6. LA NAISSANCE D'UN MAQUIS

Le Vigan dort lorsque le Lorrain et le Savoyard quittent leur logeuse. Il est un peu moins de minuit et il fait doux. Les deux futurs maquisards cheminent sur des sentes de plus en plus pentues. Ils sont au hameau de Mandagout vers deux heures. Des chiens éveillés par leur approche saluent leur arrivée de secs aboiements dont les échos s'émiettent au flanc des Cévennes tièdes. La maison du pasteur est proche du temple, à l'entrée du village. Les deux déserteurs de la compagnie du Génie la repèrent facilement. Le Lorrain, à peine essoufflé par la rude grimpée, manie d'un coup sec la poignée d'une chaîne de clochette. La porte de la maison basse s'ouvre tout aussitôt.

— Entrez vite, leur conseille le pasteur, il ne faudrait pas que quelqu'un vous voie...

La lumière de la pièce oblige le Lorrain à cligner des yeux. Il détaille, une fois accoutumé à l'éclairage, l'homme qui le reçoit. Le pasteur est dans la trentaine, à peine plus grand que le jeune Lorrain, porte des lunettes qui n'enlèvent rien à la brillance intelligente de son regard, et arbore une belle paire de moustaches.

— Et voilà Mme Gillier, présente-t-il en se décidant à défaire ses mains nerveuses de celles de ses deux premières recrues, elle vous a préparé une collation...

L'épouse du pasteur est tout sourire, et grave à la fois. Les anciens sapeurs dévorent la soupe et les charcuteries qui les attendaient dans une cuisine bien nette. Le pasteur les couve du regard, semblant les apprécier. Il est chaussé de gros brodequins et a ajusté les jambes de son pantalon dans des guêtres qui lui donnent un petit air militaire. Le Savoyard et le Lorrain ne parlent pas beaucoup. Ils attendent les précisions de leur hôte.

— Bon, décide ce dernier lorsque l'en-cas est terminé, on y va...

Les musettes alourdies de vivres suffisants pour deux jours sont remises en bandoulière. Le pasteur embrasse son épouse. La porte de la maison accueillante se referme derrière le trio qui ranime les aboiements des chiens.

Le pasteur ouvre bien sûr la progression. Il chemine à grandes enjambées sans donner le moindre signe d'essoufflement et maintient son rythme de montagnard pendant plus d'une heure.

— Nous sommes bientôt arrivés, annonce-t-il aux deux hommes qui le suivent lorsque le trio approche d'un hameau, juste en dessous d'un col, on nous attend...

Le pasteur cogne vigoureusement de son poing fermé sur la porte en bois d'une des deux fermes qui forment le mas des Vieilles.

— C'est nous, père Atger, se fait-il reconnaître lorsque le fermier est éveillé, tout va bien...

L'homme tiré de son sommeil achève de se vêtir, puis se mêle au trio.

— Je vais vous guider jusqu'à la jasse de la Toureille, avertit-il en serrant les mains des deux pionniers du maquis de Mandagout.

Le Lorrain ne saisit pas très bien. Le pasteur moustachu lui explique qu'une jasse est une bergerie, et les quatre hommes entament l'escalade qui mène au repaire choisi pour l'implantation de l'embryon de maquis. La nuit est très belle. Un orage sec éclate au-dessus de la masse sombre du mont Aigoual, au nord-est. Le quatuor trace sa route au milieu de rochers ceints de genêts et d'épineux. Mal chaussés pour la montagne, le Lorrain et le Savoyard trébuchent souvent. Leurs guides ont le pas bien plus sûr et sont obligés de les attendre à plusieurs reprises.

Il est près de quatre heures lorsque la jasse est atteinte, tout au bout d'une longue prairie en pente.

— Ici, explique le pasteur à ses recrues essoufflées, on est à plus de mille mètres, vous verrez demain comme c'est beau...

Les quatre hommes somnolent jusqu'à l'aube après avoir échangé leurs espoirs de lutte. Le Lorrain, lorsque le jour est levé, laisse longtemps traîner son regard ébloui sur le mont Aigoual qui casse de ses 1 567 mètres l'horizon nord de la bergerie. Il inspecte ensuite rapidement à l'ouest les montagnes cévenoles, puis le dégradé coloré qui mène au nord-est vers Alès et au sud-est vers Nîmes.

— Et là-bas, lui indique le pasteur en lançant la main droite vers le sud, c'est Montpellier, et la mer...

La plaine du Languedoc, rapetissée par la perspective plongeante, meurt à la ligne bleue de la Méditerranée.

— On sera aux premières loges pour assister au débarquement, lance Péréra à ses compagnons après s'être gorgé des splendeurs du panorama.

Le pasteur décide de redescendre vers Mandagout après avoir conseillé à ses deux maquisards d'éviter de faire du feu et de se cacher à l'approche de quiconque.

— Je vais vous donner des noms de guerre, poursuit-il après ses recommandations. Vous, Lucien, qui êtes blond, vous serez Leblond, et vous, le Savoyard, vous vous appellerez Martin... Je vous apporterai bientôt des faux papiers...

Les deux guides s'éloignent. Les maquisards sans armes font le tour de leur repaire. Le rez-de-chaussée de la jasse sert de refuge aux chèvres et aux moutons du fermier des Vieilles, et sent le suint. L'étage de la bâtisse est bourré de foin et de fougères bien secs.

— On y sera bien pour dormir, avance Leblond, il y a de la place pour dix...

Le toit en tuiles romaines de la bergerie est rapiécé de tôles de zinc par endroits. Les deux hommes inspectent aussi les alentours du domaine. Un mince ruisseau d'eau très pure descend des hauts de la Toureille, à une centaine de mètres en contrebas de la bergerie. Un deuxième bâtiment sans toiture est bien caché sous des arbres. Les deux premiers maquisards de Mandagout décident de l'employer comme cuisine.

Le pasteur vient au ravitaillement toutes les trois nuits.

— Tenez, annonce-t-il au cours d'une de ses équipées et en tendant deux cartes d'identité à Péréra, vous vous appelez maintenant Perrier, et vous êtes né à Pontivy, dans le Jura, ne l'oubliez jamais...

Le compagnon du Lorrain empoche lui aussi sa nouvelle carte d'identité.

Le temps s'écoule très calmement en travaux d'aménagement. Les deux isolés sont tirés en sursaut du sommeil de leur troisième nuit dans la montagne par des coups violents qui sont donnés sur la porte de la bergerie.

— Ouvrez, leur crie une voix énervée, c'est moi, le pasteur Gillier...

Péréra s'extrait d'un bond de sa couche de foin tiède et ouvre la lourde porte grinçante. Le pasteur est accompagné d'un inconnu chargé d'un sac à dos.

— Je vous amène du renfort, annonce le protestant en souriant, c'est Robert Fesquet, mais pour vous il s'appellera Dédé, il est réfractaire au S.T.O.

Le matricule nº 3 du maquis de Mandagout offre des cigarettes à ses deux futurs compagnons tandis que le pasteur dépose dans la bergerie des sacs de ravitaillement collecté dans les fermes de ses ouailles. Louis Finiels, un villageois de Mandagout, se défait lui aussi de tout le matériel dont il s'est encombré, couvertures, bouilloires et casseroles.

Le manège du ravitaillement se reproduit toutes les quarante-huit heures, à un moment de la nuit choisi par le pasteur pour éviter les mauvaises surprises. Les trois maquisards apprennent chaque fois un peu plus de choses sur les habitants du village de Mandagout qui s'éparpille sur des kilomètres de montagne en tout petits hameaux. Cette population, déjà partagée sur le plan confessionnel entre parpaillots et papistes, est depuis la défaite encore un peu plus désunie par les courants gaulliste et vichyste. Les maquisards, impatients d'être armés et pressés de combattre, apprennent qu'ils doivent tout particulièrement se méfier de la fille d'un garde forestier qui habite à un kilomètre à vol d'oiseau de leur repaire et dont le gendre sert dans l'armée allemande sous l'uniforme des S.S. Ils savent aussi qu'ils doivent tout craindre de tout le monde, des Allemands, des miliciens, mais aussi des gendarmes et des policiers, qui ont reçu l'ordre de traquer les maquis.

La jasse de la Toureille accueille à la mi-août un quatrième maquisard. Ce dernier est lui aussi réfractaire au S.T.O. Le ravitaillement devient un problème grave. Les quatre montagnards ne se nourrissent pratiquement plus que de châtaignes à peine mûres. Ces fruits farineux, bouillis, crus ou grillés ne suffisent pas à calmer les appétits aiguisés par l'altitude. Péréra décide de lancer des expéditions dans les vallées pour rapiner des légumes dans les jardins, en choisissant judicieusement les endroits à piller, et en ne volant que les paysans les plus ouvertement pétainistes.

Louis Finiels, alors que le pasteur est parti se reposer pendant une vingtaine de jours en Charente, amène quatre nouvelles recrues à la bergerie le 25 août 1943. L'un d'eux, un homme plus frêle que les trois autres qui sont des paysans de la région, est un mécanicien-dentiste qui frise la quarantaine. Il devient vite, élu par ses compagnons bien plus jeunes, le responsable du camp. Deux des nouveaux venus sont armés de pistolets. Les premières armes du maquis circulent de main en main, cent fois démontées et remontées.

Le pasteur ne rentre à Mandagout qu'à la fin du mois de septembre. Il refuse de reconnaître comme les siens les quatre derniers arrivés à la jasse du père Atger. Il tempête, renvoie le mécanicien-dentiste et ses compagnons à leurs fermes, et explique sa réaction brutale aux quatre hommes atterrés qui ont assisté à la scène de bannissement.

— J'ai reçu de mauvais renseignements sur eux, se justifie-t-il l'air grave, nous n'avons pas besoin de brebis douteuses...

L'automne s'installe sur les Cévennes. Une alerte de dénonciation oblige les protégés du pasteur à abandonner à la mi-octobre leur jasse maintenant bien aménagée et à se cacher dans une ferme isolée où ils demeurent tapis pendant une dizaine de jours. Ils s'installent ensuite dans une autre bergerie, à Salzet, sur la commune d'Arphy, à l'ouest de Mandagout. Le nouveau repaire appartient à des jumeaux, Paul et Louis Bastide, qui ont à peu près trente-cinq ans et sont de redoutables chasseurs qui réussissent à nourrir le maigre maquis avec le produit de leur braconnage.

Le nouvel abri est plus vaste que celui du père Atger. Il consiste en une seule et vaste pièce de plain-pied qui est bâtie au bord d'un ruisseau, dans un creux cerné d'arbres serrés et à quelques mètres seulement d'un sentier courant sous des couverts. Un cinquième maquisard vient bientôt grossir le groupe, parfaitement accepté par le pasteur celui-là. C'est un Parisien gouailleur et presque chauve qui a largement passé la trentaine et travaillait aux usines Renault.

L'hiver s'annonce rude. Il neige déjà au milieu du mois de novembre.

Le froid insupportable atteint le moral des maquisards toujours démunis d'armes. Le pasteur saisit vite leur trouble.

— Patientez encore un peu, plaide-t-il pour les empêcher de quitter la montagne, j'ai une bonne nouvelle à vous annoncer...

Les mines tristes des cinq hommes, qui rêvent de s'attaquer aux Allemands dont ils savent la présence plus à l'ouest de leur maquis, sur les hauteurs du Larzac, s'illuminent.

— Oui, poursuit leur chef, depuis hier vous êtes officiellement rattachés à l'O.R.A., l'Organisation de résistance de l'armée... Notre patron est le colonel Guillot, qui commandait le 8e R.I. à Montpellier avant l'invasion de la zone libre... Il était avec le général de Lattre de Tassigny à la 14e division d'infanterie jusqu'à la dissolution de nos troupes...

Lucien Péréra sent son cœur battre un peu plus fort.

— Nous avons un vrai lien avec l'armée, se réjouit-il, c'est bon signe... Ça va bouger...

Le pasteur explique encore que le colonel Guillot est responsable de la troisième région de l'O.R.A.

— Et, poursuit-il bien conscient de l'intérêt qu'il a réveillé chez ses protégés, il m'a promis des armes dès qu'il aura les moyens de nous en fournir... Je suis en liaison avec son P.C. de Montpellier, il n'y a donc plus qu'à attendre...

Un sixième résistant vient se mêler au groupe après le 10 décembre. Il s'appelle Jeannot et le pasteur l'envoie suivre un stage dans une école du maquis dans la région d'Ardailles, sur la rive est de l'Hérault. Jeannot revient à la jasse Bastide la veille de Noël pour dispenser son savoir tout neuf à ses compagnons frigorifiés.

Le maquis est à nouveau menacé de dénonciation au début du mois de janvier 1944. Il émigre prudemment dans une bergerie appartenant à Louis Finiels, le dévoué bras droit du pasteur Gillier. Le nouveau repaire est assez vaste pour contenir à l'aise une vingtaine d'hommes. Il est bâti en pleine montagne, sur un plateau désert. Le nouveau maillon de l'O.R.A. est maintenant fort de quatorze maquisards. Mimile, Dada, Tito, Raphaël, Raoul, Petit-René et Roquefort sont les noms de guerre des derniers arrivés dans la clandestinité.

Le pasteur monte jusqu'au campement secret par une nuit de pleine lune. Il est accompagné d'un homme à la stature élancée, très athlétique et très brun.

— Je vous présente René, votre chef, annonce l'homme à la moustache, il nous vient d'Alger et c'est le colonel Guillot qui nous l'envoie...

Le lieutenant René, Georges Sistach de son vrai nom, s'enquiert dès le lendemain de la qualité des services militaires de ses quatorze hommes. Il est tout heureux d'apprendre que Lucien Péréra était caporal-chef au 10e B.C.P., le nomme illico sergent et lui donne le commandement de la première sizaine du maquis tandis que Mimile et Dédé, qui viennent des chantiers de jeunesse maréchalistes, reçoivent la charge de deux autres équipes de combat de l'unité en gestation.

La bergerie de Louis Finiels prend vite l'allure d'un camp retranché. La discipline règne au maquis qui vit en permanence sous la neige. Les hommes, toujours sans armes, montent la garde à tour de rôle. L'un d'eux aperçoit un point minuscule sur l'étendue blanche de la montagne, qu'il prend tout d'abord pour un animal égaré, mais reconnaît bientôt le pasteur. Ce dernier, transi, couvert de neige gelée, porte deux fusils Mauser en bandoulière.

— C'est Séverac, un ami de Mandagout, qui vous les envoie, apprend-il au lieutenant René en lui remettant les fusils gelés, mais il y a du mauvais : trois cents gardes mobiles viennent d'arriver au Vigan pour mener la chasse aux maquisards de toute la région, il faut filer dans la montagne...

Le lieutenant donne l'ordre du départ au petit matin suivant l'avertissement.

— On a dû être vendus par le garde forestier ou sa salope de fille, confie Péréra à Robert, le seul maquisard qui soit Lorrain comme lui, ceux-là ne perdent rien pour attendre...

La bergerie des Finiels a été soigneusement débarrassée de tout ce qui pouvait trahir le passage de ses occupants. Une partie de ces derniers se dirige vers des grottes qui truffent la région, tandis que Péréra et sa sizaine s'installent près du refuge de montagne de Cap-de-Coste pour y guetter la venue du pasteur. Celui-ci risque en effet de remonter dans la montagne pour annoncer un parachutage qui doit être annoncé au colonel Guillot par un message sibyllin : « Etre c'est lutter, et vivre c'est vaincre. »

Les hommes partis vers les abris rejoignent bientôt, véritables bonshommes de neige animés, le groupe du Lorrain.

— Il n'y a pas moyen de pénétrer dans les grottes, explique à ce dernier le chef du maquis, tout n'est plus que glace là-haut...

Les G.M.R. du Vigan ne bougent pas. Le pasteur, tout joyeux et accompagné des jumeaux Bastide, de Louis Finiels et de Séverac, l'homme qui a fourni les fusils, rejoint les maquisards dans la soirée.

— C'est pour demain, claironne-t-il dès qu'il aperçoit le lieutenant René, les armes arrivent...

Péréra oublie le froid et les semaines passées dans le dénuement le plus complet. Il n'est plus qu' impatience.

— L'avion va lâcher ses colis sur la draille de l'Espérou, explique encore le pasteur, transfiguré par la nouvelle.

Le Lorrain sait depuis longtemps déjà qu'une draille est le passage périodique des troupeaux de moutons en transhumance, et il connaît le village de l'Espérou qui est planté en haut des Cévennes, au bord de la départementale 48 et à moins de quatre kilomètres au sud-ouest du mont Aigoual.

La colonne de maquisards se met en route à la nuit vers l'endroit prévu pour le parachutage. Elle parvient sans encombre à la mi-nuit à la draille de l'Espérou. Chaque maquisard est muni d'une lampe électrique de poche. Le lieutenant René fait repérer la position qu'ils doivent prendre en formant un long L dès que l'avion annoncé se fera entendre. Les jambes des maquisards impatients enfoncent dans cinquante centimètres de neige. Ils grelottent.

— On ne risque pas grand-chose par ce temps-là, annonce le lieutenant lorsque le balisage a été bien répété, vous pouvez allumer un feu sous le couvert des sapins et vous y réchauffer à tour de rôle…

La sentinelle, qui est restée de guet au petit col de la Luizette ne peut malheureusement pas profiter du feu de camp, ni même du vin que le pasteur et ses compagnons ont amené dans des bidons et que les maquisards doivent d'abord dégeler au feu avant de le boire.

Il est bientôt 3 heures. Les hommes transis ont mal à la nuque à force de tendre le cou en arrière pour scruter le ciel vers l'ouest. Un vrombissement lointain balaie leurs appréhensions d'annulation du parachutage. Tout le monde court à son poste de balisage en traçant des sillons profonds dans la neige crissante. L'avion approche de la draille. Les lampes s'allument. L'appareil vire au-dessus de l'Aigoual.

— C'est un Halifax, reconnaît le chef de maquis, il est dans la bonne direction…

Le bruit des moteurs de l'appareil anglais s'empare de l'étendue neigeuse. Des containers tombent de sa trappe ventrale, trou de lumière, des claquements secs marquent l'ouverture des parachutes, des ululements épais s'échappent des corolles gonflées qui approchent du sol.

— Ils vont tomber en plein dans le mille, jubile Péréra, à nous la guerre !

Une saute de vent déporte soudain la précieuse manne vers un col qui casse l'horizon à près d'un kilomètre. L'avion a disparu vers l'ouest, le ronronnement de ses moteurs s'amenuise, et se fait oublier. Les maquisards et leurs amis courent comme des dératés vers l'endroit où ont disparu les parachutes. Un cri de joie salue la découverte du premier container qui se balance au bout des suspentes de son parachute à mi-hauteur d'un sapin.

Un maquisard s'attaque à la hache au tronc gelé. La lame ne réussit pas à mordre le bois du premier coup. L'arbre s'écroule tout de même bientôt avec des craquements secs. Le container est vite ouvert. Il contient des mitraillettes Sten et leurs munitions. Les hommes du lieutenant René s'égaillent tout autour du col et retrouvent encore neuf parachutes étalés sur leurs containers.

L'aube met fin aux recherches. Le chef de maquis décide de ramener ce qui a été récupéré au refuge de Cap-de-Coste. Ses hommes, chargés comme des mules, ahanent dans une tempête de neige d'une rare violence. Seule la sentinelle du col de la Luizette, que ses compagnons ont retrouvée à moitié morte de froid, est exemptée de portage. Les hommes à bout de forces se défont de leurs fardeaux au refuge isolé, se restaurent d'une méchante soupe aux châtaignes, dorment une heure et, à midi, repartent sur leurs traces effacées par la tempête vers le col qui recèle le reste du parachutage. Ils rencontrent sur leur chemin cinq bûcherons de l'Espérou que le pasteur mobilise aussitôt pour la corvée, et qui sont renvoyés ensuite après avoir juré de ne rien dire à personne de ce qu'ils ont vu.

Les maquisards effacent toutes les traces du parachutage et font l'inventaire de ce qu'on leur a envoyé d'Afrique du Nord. Ils décomptent quatre-vingts mitraillettes Sten, vingt revolvers, une centaine de grenades défensives à quadrillage extérieur, des Mills, deux cents kilos d'explosif Nobels 88, du matériel de sabotage, cordeau détonant, mèche lente, détonateurs et allumeurs en tous genres : à traction, à pression, à relâchement et à retardateur. Il y a aussi du matériel sanitaire, pansements et boîtes de premiers secours. Les maquisards s'arment chacun d'une Sten, de grenades, et enterrent le surplus du largage dans des caches en forêt.

Les G.M.R. quittent Le Vigan quelques jours après le parachutage réussi. Le maquis bien armé réintègre la bergerie de Louis Finiels. Le lieutenant René nomme Lucien Péréra responsable des armes et entame une série de cours de sabotage.

De nouvelles recrues rallient le camp secret au fil des semaines. Le maquis de Mandagout devient une force respectable et, lorsque à la fin du mois de février le pasteur vient prévenir le lieutenant René que des unités de S.S. vont venir ratisser les Cévennes et les monts de Lozère pour balayer les maquis et terroriser la population de moins en moins hostile à leur implantation, ce dernier refuse de s'éloigner de son camp bien aménagé.

— Des éléments motorisés sont venus jusqu'à Arphy et Mandagout, précise le fondateur du maquis, cette fois c'est du sérieux...

— Nous les attendrons ici, répète le lieutenant de l'O.R.A., et s'ils viennent, nous nous battrons !

Le pasteur inquiet repart aux renseignements. Il apprend par le maire d'Arphy que les nazis installés dans son village paraissent tout ce qu'il y a de plus calmes. Les maquisards se sont mis au poste de combat derrière des rochers qui surplombent les Allemands. Ces derniers chantent tout au long de la soirée. Péréra reconnaît *Erika*, le chant nazi, que lançaient au vent de sa Lorraine les envahisseurs de Ranguevaux, il y aura bientôt trois ans.

La nuit s'écoule, crispante, les résistants espèrent l'attaque. Mais rien ne bouge vers Arphy. Le pasteur Gillier remonte à la bergerie dès l'aube.

— Les Boches sont partis, annonce-t-il au lieutenant René et à ses chefs de sizaine, mais il y a eu du grabuge au maquis de Valleraugue, il y a des morts et les salopards ont emmené des otages...

Le lieutenant réfléchit à la triste nouvelle. Des rescapés de Valleraugue descendent du nord et viennent se réfugier au maquis de Mandagout.

— Les Boches ont pendu les otages à Nîmes, apprend l'un d'eux à ceux qui l'ont accueilli, il faudra qu'on les venge...

7. LA MORT DU TRAÎTRE

La situation du maquis est grave. Les nazis peuvent revenir en force dans la région. Le lieutenant René demande au pasteur et aux jumeaux Bastide de repérer un nouveau cantonnement de l'autre côté de la vallée. C'est au lieu-dit Les Vignals que s'installent les résistants bien armés. Le nouveau site occupé par Péréra et ses compagnons s'étale au bord d'un ruisseau dans une vallée étroite et encombrée de châtaigniers centenaires. Une seule piste,très pentue, se faufile jusqu'aux deux énormes parois de rochers qu'elle éventre pour pénétrer au ras d'une cascade dans un long potager en friche et planté de quelques pommiers. Quatre bergeries en mauvais état occupent l'endroit difficile d'accès.

Les maquisards baptisent leur nouveau domaine « le Paradis ». Le lieutenant René installe son P.C. dans la jasse la plus proche du potager, à une dizaine de mètres de celle qui sert de cuisine et de dépôt de vivres. Ses hommes dorment dans la troisième bergerie, à une centaine de mètres plus haut, et la quatrième jasse attend de futurs résistants.

Des corvées prudentes partent de nuit au refuge de Cap-de-Coste et en ramènent l'armement enterré dans la forêt. Le maquis s'épaissit. Bellamy, un maître de la Marine surnommé Suffren, le premier sous-officier d'active à rejoindre la clandestinité, est responsable de la discipline du camp. Et c'est un dentiste que ses compagnons appellent Petiot qui prend en main son service de santé.

Le printemps 1943 approche, le refuge des maquisards de Mandagout mérite de plus en plus son nom de Paradis. La guerre semble loin. Le lieutenant René part en mission secrète pour le compte du colonel Guillot. Ernest, un des derniers enrôlés au Paradis, confie à Péréra, peu après son départ, qu'une jeune femme du Vigan fournit des renseignements aux nazis par le truchement de son amant allemand.

— Dommage que le chef ne soit pas là, regrette le Lorrain en faisant le point de la situation avec Martin, on va tout de même descendre en ville et punir la demoiselle...

Ernest est de l'équipée. Les trois maquisards pénètrent dans Le Vigan à la nuit tombée et se postent à la sortie du cinéma de la petite ville. Les trois hommes sont armés de revolvers. Les portes du cinéma s'ouvrent, la salle se vide rapidement.

— C'est elle, indique Ernest à Péréra, elle est avec son Boche...

La fille est belle, la plus belle de toutes celles qui s'égaillent dans les rues du Vigan.

— On les emmène, décide le Lorrain, venez avec moi...

Ernest ne suit pas l'ordre et se défile vers la montagne. Martin et son compagnon sortent leurs revolvers et, bousculant quelques promeneurs attardés, empoignent les deux amoureux et les entraînent hors de la ville.

Le couple apeuré devine la mort dans les regards de ses ravisseurs.

— On est moins fière, hein ? lance le Lorrain à la jeune femme. On ne pourra plus jamais trahir personne...

L'Allemand fait mine de résister. Martin l'assomme d'un coup de crosse assené derrière la tête.

— On va le foutre à poil et l'enfermer dans la cabane là-bas...

Le Savoyard dévêt le soldat au corps mou, trouve de la corde dans le cabanon, ligote son prisonnier très serré et le jette comme un sac de pommes de terre sur le plancher poussiéreux de l'abri isolé.

— Toi, menace ensuite Péréra en saisissant la fille par un bras, tu viens avec nous...

Le trio chemine encore près de cinq cents mètres vers la montagne. Le Lorrain sort de sa poche la paire de ciseaux qu'il a amenée du Paradis pour humilier la moucharde.

— On ne va pas te tuer pour cette fois, explique-t-il à sa captive folle de terreur, mais tu vas tout de même garder un souvenir de nous...

Et le maquisard empoigne la fille par le cou, la force à se courber et taillade à plein sa chevelure bien soignée. Le travail est vite terminé.

— Dommage que je n'aie pas de glace et qu'il fasse nuit, regrette le coiffeur maladroit, mais tu verras comme tu es belle en rentrant chez toi...

Martin s'approche de son ami.

— Qu'est-ce qu'on va en faire ? lui chuchote-t-il.

Le Lorrain hésite un instant, mais se refuse à tuer l'amie des Allemands.

— On la fout à poil et on la renvoie au Vigan, décide-t-il en commençant à défaire la robe de sa victime en pleurs.

Le déshabillage est rondement mené. La fille est entièrement nue et croise ses bras sur ses seins blancs. Les deux jeunes maquisards sont troublés par le corps sans défense. Les femmes ne sont depuis longtemps qu'un rêve inaccessible pour eux. La tentation de posséder celle qu'ils tiennent à leur merci est forte. Péréra rompt le charme trouble.

— Fous le camp retrouver tes salauds de Boches, hurle-t-il en poussant sa victime vers Le Vigan.

La tondue hésite, craignant de recevoir une balle dans le dos, fait quelques pas timides, puis se lance à la course dans la nuit. Sa croupe laiteuse disparaît vite. Les maquisards éclatent d'un rire nerveux.

— Allez, ordonne le Lorrain, on a de la route à faire, on remonte là-haut...

Les deux hommes n'ont pas un regard pour celui qui les a renseignés en pénétrant dans le Paradis.

Le mois d'avril passe tout aussi calmement que mars. Le maquis ne subit qu'une alerte, lorsque en pleine nuit monte vers eux une colonne de miliciens, de G.M.R. et de soldats allemands qui serpente sur la route départementale 48. Les combattants de l'ordre nouveau ignorent les soldats de l'ombre du lieutenant René, incendient un hôtel près des cascades de l'Orgon où ils avaient cru trouver les maquisards au gîte, remontent dans leurs véhicules et poursuivent leur route vers la Lozère.

Péréra et ses compagnons apprennent le lendemain de l'alerte que les nazis ont massacré les résistants du maquis Bir Hakeim autour du village de La Parade, à moins de quarante kilomètres au nord-ouest du Paradis, sur le causse Méjean.

Le pasteur rejoint ses protégés un matin de mai. Il a la mine défaite.

— Le colonel Guillot est mort ! annonce-t-il au lieutenant René et à ses gradés.

Et, atterré, le pasteur apprend aux maquisards que l'officier de l'O.R.A., connu dans la Résistance sous le surnom de Corsaire, avait été dénoncé et arrêté à Montpellier en même temps que plusieurs membres de son réseau.

— Les salopards, poursuit le créateur du maquis de Mandagout, ont emmené le colonel à Toulouse avec seize des siens. Ils les ont torturés et fusillés ensemble dans la forêt de Castelnaurou... Ce sont des bûcherons qui ont retrouvé leurs pauvres corps suppliciés...

Les cinquante hommes du lieutenant René sont abattus par la nouvelle et ne rêvent que de vengeance. Deux officiers du Corsaire fusillé, le sous-lieutenant Roger et l'aspirant Jean, qui ont miraculeusement échappé à la rafle nazie, rallient le Paradis. L'aspirant Jean, qui était l'officier radio du colonel, a réussi à quitter Montpellier avec son poste émetteur récepteur.

— Il nous faudrait l'électricité au camp pour pouvoir émettre, annonce le radio au lieutenant René, vous avez une solution ?

Robert, Thiébaut de son vrai nom, une des premières recrues du pasteur, est surnommé « l'Ingénieur » par ses compagnons. Il est chargé d'étudier le problème. Il relie, par un fil souterrain sur plus de deux kilomètres, le Paradis à la ferme des frères Bastide. Le courant peut ainsi arriver jusqu'au P.C. du maquis.

— Il y a le problème du compteur, avance justement un des jumeaux de la ferme, les gars de l'électricité sont obligés de communiquer aux Boches les trop grosses différences de consommation...

Le pasteur connaît un ingénieur électricien qui accepte courageusement de trafiquer le compteur des Bastide. L'aspirant Jean reprend contact avec Londres et Alger.

Le lieutenant René a terminé sa mission. Le haut commandement de l'O.R.A. l'envoie dans un autre maquis en formation. Le sous-lieutenant Roger prend le commandement du camp du Paradis, qui a été baptisé « maquis des Corsaires » en souvenir du colonel Guillot.

— On devrait monter un corps franc,mon lieutenant, propose Lucien Péréra au nouveau chef, comme ça on pourrait lancer des coups de main dans toute la région...

L'officier accepte et confie le commandement du groupe de commandos à l'aspirant Jean et l'ancien caporal-chef du 10e B.C.P. devient son adjoint.

Le corps franc reçoit comme première mission de suppléer aux carences du ravitaillement. Le Lorrain mène ses volontaires au Vigan, réquisitionne un camion à gazogène et vide en pleine nuit tout le chargement d'un wagon de farine.

— Comme ça, annonce-t-il triomphalement au sous-lieutenant Roger à son retour au Paradis, on n'est pas près de manquer de pain, Etienne, le boulanger, a de quoi faire...

Le second raid du corps franc mène l'aspirant Jean, le Lorrain et leurs hommes au pillage nocturne d'un entrepôt de vêtements du Vigan appartenant à un commerçant en gros qui affiche très ouvertement son opinion anti-maquis. Le camion réquisitionné revient au camp chargé de vestes, manteaux, pantalons, chemises, chaussettes et linge de corps qui remplacent avantageusement les vieux habits des maquisards.

L'aspirant Jean est bien décidé à pousser à l'extrême l'équipement du maquis. Il mène son groupe maintenant bien rodé au sac d'une fabrique de couvertures à Salagosse, en dessous du col du Minier, sur la route de l'Espérou.

— Avec ça, commente l'adjoint de l'officier radio, on est parés pour l'hiver prochain…

Puis, le tabac faisant cruellement défaut aux nombreux fumeurs du Paradis, le patron du corps franc monte un coup de main audacieux sur le dépôt de la Régie, au Vigan. Le pasteur Gillier persuade le directeur de l'établissement de se laisser dépouiller d'une partie de son stock. Ce dernier fait charger une camionnette comme pour une livraison importante. Les Corsaires, qui ont réquisitionné deux tractions avant Citroën noires, pénètrent dans le dépôt à l'heure prévue et font mine de menacer de leurs Sten son directeur complaisant. L'un d'eux prend le volant de la camionnette, et le convoi traverse la sous-préfecture à la barbe des Allemands et des miliciens qui n'ont pas le temps de réagir.

Le sergent lorrain prend de plus en plus de risques. Les tractions avant sortent à bon rythme de la quatrième bergerie du Paradis, qui a été aménagée en garage. Cette jasse est bâtie bien au-dessus des trois autres, pas très loin d'une ferme abandonnée d'où part une sente carrossable vers la départementale 48.

Le lieutenant Prevost, un troisième officier de l'O.R.A. rescapé du coup de filet nazi contre le réseau Guillot, rejoint le maquis des Corsaires au mois de juin 1944 et prend le commandement du Paradis, le sous-lieutenant Roger devenant son second. Prevost est un officier de cavalerie assez petit, à la brosse de cheveux impeccable, et qui ne se sépare jamais d'une canne fétiche. Il n'apprécie pas outre mesure les actions spectaculaires du corps franc. L'aspirant reçoit l'ordre de ne s'occuper dorénavant que de son poste radio. Les hommes de Péréra acceptent mal de rentrer dans le rang. L'ambiance tombe d'un cran au Paradis.

De nouvelles recrues viennent grossir l'effectif des Corsaires.

— Il y a un traître parmi nous, avertit bientôt le pasteur Gillier, il faut le confondre avant l'irréparable…

L'espion est assez vite démasqué. C'est un ancien milicien soi-disant rallié, mais qui avait en fait été révoqué pour des raisons inconnues.

— Il a fallu qu'il en fasse de belles pour se faire virer de cette bande de foutus salopards, fait remarquer Péréra à ses compagnons mis dans le secret, on ne va pas le rater…

L'ancien milicien est âgé de trente-cinq ans environ. De mise soignée, il a une tête de souteneur de la rue Thubaneau à Marseille.

Vous allez le serrer de près, ordonne le lieutenant Prevost au Lorrain, je vous le confie jusqu'à ce que je sois sûr de sa traîtrise…

Le suspect ne se doute pas de la surveillance dont il est l'objet. Il travaille aux cuisines avec Bébert, le coq débrouillard du maquis qui n'apprécie pas du tout sa présence, et dort la nuit à côté de Péréra. Plus âgé que la plupart des maquisards, l'ancien milicien prend peu à peu de l'ascendant sur quelques-uns d'entre eux.

— C'est pas bon du tout, rage le sergent chargé d'épier ses faits et gestes, faudrait pas que l'affaire traîne en longueur... Il pourrit tout, ce salopard !

Le milicien révoqué descend un soir sans permission au Vigan avec Etienne, le boulanger du Paradis. Les deux fugueurs à moitié ivres croisent sur le chemin du retour au camp l'aspirant Jean et Antonio, le chef du groupe de réfugiés espagnols qui a été affecté au maquis. L'homme à l'allure de maquereau exhibe soudain un revolver dérobé au campement et met l'aspirant en joue. Ce dernier plonge dans un fourré au moment où le coup part et le manque de peu.

Aussitôt averti de l'affaire, le lieutenant Prevost réunit un conseil de guerre pour juger le traître. Péréra reçoit l'ordre d'amener ce dernier au P.C. du maquis. L'ancien milicien a fui. Le cuisinier du Paradis indique au sergent la direction dans laquelle il vient tout juste de disparaître. Le Lorrain se lance à la course dans le sous-bois et aperçoit bientôt le fuyard.

— Arrête-toi, lui hurle-t-il, ou je tire...

Le traître se retourne vers son poursuivant, ce dernier bondit tout contre lui, mitraillette armée, lui arrache le revolver dont il n'a pas eu le temps de se servir, l'oblige à mettre les mains en l'air et le mène sans un mot devant le tribunal improvisé.

— Viens avec moi, lance-t-il à Raoul, un de ses hommes les plus sûrs, lorsqu'il repasse devant les cuisines de Bébert, et fais bien attention...

Le conseil de guerre, composé d'un homme de chaque grade et d'un maquisard, a rendu son verdict lorsque le trio arrive au P.C. de Prevost. Les juges graves sortent du bâtiment bien retapé au fil des semaines et se dirigent vers une clairière proche avec le prisonnier toujours menacé par les Sten de Péréra et de Raoul.

— Vous êtes condamné à mort, annonce le lieutenant Prevost à l'espion, et la sentence est immédiatement exécutoire...

L'ancien milicien réagit très vite. Il bondit sur l'officier et le pasteur qui étaient tout proches et, les utilisant comme pare-balles, recule de quelques mètres sous les arbres. Péréra fait un signe à Raoul pour qu'il sorte de sa ligne de tir et, lorsque le condamné repousse ses captifs pour plonger sur une pente raide, ouvre le feu sur sa silhouette souple. Le fuyard tombe, touché à mort. Les maquisards remontent son corps criblé des balles du Lorrain et de Raoul, et une corvée l'enterre sans honneurs.

— C'est tout de même dommage d'avoir tué un Français, regrette Péréra après la cérémonie vite expédiée, mais comme ça le maquis n'a plus à craindre le mouchardage...

8. LE MAQUIS SORT DE SA TANIÈRE

Les Corsaires apprennent avec enthousiasme que les Alliés, Américains et Britanniques, ont réussi à débarquer le 6 juin 1944, en Normandie. Mais leur excitation se patine dans les semaines qui suivent lorsque les troupes allemandes résistent durement dans le Calvados et dans la Manche.

L'aspirant Jean capte un message d'Alger qui annonce un nouveau parachutage d'armes : « Les copains se sont retrouvés. » La plus grosse partie du maquis se prépare à se rendre dans la montagne du Lingas pour y baliser une *drop zone* baptisée « le Tigre » dans les messages d'Alger, tandis que Lucien Péréra part sur la zone de largage de l'Espérou, « le Lion », avec un petit élément de Corsaires : Petit-René, un ancien de Mandagout, et deux jeunes, John et Titin. Ces deux derniers se plaignent bientôt du froid de la nuit.

— Qu'est-ce que vous auriez dit au premier largage, se souvient le sergent, vous auriez déjà été changés en blocs de glace…

L'avion annoncé approche. Péréra fait baliser la *drop zone* de secours comme il en a reçu l'ordre. L'appareil passe haut sur la draille de l'Espérou et poursuit son vol en direction du Lingas, à huit kilomètres plus au sud-ouest.

— Mais qu'est-ce qu'il fait ? s'étonne le sergent lorrain, tout joyeux à l'idée d'être une seconde fois ravitaillé en armes et munitions.

L'avion, un Halifax indentique à celui du mois de janvier, perd de l'altitude et s'aligne sur la draille à nouveau balisée par les quatre Corsaires isolés.

— Il va larguer sur nous, hurle le chef de groupe lorsque l'appareil est presque à la verticale de ses signaux lumineux, on a du pot…

Des détonations couvrent en rafales les bruits de moteurs du Halifax qui s'éloigne. Les maquisards bondissent à l'abri de la forêt sombre avant d'avoir pu distinguer un seul parachute dans le ciel.

— Les Boches ou les miliciens sont là, enrage le Lorrain en accélérant sa course vers le col de la Luizette où aucune sentinelle ne veille.

Un souffle épais oblige les maquisards à se retourner. Un parachute s'aplatit tout doucement au sol, juste derrière eux. Le sergent saisit tout à coup la situation.

— Arrêtez ! hurle-t-il à ses trois compagnons, les Boches ne sont pas là…

La mitraillade qui a fait fuir les quatre hommes a été provoquée par la chute brutale de containers dont les parachutes ne se sont pas ouverts, et qui étaient pleins de bandes de mitrailleuses. Les munitions se sont percutées entre elles.

— On a tout de même eu chaud, constate le chef de groupe essoufflé, regardez : si on n'avait pas bougé, on aurait reçu les colis en plein sur la gueule...

Le sergent, rassuré, décide de prévenir le gros du maquis qui est au Lingas avec le lieutenant Prevost.

— Petit-René, ordonne-t-il au Corsaire le plus ancien, file là-bas pour leur dire qu'on a reçu les armes...

Le maquisard disparaît dans la nuit. La troupe rameutée ne parvient à la draille jonchée de parachutes qu'à quatre heures du matin, et ratisse serré toute la montagne dès l'aube.

Une mitrailleuse échappée d'un des containers tombés sans parachute est retrouvée profondément enfoncée dans le sol de la forêt de sapins. Les hommes de Prevost ramassent çà et là plus de deux cents grenades Mills, ainsi que des centaines de plaques de chocolat et des milliers de cartouches. Le butin est d'importance, les maquisards cachent près de la départementale 48 quatre mitrailleuses Browning de 7,62 et des dizaines de fusils Remington américains qu'une corvée viendra chercher et charger sur les véhicules réquisitionnés au Vigan. Mais il manque quatre containers à l'appel. Le pasteur Gillier apprend quelques jours plus tard que l'un d'eux est tombé sur le maquis du mont Aigoual. Un message d'Alger précise que le container renfermait, outre du matériel de combat, des codes radio ultra-secrets. Le pasteur parlemente en vain avec les gens de l'Aigoual pour qu'on lui rende au moins les précieux codes.

Le créateur du maquis remonte au Paradis quelques jours après l'incident du container confisqué.

— Il a sa mine des mauvais jours, reconnaît le Lorrain lorsque le pasteur approche du P.C. de Prevost, qu'est-ce qui se passe encore ?

Le sergent ne se pose pas longtemps de questions. Un maquisard vient l'avertir qu'on le réclame au P.C.

— Il y a deux salopards qui se sont livrés à des réquisitions en faisant croire qu'ils étaient des Corsaires, lui explique le pasteur, il y a une femme qui les a reconnus, il faut descendre en ville pour faire un exemple...

Le corps franc, qui ne sort plus beaucoup, s'entasse le dimanche suivant dans ses deux Citroën noires, et pénètre dans le Vigan vers midi. Les deux faux maquisards sont vite trouvés et capturés. L'aspirant Jean, qui commande le mouvement rapide, a l'idée d'une punition exemplaire, comme l'a demandé le pasteur Gillier.

— Leblond, ordonne-t-il à Péréra, menez-les place d'Assas... A cette heure il y a sûrement du monde là-bas, et faites les fouetter à cul nul !

L'officier explique aux curieux la forfaiture de leurs jeunes concitoyens pendant que ces derniers, les fesses à l'air, sont durement flagellés. Un tonnerre d'applaudissements et des cris de joie montent tout autour de la statue du chevalier d'Assas, le plus célèbre enfant du Vigan. Les portières des tractions avant claquent sec, leurs pneus crissent sur la chaussée, et elles filent vers la montagne avant que les Allemands aient eu le temps de se manifester.

— Je crois que les gens d'en bas commencent à nous aimer un peu plus, se réjouit le sergent lorrain à son retour au Paradis, tout est en train de changer...

Le sous-officier adjoint du corps franc ne se trompe pas. Les gendarmes du Vigan désertent leur brigade au début du mois de juillet et viennent renforcer les Corsaires avec armes et bagages. Les plus anciens maquisards ne voient pas leur ralliement d'un très bon œil. Ils n'oublient pas que les gendarmes les ont souvent obligés à courir dans la montagne. Le lieutenant Prevost, ravi du renfort discipliné et rompu au métier des armes, confie aux ralliés les quatre mitrailleuses parachutées sur la draille de l'Espérou et forme avec leur renfort une solide section d'appui. Puis, pour éviter toute friction et faciliter l'intégration des gendarmes dans son maquis, il donne l'ordre à Péréra de mener les deux premières dizaines, celles des pionniers du maquis, pendant une douzaine de jours dans une vallée voisine, au bord d'une cascade magnifique.

Les gendarmes se sont bien intégrés au maquis lorsque ses anciens réintègrent le Paradis. « Au fond, est bien obligé de reconnaître le Lorrain, le patron a raison, ces gars-là nous seront bien utiles quand nous recevrons enfin l'ordre de rentrer dans le lard des Boches... »

Le lieutenant Prevost quitte le maquis pour une mission dans la région de Rodez. Le sous-lieutenant Roger reprend le commandement et reforme tout aussitôt le corps franc. L'aspirant Jean délaisse à nouveau sa radio pour sillonner les routes avec ses tractions avant et affirmer ainsi la présence et l'invulnérabilité des Corsaires.

L'incident du container confisqué est oublié depuis longtemps, et le patron du Paradis prend contact avec les résistants de l'Aigoual qui viennent de s'installer autour de l'Espérou. Les corps francs des deux fractions de l'O.R.A. sont réunis pour aller réquisitionner un camion plein de chaussures à Sainte-Enimie, un chef-lieu de canton de la Lozère.

— Ça fait tout de même près de soixante-dix kilomètres par la route, fait remarquer le Lorrain à l'aspirant Jean, ce n'est pas un coup facile...

Les deux corps francs parviennent sans encombre à Sainte-Enimie. La traction de tête est arrêtée dès son entrée en ville par un barrage de résistants d'un maquis F.T.P. qui se sont emparés du précieux camion de chaussures. Des tractations délicates s'engagent et, comme elles durent, les maquisards de l'Aigoual et du Paradis commencent à s'énerver. Ceux de Lozère les narguent. « Il suffirait d'un rien pour qu'on se massacre, se rend tristement compte Lucien Péréra pendant que son chef parlemente avec le patron des F.T.P., ça serait tout de même trop con ! »

Les officiers discutent âprement pendant plus de deux heures. Les maquisards lozériens veulent garder toutes les chaussures. Ceux de l'Aigoual et de Mandagout proposent qu'elles soient partagées au prorata des effectifs de chaque unité. Et c'est enfin la solution du partage qui est adoptée. « Il était temps, soupire le Lorrain, les Boches allaient certainement finir par venir nous mettre tous d'accord... »

Les corps francs ne rejoignent leurs campements respectifs qu'un peu avant la tombée de la nuit. Ni les Allemands ni les miliciens ne donnent signe de vie au passage de leurs équipages.

L'aspirant Jean profite au maximum de l'absence de Prevost. Il relance un coup de main sur les entrepôts de vêtements déjà pillés au mois de mai. Les Corsaires distribuent une bonne partie de leur butin aux habitants des hameaux qu'ils traversent pour regagner leur repaire. Le commando retourne au Vigan quelques jours plus tard, pour une simple mission de propagande. Les Corsaires de Jean et Leblond descendent de leurs voitures pour bavarder avec quelques sympathisants.

— Les Boches ! hurle soudain un jeune Viganais, ils arrivent... Attention !

Les maquisards surpris n'ont pas le temps de réintégrer les Citroën, les feldgrau sont déjà là. La rue se vide de passants. Les groupes ennemis, dix Allemands, dix Corsaires, s'observent, allongés derrière les premières marches d'escaliers et tapis dans des encoignures de portes. L'aspirant Jean interdit aux siens d'ouvrir le feu. La tension est intense. Péréra épie le moindre mouvement des Allemands.

— Si seulement on n'était pas en pleine ville, regrette-t-il, l'index droit prêt à presser la queue de détente de sa Sten, on se battrait... Mais si on se met à tirailler, les civils vont souffrir autant que les Allemands...

Le sous-officier allemand qui commande la patrouille figée lève le bras. « Ils vont tirer ! » envisage calmement le Lorrain qui tient deux feldgrau dans sa ligne de tir.

Le bras de l'Allemand retombe. Un des hommes les plus éloignés des Français se relève d'un bond et disparaît, rapidement suivi par un de ses compagnons. Puis trois autres Allemands se retirent encore, tout aussitôt suivis par le reste de la patrouille.

— On file, ordonne l'aspirant Jean à son adjoint, il ne faut pas leur donner le temps d'aller prévenir leurs copains !

Les deux Citroën sortent de la ville à toute puissance de leurs moteurs pendant que la population du Vigan se remet de ses émotions.

— Faut jamais rester sur une mauvaise impression, conseille Péréra à son chef peu après l'incident qui aurait pu coûter cher au Vigan, il faut retourner là-bas pour bien montrer qui est le maître !

Le jeune officier accepte la proposition. Les Corsaires arpentent une nouvelle fois les rues viganaises, faussement décontractés et se tenant bien sur leurs gardes.

— Chef, annonce soudain l'un d'eux, là-bas, deux Boches !

Deux soldats allemands patrouillent tranquillement, fusil en bandoulière, à une trentaine de mètres seulement des maquisards.

— On les attaque, décide Jean en faisant un clin d'œil à son second, mais pas de coup de feu...

Trois Corsaires bondissent souplement derrière les feldgrau distraits qui sont vite désarmés et poussés sans ménagement chacun dans une traction avant.

L'interrogatoire des prisonniers commence dès l'arrivée du corps franc au Paradis, pendant que les maquisards se passent de main en main leurs fusils et leurs grenades à manche.

Le Lorrain dirige l'interrogatoire très dur. Il veut à tout prix connaître les noms des mouchards du Vigan. L'un des captifs ne résiste pas longtemps aux coups. Il donne le nom d'une jeune fille qui travaille à la source Verdier. L'homme à bout de forces fuit la douleur en sombrant dans l'inconscience.

— On redescend chercher la fille, décide l'aspirant Jean au mépris de toute prudence, il faut faire vite...

La demoiselle est facilement cueillie à son travail et ramenée à grande vitesse au camp du Paradis.

— Commencez par lui couper les cheveux, ordonne le chef du corps franc pour impressionner la captive, elle mérite au moins ça...

Un Corsaire joue nerveusement d'une paire de ciseaux pendant deux minutes. La fille vendue par le prisonnier allemand est vite méconnaissable. Sa tête toute ronde est marbrée de noir et blanc. Elle reçoit ensuite deux formidables gifles qui la mettent en larmes. Les questions habiles de l'aspirant l'étourdissent. Elle leur répond bientôt, visiblement sincère.

— Mon patron est allemand, et sa femme naturalisée allemande, lâche-t-elle en fin d'interrogatoire, ils s'appellent Knupell, ce sont des membres du parti nazi...

— Et toi, questionne encore Leblond, d'où es-tu ?

La fille tondue n'hésite pas à répondre.

— De Lorraine, avoue-t-elle, je suis née à Thionville...

Le sergent de Ranguevaux se sent soudain étourdi. Sa main droite part en mouvement réflexe et gifle à deux reprises sa compatriote.

— Enfermez-la, ordonne-t-il ensuite à deux de ses hommes, et veillez bien sur elle...

Le patron de la source Verdier a quitté Le Vigan tout de suite après l'arrestation de son employée. L'aspirant Jean obtient facilement son adresse à Nîmes, où il se rend le lendemain pour contacter le lieutenant Delmas, de l'O.R.A. urbaine, avec qui il arrête le nazi.

Le prisonnier est ramené au Paradis avec sa femme. Le couple est confié pour interrogatoire à Leblond et Martin, les deux pionniers du maquis, à qui l'homme et la femme résistent longtemps malgré les douleurs infligées sans pitié.

— Ils sont coriaces, gronde le Lorrain en sueur, il faut pourtant qu'ils parlent...

Les prisonniers mal en point finissent par tout dire de leurs activités antifrançaises. La fille tondue est renvoyée au Vigan car les déclarations de ses patrons endoloris l'ont ramenée à un rang de très pâle comparse. Puis les Knupell sont conduits avec les deux prisonniers allemands au maquis de l'Espérou, où ils sont jugés, condamnés et fusillés.

L'aspirant Jean goûte à fond le succès de son équipe de durs. Ses Corsaires passent souvent au ras d'un poste que les Allemands tiennent à une sortie du Vigan sans que ces derniers aient le temps de tirer. Le jeu est grisant, mais le pasteur Gillier ne l'apprécie pas du tout, qui rappelle à l'officier téméraire que sa vraie mission demeure d'assurer les transmissions du maquis.

— Je vous ordonne de cesser vos activités de commando dès aujourd'hui, précise-t-il au retour d'une expédition sur Le Vigan, d'ailleurs Prevost rentre demain de Rodez, et je ne crois pas qu'il autorisera longtemps vos petites fantaisies...

Prevost revient au Paradis avec le grade de capitaine. Il trouve tout de suite à redire sur la discipline du camp, qu'il trouve très relâchée. Il n'accepte pas non plus la cohabitation qui s'est établie avec le maquis de l'Aigoual malgré quelques incidents mineurs, surtout dus à la grande différence de puissance de feu des deux unités, ceux de l'Aigoual n'ayant pas reçu autant d'armes et de matériel que les Corsaires.

— Un de leurs gars m'a même mis son pistolet sur le ventre pour m'obliger à lui remettre une partie de notre trésor de guerre, est obligé d'avouer le Lorrain au nouveau promu, mais je n'ai pas cédé...

Le fossé se recreuse vite entre les deux fractions de l'O.R.A. Quelques Corsaires n'apprécient pas du tout les mesures prises par leur chef, et l'un d'eux, Roquefort, un type solide au visage boutonneux et aux cheveux toujours coupés ras, un des plus anciens qui avait lui même enrôlé plusieurs jeunes du Vigan, décide de rejoindre le maquis de l'Aigoual.

Le Lorrain fait tout ce qu'il peut pour éviter que le malaise prenne plus d'importance. Un nouveau groupe d'Espagnols qui ont durement combattu contre les franquistes dans leur pays vient renforcer le maquis. Le camp du Paradis contient maintenant plus d'une centaine de volontaires, tous bien armés, bien chaussés depuis le raid sur Sainte-Enimie, et confortablement vêtus grâce au produit des coups de main lancés sur l'entrepôt du Vigan. Le pasteur Gillier est nommé lieutenant par les hautes instances de l'O.R.A. Le corps franc est dissous comme il l'avait prévu, mais le capitaine Prevost forme une section de choc avec trois groupes d'une dizaine d'hommes chacun. Péréra commande le premier de ces groupes, et le sous-lieutenant Roger dirige la nouvelle section.

L'état-major de l'O.R.A. s'est reformé à Albi. Son nouveau chef, averti de la tension de plus en plus forte qui existe entre le maquis de Mandagout et celui du mont Aigoual, donne l'ordre au patron des Corsaires de quitter le Gard pour le département de l'Aveyron, où il devra renforcer d'autres formations de résistants.

Le mouvement est prévu pour le début du mois d'août et doit s'effectuer à l'écart des routes, par des sentes de montagne, et de nuit. Le pasteur Gillier, qui a pris le nom de lieutenant Gervais, rameute la vingtaine de recrues qui attendaient chez elles son signal de mobilisation. Deux nouveaux officiers, les lieutenants Dorval et Jourdan, sont affectés au maquis en partance.

C'est Dorval, maire d'un petit village de l'Aveyron, qui guide la colonne de cent vingt résistants vers l'ouest. Les Corsaires lourdement chargés cheminent sous un clair de lune exceptionnel par les pistes de chèvres des Cévennes. Leur longue litanie est à la maison forestière de Cazebonne le lendemain de leur départ, à midi. Ils retrouvent ensuite au village du Villaret l'élément motorisé du maquis qui est arrivé là derrière les motos de la gendarmerie.

Le maquis en transhumance longe la nuit suivante la ligne de chemin de fer Le Vigan-Tournemaire. La section de choc marche en tête et marque un arrêt à l'aube au-dessus de Valcroze et à l'abri d'éventuels observateurs ennemis.

La colonne marche ensuite jusqu'à la nuit, descend en Aveyron, traverse Combe-Redonde et pique au travers d'une forêt pour rejoindre, à une dizaine de kilomètres au nord-ouest, Le Mas-de-Pomier qui lui a été désigné comme campement provisoire. Les Corsaires s'aperçoivent à l'aube qu'ils sont au milieu d'une cuvette indéfendable et dominée de trois côtés par des falaises de calcaire d'où jaillissent les sources glacées du Durzon. Le fermier qui a courageusement accepté le maquis sur ses terres n'est pas très optimiste.

— Si vous restez longtemps par ici, confie-t-il au pasteur de son accent rocailleux, vous êtes dans la gueule du loup… Les Boches sont très nombreux là-haut, au camp du Larzac, à trois kilomètres seulement…

Péréra, qui a entendu le propos menaçant, hausse les épaules.

— De toute façon, se dit-il, les Boches n'auront pas le temps de nous tomber sur le poil puisqu'on doit continuer encore vers l'ouest en contournant leur foutu plateau…

9. DANS L'ENFER DE NANT

Un contrordre du commandement de l'O.R.A. oblige les Corsaires à demeurer plus longtemps que prévu au Mas-de-Pomier. Le bruit court dans les groupes de résistants impatients que le maquis vers lequel ils se dirigeaient a été anéanti par les nazis. Une autre mauvaise nouvelle secoue les hommes de Prevost au matin du 10 août 1944. Cette dernière annonce que le maquis de l'Aigoual est durement accroché dans Le Vigan par une compagnie nazie formée de soldats de type asiatique.

— On va leur prêter main-forte, se réjouit Péréra en rassemblant la section de choc, dépêchez-vous...

Les maquisards sont vite équipés et armés. Le moteur du camion à gazogène réquisitionné au Vigan tourne déjà. Les groupes de choc sont prêts à l'envahir.

— Qu'est-ce qu'ils foutent, nos chefs, s'impatiente bientôt Péréra en ne voyant pas venir le sous-lieutenant Roger, les copains vont se faire massacrer...

Les deux autres sergents de la section, Baudon, le dernier sous-officier qui a rejoint le maquis, et Lopez, le patron des Espagnols antifranquistes, piaffent tout près du camion. Le capitaine Prevost brise leur impatience de combattre.

— Tout sera terminé quand vous arriverez au Vigan, explique-t-il d'une voix sèche, je vous interdis de partir...

Le contrordre assomme Péréra. Le chauffeur du camion ne coupe pas pour autant le contact de son moteur. Les Corsaires à la mine sombre entourent leurs sous-officiers.

— On y va tout de même, lance l'un d'eux, on n'a pas le droit de laisser tomber les gars de l'Aigoual...

La tension monte. Les maquisards qui n'avaient pas été désignés pour le renfort viennent rôder autour du groupe en discussion.

— Leblond et Boudon vont passer en conseil de guerre, apprend l'un d'eux à un Corsaire de Péréra, c'est un gars du P.C. qui vient de me le dire...

La nouvelle porte au paroxysme la colère des hommes de la section bloquée. Les officiers du maquis ne sortent pas de leur P.C.

Le Lorrain hésite un instant à donner l'ordre du départ. L'arrivée du pasteur Gillier le retient de justesse.

— Ne faites pas de bêtises, lance-t-il aux résistants en passe de se mutiner, le capitaine a ses raisons... Il faut obéir !

La personnalité du créateur du maquis en impose aux agités prêts à l'irréparable, dont certains ne proposent pas moins que d'aller former un maquis indépendant sous les ordres de leurs trois sergents.

Prevost, très raide, vient à son tour près du camion. Il trouve le ton juste pour mater les dernières velléités de révolte.

— Je vous promets, conclut-il en sentant qu'il a gagné la partie, que nous allons bientôt attaquer les Boches.

Le chant monotone du moteur du camion se tait. Un à un, la tête basse, les Corsaires de la section en armes regagnent leur bâtiment. Ils ont les yeux durs, surtout les Espagnols de Lopez.

Un motard du maquis parti en reconnaissance sur Le Vigan revient au soir au Mas-de-Pomier. Les Corsaires s'agglutinent autour de lui, tendus.

— C'est fini, là-bas, leur apprend l'estafette en se frayant un passage pour aller rendre compte de sa reconnaissance au capitaine Prevost, les copains n'ont pas eu de très grosses pertes, mais le chef Marceau est mort.

Péréra connaissait bien le gradé de l'Aigoual. Sa mort l'insulte.

— Pourvu que mon vieux Roquefort s'en soit tiré, gronde-t-il en serrant les poings, et surtout qu'on nous donne enfin l'ordre de foncer sur les Boches…

Deux jours passent encore dans l'impatience. Le patron des F.F.I. de l'Aveyron, le commandant Leroy, réclame le 13 août à midi la protection d'une section de Corsaires pour assurer l'action d'une de ses sections de sabotage sur la nationale 9, au Pas-de-l'Escalette, à une vingtaine de kilomètres du Mas-de-Pomier. Prevost désigne la section de choc pour la mission.

— Voilà le travail, explique-t-il à Péréra et à ses compagnons à nouveau envahis par l'excitation du départ, vous allez faire sauter des poteaux de bois aux alentours du Caylar, un village proche des gorges où les équipes de sabotage vont faire sauter la nationale… Vous devrez les protéger après vos destructions…

Les Corsaires s'installent dans leur camion après 14 heures. Le véhicule rejoint la nationale 9 par des chemins de traverse déserts. Les poteaux sont tous détruits à l'explosif à 18 h 30 et, deux heures plus tard, les Corsaires se sont postés en protection du site à saboter, au sud du Caylar.

— Tenez, indique le sous-lieutenant Roger à Péréra, c'est le pan de falaise là-bas qui doit s'écrouler sur la route… Ce n'est pas un mince boulot !

Le Lorrain laisse échapper un sifflement admiratif.

— Si ça réussit, commente-t-il, les colonnes boches ne sont pas près de repasser par là, à elles les détours !

L'heure du sabotage passe. Rien ne bouge dans les gorges. Les Corsaires ne songent pas à dormir.

— Il a dû y avoir un contrordre de dernière minute, envisage calmement le Lorrain, on en saura plus demain matin...

Des véhicules allemands traversent les gorges en descendant du nord. Les maquisards répriment difficilement leur envie d'ouvrir le feu.

— On dirait qu'ils acheminent des renforts vers la mer, constate Péréra, ça veut certainement dire quelque chose... Ils craignent peut-être un débarquement !

Un officier F.F.I. se présente au sous-lieutenant Roger à l'aube du 14 août.

— Le groupe de démolition a été retardé, annonce-t-il au maquisard lourd de sommeil, il ne sera là que vers 10 heures...

Les Corsaires poursuivent la veille. Les gorges résonnent de formidables explosions à 10 h 30. La falaise, copieusement minée, s'éboule sur la route, les saboteurs regagnent leur base secrète.

— Nous, on reste là, ordonne le chef de la section corsaire, et si des Boches stoppent devant les éboulis, on leur rentre dedans !

Les maquisards, affamés, guettent en vain jusqu'à 12 h 30.

— On remonte au maquis, décide alors le sous-lieutenant, les Boches ont dû être prévenus, ils ne viendront certainement plus maintenant...

Le camion des Corsaires, dont le dessus de cabine est orné d'un drapeau bleu-blanc-rouge, traverse bientôt le hameau de La Couvertoirade. Ses habitants, au courant du sabotage réussi, offrent des cruches de vin aux résistants.

— J'aimerais mieux un bon casse-croûte, lance Péréra à ses compagnons entassés dans le camion, mais le pinard va peut-être tromper notre faim...

Le véhicule à gazogène avale ensuite la descente de La Fare qui mène à Nant, un village dominé au nord par les hauteurs du Roc Nantais. Les Corsaires achèvent de boire le vin offert et chantent *La Marseillaise*. Une longue rafale de mitrailleuse gomme soudain le chant patriotique. Des balles labourent le sol sec à quelques mètres devant le camion, et balafrent le mur d'un jardin. *La Marseillaise* meurt. Le chauffeur du gazogène freine en catastrophe.

Péréra, qui était assis tout à l'arrière du camion qui venait de bifurquer sur sa gauche en empruntant la mauvaise route départementale 178 qui mène au Mas-de-Pomier, saute le premier au sol. Sa mitraillette anglaise lui échappe. Il se baisse pour la ramasser, en essayant de repérer les Allemands qui accentuent leur pression de feu, et reçoit un Corsaire sur le dos. Ses compagnons s'égaillent à la course entre les arbres d'un verger, vers le Durzon qui coule à cinquante mètres du camion tombé en embuscade.

Les Allemands sont descendus du camp du Larzac par la départementale 999 qui traverse le hameau des Liquisses avant de rentrer dans Nant.

Les maquisards étaient bien trop occupés à fraterniser avec les Aveyronnais pour apercevoir au loin la colonne d'automitrailleuses, de camions et de motos qui les menaçait.

— C'est pas tout, décide le Lorrain qui a vu d'où vient le tir ennemi, faut bouger...

Et il se lance à son tour sous les arbres fruitiers. Les balles de mitrailleuses et de fusils claquent au-dessus de la fuite désordonnée. Le sergent saute bientôt dans le Durzon. Il a de l'eau jusqu'à la poitrine, et la fraîcheur de la rivière le fait suffoquer. D'autres maquisards sont déjà dans l'eau glacée. L'un d'eux vomit à trois mètres du sergent agrippé à des racines et qui cherche du regard les Corsaires de son groupe. Deux d'entre eux, Titin et Raoul, l'aperçoivent et se jettent vers lui, moitié marchant, moitié nageant.

— On va suivre le courant jusqu'au village, leur ordonne-t-il en hurlant pour se faire entendre dans le vacarme des rafales, c'est notre seule chance !

Les trois hommes commencent leur fuite vers Nant. Des explosions épaisses ajoutent encore au tumulte affolant.

— Des grenades, se rend compte le sergent trempé et gelé, ils approchent !

Des cris l'obligent à se retourner. Ils proviennent du verger, et ce sont des Allemands qui les poussent en tiraillant. Des obus de mortiers se mettent à pleuvoir tout près du Durzon.

— Faut sortir de là, ordonne Péréra à ses deux compagnons en se hissant sur la rive est du cours d'eau, courez vers les maisons !

Un obus s'abat juste devant le trio. Des éclats d'acier claquent au-dessus de lui. Le souffle puissant de l'explosion rejette les trois hommes dans la rivière. La deuxième tentative de sortie de l'eau se passe mieux. Les trois Corsaires boueux se lancent à la course dans un champ de blé. Un premier bond les rapproche d'une trentaine de mètres des maisons.

Des cris allemands, de plus en plus distincts, percent de temps en temps le fracas des armes.

— Ils arrivent, se rend compte le chef du groupe débandé, il y en a un sacré paquet !

Le sous-officier perçoit nettement le souffle de plus en plus court de Titin qui le talonne. Ce dernier bute même contre lui lorsqu'il s'arrête pour voir si d'autres maquisards courent derrière et il constate que son second équipier a disparu.

— Nom de Dieu, rugit-il, Raoul est foutu !

Les deux rescapés des premiers feux allemands s'engagent enfin dans une venelle étroite. Un Nantais leur fait des signes de sa maison pour leur indiquer que l'ennemi est partout. Des balles de mitrailleuses s'écrasent en claquements mats sur les murs gris et ocre qui bordent la ruelle.

— Ils tirent sur tout ce qui bouge, hurle le villageois, n'avancez plus !

Les deux maquisards séparés de leurs compagnons écoutent le conseil de l'homme qui disparaît dans sa demeure, et se faufilent à travers des jardinets courant sur l'arrière des maisonnettes nantaises. Ils sont bientôt directement pris à partie par le servant d'une mitrailleuse dont les balles soulèvent des geysers de terre autour de leur course en zigzag. Le Lorrain aperçoit un bosquet au bout d'un jardin et y entraîne son compagnon de fuite. Le tireur de la M.G. abandonne ses cibles. Le vacarme baisse de quelques tons, et seuls les mortiers allemands continuent à pilonner serré les premiers contreforts de la montagne pour couper la retraite aux Corsaires.

— On va passer quand même, lance Péréra à Titin en approchant de l'orée d'une forêt, ils ne nous auront plus !

Le fouillis des arbres s'épaissit. Les fuyards s'arrêtent pour reprendre leur souffle, essuient de leurs manches mouillées l'écume de leurs lèvres crispées et essaient de deviner ce qui se passe en contrebas de leur position bien abritée.

— On continue, décide la mort dans l'âme l'ancien du 10ᵉ B.C.P., on va passer la nuit un peu plus haut...

Les deux maquisards aux jambes de plus en plus lourdes, mordus de crampes, affamés et assoiffés, parviennent à la nuit tombante à une ferme isolée, se glissent silencieusement dans un fenil et s'endorment ivres de fatigue.

Ils sautent à bas de leur refuge à l'aube du 15 août et se trouvent nez à nez avec le maître du lieu. Ce dernier, effaré, fixe les mitraillettes Sten et saisit tout de suite qui sont les inconnus aux vêtements mouillés.

— Venez casser la croûte, leur offre-t-il en les entraînant vers le corps principal de son mas, vous avez l'air d'en avoir bien besoin...

Le Lorrain dévore l'en-cas de pain et de charcuterie en questionnant nerveusement son hôte.

— Je ne sais rien de ce qui s'est passé en bas, lui avoue ce dernier, qu'est-ce que vous allez faire maintenant ?

Le sergent repu décide de s'éloigner encore de Nant, et mène son compagnon jusqu'à un hameau de deux feux d'où courent à leur rencontre deux hommes en armes.

— Les copains ne sont pas tous morts, jubile le Lorrain en reconnaissant deux Corsaires de sa section, il y a encore de l'espoir...

Les deux nouveaux rescapés de l'embuscade de Nant entraînent leur gradé vers la ferme où ils se sont réfugiés très tard dans la nuit. Eux non plus ne savent rien des événements qui ont suivi l'attaque bien menée. Un très jeune journalier rejoint le mas en fin de matinée.

— Il y a trois de vos copains dans une vieille baraque par là-bas, annonce-t-il aux quatre Corsaires égarés, je les ai vus, ils m'ont demandé de vous dire qu'ils vont arriver...

Le sergent, dont les vêtements sèchent peu à peu, se déride un peu plus.

— Ça fait sept, comptabilise-t-il, il n'y a peut-être pas eu beaucoup de casse malgré toutes leurs foutues mitrailleuses et leurs mortiers !

Un autre paysan vient prévenir les sept rescapés que le maquis tout entier doit se regrouper au lieu-dit Refrégies, un hameau de quelques maisons. Péréra mène ses hommes dans la soirée au point de repli. Une vingtaine de maquisards sont déjà là, abattus, muets, indécis.

— Il faut en savoir plus, décide le Lorrain à l'aube du 16 août, je redescends à Nant !

Jojo, un des Corsaires repliés dans la montagne, a entendu la proposition du gradé. Il s'approche de lui, les yeux rouges.

— Chef, lui demande-t-il d'une voix lasse, mes parents sont à Nant, essayez de les voir...

Le sergent promet, emprunte une bicyclette au hameau de Refrégies et se dirige vers Saint-Jean-du-Bruel qui domine Nant, à quatre kilomètres en dessous du maigre regroupement de maquisards. Rien ne bouge vers le lieu des accrochages de l'avant-veille.

— Avez-vous vu des Boches ? s'enquiert le résistant sans armes en s'adressant à un groupe de trois hommes qui bavardent avant le vieux pont en dos d'âne qui enjambe la rivière Dourbie.

Les interrogés dévisagent longuement l'inconnu à la mise sale et froissée et s'éloignent sans répondre.

— Ça veut sans doute dire qu'ils n'ont rien vu, estime le cycliste en entamant prudemment la longue montée de quatre kilomètres qui mène à Nant.

Le village aux murs grêlés d'impacts allemands est atteint sans encombre. La maison familiale de Jojo se trouve juste à son entrée. Le sergent frappe à sa porte, et s'annonce franchement lorsqu'elle s'entrebâille timidement. Les parents du maquisard sont encore terrifiés. Ils se dérident et se font plus bavards en apprenant que leur fils est vivant.

— N'allez pas dans le village, conseille prudemment le père du jeune résistant, les gens sont montés contre le maquis. Ils vous tiennent pour responsables de tous leurs malheurs...

Le Lorrain ne suit pas la recommandation, et pénètre plus avant dans le village désert. Il roule lentement vers le cimetière, où il repère tout de suite un carré fraîchement remué.

— Ce sont certainement des copains qui sont enterrés là, estime-t-il en se recueillant quelques instants pas très loin de la sépulture commune qui est jonchée de fleurs.

Le cycliste reprend la route de Saint-Jean-du-Bruel et escalade à bon rythme la côte du refuge de Refrégies. L'accueil qu'il y reçoit est des plus froids. Le capitaine Prevost est là, avec ses officiers, et ne mâche pas ses mots à son sergent.

— Vous n'êtes qu'un inconscient, s'entend reprocher ce dernier, vous n'aviez pas à vous rendre à Nant sans ordres...

L'officier, furieux, écoute à peine le rapport de son gradé et tourne les talons pour rejoindre la ferme dans laquelle il a installé son P.C.

Les rescapés de la section de choc entourent leur chef à la mine renfrognée.

— T'en fais pas, lui conseille un des plus anciens maquisards, le pasteur a fait pire que toi... Lui aussi a voulu retourner à Nant, et...

Le Lorrain, soudain déridé, apprend le cœur battant que d'importantes forces alliées ont débarqué vers Saint-Tropez.

— C'est pour ça que les copains F.F.I. ont reçu l'ordre de faire sauter les routes, se rend-il compte, tout va s'arranger maintenant...

Puis le sergent, aux mollets endoloris par l'escalade à vélo, se laisse aller à écouter le récit des événements de Nant que lui fait l'homme qui lui a révélé le débarquement tant espéré et qu'il avait prophétisé à l'aube de son premier jour au maquis de Mandagout.

10. LA RUÉE VERS MONTPELLIER

— Les Allemands ont dévalé la côte des Liquisses en tirant comme des fous, poursuit le maquisard mis au courant par le pasteur de tout ce qui s'est passé à Nant, puis...

Le Lorrain se laisse emporter par les paroles de feu. Il lui semble vivre la tragédie qui a coûté la vie à plusieurs de ses meilleurs compagnons.

Un groupe d'Allemands déchaînés avait surpris un jeune homme décidé à rejoindre le maquis. Ce dernier s'était empressé de revêtir une mise presque militaire à l'approche du camion de la section de choc. Son béret, son ceinturon, son pantalon des chantiers de jeunesse, et surtout ses guêtres, avaient ajouté à la colère des nazis qui l'avaient empoigné en même temps que sa tante et son oncle, Paul Pagès, à qui il était venu faire des adieux rapides.

— Vous êtes des francs-tireurs, avait hurlé de son accent heurté un feldwebel, vous allez être fusillés...

Et les trois malheureux Nantais s'étaient écroulés, percés de balles de Mauser, au pied du mur de leur maison.

— Les salauds, gronde Péréra, ce n'est pas possible...

Le narrateur poursuit gravement son récit.

— La femme Pagès est toujours vivante, précise-t-il, elle a été retrouvée comme folle, avec un sein traversé par une balle...

— Et les copains ? s'inquiète le sergent pris par le récit et qui oublie complètement l'engueulade de son capitaine.

— J'y viens, promet le maquisard, décidé à faire la synthèse de tout ce qui s'est passé au village endeuillé, le sergent Boudon a été retrouvé couché sur le dos, il était complètement défiguré, les Boches l'ont achevé à coups de crosse et de botte...

Le Lorrain écœuré apprend que deux villageois, un jeune homme qui avait tenté de fuir l'enfer en remontant le courant du Durzon et un patron menuisier, avaient, après avoir échappé de peu à la fusillade, assisté au massacre du pauvre sergent. Les deux hommes avaient ensuite été les témoins de plus en plus horrifiés de la capture de trois autres maquisards mal camouflés dans des gerbiers, tout près de la rivière.

Les trois Corsaires bourrés de coups de crosse avaient été amenés sur la place du marché de Nant où toute la population mâle du village était rassemblée sous la menace des armes nazies, sauf bien sûr son maire qui avait démissionné pour protester contre l'implantation du maquis dans son secteur. Un officier allemand furieux avait braillé des menaces de représailles.

— Nant, nid de maquisards, sera incendié ! avait-il hurlé à l'arrivée des trois prisonniers et en se dirigeant vers eux pour les interroger.

Les nazis avaient installé leur P.C. dans le café des Halles. Leurs captifs à demi dévêtus demeurèrent longtemps allongés sur le goudron de la place liquéfié par la chaleur d'août. Puis, à nouveau rudement empoignés par leurs vainqueurs, ils avaient été poussés à l'intérieur du café et torturés les uns après les autres.

Deux d'entre eux, qui n'avaient pas failli sous les assauts de la douleur, avaient été ramenés sur la place à coups de crosse, et une nouvelle fois allongés sur le goudron brûlant, bras en avant. Un gradé allemand avait hurlé un ordre en levant son bras. Un feldgrau avait aussitôt mis son side-car chenillé en marche et, en se penchant sur l'asphalte pour mieux contrôler son avance, avait tout doucement écrasé les mains des prisonniers ensanglantés, deux Bretons, Alain Robic, dit « le Marin », et Joseph Quehec.

De nouveaux ordres gutturaux et des coups de pied avaient obligé les hommes aux mains en bouillie à se relever. Quatre de leurs bourreaux les avaient alors plaqués chacun sur un pilier d'arche de la halle de Nant, et un peloton d'exécution vite rassemblé les avait fusillés sans autre forme de procès.

Le maquisard qui raconte l'horreur se tait, marqué par l'évocation. Le silence s'impose pendant une vingtaine de secondes.

— Et le troisième prisonnier ? se décide à demander le Lorrain, très ému lui aussi.

Le masque de son interlocuteur se ferme un peu plus.

— Le pauvre gars n'a pas tenu le coup, avoue-t-il dans un souffle triste, il a dû parler... Les Allemands l'ont emmené avec eux dans une automitrailleuse.

Les échos de la bataille avaient donné l'alerte au Mas-de-Pomier. Le gros du maquis s'était tout de suite équipé et posté en position de recueil, et deux rescapés de la section surprise chantant dans son camion avaient réussi à rejoindre le P.C. Le récit de l'embuscade n'avait pas paru suffisant au pasteur Gillier.

— Il faut aller aux nouvelles ! avait décidé ce dernier en entraînant l'aspirant Jean vers une petite Simca.

Les deux officiers, armés chacun d'une Sten, avaient roulé à tombeau ouvert sur un chemin de terre.

— Le camion, regardez ! avait bientôt conseillé l'ancien chef de corps franc, attention !

La voiturette s'était arrêtée à quelques mètres du véhicule abandonné au travers de la route étroite. Un fusil-mitrailleur Bren était resté sur le toit de la cabine pavoisée et aux portes béantes. Les deux hommes s'étaient prudemment approchés du gazogène, prêts à tirer. L'écho des dernières rafales allemandes leur parvenait encore de Nant, et ils n'eurent pas le temps d'atteindre le camion déserté car une moto allemande s'était annoncée par le nord.

Le pasteur s'était rapidement posté en embuscade à l'abri d'un mur à demi écroulé, et Jean s'était dissimulé derrière un poteau électrique. Leurs rafales avaient accueilli les motards, l'engin à nacelle avait basculé sur le côté. Les cadres du maquis avaient réintégré leur véhicule et fait demi-tour au moment même où une mitrailleuse les prenait à partie.

— La bagnole du pasteur est pleine de trous, précise le maquisard qui tient Péréra en haleine, ils ont salement eu chaud...

— Continue, ordonne presque le Lorrain pressé de tout savoir.

Et la dure réalité du combat passé s'impose à nouveau.

Le capitaine Prevost réunit vite son état-major au retour du pasteur et de son officier radio.

— La situation est bien claire, annonce-t-il nerveusement à son auditoire inquiet, nous sommes menacés par une colonne qui ne peut plus filer vers le sud à cause des sabotages... Les Allemands savent que nous sommes là... Ils ne vont pas tolérer longtemps notre menace, nous allons donc évacuer le camp !

Les préparatifs du repli vers les hauts de Refrégies sont vite engagés.

Des échos de bruits de moteurs traînent dans la nuit qui vient de tomber. Les habitants des fermes isolées de la vallée se sont prudemment dirigés vers des caches de la montagne. Les maquisards sont prêts à les imiter, vers 3 heures, lorsque des unités de fantassins allemands se mettent en position à cinq cents mètres à peine de leur camp. La nuit est très noire. Des chiens hurlent à la mort un peu partout dans la vallée.

— On part à 4 heures ! décide le capitaine Prevost, qui sait la présence des Allemands mais devine aussi que ces derniers n'attaqueront certainement pas avant l'aube.

Les Corsaires s'égaillent furtivement dans l'ombre qui est depuis longtemps leur élément naturel. Ils cheminent en direction de la maison forestière de Canalettes qui a été désignée comme premier point de repli. Le pasteur demeure avec un groupe sur une hauteur dominant le camp qui achève de se vider silencieusement.

Une fusée rouge monte dans le ciel à 6 h 30, alors qu'il fait déjà bien jour, et une pluie d'obus de mortier s'abat sur le campement tout à fait désert. De très longues rafales de mitrailleuses lourdes mêlent leurs saccades épaisses au roulement quasi continu des explosions. Le pasteur et ses hommes observent le formidable tir de préparation, qui dure tout juste un quart d'heure et cesse au signal de deux fusées vertes.

Les fantassins se ruent alors sur le camp en hurlant et en tiraillant à l'aveuglette. Ils s'aperçoivent vite qu'ils ont donné l'assaut à des fantômes, courent dans tous les sens, sortent des bâtiments abandonnés tout le matériel que les Corsaires n'ont pu emmener, et passent leur rage sur lui. Puis ils se répandent dans les hameaux alentour, qu'ils incendient un à un. La vallée du Durzon est peu à peu envahie de fumée.

Le maquisard se tait une nouvelle fois. Le Lorrain respecte son silence pendant une minute, puis l'interroge encore.

— Mais, lui demande-t-il, comment ça se fait que tous les gars ne soient pas arrivés par ici ?

Le Corsaire hausse les épaules et fait la moue.

— Sans doute que les ordres ont été transmis dans la pagaille du départ...

— Autant dire que notre maquis n'existe plus, lâche le Lorrain dans un souffle, juste au moment où la vraie guerre va sans doute commencer... C'est tout de même pas de chance !

— Remarque, reprend le narrateur, certains des gars qui manquent à l'appel ont peut-être décidé de rentrer chez eux, ou de filer dans un autre maquis... Qui peut savoir...

Le capitaine Prevost reprend contact avec le patron de l'O.R.A. le lendemain de son arrivée à Refrégies. Il apprend ce faisant que de nouvelles colonnes ennemies se dirigent à marche forcée vers les côtes de Provence pour tenter de freiner l'avance des troupes débarquées le 15 août. Le général de Gaulle lance un appel à la radio pour mobiliser tous les cadres de l'armée dissoute et leur enjoindre de rallier les maquis. Le camp de Refrégies en accueille quelques-uns. Le Lorrain retrouve un peu de son enthousiasme lorsque la section de choc est reformée à deux groupes. Le capitaine Prevost remet également sur pied deux autres sections, la première avec les maquisards les plus anciens, et la seconde avec les hommes qui viennent d'obéir à l'ordre du général de Gaulle. Le maquis est bientôt à nouveau riche de plus de cent hommes.

— Il nous faudrait un nouveau parachutage, fait justement remarquer Péréra qui est toujours responsable de l'armement et des explosifs des Corsaires, on a perdu une sacrée masse de matériel dans la nuit du 14...

L'arrivée d'un ordre de l'état-major de l'O.R.A. met un terme à la discussion que le sergent engageait avec le pasteur Gillier. Les Corsaires doivent occuper le village de Saint-Jean-du-Bruel. La mission est exécutée sans encombre à la nuit tombante, et des barricades poussent rapidement aux issues de l'agglomération.

De nombreux échos de grondements de moteurs coulent des hauteurs du Larzac au milieu de la nuit. Des explosions les couvrent de temps en temps.

— On dirait que les Boches foutent le camp de là-haut, commente Péréra pour deux de ses compagnons de veille, je crois bien qu'ils sont en train de faire sauter leurs installations avant de nous quitter...

Les suppositions du Lorrain se confirment à l'aube du 20 août 1944. Les Allemands sont bien partis dans la nuit. Saint-Jean-du-Bruel et Nant pavoisent. Les maquisards sont les rois de la liesse. Les maires de Nant et de Sauclières sont arrêtés et évitent de justesse le mauvais sort que voulaient leur faire subir les vétérans de Mandagout.

La joie retombe le lendemain, lorsque les villageois libérés apprennent qu'une nouvelle colonne allemande revient dans la région. Les banderoles, les drapeaux et les guirlandes disparaissent aussi vite qu'ils étaient sortis de leurs cachettes.

Le pasteur descend à moto à Nant pour obtenir confirmation de la nouvelle alarmante. Il remonte vite à Saint-Jean-du-Bruel.

— Les Boches signalés sont encore à près de cent kilomètres d'ici, précise-t-il à ses gradés, on ne risque rien...

Les oriflammes n'en réapparaissent pas pour autant car cent kilomètres sont vite parcourus par une colonne motorisée. La section de choc reçoit l'ordre de partir en patrouille jusqu'au Caylar. C'est à nouveau l'aspirant Jean qui la mène, puisque le capitaine Prevost à démis le sous-lieutenant Roger de son commandement, sous le prétexte qu'il n'avait pas scrupuleusement observé l'itinéraire de retour au Mas-de-Pomier après la protection des sabotages du Pas-de-l'Escalette. Cette décision n'a d'ailleurs pas fait l'unanimité parmi les rescapés de l'embuscade de Nant.

Le camion de l'aspirant tout heureux de reprendre la route traverse le causse du Larzac laminé par le soleil. Les Corsaires sont vite en sueur malgré le vent de la course. La section reformée dépasse le village de La Couvertoirade endormi au soleil, et s'engage sur la départementale 55 qui va mourir dans la nationale 9. La tache fraîche d'une robe de jeune fille à bicyclette semble voleter sur la bande d'asphalte qui vient du nord. L'aspirant ordonne à son chauffeur de stopper avant de s'engager sur la nationale et de tourner à gauche vers Le Caylar. L'inconnue pédale très vite. Elle freine juste devant le nez du camion. Les maquisards lui lancent des plaisanteries galantes en sautant à terre et en l'entourant.

— Vite, crie la demoiselle essoufflée, ne restez pas là, les Allemands arrivent... Ils sont derrière moi !

Des Corsaires se sont éloignés pour satisfaire un besoin pressant.

— On n'a pas le temps de remonter dans le camion, reconnaît le chef de section qui ne prend pas la nouvelle à la légère, tout le monde derrière les rochers là-bas...

La main tendue de l'officier indique à ses hommes éparpillés un amas de rocailles qui s'étale à une centaine de mètres de la route, à la même altitude que cette dernière. Les Corsaires disparaissent derrière leurs abris naturels pendant que leur camion vide poursuit sa route vers Le Caylar. Rolland, son chauffeur, un grand gaillard, a reçu l'ordre de le cacher derrière une falaise au bout d'un chemin de terre. Le bruit de son moteur meurt peu à peu. La jeune fille au vélo a disparu vers le sud. Des milliers de sauterelles reprennent leurs crissements lancinants. Aucun Allemand ne se manifeste. Quelques minutes passent.

— On s'est affolés pour rien, avance le Lorrain soudain tenaillé par une forte colique, faut que je m'éloigne des copains pour me soulager...

Et le sergent, rassuré par le calme épais qui nappe le plateau surchauffé, décide d'aller baisser culotte un peu en contrebas de la position occupée par ses compagnons, entre deux blocs de rochers gris qui préserveront son intimité.

Des bruits de moteurs l'alertent soudain dans son inconfortable position. Il se relève pour se rajuster rapidement et rejoindre ses compagnons mais enraie son geste en voyant approcher deux camions débâchés et pacifiquement chargés de fagots.

Des Corsaires se relèvent de leurs abris. Les camions approchent. Ils ne sont plus qu'à cent mètres de l'embuscade qui n'est plus sur le qui-vive. Les véhicules stoppent brutalement à la hauteur des maquisards avec des miaulements de pneumatiques. Des ordres aboyés font voler les fagots en pagaille sur la route, et deux mitrailleuses balaient les rochers de longues rafales pendant que des fantassins plongent dans le fossé de la nationale.

Le Lorrain stupéfait prend à peine le temps de se reculotter, empoigne sa mitraillette et se replie vers ses compagnons en tiraillant pour couvrir sa course. L'aspirant Jean lance ses hommes à foulées rageuses vers une seconde ligne de rochers qui s'étale au-dessus d'un pré d'herbes sèches et très en pente. Le sergent change de chargeur tout en courant et aperçoit la chevelure blonde de son chef qui mène le repli sur le glacis. Deux maquisards s'écroulent sur l'herbe. « Pourvu qu'ils ne soient que blessés », espère le Lorrain dont l'attention est soudain captée par l'arrivée sur le site d'autres camions allemands, sans fagots et bondés de fantassins. Le Corsaire atteint indemne les rochers abandonnés par ses amis.

— Qu'est-ce que tu fous là ? s'étonne-t-il sous la mitraille en découvrant son fidèle Titin, qui n'a pas suivi la course des autres maquisards.

— Je t'attendais, répond tout simplement le résistant au nez busqué et au long visage taillé à coups de burin, j'allais tout de même pas partir sans toi, mon vieux Lucien...

Le sergent apprécie le geste, et tire à nouveau sur les formes courbées de quelques Allemands qui courent vers lui. Les occupants des nouveaux camions sautent à leur tour au bord de la nationale. Des servants de pièces mettent des tubes de mortier en batterie. Des obus éclatent bientôt très en arrière de la ligne des Corsaires.

— Ils veulent couper la route aux copains, devine le sergent de Ranguevaux qui, allongé à un mètre de Titin, tire toujours pour ralentir l'avance ennemie.

Le Lorrain reconnaît de son regard vif un itinéraire pour rejoindre au moindre risque le gros de sa section.

— On fonce par la droite, lance-t-il à son compagnon, on va passer, avec un peu de chance !

Les deux hommes progressent de rocher en rocher, en bonds très courts. Les Allemands n'ont pas le temps d'ajuster leurs silhouettes agiles.

— On y est presque ! crie le sergent dans le vacarme, tout en couvrant d'une rafale le dernier bond de Titin.

Les deux hommes débouchent juste à l'endroit qu'allait quitter le servant du fusil-mitrailleur Bren de leur groupe.

— Reste là, ordonne le Lorrain en décidant de protéger au maximum le repli de ses compagnons.

L'arme anglaise tire deux chargeurs sur les premiers Allemands, qui sont obligés de refluer vers le fossé de la nationale. L'aspirant et ses hommes se sont éloignés d'une centaine de mètres.

— A nous ! crie Péréra en achevant de vider un chargeur de Sten, courez bien en zigzag !

Les deux servants du Bren quittent le rocher l'un derrière l'autre.

Titin se lance lui aussi à découvert. Le chef de groupe suit le trio après avoir dirigé un autre chargeur sur ses poursuivants.

Les Allemands, craignant sans doute de se laisser entraîner dans un piège de feu, abandonnent la poursuite. Mais leurs mortiers pilonnent encore longtemps le repli bien ordonné. La section sortie du piège se regroupe bientôt après quatre kilomètres de course.

— Nous n'avons pas eu de chance, râle le Lorrain en reprenant son souffle, si les Boches étaient arrivés une heure plus tard, nous aurions été peinards en embuscade sur la falaise de l'Escalette… Et on aurait fait des cartons !

L'aspirant Jean installe ses hommes dans une ferme.

— Manquent Dada, Elie et Cyprien, lui annonce son adjoint, ils devraient déjà être là…

Dada, un des plus grands maquisards, approche à son tour de la ferme. Il titube. Ses compagnons courent à sa rencontre.

— Je suis bien content de vous revoir, leur souffle-t-il avant de s'écrouler dans les bras de deux Corsaires, j'ai une balle dans le ventre…

Les fermiers acceptent d'abriter le blessé.

— Elie et Cyprien ne sont peut-être pas morts non plus, avance Péréra, je retourne par là-bas…

L'aspirant sait qu'il ne peut empêcher son adjoint de faire ce qu'il a décidé. Trois Corsaires accompagnent le Lorrain vers la nationale.

— Les Boches sont loin, se réjouit le chef de la petite patrouille en approchant du pré où il a vu tomber les deux manquants.

Les quatre maquisards s'égaillent entre les rochers en appelant leurs compagnons. Ces derniers sont vite retrouvés dans des anfractuosités de gros rochers.

— Les Boches sont passés tout près de nous en vous poursuivant, apprend Cyprien à ses sauveteurs, ils étaient bien trop occupés à tirailler pour nous voir…

Elie a une balle dans la cuisse, et Cyprien une cheville fracassée.

Le quatuor s'empare des deux blessés et entame très lentement le retour à la ferme où ils ne parviennent qu'à la nuit.

— Il est trop tard pour rentrer, décide l'aspirant tout heureux de n'avoir pas subi de pertes mortelles, on va passer la nuit dans le petit bois qui est là-bas…

Les Corsaires se dirigent vers le couvert qui naît à une centaine de mètres de la ferme où ils abandonnent leurs blessés à la garde attentive des fermiers.

— Vous serez bientôt à l'hôpital, leur assure le Lorrain en les quittant le dernier, la guerre est bien finie pour vous… Veinards !

La section regagne Saint-Jean-du-Bruel le lendemain de l'accrochage. Le Lorrain et son chef apprennent avec tristesse que les Allemands, enragés par le manque de résultat de leur attaque, ont incendié quelques maisons du Caylar et apeuré la population en tirant un peu partout et au hasard.

— Ils ont blessé des villageois, lui précise le pasteur Gillier, ils voulaient venger les leurs... Des gens du Caylar ont aperçu deux cadavres dans un de leurs camions...

Le Lorrain apprend aussi que vingt-cinq hommes d'un maquis voisin ont été surpris l'avant-veille au hameau de La Pezade, à moins de quatre kilomètres au nord de l'accrochage de sa section.

— Pas un seul d'entre eux n'a survécu, commente tristement le pasteur, les Boches ont achevé les blessés et mutilé leurs pauvres corps d'une façon indigne...

La section de choc n'a pas le temps de souffler. Elle repart sous les ordres du lieutenant Richard, un nouveau venu au maquis, avec la mission de libérer officiellement la ville de Lodève, dans l'Hérault.

Le camion, qui a été ramené sans encombre à Saint-Jean-du-Bruel par son chauffeur, prend à nouveau la direction de la nationale 9, évite les destructions du Pas-de-l'Escalette et dévale la descente vers la ville à occuper. La route surplombe en corniche des à-pic vertigineux, le chauffeur de la section stoppe son véhicule avant chaque passage de gorge et chaque virage en épingle à cheveux. Il attend pour repartir que le Lorrain ait effectué une prudente reconnaissance de l'endroit dangereux avec trois de ses hommes.

— Ça n'est plus le moment de tomber en embuscade, se dit le sergent en revoyant en pensée les images de mort décrites au matin par le pasteur Gillier.

Les Corsaires aperçoivent bientôt au loin la ligne des toitures de Lodève, qui est sous-préfecture. L'équipée atteint l'entrée de la ville sans anicroches à la tombée du jour. Un autre petit élément de l'O.R.A. les rejoint. Quelques Lodévois rapidement questionnés affirment qu'il n'y a plus un seul Allemand chez eux.

— Ils sont partis il y a moins d'une heure, vers Montpellier, précise une femme à l'accent ensoleillé, ils ont eu peur de vous...

Les deux groupes de résistants pénètrent dans la ville bâtie au confluent de la Lergue et de la Soulondres. Une haie sautillante accompagne leurs véhicules. Des jeunes filles montent dans les camions, les Corsaires et leurs compagnons sont couverts de baisers sonores. Les véhicules s'enfoncent dans la ville en fête par l'avenue de la République, débouchent sur la place du même nom et s'arrêtent un peu plus loin, sur la place de l'Hôtel-de-Ville dominée par la cathédrale Saint-Fulcran et noire de monde.

— Y a-t-il des Lorrains parmi vous ? crie une jeune fille en robe claire.

Péréra saute au sol et se fraie difficilement un passage vers elle.

— Moi ! lui annonce-t-il en se plantant tout contre elle, je suis de Moselle…

Les yeux de l'inconnue se mettent à briller un peu plus. Elle se jette au cou du sergent et le bombarde de questions gourmandes.

— Mais alors, s'enthousiasme le plus ancien maquisard de Mandagout après avoir répondu à la rafale de questions, nous sommes pays !

La fille se prénomme Arlette, et elle est aussi de Ranguevaux. Péréra oublie la guerre qui n'est pas encore finie, les mois passés dans la montagne, et embrasse à nouveau sa payse.

— Nous sommes deux familles de Ranguevaux par ici, lui confie la Lorraine radieuse en l'invitant chez ses parents, c'est trop beau pour être vrai !

La fête fait rage dans toute la ville. La population s'arrache les maquisards. Les Allemands doivent être loin. Le sergent de Ranguevaux s'abandonne au bonheur d'un repas presque familial. Un ordre remet en pleine nuit les libérateurs sur la piste des Allemands.

— Je reviendrai te voir demain, promet le sergent corsaire en embrassant une dernière fois sa compatriote retrouvée presque femme alors qu'il se souvenait d'elle enfant de quatorze ans à peine.

Les deux camions roulent toute la fin de nuit. Les Corsaires sont à l'aube du 26 août en position dans les vignes de Lagamas, sur la rive droite de l'Hérault, et à quatre kilomètres d'Amiane, un chef-lieu de canton de la rive gauche du fleuve dans lequel se regroupe une colonne nazie en repli. Le lieutenant Richard monte dans le clocher de Lagamas avec un observateur pour mieux apprécier la force ennemie.

— Ils pillent le village, annonce l'officier à ses hommes en redescendant de l'observatoire, on va foncer…

L'ordre espéré par les Corsaires ne vient pas. Le groupe du Lorrain piaffe toute la journée d'impatience au bord de l'Hérault où il a été envoyé en reconnaissance. Des échos de bataille rangée descendent du nord. Les résistants apprennent que le maquis Rolland est sévèrement accroché sur la départementale 32 qui mène à Saint-Martin-de-Londres.

Tous les maquisards de la Lozère, de l'Hérault et de l'Aveyron sont rameutés vers les approches de Montpellier. Le colonel Leroy dispose de plus d'un millier d'hommes dans la matinée du 27 août pour libérer la ville.

— Mais qu'est-ce qu'on attend pour y aller, s'impatiente l'ancien chasseur du 10e B.C.P., on dirait qu'ils veulent laisser filer ces saletés de Boches…

11. LA BRIGADE DU LANGUEDOC

Le capitaine Prevost lance des patrouilles vers Gignac, au sud-est de Lagamas. Ses éclaireurs ramènent de bonnes nouvelles. Les Allemands semblent s'être éloignés de la nationale 109, qui mène droit sur Montpellier. L'ordre d'avancer sur la préfecture de l'Hérault tombe enfin, dans la matinée du 27 août. Tous les maquis, dont chaque chef veut être le premier à pénétrer dans la ville, se ruent vers l'objectif. Leur flot enthousiaste libère au passage des dizaines de bourgades et villages. Les Corsaires ne rencontrent pas de résistance sur la route nationale. Ils reçoivent pourtant l'ordre de stopper leur progression lorsqu'un maquis accroche une unité allemande au village de Montferrier, à sept kilomètres à peine des faubourgs de Montpellier.

L'attente crispante reprend. Péréra guette les réactions de son capitaine, qui est accompagné d'un officier de liaison du colonel Leroy, le patron de la longue colonne libératrice. Les combats cessent à Montferrier, la ruée reprend son cours. Elle atteint les approches de la grande ville au milieu de l'après-midi. Les Corsaires pénètrent dans Montpellier par le cours Gambetta. Leurs chants patriotiques sont repris par la foule. Les cloches des églises sonnent à toute volée. La population heureuse porte littéralement ses libérateurs. Des nazis débandés se rendent à chaque coin de rue. Ce sont pour la plupart des Polonais, des Russes, des Arméniens, des Tchèques et des Mongols. Une populace enflammée les malmène, et certains ne trouvent le salut qu'en se plaçant sous la protection de la police ou de groupes de maquisards.

Les Corsaires les plus anciens contemplent la pagaille avec détachement. La ville est enflammée de drapeaux et de guirlandes. Partout sur ses trottoirs, des hommes embrassardés de tricolore, armés de bric et de broc, vieilles pétoires tout juste bonnes à tirer le lapin des garrigues, énormes revolvers, fines carabines de foire et mitraillettes allemandes sans chargeurs, jouent les libérateurs. « On n'était pourtant pas bien nombreux dans la montagne, remarque, désabusé, le sergent de Ranguevaux, d'où sortent-ils tous ceux-là... Je suis bien certain que des collabos se cachent dans leur carnaval... »

Il y a des accordéons partout. Montpellier danse au soir de sa libération. Les Corsaires jouissent enfin de leurs vingt ans gâchés dans les jasses cévenoles. Ils dansent jusqu'à l'écœurement, leurs armes en bandoulière, boivent sec et font l'amour à des filles déchaînées. « Il suffirait qu'une grenade tombe d'un ceinturon pour que tout pète dans la fête », se rend tout de même compte Péréra au cours d'une petite pause.

L'aube se lève sur la ville en liesse. Des couples, qui se sont aimés sans confort, se défont. Les Corsaires se regroupent, silencieux et las. Le colonel Leroy est nommé commandant d'armes de Montpellier, un semblant de discipline s'impose dans les rues pavoisées. Les collaborateurs sont traqués dans tous les quartiers. Les dénonciations pleuvent. Les maquisards amènent à chaque heure qui passe des captifs à la maison d'arrêt centrale qui ne suffit bientôt plus à les contenir. Des prisons annexes s'ouvrent un peu partout. Des femmes, coupables pour la plupart d'avoir seulement succombé au charme de quelque Aryen blond, sont tondues et brocardées au milieu de groupes suintant la haine. Des miliciens démasqués ne sont même pas conduits aux prisons. Ils meurent sans jugement.

— Si ça se trouve, avance le pionnier du maquis de Mandagout, il y a des anciens copains à eux parmi ceux qui les tuent…

Une des plus jeunes recrues du capitaine Prevost approche du Lorrain songeur qui déambule dans une rue noire de monde.

— Chef, lui hurle-t-il, fusil Remington en bandoulière et grenades Mills accrochées au ceinturon, j'ai reconnu deux miliciens de mon village… Venez vite…

— T'es bien sûr que ce sont des miliciens ? s'inquiète l'ancien chasseur à pied.

Et, comme le jeune homme essoufflé jure qu'il ne s'est pas trompé, il décide d'aller cueillir les traîtres avec Martin et Dédé. Le maquisard au visage puéril guide ses trois anciens à coup sûr.

— Ils sont dans ce café, annonce-t-il après leur avoir fait traverser à pas pressés une bonne partie de Montpellier.

Les miliciens, qui avaient cru trouver l'incognito dans la grande ville, se lèvent d'un bond lorsque les Corsaires s'engouffrent dans l'établissement où ils se faisaient oublier. Les canons de Sten braqués sur eux enraient leur tentative de fuite. Le jeune homme qui les a reconnus, et qui a eu à souffrir de leur arrogance dans son village natal, se rue sur eux, crosse de fusil levée.

— Pas ici, le retient son chef d'un ordre sec, il faut d'abord les amener au capitaine…

Les miliciens tentent de plaider leur cause tout le long du trajet qui les mène à la caserne Grossetti au milieu des lazzis et des menaces de mort qui fusent des groupes de passants.

— C'est avant, qu'il fallait réfléchir, lance à l'un d'eux le chef de patrouille qui aimerait bien tenir à leur place Roger Mangematin, le S.A. de Ranguevaux, maintenant c'est le moment de payer l'addition…

Les captifs se font de plus en plus minables à mesure que les Corsaires les rapprochent de la caserne, et ils ne sont plus que des loques une fois arrivés à destination.

— Tu peux y aller, maintenant, lance le sergent au garçon au Remington avant d'aller rendre compte de sa prise au capitaine Prevost, cogne tant que tu veux, mais pas trop tout de même, il faut en laisser pour les juges...

Les coups commencent à tomber dru sur les deux corps, qui se tassent au sol. L'arrivée du chef de maquis met un terme à la dérouillée.

— Ça suffit, ordonne l'officier en posant un regard dur et lourd de mépris sur les deux captifs aux faces tuméfiées.

Et, tendant un ordre écrit à Péréra, il intime à ce dernier l'ordre de conduire les deux minables à la prison centrale de la ville.

— Ils passent demain en cour martiale, tes copains, confie le sergent au maquisard qui les a démasqués en revenant de la maison d'arrêt, si tu veux, je t'emmène au jugement...

Le tribunal d'exception est bondé lorsque commence l'audience. La dizaine de Corsaires qui accompagnent leur jeune compagnon ont du mal à se faufiler jusqu'à ses premiers rangs.

La cour martiale juge vingt-cinq collaborateurs responsables de centaines de morts et de déportations. Elle en condamne dix-sept à la fusillade sous les applaudissements et les insultes de l'assistance.

Les condamnés sont amenés le lendemain en car jusqu'aux fossés de la citadelle qui dresse ses murs à l'est de la ville. Le véhicule se gare à quelques mètres d'une pile de cercueils en sapin brut qui sont destinés à recueillir les corps des suppliciés. Le jeune Corsaire qui est à l'origine de la condamnation capitale des deux miliciens arrêtés par Péréra a tenu à jouir jusqu'à l'extrême de sa vengeance. Son sergent l'accompagne une fois encore. Le fossé de la citadelle, planté de six poteaux d'exécution, est bientôt bordé d'une foule considérable. Quelques excités conspuent les condamnés qui marquent tous un temps d'arrêt devant le sinistre entassement de leurs futurs cercueils. Des gendarmes aux mollets pris dans de hautes jambières de cuir empoignent les six premiers traîtres à passer par les armes, lient leurs poignets derrière les poteaux, leur bandent les yeux et reviennent se placer derrière le peloton d'exécution.

Le rituel de mort est vite expédié. Les six hommes, mortellement touchés, glissent au pied de leur support. Les gendarmes les délient, arrachent leurs bandeaux et étendent leurs corps à quelques mètres des cercueils. La deuxième fournée de suppliciés est expédiée tout aussi rapidement. Les cinq derniers condamnés se retrouvent à leur tour liés aux poteaux.

— En joue, crie l'officier qui commande le tir, feu !

La foule murmure lorsque meurt l'écho des détonations. Trois des hommes aux yeux bandés survivent à la salve. L'un d'eux n'a pas reçu une seule balle et demeure debout. Le deuxième a les jambes fracassées. Le lien mal noué qui retenait ses bras en arrière s'est défait. Il gémit en se tordant de douleur et en tapotant nerveusement sa tempe droite de la main pour demander qu'on l'achève vite. Le troisième, lui aussi libéré de son entrave, tressaute, hurle et se cache la tête sous les bras. Le chef de peloton achève les deux hommes d'une balle dans la nuque et, gardant son pistolet à bout de bras, ordonne l'exécution du rescapé indemne de la première salve. Le supplicié meurt sans un cri. L'officier range son arme dans l'étui de cuir qui boursoufle sa taille bien prise dans un large ceinturon, et se retourne vers l'assistance d'où sourdent des murmures réprobateurs.

— A Nîmes, explique-t-il d'une voix neutre pour justifier son refus de gracier le dernier condamné, les Allemands n'ont pas épargné un maquisard de dix-sept ans dont la corde de pendaison s'était rompue...

La fronde se tait.

— Oui, poursuit l'exécuteur des hautes œuvres, ils l'ont tout de suite rependu malgré ses jambes brisées...

La foule se met à hurler son approbation, et se défait lentement pendant que les cadavres sanglants sont mis dans leurs cercueils de pauvres et emmenés vers une fosse commune.

Le préfet de Montpellier est fusillé à son tour le lendemain dans les fossés de la citadelle, en même temps qu'un bourreau de la Gestapo.

Le gros du maquis de Mandagout rejoint à son tour la ville en éruption le 1er septembre et s'installe avec les premiers Corsaires dans leur caserne surpeuplée. Les maquisards reçoivent des tenues bleu marine que le pasteur Gillier a dégotées on ne sait où, qu'ils s'empressent d'endosser et de compléter par le port d'un béret de chasseur. Les sections prennent ainsi des allures d'unités régulières. Le capitaine Prevost fait confectionner un drapeau noir à croix de Lorraine jaune par une couturière de la ville.

— L'Armée arrive ! annonce un maquisard qui revenait d'étrenner sa nouvelle tenue sur les trottoirs animés de Montpellier.

Les Corsaires se fraient difficilement un chemin dans la foule agglutinée serré autour des jeeps et des half-tracks du 1er régiment de fusiliers marins. Péréra dévore d'un regard envieux les uniformes et l'armement des premiers soldats de la France libre qui sont venus en Languedoc pour prouver que l'Armée participe bien aux combats de la Libération. Le contact est bref. Un ordre rappelle les « pompons-rouges ». Les Corsaires rentrent à la caserne Grossetti, où ils apprennent que le général de Lattre sera le lendemain à Montpellier, sa dernière garnison avant son arrestation par Vichy.

Tous les maquis de l'Hérault et de l'Aveyron sont prêts pour la parade bien avant 16 h 30, heure prévue pour l'arrivée du général. Mais ce n'est qu'une heure et demie plus tard que le chef de la Ire armée française commence à les passer en revue.

Le grand officier supérieur, nez fort et droit, lèvres fines, marche très raide. Ses traits demeurent figés lorsqu'il passe une première fois devant les alignements de résistants, à quelques mètres en avant de sa suite et saluant chaque drapeau d'unité, mais ils se détendent lorsqu'il se fait présenter un à un chaque chef de maquis.

Le drapeau tout neuf des Corsaires est porté avec émotion par le pasteur Gillier, et sa garde est fièrement assurée par ses plus anciens soldats de la clandestinité, Péréra, Martin, Dédé, Mimile, et Suffren, le maître de la Royale. Le Lorrain, qui espère pouvoir enfin abandonner son nom de guerre bien en rapport avec sa chevelure, a du mal à garder la tête fixe lorsque le général s'éloigne après avoir serré la main de Prevost et dit quelques mots au créateur du maquis. De Lattre a déjà parcouru une dizaine de mètres lorsqu'il s'arrête et revient sur ses pas pour se planter à nouveau devant le drapeau noir du pasteur. Un tout jeune homme en tenue kaki de la Ire armée est à ses côtés, très ému. Le général pose une main gantée sur l'épaule de l'adolescent et le pousse vers les Corsaires de la garde d'honneur.

— Je vous présente le fils du colonel Guillot, dit-il à ces derniers, et je l'autorise à défiler à vos côtés...

Puis le grand général reprend son inspection dès que le fils du Corsaire fusillé par les Allemands s'est rangé, très crispé, aux côtés du capitaine Prevost.

Une cinquantaine de porte-drapeau brandissent, en tête des colonnes de résistants, des étendards de régiments dissous qui avaient été camouflés pendant l'Occupation. Paradent ensuite des délégations des provinces françaises. Celle d'Alsace-Lorraine reçoit de formidables ovations tout au long du parcours. Le maquis des Corsaires tranche par sa tenue uniforme sur les autres formations descendues des montagnes. Il clôt la litanie des soldats de l'ombre et, symbole, un escadron blindé du R.I.C.M., qui a débarqué à la Nartelle à l'aube du 15 août et durement combattu autour de Toulon, passe le dernier près de l'arc de triomphe de la ville ivre de son honneur recouvré.

Le général de Lattre réunit tous les chefs de maquis après le défilé et leur demande de préparer leurs hommes à se fondre, dès que cela sera matériellement possible, dans sa Ire armée pour poursuivre la guerre tant qu'une parcelle de France restera encore sous le joug allemand, et ensuite porter le fer au-delà du Rhin.

Les Corsaires quittent la caserne Grossetti après le départ de leur futur chef pour aller s'installer à une dizaine de kilomètres à l'ouest de Montpellier, au château de Bionne, en dessous de Celleneuve. Chaque maquisard demeure maître de son destin. Le maquis du capitaine Prevost fond après l'appel des volontaires pour suivre l'armée de Lattre. Son effectif tombe de cent cinquante à soixante hommes.

— Et naturellement, regrette Péréra, ceux qui nous quittent sont pour la plupart des engagés de dernière heure...

Les volontaires pour la poursuite du combat abandonnent le château de Bionne après huit jours de repos pour aller à Rodez, où se regroupent les maquis de l'O.R.A. Les vétérans de Mandagout, comme Martin, Mimile et Dédé, sont du déplacement, mais l'aspirant Jean, qui n'avait été que détaché au maquis, rejoint son unité d'origine à la Ire armée dont les forces combattent dans le Jura.

Le capitaine Prevost touche le renfort de maquisards aguerris et rescapés de fractions de l'O.R.A. décimées par les Allemands. Il est bientôt à la tête de deux compagnies dont la première, formée de ses Corsaires, est commandée par le capitaine Delmas, un officier d'active.

Le lieutenant Gervais a définitivement laissé la place au pasteur Gillier. Ce dernier, qui a repris la charge des âmes parpaillotes de Mandagout, vient à Rodez pour faire ses adieux à l'unité dont il est le père. Des larmes coulent sur les visages burinés des plus anciens Corsaires. L'homme à la moustache poivre et sel serre longtemps contre lui Péréra et Martin.

— Je n'oublierai jamais, leur promet-il, la nuit où vous avez sonné à ma porte… Merci !

Le montagnard a du mal à dominer son émotion.

— J'aurais aimé continuer la route avec vous, leur avoue-t-il, mais mes villageois ont besoin de moi… Vous comprenez ?

Les deux pionniers du maquis comprennent. Leur chef s'arrache à eux à regret et quitte Rodez.

— Ça va être dur, sans lui, se dit Péréra après la pénible séparation, en tout cas on fera tout pour qu'il soit fier de nous…

Le mois de septembre 1944 tire à sa fin. Péréra et Mimile, qui a repris son vrai nom de René Berthézène, sont promus sergents-chefs, et Martin, que le Lorrain ne s'habitue pas à appeler Menicussi, caporal-chef au service auto.

— C'est certainement le cadeau d'adieu du pasteur, avance très justement le Ranguevalois en cousant les trois chevrons dorés de son nouveau grade sur les manches de sa tenue bleu marine.

D'autres résistants de Rodez savent coudre des galons. De tout jeunes gens en portent parfois trois ou quatre, ce qui écœure les Corsaires.

Péréra, qui attendait avec ses inséparables Mimile et Dédé l'heure d'entrer dans un cinéma, est interpellé dans le hall de l'établissement par un colonel en culotte de cheval.

— Alors, sergent, on ne salue pas ses supérieurs ? lance l'officier d'un ton rogue.

Le maquisard ne voit d'abord que les galons de l'homme qui le hèle et se prépare à saluer.

— Nom de Dieu, se rend-il soudain compte en bloquant le geste qui allait relever son bras droit, ce guignol n'a même pas vingt-cinq ans… Il se fout de nous, cet emplumé !

Et comme le jeune homme insiste pour obtenir la marque de respect qu'il estime due à son rang, le Corsaire se lance sur lui, poings prêts à frapper.

— Fais pas le con, crient à l'unisson ses deux compagnons, laisse-le tomber…

Le trio renonce à sa séance de cinéma et s'éloigne.

— Y en a marre, gronde le Lorrain, on ne joue pas les colons quand on a l'âge d'un lieutenant… Vivement qu'on foute le camp chez de Lattre…

Les choses se précisent le lendemain de l'altercation, qui ne connaît pas de suites malgré les menaces du colonel d'opérette.

Les maquis de l'O.R.A. se structurent un peu plus avant de rejoindre le front. Les volontaires touchent des treillis de combat et un livret militaire. L'ensemble de leurs unités réunies prend le nom de Brigade légère du Languedoc. Cette brigade, en fait bien plus que légère et commandée par le colonel Thomas, défile dans Rodez le 30 septembre 1944. Péréra ouvre la marche des Corsaires en portant, flanqué de Mimile et de Titin, le drapeau noir de son unité.

Les compagnies n'ont pas la raideur des formations de métier. Le porte-drapeau s'en rend bien compte. « Il restera toujours du partisan au fond de nous, se dit-il en tenant la fine hampe de l'étendard sur son épaule droite, même si on passe des années dans l'armée… »

Un train attend la brigade légère en gare de Rodez. Le coup de sifflet strident qui libère le convoi vers le nord résonne de façon bizarre aux tympans du Lorrain. « Je suis bien sûr impatient d'aller libérer ma région, se dit-il en se calant le plus confortablement possible contre le dossier en bois dur de son compartiment de troisième classe, mais ce foutu coup de sifflet marque la fin d'une sacrée partie de ma vie… »

Le train ne roule pas aussi vite qu'il devrait, car les soldats de l'ombre du centre de la France ont fait du bon travail pour saboter les voies. Les futurs soldats de De Lattre sont à midi à Clermont-Ferrand, d'où ils ne repartent qu'en début de soirée pour atteindre une gare de triage de la région de Dijon. Là, tout n'est que désolation. Des locomotives gisent sur le côté, d'autres sont recouvertes de terre. Des wagons sont déchiquetés, et des rails tordus traînent un peu partout dans le chaos. Le convoi traverse lentement le site dévasté par un bombardement allié en roulant sur une voie provisoire.

La brigade légère abandonne son train à dix kilomètres au nord-ouest de Dijon, au bourg d'Arc-sur-Tille, où les Corsaires attendent pendant quelques jours leurs véhicules montés de Rodez par la route. Ils font ensuite mouvement vers le nord pour s'installer à Mirebeau. Le capitaine Prevost n'oublie pas son arme d'origine, la cavalerie, et réussit à convaincre le colonel Thomas de transformer ses deux compagnies en escadrons de reconnaissance. Péréra reçoit le commandement de trois tractions avant. Chacune d'elles est occupée par quatre hommes et armée d'un fusil-mitrailleur Bren, comme au temps des coups de main dans les Cévennes. L'instruction des groupes de reconnaissance, durement menée, s'achève le 20 octobre. Des officiers de la Iʳᵉ armée viennent passer les anciens maquisards en revue. Sans doute pour estimer la qualité de leurs renforts.

— Ils doivent bien rigoler, se dit le sergent-chef de Ranguevaux, on ne possède même pas une mitrailleuse lourde... C'est certainement pas avec nos armes légères qu'ils vont nous lancer contre la Wehrmacht...

Les nouvelles du front énervent les anciens Corsaires. Ils apprennent que les Allemands ont bloqué l'avance de l'armée De Lattre sur les contreforts vosgiens. Le colonel Thomas mène sa brigade du Languedoc dans le Doubs. Les escadrons du capitaine Prevost traversent Besançon où de Lattre a installé son P.C., et filent sur Valdahon, à une trentaine de kilomètres au sud-est de la ville grouillante d'états-majors. Le camp dans lequel se retrouvent les maquisards du Languedoc est une véritable fourmilière de troupes prêtes à monter en ligne et que le général de Gaulle vient passer en revue le lendemain de leur arrivée.

Une envolée de musique, « garde à vous », « présentez armes », et le chef de la France libre est là. Les Corsaires le dévorent du regard. Ils voient en lui l'homme providentiel sans qui la France serait encore tout entière dans la honte. De Lattre, un peu plus raide encore qu'à Montpellier, présente une à une les unités du camp à l'ancien condamné à mort de 1940. Les formations mal assorties défilent ensuite devant leur idole jusqu'alors mythique.

La Brigade légère du Languedoc est refondue en trois bataillons après la visite du chef de la France libre. Les Corsaires de Prevost deviennent la 1ʳᵉ compagnie du 1ᵉʳ bataillon et se fondent un peu plus au moule de la Iʳᵉ armée en touchant un équipement complet de fantassins U.S. Leur moral monte de quelques tons.

— Ça sent le combat, confie le Lorrain à deux de ses hommes qui marchent à l'aveuglette vers leur baraquement, les bras chargés et casqués tout de guingois, on va enfin ressembler à des vrais soldats...

L'instruction prend un rythme fou dans les jours qui suivent la distribution d'armes et de vêtements d'uniforme. Les anciens Corsaires reçoivent la désagréable corvée de garder le millier de prisonniers allemands qui vivent dans un camp entouré de barbelés tout près des soldats de la reconquête. Les captifs sont entassés dans un seul bâtiment. « Les prisonniers deviennent vite des bestiaux, se rend compte Péréra en promenant son uniforme tout neuf au milieu des nazis vaincus, je n'aimerais pas que ça m'arrive un jour... J'aime encore mieux être traqué comme un loup dans la montagne... »

Le Vosgien, si intraitable au combat, n'est que pitié pour les hommes qu'il garde et qui se sont redressés au garde-à-vous dès son apparition dans la vaste prison. Sa ration du mois de cigarettes américaines est vite partagée entre de très jeunes soldats tondus, et d'autres qui pourraient être leurs grands-pères.

— Chef, vient l'avertir un ancien Corsaire lorsque se termine son tour de garde auprès des prisonniers, le capitaine vous demande...

Le Mosellan pénètre un peu inquiet dans le baraquement, P.C. de la 2e compagnie. Et en ressort fou de joie.

— J'ai une permission de dix jours, claironne-t-il à ses hommes, je vais revoir les miens...

Et il s'empresse, permission signée et tamponnée en poche, de sortir du camp. Les paroles de son chef, qui a profité de l'occasion pour lui présenter le nouveau fanion triangulaire de la compagnie, noir et rehaussé de l'or du mot « Corsaires », tinte à ses oreilles :

— Bien sûr, Péréra, pas question de train pour aller en Lorraine, ni même de car... Vous ferez du stop !

Le sergent-chef tente l'aventure du pouce levé. Il passe d'une jeep dans un camion, puis dans un autre, avance de vingt kilomètres, recule de dix, et trouve enfin place à la sortie d'Epinal, dans un 4×4 Dodge mené par un légionnaire permissionnaire qui se rend chez lui, au Luxembourg. Le véhicule bute sur des colonnes montant au front, attend le passage de camions chargés de soldats las qui partent en repos, mais se fraie malgré tout sa route vers le nord en longeant le front sur ses arrières. Le canon tonne, parfois tout proche. Metz n'est pas encore libéré. Le légionnaire est obligé de faire un large détour pour éviter la ville. Il stoppe à l'aube du 1er novembre à Briey. Les deux voyageurs boivent un café pour se réchauffer avant de repartir sur Hayange. Le Luxembourg n'est plus qu'à une quinzaine de kilomètres. Le légionnaire refuse d'accompagner le Lorrain qui l'invitait à déjeuner chez lui, à Ranguevaux. Les deux hommes se séparent sans vaines promesses de revoyure.

— Et maintenant, s'interroge une fois seul et soudain inquiet le permissionnaire qui s'alourdit de son sac marin, qu'est-ce que je vais trouver au village ?... Ça fait si longtemps...

12. FACE À LA WEHRMACHT

Le Corsaire fixe en marchant les collines qui enserrent son village. Il avance comme dans un rêve sur la route qu'avaient empruntée les Allemands en juin 1940. Le grincement égal d'une bicyclette mal huilée le fait se retourner. Un jeune homme est là, quinze ans à peine et inconnu, qui met pied à terre et propose de porter le sac du soldat. Il ne devait pas être bien grand quand je suis parti, se rend compte ce dernier en ne reconnaissant pas les traits de l'adolescent.

Le duo approche d'un petit bois de sapins dégoulinants d'humidité. Une silhouette claudicante marche au ras du fossé empli de fougères. « Celui-là, espère le permissionnaire en l'apercevant, je vais certainement le reconnaître. »

— Nom de Dieu, rugit soudain le sergent-chef, c'est ce salopard de Mangematin !

Et le passé lui remonte à la gorge. Le Corsaire le revit en quelques secondes : les Allemands terrorisant les villageois de Ranguevaux, la pusillanimité de son père aux premiers jours de l'Occupation, ses compagnons fourvoyés dans la Wehrmacht, les insultes des membres de la S.A., les coups reçus au Café de Metz et, surtout, les quatre années passées loin des siens.

Mangematin n'est plus l'arrogant chef de section d'assaut. Il est amaigri et vieilli. Ce n'est plus qu'une loque qui ne reconnaît même pas le soldat à l'uniforme impeccable. Il a oublié depuis longtemps le jeune homme qu'il avait laissé moribond devant la croix de Ranguevaux.

Le jeune garçon au vélo poursuit sa route lorsque les deux hommes commencent à se battre. L'ancien chef de cellule nazie ne fait plus le poids. Les poings de son ancien souffre-douleur martèlent son visage mal rasé et enfoncent ses côtes. Les pieds du Corsaire heurtent douloureusement son bas-ventre. Il perd vite connaissance et s'affaisse mollement sur le bord de la route mouillée. L'ancien maquisard demeure quelques instants au-dessus du corps sans défense et, repris par la rage de la vengeance, recommence à le frapper à coups de pied.

— Arrêtez, je vous en supplie ! se met à hurler le garçon qui porte son sac et est revenu vers lui, ne le tuez pas ! Pensez à vos parents qui vous attendent...

L'ancien sbire des Allemands revient à lui et tente de se relever. Un dernier coup de poing rageur le renvoie dans l'inconscience.

— T'as raison, admet le sous-officier en se contrôlant, il faut qu'il vive, pour supporter son remords...

Puis le jeune Ranguevalois poursuit le récit de tout ce qui s'est passé depuis quatre ans au village.

— Mangematin a été blessé pendant un bombardement allemand, apprend-il au Corsaire calmé, c'est pour ça qu'il n'a pas été arrêté avec les autres S.A.

Le duo pénètre dans Ranguevaux.

— Ça fait tout de même rudement drôle, se dit l'ancien maquisard des Cévennes, rien n'a changé...

Le regard enfiévré du revenant traîne sur les façades des maisons basses dont les abords, mal soignés pour la plupart, sont envahis d'herbes folles et d'orties. Rien ne bouge dans le village, pas même un chien, et tout est silence.

— C'est la Toussaint, se souvient le sergent-chef qui a repris son sac marin, tout le monde doit être à l'église...

Le permissionnaire oppressé par le vide du bourg est bientôt chez lui. Sa grand-mère est là, toute chiffonnée, et le prend pour un G.I.

— C'est moi, mémé, est obligé d'insister le permissionnaire lorsque la vieille dame persiste à ne pas le reconnaître, c'est bien moi...

— Moi qui ? demande l'aïeule en patois.

— Moi, Lucien Péréra, ânonne le sergent-chef, Lulu, votre petit-fils...

La grand-mère écarquille les yeux, ne trouve rien à dire et, perdant à demi connaissance, agrippe le soldat aux traits durs pour pleurer de joie contre lui.

Ce dernier est vite à l'église, dans laquelle il pénètre par une petite porte arrière. Des villageois se retournent malgré la retenue qu'il a apportée à son entrée. Certains le reconnaissent dans la pénombre, donnent des coups de coude à leur voisin, chuchotent, et se retournent encore. Les travées de la nef, bien moins emplies qu'aux Toussaints d'avant-guerre, sont bientôt troublées. Le sergent-chef décide de sortir de l'église pour ne pas gêner le déroulement de la messe. L'*Ite missa est* libère peu après les Ranguevalois. Le sergent-chef est palpé, embrassé, bousculé, et enfin abandonné à la joie des siens. Son père tourne autour de lui, visiblement fier de le retrouver en uniforme. Sa mère, vieillie, pleure. Et sa sœur aussi.

La famille reconstituée rejoint vite sa maison. L'enfant prodigue est bombardé de questions et de nouvelles du village dont beaucoup d'habitations sont vides, celles des réfugiés, des insoumis, des déportés, des « malgré-nous » et des tués du dernier bombardement.

— Les deux tiers de chez nous manquent à l'appel, estime le permissionnaire en rentrant dans la maison familiale, saleté de guerre !

La permission passe vite. Le Corsaire n'oublie pas les combats de la Libération qui se rappellent souvent à lui puisque les Allemands sont encore dans quelques faubourgs de Thionville, à moins de quinze kilomètres de Ranguevaux. Le temps des adieux est vite là, presque aussi poignants que ceux de juillet 1941.

— Reviens-nous vite, conseille le père à son sergent de fils, et entier !

Le retour au camp de Valdahon est aussi compliqué que l'aller. Péréra change encore plusieurs fois de véhicule dans un fouillis de colonnes qui s'entrecroisent. Il retrouve sa compagnie sur le pied de guerre.

— Bon sang, que j'ai mal ! est-il obligé d'avouer aux autres sous-officiers du capitaine Delmas, j'ai la gorge et les oreilles en feu...

— Faut aller voir le toubib, lui conseille judicieusement un ancien de Mandagout, tu ne peux pas rester comme ça...

Le Lorrain mordu par la fièvre grimace.

— Pas question, refuse-t-il, il serait bien capable de m'empêcher de monter au front... Ça va passer, ne vous en faites pas...

Rien ne passe, tout au contraire, le Corsaire perd bientôt à demi connaissance. Et c'est à peine s'il se rend compte que ses amis le chargent dans une ambulance qui prend, aussi vite que les encombrements de route le lui permettent, la direction de l'hôpital 423 de Besançon.

— Ce n'est pas juste, enrage le malade au bout d'une semaine de soins intensifs, les copains sont au casse-pipe depuis le 19, et moi je croupis dans un hospice de vieillards transformé en hôpital...

Le râleur est obligé de patienter. Il a des fourmis dans les jambes et décide de suivre quelques blessés convalescents qui ont l'habitude de faire le mur. Besançon, encombré de troupes, est en effervescence. Les bordels ne désemplissent pas. Les fugueurs y passent des heures joyeuses.

— On y retourne, décide le Lorrain au lendemain de sa première escapade, il y en a vraiment marre de l'hôpital...

La dizaine de joyeux drilles, dont le boute-en-train est un immense Parisien au nez complètement arraché par une balle allemande, fait encore la nouba jusqu'à une heure avancée. Les noceurs ont simplement passé des capotes sur leur pyjama de grosse toile rayée. Ils figent leur bruyante progression de retour devant les baïonnettes d'une patrouille de tirailleurs nord-africains qui les attendait au pied du mur de l'hôpital. L'officier de permanence qui accueille les convalescents ramenés *manu militari* est furieux.

— Si vous êtes bons pour le bordel, leur crie-t-il, vous êtes aptes pour le front !

Le cœur du Lorrain dégrisé par l'incident bat soudain plus fort. « C'est tout ce que j'espérais, jubile-t-il, je vais enfin rejoindre les copains ! »

Les dix coupables reçoivent au matin une feuille de route après avoir récupéré leur uniforme. « Nom d'un chien, s'étonne le sergent-chef de la brigade du Languedoc, ils m'ont collé une permission de convalescence... Ils sont dingues ! »

L'ancien maquisard dit adieu au Parisien sans nez, et refait de l'auto-stop. Il repère une voiture de liaison de son bataillon et, avide de nouvelles, mitraille ses occupants de questions. Il apprend que les maquis du Languedoc sont devenus le 80e régiment d'infanterie, que la nouvelle unité est en Alsace, et que certaines de ses sections sont déjà au bord du Rhin, vers Rosenau.

Le Lorrain est tenté d'oublier la permission inattendue et de rejoindre directement le front.

— Mais, se retient-il, si les toubibs m'ont donné cette convalescence, c'est que je dois en avoir besoin… Surtout qu'avec la connerie de la nuit dernière ils n'avaient pas à me faire de cadeau…

Le sergent-chef retrouve Ranguevaux envahi de soldats américains et retourne à Besançon à la fin de sa permission. Il apprend que le 80e R.I. est dans la région d'Altkirch et monte au front en stop. Il rencontre les premiers Corsaires à Saint-Louis où son bataillon a installé son P.C. Sa compagnie est à Huningue, à moins de cinq kilomètres plus au nord. Le Lorrain se mêle à une corvée de vivres pour rejoindre ses compagnons.

Le petit groupe est obligé de se couler au ras des murs des maisons alsaciennes et dans les fossés pour échapper à la vue des Allemands qui sont à quelques centaines de mètres. Une automitrailleuse M.8. américaine a été détruite par un *Panzerfaust* aux premières maisons d'Huningue. Trois tumulus de neige boursouflent un champ tout proche de la route.

— Ce sont les occupants du blindé qui sont enterrés là, commente pour le Ranguevalois un des fantassins chargés du ravitaillement de bouche, ils n'ont pas eu de pot…

La corvée atteint le P.C. du capitaine Delmas, qui est protégé par sa section d'appui.

— Votre section tient un point d'appui à l'abattoir, apprend l'officier à son sergent, vous pouvez la rejoindre tout de suite…

Le sous-officier, privé de combat par une otite méchamment infectieuse, rallie la zone de combat sans encombre. Il y retrouve d'anciens Corsaires qui lui font fête, Alex, Gilbert et Titin.

— Mimile est adjoint d'une autre section, lui annonce ce dernier, Suffren est adjudant de compagnie, et Martin est maintenant chauffeur du pitaine…

— Et les Boches ? s'inquiète le sergent pressé de combattre.

Titin ne répond pas. Des balles sifflent très haut sur l'abattoir. Péréra a compris. Il est à la guerre.

— Ouais, apprécie-t-il en essayant de repérer les tireurs ennemis, ils ne sont vraiment pas loin de nous…

Les nuits qui suivent le retour du doyen des Corsaires se passent en patrouilles dans les hameaux du no man's land qui séparent les positions du régiment des Allemands retranchés sur la rive est du Rhin. Péréra prend goût à ces dangereuses incursions pour lesquelles il est toujours volontaire. Les anciens résistants ont touché des grosses peaux de moutons pour se protéger du froid de plus en plus insoutenable qui gèle l'Alsace. Ils ont aussi confectionné des surplis blancs avec des draps trouvés dans des maisons en ruine pour mieux se camoufler dans la neige. « On se croirait revenus au temps de la guerre des tranchées, regrette le Lorrain à l'aube du 7 janvier 1944, vive la guerre de 14 ! »

La section tient le P.A. de l'abattoir depuis quinze jours déjà, face à une gare de triage allemande encombrée de wagons de marchandises figés depuis longtemps.

— Chef, venez voir ! crie un des guetteurs en s'adressant au Ranguevalois, ça bouge entre les wagons...

Des formes tassées se faufilent dans la neige.

— On va les allumer de là-bas, décide le sergent-chef en désignant à ses hommes l'étage d'une maison déserte qui se trouve à une vingtaine de mètres de sa position, amenez la mitrailleuse...

Les servants de la Browning de 7,62 traversent sans encombre le glacis qui les sépare de leur nouvel emplacement de tir. Ils ouvrent bientôt un feu nourri sur les wagons. Des Allemands fuient. Quelques rafales tirées d'Allemagne passent au-dessus des Français. Puis le silence retombe sur le no man's land enneigé.

— On retourne à notre poste, décide le chef de groupe après avoir longtemps espéré de nouveaux mouvements ennemis, on passe en courant...

Péréra laisse ses hommes partir deux par deux. Des rafales s'évadent des positions allemandes. Un servant de la pièce s'écroule alors qu'il avait presque rejoint l'abri du point d'appui. Son sergent bondit vers lui, l'empoigne, le redresse et, le soutenant, le pousse hors d'atteinte des balles allemandes. Le blessé, un gars de l'Aveyron nommé Larbre, a la face en sang, mais ne se plaint pas. « Il n'aurait rien eu si je n'avais pas décidé de faire bouger la mitrailleuse, regrette son chef en le faisant évacuer vers Saint-Louis, pourvu que ça ne soit pas trop grave... »

Un caporal est tué d'une balle en pleine tête peu après la blessure du résistant aveyronnais, qui n'était que superficiellement blessé et revenu très vite tenir son poste au P.A.

Les anciens Corsaires sont relevés au cours d'une nuit très claire. Ils se reposent pendant huit jours à Saint-Louis et recomplètent leur matériel de combat. Le colonel Barbier, un officier de l'armée d'Afrique, remplace le colonel Thomas à la tête du 80e R.I. et le régiment reçoit l'écusson de la 4e division marocaine à laquelle il est rattaché. Les anciens maquisards cousent un carré rouge frappé d'une étoile chérifienne sur la manche gauche de leur tenue américaine.

La compagnie Delmas remonte bientôt en ligne pour relever la 2e compagnie du régiment à Village-Neuf, au nord-ouest de Saint-Louis et tout près du Rhin. La section de Péréra occupe le point d'appui de l'Amour, qui est formé de trois villas isolées, tandis qu'une autre section tient sur sa gauche le P.A. de la Mort.

Village-Neuf n'est pas tout à fait déserté de sa population comme l'était Huningue. Un café y fait même de bonnes affaires avec les fantassins frigorifiés des points d'appui. « Ça fait tout de même plaisir de pouvoir boire un coup servi par une belle Alsacienne », se dit le Lorrain en dégustant du vin blanc en fin de matinée du 23 janvier.

L'établissement se met soudain à trembler. Il est secoué par l'impact tout proche d'un obus allemand de gros calibre. Les consommateurs rentrent instinctivement la tête dans leurs épaules sous les gravats qui tombent du plafond. Un deuxième obus s'abat sur la place du village. Les fantassins en goguette bondissent vers la cave du café. Une troisième déflagration les assourdit.

— Faut tout de même esssayer de rejoindre le P.A., crie Péréra à deux de ses hommes couverts de plâtre, allez ! on bouge d'ici...

Le clocher de l'église de Village-Neuf, à demi détruit par le troisième coup de canon allemand, n'a plus de coq. Un quatrième obus accentue sa démolition. « On dirait qu'ils tiennent à foutre l'église en l'air, se rend compte le chef de groupe qui se tient prêt à évacuer le café, ce n'est pas des trucs de chrétiens, ils sont devenus fous ! »

Un dernier projectile ruine complètement le clocher. Puis le silence retombe sur Village-Neuf.

— Ils ne tirent plus, crie Péréra à ses deux compagnons en les entraînant à la course vers les villas de sa section, vite, avant qu'ils ne remettent ça !

Le capitaine Delmas décide de venger l'église alsacienne. Il demande par radio le renfort d'un tank destroyer armé d'un canon de 76,2 et donne l'ordre à son chef de mettre à bas le clocher du village de Markt qui fait face à Village-Neuf, de l'autre côté du Rhin.

Le blindé tire une vingtaine de coups. Des hourras saluent chacune des arrivées au but. L'église allemande disparaît bientôt sous une chape de fumée. Les tankistes retournent au large en levant vers les fantassins hilares des mains aux doigts écartés en signe de victoire.

— Ils ne tiennent pas à être repérés par leurs copains d'en face, se dit l'ex-Leblond du maquis en suivant du regard la retraite grinçante du T.D., et ils n'ont certainement pas tort.

Le clocher allemand se révèle presque intact lorsque se dissipent les fumées de l'incendie de son église.

— Il n'y a pas de justice, regrette à haute voix un des hommes de Péréra.

Les artilleurs allemands ne se manifestent plus dans les jours qui suivent la destruction des édifices religieux. La compagnie Delmas est relevée en traîneaux le 6 février. Les Corsaires récupèrent leurs paquetages à Saint-Louis. L'Alsace est tout entière libérée le 9 février 1945. Saint-Louis replaque sur ses murs les drapeaux et les guirlandes qui avaient salué l'entrée des Français à la fin novembre. Toutes les cloches de la région sonnent à tout va. La fête dure plusieurs jours. Les régiments du sud de la province redevenue française assurent tour à tour la garde du Rhin. Les Corsaires remontent à Huningue le 12 février avec un moral de fer malgré le froid qui ne mollit pas. L'artillerie allemande poursuit ses tirs épisodiques et aveugles. Péréra est pris sous l'un d'eux avec un petit élément, quatre jours après son retour à Huningue, alors qu'il patrouillait près d'une usine de teinture dans laquelle est installé un point d'appui commandé par un adjudant-chef.

— Ce sont des shrapnells, hurle le sous-officier, tout le monde aux abris !

La patrouille s'engouffre en catastrophe dans les emplacements de défense bien aménagés. Le vacarme est assourdissant. « On a beau savoir qu'on ne risque rien dans ces trous à belettes, s'avoue le chef du groupe épargné par les premiers obus, c'est tout de même vachement dur pour les nerfs... »

Les Allemands mettent un terme au pilonnage. Péréra et ses hommes entendent des plaintes sourdes.

— Il n'y avait pourtant que nous au-dehors, se souvient le chef de patrouille, qu'est-ce qui a bien pu se passer ?

Les plaintes durent. Le sergent-chef et ses hommes sortent de l'usine. Un fantassin hébété balbutie des paroles inintelligibles à quelques mètres de l'abri. Il roule des yeux fous en montrant du doigt trois corps dont le sang rougit peu à peu la neige.

— Ils ont été tués tous les trois par le même obus, se rend compte le Ranguevalois, leur copain a eu une sacrée veine...

Le miraculé sanglote à un mètre des morts. Le chef de groupe reconnaît parmi eux l'adjudant-chef Barzin, le patron du point d'appui. Le sous-officier n'a reçu qu'un seul shrapnell dans la tempe, juste sous son casque américain, mais ses deux compagnons sont complètement disloqués. Les trois morts sont vite enterrés au carré militaire du cimetière de Saint-Louis.

Péréra reçoit le lendemain la mission de creuser des emplacements de mortiers de 81 à l'abri d'une route en remblai. Ses terrassiers n'ont pas le temps de donner un seul coup de pioche sur le sol gelé. Un obus de mortier allemand tombe au milieu d'eux.

— Pas de blessés ? hurle leur chef en s'ébrouant.

Pas un seul homme de la corvée n'a souffert. Ils bondissent tous ensemble vers un abri qui se trouve à une trentaine de mètres en abandonnant leurs outils. Un second obus approche en hululant et tombe dix mètres derrière les fantassins lancés à la course. Péréra se retrouve une nouvelle fois le nez dans la neige. Un de ses hommes sursaute, touché d'un éclat à la hanche. Un deuxième bond désespéré mène le petit groupe dans l'abri convoité qui a été creusé profond par les premiers occupants du bord du Rhin. Un troisième obus explose juste au moment où le Lorrain disparaît dans le sombre réduit.

— On creusera nos trous la nuit, décide le sergent après avoir envoyé le blessé au P.C. de sa compagnie.

Pendant ce temps, d'autres obus explosent à bon rythme sur l'emplacement choisi par le commandement pour servir de base de feu aux mortiers de 81. Les Allemands persistent. Leurs obus pilonnent inlassablement les alentours d'Huningue pendant deux jours.

— On va s'amuser un peu, décide Péréra lorsque cessent enfin les tirs énervants, et on va se foutre des Boches...

Les hommes du Lorrain passent toute la journée du 21 février à la fabrication d'une énorme effigie d'Hitler. Ils la pendent au bord du Rhin à la nuit venue, à mi-hauteur d'un pylône intact. Les Allemands n'apprécient pas du tout la plaisanterie. Des rafales de M.G. 42 claquent toute la journée du 22 au-dessus des points d'appui les plus proches du Rhin.

— Cette nuit, décide pourtant le sergent-chef, qui a la bougeotte, on va aller se rendre compte si l'eau du fleuve est aussi froide qu'elle en a l'air...

Le gradé tient son pari fou. Il nargue les Allemands de très près à la mi-nuit. Les enchères mortelles montent de groupe en groupe. Les anciens Corsaires prennent beaucoup de plaisir à exciter les tireurs allemands. Certains d'entre eux s'amusent à franchir des passages découverts en plein jour en négligeant les boyaux patiemment creusés par ceux qui les ont devancés sur leurs positions.

Le jeu dure jusqu'à ce qu'un tout jeune fantassin demeure quelques instants accroché par son pantalon au faîte d'une palissade et que, touché d'une balle de Mauser, il se vide de son sang dans les bras de ses compagnons horrifiés, l'artère fémorale sectionnée à l'aine.

La ligne des points d'appui du 80e R.I. est mise en alerte dans la nuit qui suit la mort du soldat trop téméraire. Tout le front résonne de rafales et d'éclatements. Des patrouilles s'égaillent dans toutes les directions du bord du Rhin. Des échos d'accrochages parviennent de Saint-Louis.

— Mais, bon Dieu, grogne Péréra en recevant l'ordre d'aller fouiller Huningue à la tête d'une petite patrouille, qu'est-ce qui peut bien se passer ?

Le groupe parcourt une bonne partie du village abandonné et rentre bredouille à son point d'appui. Son chef apprend alors que des commandos nazis ont réussi à traverser le Rhin en canots pneumatiques, qu'ils se sont diaboliquement infiltrés dans les lignes françaises bien trop lâches par endroits, et qu'ils ont attaqué le P.C. du bataillon, tuant dans l'action un capitaine et plusieurs de ses hommes.

— Chapeau tout de même, reconnaît sportivement le Lorrain, les Boches qui ont réussi le coup sont de sacrés soldats !

Un tir d'artillerie allemand ajoute encore à la pagaille de la nuit. Il dure presque jusqu'à l'aube.

Martin, le matricule n° 2 du maquis de Mandagout, vient rendre visite à Péréra dans l'après-midi du 24 février. Les deux hommes décident de profiter du calme rare qui règne sur le secteur pour aller retrouver un autre ancien de la première heure.

Les deux hommes se faufilent prudemment tout le long d'un boyau dans lequel ils sont bientôt surpris par un violent tir d'artillerie de 88 mm. Un obus éclate juste au-dessus d'eux. Son souffle les plaque sous une masse de terre gelée. Les deux Corsaires demeurent longtemps sans bouger, muets, étonnés d'être encore en vie.

— On l'a bougrement échappé belle, constate Martin en rompant le silence, on continue ?

Péréra se défait de la terre qui écrase ses jambes, s'ébroue, et refuse de pousser la promenade plus avant.

— On a assez fait les cons, explique-t-il à son compagnon déjà relevé dans le boyau dévasté, ça risque de coûter trop cher à la compagnie nos petits jeux à la con, tu trouves pas ?

Martin est d'accord. Les deux hommes rebroussent chemin dans le vacarme de nouvelles explosions.

— On va toucher un nouveau chef de section, annonce à leur retour un caporal qui revient d'une liaison au P.C. de la compagnie, c'est l'aspirant Delpech...

Le sergent-chef de Ranguevaux apprécie la nouvelle. Delpech, la trentaine toujours souriante, est un ancien militaire de carrière qui a rejoint le maquis à Saint-Jean-du-Bruel et fait depuis l'unanimité quant à sa valeur de soldat et ses qualités humaines.

La section au nouveau chef est relevée de son périlleux point d'appui le 27 février. Elle recule d'un kilomètre et revient au P.A. de l'Amour le 2 mars après avoir patrouillé le long du canal qui suit le cours du Rhin et travaillé à la pose d'un réseau supplémentaire de barbelés destiné à empêcher le passage de nouveaux commandos nazis. Le ciel d'Alsace est de plus en plus bas. Le thermomètre n'indique jamais plus de moins vingt degrés. Le paysage est recouvert d'une couche de quarante centimètres de neige.

Le P.A. de l'Amour a été doté d'un mortier.

— On va essayer ce truc-là pour voir ce qu'il vaut, décide le Ranguevalois après avoir reçu les instructions rapides d'un gradé relevé, ça serait tout de même dommage de le laisser rouiller...

13. LA MORT DE L'ASPIRANT

Le Lorrain installe sa pièce à tir courbe à l'aube du 3 mars à une centaine de mètres sur la droite de son point d'appui.

— Comme ça, explique-t-il à ses hommes, les Boches ne nous matraqueront pas directement en riposte...

Les premiers obus tombent un peu court, mais dans la bonne direction de la position allemande prise pour cible par le sergent-chef. Ce dernier rectifie la hausse de son appareil de visée et trois obus tombent en plein sur l'ennemi.

— Continue comme ça, ordonne-t-il au chargeur de l'arme qui embouche avec des gestes pas encore très sûrs ses projectiles oblongs dans la gueule du tube. Balance tout ce qu'on a amené...

La vingtaine d'obus de 60 portent le feu en Allemagne.

— Dommage qu'on ne puisse pas aller aux résultats, regrette le chef de pièce en ramenant ses quatre équipiers vers le gros de sa section.

Les artilleurs nazis tirent à leur tour. Des obus de 88 malmènent un point d'appui éloigné de huit cents mètres.

— Les Boches n'ont pas eu le temps de repérer notre position de tir, jubile égoïstement le Lorrain, ils tirent au petit bonheur la chance...

Le grelot du téléphone de campagne qui relie le point d'appui aux autres secteurs se met à sonner aigrement. Un flot d'invectives s'échappe de son combiné. Le Lorrain reçoit un sérieux savon. Mimile, son vieux compagnon des Cévennes, a reçu sur sa position le plus gros du tir de représailles.

— Il n'a pas tort de gueuler, reconnaît le sergent-chef, mais si personne ne tire sur les Boches, ils vont finir par nous retomber sur le poil sans crier gare... Qu'est-ce qu'on attend pour traverser le Rhin ?

Le Lorrain résiste tout de même à la tentation de tirer de nouveaux obus de mortier. Il obéit aux ordres bien trop prudents à son gré.

La nuit du 4 mars voit revenir le tumulte sur la position de la section Delpech. Des rafales de mitrailleuse et des éclatements de grenades naissent au bord du Rhin. Tous les points d'appui demeurent sur le qui-vive.

— Mais qu'est-ce qu'ils foutent ? s'impatiente le Lorrain, qui guette le retour d'une patrouille de quatre hommes de sa compagnie, ce sont eux qui ont dû déclencher le feu d'artifice...

L'attente fébrile dure plus de deux heures. Une forme sombre bouge enfin à la lisière d'un champ de neige aux premières pâleurs de l'aube.

— C'est un gars de chez nous, hurle un guetteur, on dirait qu'il est blessé...

Trois fantassins du point d'appui se lancent à découvert vers leur compagnon. Ce dernier est à bout de forces.

— Les copains sont morts, annonce-t-il en grimaçant, tous les trois...

Le blessé a une jambe en sang. Deux anciens maquisards l'empoignent et le portent à l'abri.

— Qu'est-ce qui s'est passé ? interroge son chef de section en évaluant la gravité de la blessure du revenant.

Ce dernier grimace un peu plus et se décide à raconter ce qu'il vient de vivre. Les hommes qui l'écoutent sont graves.

— Un gars a trouvé un ruban phosphorescent, articule difficilement l'homme à la jambe déchirée, le chef a voulu le suivre jusqu'au Rhin pour dégoter les canots boches...

L'effort est trop violent. Le blessé se tait et ferme les yeux. Du sang sourd de plus en plus de sa jambe traversée par plusieurs balles, malgré la pose d'un large garrot de tresse blanche. Puis il puise au tréfonds de ses forces déclinantes pour reprendre le fil de son douloureux récit.

— On est tombés en plein sur les Boches, juste avant le Rhin, apprend-il à ses compagnons, ils étaient en embuscade... Ils ne nous ont pas ratés... Mais on a dû en avoir un ou deux....

Le blessé est dirigé sur Saint-Louis. Le Lorrain part en patrouille pour fouiller la berge du fleuve. D'autres fantassins de la compagnie retrouvent les trois morts et les ramènent vers l'arrière en triste procession.

— Le commando boche a filé de l'autre côté du fleuve, enrage le Ranguevalois, on les a certainement empêchés de refaire le coup du 22 février... Ils ne sont pas morts pour rien !

Les patrouilles bredouilles sont rappelées à leurs points d'appui. Un déluge d'obus de mortier s'abat dès leur retour sur toutes les positions françaises.

La compagnie de Péréra quitte une nouvelle fois Huningue le 11 mars pour aller se reposer au bourg de Blotzheim pendant trois jours. Les anciens Corsaires des Cévennes rejoignent ensuite le secteur de Rosenau, à une dizaine de kilomètres de leur base de repos, pour relever des coloniaux de la 9e D.I.C.

— Il paraît que le coin est assez calme, annonce Péréra à ses hommes lorsque les marsouins se sont éloignés, mais il faut tout de même se méfier... Pas de promenades en terrain découvert !

Le Mosellan part en patrouille dès la première nuit de la relève. Il marche pendant plus d'une heure en épiant tous les bruits de l'obscurité. Une fusée éclairante allemande monte soudain dans le ciel sans étoiles. Le Corsaire plonge dans un trou, et retient un cri de douleur en se recevant sur un amas de fil de fer barbelé où il s'empêtre.

Aucune rafale ne suit le chuintement de la fusée. Les hommes du

Lorrain se redressent. Deux d'entre eux défont leur chef de son piège rouillé. Ce dernier a les mains en sang. Le froid exacerbe ses douleurs.

— Saloperie de saloperie ! gronde-t-il en reprenant le chemin des lignes amies, je crois bien que je suis salement esquinté...

L'infirmier de la compagnie confirme les craintes du sous-officier.

— Chef, lui annonce-t-il en effet après avoir évalué l'étendue des dégâts, il faut partir sur l'arrière...

— Ça non ! refuse tout net l'adjoint de section, je reste ici...

L'infirmier s'éloigne de l'homme aux mains bandées et appelle une ambulance. L'ancien maquisard se retrouve malgré lui au repos au village d'Hégenheim, où il demeure pendant neuf jours.

Péréra retrouve ses hommes à Village-Neuf. Sa section tient un point d'appui à l'extrême gauche du dispositif de la compagnie Delmas. Le dégel s'annonce. Les fantassins vivent dans une boue froide. Les rats et les poux prolifèrent dans leurs abris humides.

— C'est toujours comme en 14, constate le sergent-chef aux mains bien cicatrisées, j'aimais encore mieux le grand froid...

Les fantassins veillent nuit et jour sans jamais pouvoir réussir à se sécher complètement. Ils commencent à râler ferme lorsque la date promise pour leur relève passe. Les Allemands fêtent le jour de Pâques en déclenchant un formidable tir de mortier. Les Français se terrent pendant des heures sous l'orage. Les ordres de leurs chefs leur interdisent tout mouvement.

— On dirait que le commandement veut économiser nos vies au maximum, constate le Ranguevalois, impatient de se retrouver à l'air libre, faut dire qu'il n'y a plus grand monde sur les lignes...

Des Marocains d'une section lourde viennent renforcer le point d'appui des anciens maquisards avec leurs mortiers dès le lundi de Pâques. Ils mettent leurs pièces en batterie dans un repli de terrain et commencent à pilonner les approches d'un gigantesque pont transbordeur que les Allemands tentent de faire sauter à un kilomètre des positions du 80e R.I. Quelques obus ricochent sur les épais blockhaus de la ligne Siegfried. Les tirs commettent de grosses démolitions sur les maisons proches de l'ouvrage à préserver mais ne peuvent empêcher les sapeurs ennemis d'agencer leurs charges explosives. Le pont saute trois jours après le lundi de Pâques.

Les fantassins du colonel Barbier apprennent avec une parfaite indifférence que la fille de Winston Churchill est devenue leur marraine de guerre.

— Ça nous fait une belle jambe, lance un caporal à Péréra, on la verra jamais, la demoiselle...

Le parrainage a tout de même des conséquences pour le régiment. Tous ses hommes reçoivent un équipement anglais en remplacement de leurs tenues américaines bien malmenées. Le changement de tenue s'effectue sur les positions de combat, dans une pagaille folle. Le casque plat des Tommies n'a pas l'air de plaire aux anciens maquisards. Pas plus que leurs battle-dress à nombreuses poches, ni leurs guêtres, ni leurs cartouchières.

La relève tant attendue s'effectue le 10 avril. C'est la 1re compagnie du régiment qui s'installe dans les trous à rats de Village-Neuf.

Péréra n'a pas le temps de goûter au repos. Un ordre l'envoie à Masevaux avec une partie de sa section pour escorter un convoi de munitions. Le voyage dure quatre jours. Les convoyeurs ne bénéficient que de deux jours de répit à Saint-Louis. Ils remontent en ligne avec leurs compagnons, d'abord en camion, puis à pied jusqu'au bord du canal d'Alsace.

— Nous allons traverser le bras d'eau pour aller nous installer sur l'île Napoléon qui est là-bas, annonce l'aspirant Delpech à son adjoint, préparez les gars…

La section embarque sur une grosse barcasse reliée à un câble. Les Allemands s'aperçoivent du mouvement et bombardent les rives du canal.

— On a eu chaud, reconnaît l'aspirant lorsque le dernier de ses hommes a plongé dans un abri de l'île, une minute de plus et on y passait tous…

Le tir allemand se poursuit sur les points d'embarquement du va-et-vient. Les hommes relevés par les anciens maquisards sont obligés de passer une nuit de plus sur la longue île.

Le gros de la compagnie Delmas prend position à huit cents mètres des hommes de Delpech, ces derniers occupant la pointe sud de l'île. L'aspirant installe son P.C. dans des abris au bord du canal. Péréra partage son groupe à une cinquantaine de mètres du P.C. dans deux maisons en ruine, sur la rive du Rhin.

— Il s'agit de faire très attention à nos fesses, dit-il lorsque les fantassins relevés ont enfin réussi à rejoindre la rive ouest du canal ; il paraît que les snipers sont nombreux en face et qu'ils ne ratent pas souvent leur cible…

L'extrême pointe de l'île court à droite du point d'appui, des masses d'eau hurlantes bouillonnent sur elle. Un boyau pas très profond part de la première maison de la position pour rejoindre les abris de Delpech qui sont séparés du canal par une route tout à fait à découvert.

— Fera pas bon passer par là, enrage le Ranguevalois en terminant le repérage de son nouveau domaine, et il n'y a pourtant que par là-bas que les gars pourront aller se laver…

L'adjoint de section voit vite sa prédiction se réaliser. Un jeune volontaire alsacien reçoit une balle dans l'épaule gauche en traversant la route pour aller faire sa toilette dans l'eau trouble du canal d'Alsace. Il hurle sur l'asphalte luisant d'humidité.

— Nom de Dieu ! c'est Trauneker, reconnaît son chef de groupe, faut le tirer de là...

Et il se rue avec deux de ses hommes vers le remblai de la route.

— Pas question de s'offrir aux salopards de snipers, conseille-t-il à Titin, l'ancien de Mandagout qui a couru le premier vers le gisant à l'épaule fracassée, faut trouver une corde ou une perche...

Le troisième sauveteur déniche une longue branche et la tend vers le blessé.

— Agrippe-toi, hurle Titin, on va te tirer de là...

Les Allemands se servent à nouveau de leurs fusils à lunette. Le jeune Alsacien fait la limande, le nez sur le goudron. Sa main droite serre nerveusement la perche de salut. Titin et Péréra commencent à le tirer vers eux. De nouvelles balles de Mauser claquent autour d'eux.

— Faut pourtant le ramener, enrage le sergent-chef en enrayant une fois encore son geste de halage, il va se vider de son sang...

Le corps douloureux bouge, dix centimètres par dix centimètres pour ne pas attirer l'attention des guetteurs nazis. Ses sauveteurs réussissent à l'empoigner sous une dernière grêle de balles et le poussent à l'abri d'un angle mort.

— Ça va aller, maintenant, c'est fini, lui promet son chef, tu es sauvé...

L'Alsacien exsangue plaque un pauvre sourire sur sa face très pâle.

— Merci, chef, murmure-t-il avant de perdre connaissance.

L'aspirant Delpech fait aussitôt évacuer le blessé par le va-et-vient qui est à l'abri des tirs de snipers, et que seuls peuvent atteindre des armes à tir courbe.

— Personne n'ira plus se laver de jour, ordonne-t-il ensuite à ses hommes, c'est bien trop dangereux...

Les anciens maquisards se débarbouillent à la nuit venue.

Péréra se rend après l'aube au P.C. de sa section, en empruntant prudemment le boyau qui y conduit.

— Où est l'aspi ? demande-t-il à Gilbert.

Le second chef de groupe de la section hausse les épaules en montrant l'ouest de la position en ruine.

— Là-bas, au canal, répond-il sèchement.

Le Ranguevalois fait la moue. Le chef de section chante en se lavant.

— Tant qu'il est au bord du canal, il ne risque pas grand-chose, se dit son adjoint inquiet, c'est pour revenir que ça risque de se gâter pour lui...

Quelques minutes passent. Le chef de section chantonne toujours.

— Je reviens, hurle-t-il à ses hommes invisibles lorsque sa toilette est terminée.

Le Lorrain entend la galopade de son chef sur la route. Une première balle allemande passe en sifflant. L'officier continue sa course. Un deuxième projectile claque, juste au moment où il saute dans le boyau près de son adjoint.

— Il a eu du pot, se réjouit le Lorrain en se penchant vers l'homme torse nu pour l'aider à se relever, il respectera ses propres consignes, la prochaine fois...

L'aspirant ne bouge pas. Un flot de sang s'échappe de sa bouche entrouverte et souille la serviette éponge kaki qu'il avait nouée autour de son cou. Il perd connaissance après avoir murmuré le nom de son épouse. Un filet de sang sourd tout doucement par un petit trou nettement dessiné sous son téton droit.

— Ramène-le au P.C., ordonne Péréra à Gilbert, je vais prévenir le capitaine...

Le téléphone de campagne fonctionne. Delmas parcourt vite les huit cents mètres qui séparent son P.C. de son dernier point d'appui. Un caporal brancardier l'accompagne.

— Doucement, conseille-t-il aux deux fantassins à la mine défaite qui font rouler le corps mou de leur chef sur la toile rêche de la civière, il n'est pas mort...

Péréra a un haut-le-cœur en découvrant l'énorme plaie provoquée dans le dos de l'aspirant par la sortie de la balle. « Ça ne doit pas être beau dans sa poitrine, se dit-il en grimaçant de dégoût, le pauvre vieux... »

Le blessé toujours inconscient est prêt pour l'évacuation. L'infirmier le tient à demi assis pour éviter qu'il ne suffoque.

— Deux volontaires ! lance Péréra au bout de quelques secondes, il faut le transporter au bord du canal...

Personne ne bouge.

— Allez viens, Titin, ordonne alors le Lorrain, on va y aller...

Les Corsaires de Mandagout empoignent les timons du brancard. Le caporal infirmier maintient encore l'officier moribond. Le trio règle ses pas et parvient à la route.

— Faut foncer ! décide Péréra.

Les brancardiers escaladent le talus et s'engagent rapidement sur l'asphalte. Une longue rafale de M.G. claque au dessus d'eux. L'infirmier lâche prise et se rejette à l'abri. Le blessé retombe sur le dos en évacuant un flot de sang noir. Titin et Péréra échangent un regard inquiet. Ils se baissent sous le feu, assurent un peu plus leur prise, puis traversent la route d'un bond. Une nouvelle rafale de mitrailleuse accompagne leur course. Ils plongent à couvert en direction du canal. L'infirmier franchit à son tour le passage dangereux et remet le blessé en bonne position. La barque du va-et-vient est là, les deux Corsaires hissent leur douloureux fardeau à son bord et le regardent partir vers son destin grimaçant.

— C'est bien, ce que vous venez de faire, lance le capitaine lorsque les deux gradés reviennent vers lui, vous aurez tous les deux la croix de guerre...

La section endeuillée se remet en veille dans ses ruines. Ses hommes se font un peu plus sombres en apprenant au soir que l'ambulance de leur chef a été prise sous une salve d'artillerie allemande, qu'elle s'est renversée et que Delpech est mort.

— Chef, promet Morin, un caporal d'un maquis de Lozère, je vais venger l'aspirant : avec ça...

Et l'homme tape rageusement du plat de la main sur la crosse d'un fusil Mauser à lunette, récupéré au cours d'une patrouille.

Le Lorrain, à qui le capitaine Delmas est venu confier le commandement de la section en fin d'après-midi, apprécie la fureur vengeresse du Lozérien. Ce dernier se poste en guet dans la charpente nue de la dernière villa du point d'appui avec trois de ses compagnons. Les quatre hommes passent quarante-huit heures ainsi perchés, sans bouger d'un mètre. Ils tirent tous ensemble au début d'après-midi de leur deuxième jour de veille. Les hurlements de triomphe qu'ils poussent après la salve alertent toute la section.

— On les a eus ! claironne le caporal au Mauser, on a vengé l'aspirant...

Péréra braque ses jumelles sur les positions ennemies et découvre deux corps allongés tout près d'un gigantesque peuplier.

— On ne bouge pas, annonce l'homme au fusil allemand, leurs copains vont bien essayer de les récupérer, on les attend...

Les Allemands, rendus prudents par la précision du tir français, ne bronchent pas. La nuit tombe. Le caporal vengeur accepte enfin de descendre de son nid de corbeaux. Il se repose quelques heures et remonte dès le lendemain sur son perchoir.

Une section ennemie se hasarde deux jours plus tard à tâter les lignes françaises. Le Lozérien, bien mieux placé que le reste de la compagnie, donne l'alerte à temps. Péréra ordonne un feu d'enfer qui rejette les Allemands au bord du Rhin.

Les nazis attaquent encore le 20 avril et, cette fois, réussissent à capturer trois hommes du capitaine Delmas, dont le sous-lieutenant Baldi qui était détaché sur l'île Napoléon pour guider les tirs de l'artillerie française. Péréra mène une patrouille de nuit au ras du fleuve, où il découvre un canot à moteur.

— Les Boches sont encore dans le bois, en déduit-il, faut prévenir le capitaine...

La patrouille ramène la légère embarcation au P.C. de Delmas, où elle reçoit l'ordre de rejoindre ses ruines.

— Personne ne doit fermer l'œil, ordonne le successeur de l'aspirant Delpech après avoir installé son monde aux postes de veille.

Les fantassins fatigués tirent de temps en temps des rafales vers l'Allemagne pour vaincre le sommeil qui les envahit irrésistiblement. L'artillerie amie donne copieusement de la voix dès l'aube du 21 avril. Ses obus de 155 éventrent les maisons du village de Kirchen, qui n'est qu'à huit cents mètres des points d'appui du 80e R.I. Les artilleurs allemands ripostent au milieu de l'après-midi. Quelques obus tombent tout près des ruines tenues par la section Péréra. L'un d'eux fracasse la cuisine que les Français avaient installée dans un bosquet à l'abri des vues ennemies.

— C'est foutu pour la soupe chaude, regrette le Lorrain, heureusement qu'il fait de moins en moins froid...

Le front s'anime à la nuit. Une section de mitrailleuses lourdes vient s'installer dans les villas détruites de l'île Napoléon. Un groupe de mortiers se met en position de tir dans une tranchée naturelle toute proche du point d'appui Péréra. Les 2e et 3e compagnies du régiment s'étalent sur la rive du Rhin. Des éléments du Génie amènent des canots dans l'île. Le Lorrain, qui épie l'énervement, reçoit l'ordre de se préparer à traverser le fleuve frontière. « Chouette baptême de chef de section, se réjouit-il en rameutant ses équipes de voltige et ses pièces de fusils-mitrailleurs, mais est-ce que je vais être à la hauteur ? »

Les fantassins se coulent le plus discrètement possible sur le bord du canal où ils s'installent en attente crispante. Les heures passent. L'aube pointe. La préparation d'artillerie annoncée ne vient pas. Le franchissement du Rhin est remis. Péréra ramène ses hommes dans les villas aux murs lépreux. Les canons allemands se mettent à pilonner l'île Napoléon. Les anciens maquisards au casque plat subissent l'avalanche de feu dans leurs boyaux et abris surpeuplés par les renforts. Un seul d'entre eux, qui s'était extrait de son abri pour se rendre aux latrines, est déchiqueté par les éclats d'un obus.

— On débarque demain, peut enfin annoncer le Lorrain à ses hommes lorsque cesse l'infernale pression des pièces allemandes, faut tâcher de vous reposer un peu...

Les mortiers et les canons français commencent la préparation de l'attaque à cinq heures. « Cette fois, c'est du tout bon, espère le Lorrain qui a ramené ses groupes au bord du canal, dommage que la 2e compagnie passe avant nous... »

Deux larges canots à moteur se balancent dans le courant. La 2e compagnie file déjà vers l'embouchure du canal.

— A nous ! ordonne Péréra.

Les anciens Corsaires, la mine crispée, sautent dans les embarcations. Il s'agenouillent sur leur fond après avoir dégrafé leurs brêlages de cartouchières et leurs ceinturons pour pouvoir rapidement s'en défaire en cas de chute dans l'eau. Les passeurs du Génie lancent leurs moteurs. « On attaque l'Allemagne, se réjouit le chef de section soudain débarrassé des inquiétudes de l'attente, et on va finir de gagner cette foutue guerre ! »

Les deux canots rejoignent ceux du gros de la compagnie Delmas. Les enragements de leurs moteurs ricochent sur les rives embrumées du canal. Le confluent du Rhin est vite atteint. Le pont transbordeur détruit par les sapeurs allemands dresse sa carcasse noire à trois cents mètres. La 2e compagnie aborde la terre allemande. Ses voltigeurs s'étalent sur un talus qu'ils franchissent à la course et disparaissent au regard de Péréra dans les nappes fumigènes de la préparation d'artillerie.

Les embarcations du Lorrain sont maintenant au beau milieu du fleuve anormalement gonflé par la rupture du barrage de Kembs. Elles roulent d'un bord sur l'autre dans de sombres tourbillons.

— Faudrait pas que notre moteur tombe en panne, appréhende le chef de section agenouillé à l'avant de son canot, on serait entraînés vers les ruines du pont...

Les détails de la rive allemande du Rhin se précisent de plus en plus. Les fantassins du capitaine Delmas débarquent sur la droite de la 2e compagnie. Leurs canots repiquent à l'ouest pour charger le reste du bataillon.

— On n'est pas sortis de l'auberge, gronde Péréra en se retrouvant dans un fouillis inextricable de barbelés, ça commence mal...

Les fantassins piégés lancent des jurons, déchirent leurs tenues anglaises et sortent enfin des entrelacs rouillés.

— Gare aux mines ! hurle le remplaçant de Delpech à ses voltigeurs qui se lancent à la course, gardez bien vos distances...

La compagnie bien étalée s'engage sur un terrain plat et planté à perte de vue d'arbres fruitiers. Elle est bientôt à plus de trois cents mètres du fleuve.

— Mais où sont les Boches ? s'inquiète l'ancien du 10e B.C.P., on dirait qu'ils ont foutu le camp...

La 3e compagnie du bataillon accoste à son tour la terre nazie. Elle s'étale sur la droite des sections de Delmas sans rencontrer plus de résistance que les deux premières. L'écran des fumigènes s'effiloche de plus en plus, défait par un vent léger. La compagnie du Ranguevalois se retrouve un peu avant 10 heures à un kilomètre et demi de la rive du Rhin, et à quelques dizaines de mètres de l'énorme blockhaus qui représente son objectif principal. Quelques rafales de mitrailleuse tirées de très loin miaulent sans danger au-dessus des casques anglais. Péréra lance une patrouille au plus près de l'ouvrage muet.

— On dirait bien qu'il n'y a plus personne dans le fourbi, vient lui rendre compte le chef de ses éclaireurs.

Le capitaine Delmas, vite mis au courant du résultat de la reconnaissance, ordonne au Lorrain d'investir le blockhaus.

— Ne touchez à rien, conseille le sergent-chef aux quelques hommes qu'il entraîne tout contre le fortin abandonné, il y a sûrement des mines...

L'abri révèle une pièce de 88 intacte et deux mitrailleuses lourdes. Les voltigeurs aux gestes retenus ne découvrent aucun piège. Ils récupèrent une belle quantité de boîtes de conserve de viande et un tas de pains de seigle.

— On va partager tout ça avec les copains, se promet le chef de section en allant rendre compte de ses trouvailles à son commandant de compagnie. Et ce n'est pas du luxe...

Les anciens maquisards ont rempli leur mission. D'autres unités de fantassins les dépassent pour poursuivre l'ennemi en fuite. Le Génie installe un bac sur le Rhin. Des blindés l'empruntent en colonne grondante et labourent profondément la terre allemande.

Quelques prisonniers capturés par la 2e compagnie sont regroupés sur le bord du fleuve. Ce sont pour la plupart de très jeunes gens qui toisent leurs vainqueurs sans baisser les yeux, et de très vieux soldats sans ressort qui servaient dans des unités de réserve sacrifiées à la retraite de la Wehrmacht vers la Forêt-Noire.

Les anciens maquisards du Languedoc jouissent de leur succès facile. Leurs rêves les plus fous se sont concrétisés et, au soir de cette journée en Allemagne, la nouvelle de la libération des trois prisonniers de la semaine passée ajoute encore à leur joie orgueilleuse. Un ordre rappelle ensuite les compagnies en terre française, et elles embarquent sur un train de G.M.C. qui les mène en repos à Mulhouse.

Péréra et ses compagnons oublient la guerre qui se poursuit en Allemagne en profitant au maximum de tous les plaisirs de la grande ville. Tous les dancings, les boîtes de nuit et les bordels de Mulhouse demeurent ouverts jour et nuit. Les anciens maquisards dansent, boivent, se gavent de pâtisseries et aiment des femmes faciles jusqu'au 1er mai 1945. Ils traversent la ville en long défilé au milieu d'une foule enthousiaste, embarquent dans des wagons à bestiaux et partent vers le nord de l'Alsace. Le convoi traverse Colmar, Strasbourg et Haguenau. Les compagnies débarquent non loin de Wœrth. Des camions les conduisent ensuite en Allemagne. Les anciens du Languedoc traversent Karlsruhe au milieu d'incendies mourants et se retrouvent à Pforzheim, une ville ruinée à cent pour cent par les bombardements alliés. Le commandant

Coudinoux installe le P.C. de son bataillon à Bretten, et la compagnie Delmas pousse jusqu'à Diedelsheim.

— On a reçu une sale mission, apprend le Lorrain à ses hommes au retour d'un briefing au P.C. de sa compagnie, les blindés de la Ire armée ont filé tout droit sur Stuttgart sans s'occuper des forêts... C'est à nous de les traiter...

Des S.S. débandés errent sous les sapins et les hêtres géants. Les anciens maquisards en traquent des dizaines jusqu'à l'annonce, le 7 mai, que l'Allemagne est vaincue. Ils rentrent à Diedelsheim, bien décidés à fêter la victoire.

Un clairon sonne le cessez-le-feu le 8 mai. « Et voilà, se dit simplement Péréra lorsque la dernière note de clairon se tait, c'est fini... »

Le sergent-chef s'écarte de quelques mètres de ses hommes qui s'embrassent, ivres de joie. Des images de combat, des visages de compagnons morts au maquis, la silhouette du pasteur Gillier, son village insulté par l'invasion nazie s'imposent à lui dans un kaléidoscope lumineux.

— C'est fini, se répète-t-il plusieurs fois, comme pour se persuader que le cauchemar est bien terminé, j'ai l'impression de rêver...

14. LE CORSAIRE EN ALLEMAGNE

Le rêve du sous-officier s'émiette lorsque ses hommes l'entourent.

— Le capitaine a décidé que les Allemands doivent nous préparer un gueuleton, lui apprend Titin, on va s'en mettre plein la panse...

Chalk, un sergent alsacien de la section de commandement, explique au chef du village ce que son capitaine attend de lui. L'édile, un Allemand antinazi mis en place à l'arrivée des Français, s'exécute volontiers. Le festin est vite préparé. Le commandant Coudinoux, un ancien cadre de l'O.R.A. aveyronnaise, est de la fête et tient à faire un speech. L'ambiance se fait plus grave lorsqu'il évoque la création du maquis des Corsaires qui est devenu la 1re compagnie de son bataillon. Péréra essuie furtivement une larme. « Il n'y a pas de honte à pleurer, s'avoue-t-il en épiant les faces durcies par l'émotion de Titin, Gilbert et Mimile qui ne sont pas assis loin de lui, ça prouve au moins qu'il nous reste encore un cœur après toute cette merde... »

Les Français s'installent un peu mieux dans leur village au fil des jours qui suivent la fête de la victoire. Péréra loge avec le sergent Aval dans une maison qui fait face à une école occupée par ses hommes et la section de commandement de la compagnie. Le reste des hommes du capitaine Delmas cantonnent dans la salle des fêtes de Diedelsheim et dans une chapelle désaffectée. Les purs nazis du bourg épargné par les bombardements sont systématiquement rançonnés par le sergent Chalk qui s'est fait un ami du nouveau bourgmestre. Le ravitaillement ne manque pas. De bonnes bouteilles sortent des caves, chaque repas est une petite fête. Les Français oublient tout à fait la guerre en dansant chaque soir avec les filles du village au son d'un petit orchestre. Huit jours passent ainsi le plus joyeusement. Puis un ordre relance les anciens maquisards à la traque des restes de l'armée nazie qui se sont réfugiés au plus profond de la Forêt-Noire.

— Chef, avertit un caporal-voltigeur de Péréra en figeant sa progression prudente, ça bouge par là-bas... Regardez...

Le sergent-chef aperçoit lui aussi des silhouettes casquées qui se faufilent dans les fougères entre les troncs de sapins noirs. Il lance la poursuite. Deux Allemands sont vite rattrapés et ramenés au village.

— Ils ne savaient même pas qu'Hitler est mort et que la guerre est finie, apprend le sergent Chalk au capitaine Delmas, ils disent que pas mal de leurs copains sont encore dans la même ignorance...

— Ça promet du joli, estime le Lorrain, faudrait tout de même pas se faire tuer maintenant que tout est fini...

Des prisonniers français libérés, qui rentrent chez eux à pied, traversent chaque jour le village occupé. Ils font pitié avec leurs uniformes élimés, leurs mauvais souliers, leurs baluchons et leurs pauvres trésors, gamelles et marmites, entassés dans des voitures à bras. Les anciens maquisards leur font partager les largesses forcées des familles nazies de Diedelsheim. Péréra repère un Lorrain parmi eux et le garde trois jours dans sa maison. L'homme est sympathique. Il devient vite un ami pour le Corsaire. Les deux pays promettent de se revoir lorsque le libéré décide enfin de se remettre en marche vers l'ouest.

— Nom de Dieu, jure le chef de section le lendemain du départ de son nouvel ami, on a tellement parlé du pays qu'on a oublié d'échanger nos adresses... C'est tout de même trop con !

La compagnie Delmas reçoit à la fin du mois de mai le renfort d'une trentaine d'appelés de la classe 43.

— Ils ont mon âge, constate le Ranguevalois, je fais pourtant figure de vieux soldat auprès d'eux...

Le bataillon se réorganise peu à peu. Un adjudant vient prendre le commandement de la 1re section de sa 1re compagnie. Péréra avale mal la pilule en se retrouvant adjoint du nouveau venu. L'amertume du Mosellan croît encore lorsque le commandant Coudinoux le convoque avec son ami Mimile et que l'officier leur annonce qu'ils sont rabaissés au grade de simples sergents.

— Vous n'aviez été nommés chefs qu'au titre des réserves, explique le chef de bataillon en comprenant très bien la déception qui assombrit leurs visages, c'est le règlement !

Les deux sous-officiers ne répondent rien. Ils serrent les dents, saluent, et sortent du P.C. la rage au cœur.

— La vraie raison, avance le Lorrain, c'est surtout qu'il va falloir recaser tous les sous-offs qui viennent d'être libérés des camps de prisonniers… C'est tout simple, mon vieux Mimile…

Berthézène ne trouve rien à redire à la remarque pertinente.

— Oui, mon vieux, poursuit son compagnon, c'est comme ça, la guerre est finie : on oblige les bons vieux serviteurs à rendre le tablier…

Les plus anciens maquisards de la section du Lorrain acceptent mal l'injuste disgrâce de leur chef. Péréra craint un moment qu'ils ne se mutinent comme au Mas-de-Pomier, lorsque le capitaine Prevost les avait empêchés de se lancer au secours des résistants de l'Aigoual.

— Le temps du maquis est bien fini, leur explique-t-il après avoir tristement défait ses galons cousus à Rodez, il faut vous enfoncer dans le crâne que nous sommes maintenant dans l'armée régulière…

Le nouveau chef de section ajoute encore au trouble du Lorrain en affichant vite un profond mépris pour les Alsaciens et les Lorrains. Le capitaine Delmas est obligé de calmer à plusieurs reprises les choses entre l'adjudant et son bouillant adjoint.

Une note de service demande des volontaires pour aller porter le feu en Extrême-Orient, contre les Japonais. Le Lorrain saute sur l'occasion et décide de suivre les coloniaux de la 9e D.I.C.

— Fais pas le con, lui conseillent les plus anciens Corsaires, t'en as assez fait comme ça… Reste encore avec nous…

Le capitaine Delmas abonde dans leur sens. Il persuade celui qu'il considère comme un de ses meilleurs sous-officiers de ne pas passer à la coloniale. Le sergent se rend aux arguments de tous et demeure à son poste. Mais il ne peut s'empêcher de regretter sa décision lorsque Titin, son ami le plus sûr, quitte Diedelsheim pour rejoindre la 9e D.I.C.

— De toute façon, avance-t-il pour tempérer ses remords, le Japon ne va pas tenir le coup bien longtemps, et tout sera fini quand les copains arriveront en Indochine…

La discipline des temps de paix prend chaque jour un peu plus d'emprise sur les anciens résistants. Les troupes françaises abandonnent bientôt le secteur de Stuttgart. Elles reçoivent la responsabilité d'occuper le Tyrol. Les anciens Corsaires quittent Diedelsheim le 8 juillet 1945 en train et s'installent dans un paysage de carte postale, sur les bords de l'Inn, à Landeck, qui est situé à soixante kilomètres à l'ouest d'Innsbruck. Les compagnies du 1er bataillon essaiment à Saint-Anton, à Nauders, sur la frontière italienne, et à Sanz, dans la vallée d'Innsbruck.

L'ancienne section de Péréra reçoit pour cantonnement de jolis petits chalets montagnards.

— C'est bien trop beau pour nous, reconnaît le Lorrain peu habitué au confort tyrolien, ça ne va sûrement pas durer…

Le luxe des maisonnettes s'explique par le fait qu'elles servaient au temps du IIIe Reich aux cadres d'un vaste camp militaire tout proche. Ce camp sert maintenant de centre de regroupement à plusieurs milliers de personnes déplacées qui attendent le rapatriement vers leur pays d'origine. Les fantassins, toujours équipés à l'anglaise, reçoivent l'ordre de protéger le centre de tri qui recèle deux fois plus d'occupants que n'en possède Landeck.

— Les Autrichiens sont des amis pour nous, comme vous avez certainement pu le remarquer déjà, explique le capitaine Delmas au Lorrain qu'il envoie au camp comme premier chef de poste, mais les Russes, les Polonais ou les Tchèques qui sont parqués à côté de la ville les considèrent comme des ennemis… Il faut absolument les empêcher de se mêler à la population tyrolienne… C'est bien compris ?

Le sergent acquiesce et mène deux dizaines de ses hommes au camp surpeuplé après avoir appris que des nazis bon teint se camouflent au milieu des déracinés. « On dirait que la guerre n'est pas finie pour ces pauvres gens, remarque le Lorrain en parcourant les longs alignements de baraques et en croisant des centaines de regards encore marqués par la peur du lendemain, c'est insupportable… »

Le chef de poste, comme il l'avait fait au camp de prisonniers allemands de Valdahon, distribue vite aux réfugiés tous ses paquets de cigarettes. « C'est pas trop tôt, s'avoue-t-il lorsqu'une section vient en relève, j'étais trop mal à l'aise au milieu de toute cette misère… »

Le capitaine Delmas convoque le sergent dès son retour à Landeck.

— Vous voyez, lui annonce-t-il pour sourire, j'ai eu bien raison de vous empêcher de partir… Vous êtes désigné pour suivre un stage de perfectionnement avec une trentaine de gradés du régiment… Vous êtes content ?

L'ancien maquisard ne masque pas sa satisfaction. « C'est un bon truc pour retrouver mon galon, envisage-t-il en regagnant son chalet de millionnaire, la vie redevient belle… »

Le stage se déroule à Imst, sur la route d'Innsbruck. Il est durement mené par le lieutenant Jodan et l'adjudant-chef Joze, deux véritables athlètes. Péréra le suit facilement. Bien plus que les autres élèves qui n'ont pas comme lui servi dans une unité comme le 10e B.C.P. Et il décroche la première place du cours.

— Les cinq premiers passeront tout de suite sergents-chefs, annonce le lieutenant Jodan en renvoyant ses élèves au régiment, bonne chance !

La joie du Lorrain dure peu. Une note annonce qu'il faut être titulaire du brevet de chef de section pour être promu.

— Mais, nom de Dieu ! rage-t-il en apprenant la mauvaise nouvelle, qu'est-ce qu'il va encore falloir faire pour recoudre enfin mon foutu galon ?... J'ai tout de même commandé une section au feu !

Le sous-officier déçu patine sa déception en recevant une citation à l'ordre de la division pour sa conduite au maquis pendant le combat du 22 août 1944, et en obtenant une permission. Il passe la moitié de son congé à Ranguevaux avec Alex, un Corsaire des Cévennes, et l'autre partie en Languedoc. Les deux hommes rentrent écœurés en Autriche.

— Les collabos ont repris leurs places comme si rien ne s'était jamais passé, commente Alex pour ses compagnons. Leblond en a esquinté un chez lui, moi j'en ai assommé un autre dans la gare du Vigan, et on a encore déclenché une belle bagarre dans un bal quand Lucien a reconnu dans la reine de la soirée la poule du Boche qu'il avait tondue et foutue à poil... On est tout de même mieux ici, entre soldats !

Tous les hommes qui avaient contracté un engagement pour la durée de la guerre sont démobilisés en octobre 1945. Péréra voit partir les premiers maquisards, Martin, Dédé, vétérans de la première heure du maquis, Alex, Gilbert, Casimir et Séverac, qui étaient au camp du Paradis, et tous ceux qui ont rallié peu à peu la Résistance, comme Morin, le tireur d'élite. « Cette fois l'aventure fait vraiment partie du passé, regrette le Lorrain qui a décidé de poursuivre sa carrière de sous-off, il n'y a pratiquement plus de Corsaires au régiment... »

La 1re compagnie du capitaine Delmas, tout à fait refondue au moule de l'armée traditionnelle, est envoyée au mois de novembre en stage montagnard à la frontière italienne. Mal équipées, les nouvelles recrues grelottent dans des refuges d'altitude mais réussissent tout de même à escalader le Gepatch, un glacier qui domine à la fois l'Autriche et l'Italie. Péréra est au paradis. Les paysages glaciaires l'emerveillent. Il oublie son jeune passé tumultueux en cueillant des edelweiss et en suivant d'un regard ébloui les courses sûres de quelques troupeaux de chamois.

La 4e division marocaine de montagne rejoint la région de Grenoble à la fin novembre pour être dissoute. La 27e division alpine vient prendre sa place au Tyrol sous les ordres du général Molle, tandis que toutes les forces d'occupation en Autriche sont commandées par le général Bethouard.

Péréra est désigné à la mi-décembre pour suivre un stage de quatre mois qui lui permettra d'obtenir son brevet de chef de section. Ce cours se déroule à Hopfgarten, un village proche de Kitzbuel. Les élèves sont autorisés à aller fêter Noël dans leurs unités respectives. Le Lorrain oublie les rigueurs de l'instruction en participant à un repas de gala au mess de Landeck.

— Tout le monde à la messe de minuit, décide l'adjudant Joze, le patron des sous-officiers, on reprendra la java après...

Les sergents s'insèrent dans la foule tyrolienne qui emplit l'église montagnarde. Et l'adjudant Joze tient ensuite sa promesse. L'alcool coule à flots au mess pendant plus de deux heures.

— On retourne en ville ? propose le chef de poste en constatant que l'ambiance baisse un peu de ton.

Des hourras saluent son offre. Les sous-officiers saisis par le froid ne marchent pas très droit. L'un d'eux lance une pierre dans une vitrine, donnant ainsi le signal d'une furie vandale. D'autres vitrines volent en éclats. Les gradés brisent quelques lampadaires, rossent des civils et décident d'aller passer le reste de leur rage alcoolique sur les gendarmes français avec qui ils n'entretiennent pas de très bonnes relations. Le groupe vociférant pénètre dans le mess réservé à la maréchaussée.

— Sortez, leur ordonne le plus gradé des gendarmes, vous n'avez pas le droit d'être là...

Une bagarre monstre éclate. Les gendarmes et leurs invités sont bien plus nombreux que les intrus. Ils n'ont pas beaucoup de mal à prendre le dessus dans la mêlée. Péréra se retrouve éjecté dans la neige, mal en point et un peu dégrisé.

Le chef de bataillon convoque le Lorrain et trois des trublions dans la matinée de Noël. Tous les quatre ont été formellement reconnus par les gendarmes. Le commandant est furieux.

— Qu'est-ce qui vous a pris, rugit-il, vous vous croyez malins... Les Autrichiens sont pourtant nos amis... Non ?

Les quatre fautifs baissent la tête sans répondre.

— Et en plus, poursuit leur patron, vous avez envoyé à l'hôpital le fils du colonel gouverneur militaire... Les gendarmes ne veulent pas vous enfoncer, mais le colon est bien décidé à vous sabrer... Vous vous êtes mis dans de sales draps !

Péréra grimace en pensant qu'il peut dire adieu à son brevet de chef de section. L'officier clôt l'entretien tendu. Le Lorrain retourne sans enthousiasme à son stage. Ce n'est qu'au début du mois de février qu'il est convoqué au P.C. du général Molle à Innsbruck pour recevoir une notification de renvoi devant un tribunal militaire.

Le général est absent. Le sergent, inquiet, est reçu par son chef de cabinet.

— Péréra, s'étonne ce dernier, vous étiez au maquis des Corsaires...

Le sergent sursaute et dévisage le strict officier.

— Je suis un ancien de l'O.R.A. de l'Aveyron, lui apprend ce dernier en se déridant, je vous connais bien, vous savez... Mais vous avez fait une sacrée connerie !

Le Lorrain reconnaît les faits, de plus en plus inquiet.

— Vous avez de la chance d'avoir si bien servi au maquis, le rassure le commandant qui se lève de son bureau, je vais étouffer l'affaire en souvenir du bon temps... Mais n'y revenez plus, ni vous, ni vos copains de nouba... Je ne veux plus entendre parler de vous, promis ?

Le sous-off engage sa parole de soldat et repart tout heureux à son stage de chef de section. « Ceux qui ont combattu dans la Résistance ne pourront jamais l'oublier, se dit-il après avoir transmis les remontrances de l'ancien de l'O.R.A. à ses compagnons de triste équipée, nous sommes marqués pour la vie au fer de l'entraide... »

Le 80e R.I. est bientôt dissous. Il devient le 2e bataillon du 159e régiment d'infanterie alpine . La compagnie Delmas reste à ses cantonnements de Landeck et devient la compagnie d'appui nº 2 du nouveau bataillon.

Le Lorrain, qui sait toutes les transformations du 80e R.I., termine son stage à la fin du mois de mars et n'obtient pas le brevet tant espéré. « Ça ne fait rien, se console-t-il en rentrant à la compagnie Delmas, avec le coup de Noël je devrais être caporal, ou même viré de l'armée, alors je n'ai vraiment pas à me plaindre... Je l'aurai une autre fois, ce foutu brevet ! »

Les hommes de la compagnie portent maintenant le béret galette des chasseurs, et arborent en haut du bras gauche l'écusson de Rhin et Danube.

— Ça change du calot, commente l'ancien chef de groupe de la Résistance, mais ça me rappelle mon bon vieux 10e B.C.P....

L'occupation s'organise de mieux en mieux, les derniers Corsaires, Emile et Suffren, ont fait venir leurs épouses en Allemagne, comme la plupart des gradés de la compagnie d'appui. La vie est de plus en plus douce au Tyrol.

Le bataillon est rappelé en Allemagne le 18 avril. Il est désigné pour relever le 49e R.I. à Berlin. Péréra découvre les quartiers rasés de la capitale du IIIe Reich.

— Qu'est-ce qu'ils ont pris sur la gueule, commente-t-il simplement, ils ont payé le prix fort pour les conneries de leur chef...

Le secteur français de la ville morte est un de ceux qui ont le moins souffert. Le bataillon s'installe au quartier Napoléon, qui était il y a deux ans le quartier Goering et abritait alors des unités d'élite S.S. Les Français, peu habitués au grand luxe, découvrent avec étonnement leur domaine qui est agrémenté de plusieurs piscines, de gymnases bien équipés et de terrains de sport. Le mess des sous-officiers possède de larges baies donnant sur des jardins magnifiques. Les casernements de la troupe sont à peine moins luxueux. Il y a partout du carrelage.

— Hitler soignait bien son armée, apprécie le Lorrain après avoir fait le tour du propriétaire, c'est pas comme en France...

Le Lorrain comprend vite la nature des missions qui attendent sa compagnie. Les nouveaux chasseurs alpins n'ont en fait qu'une seule préoccupation : être toujours impeccables et prêts à parader à la moindre réquisition des autorités d'occupation. Des femmes allemandes viennent faire le ménage de la caserne.

— C'est vraiment la vie de château, mon vieux Mimile, constate le Ranguevalois après quelques semaines à Berlin, pourvu que ça dure...

La belle vie, défilé et gardes d'honneur le matin, sport l'après-midi, joyeux dégagements le soir venu, dure jusqu'au 8 septembre 1946 pour le Lorrain. Ce dernier quitte en effet ce jour-là ses compagnons pour suivre un nouveau stage préparatoire au brevet de chef de section à Durbach, un village perdu dans la Forêt-Noire. Le Corsaire est classé sixième sur trente-six élèves à un examen passé fin octobre. Il est ainsi admis haut la main à passer un second examen avec les meilleurs candidats de tous les régiments des forces françaises en Allemagne. Les épreuves durent une semaine et se déroulent à Mayence. « Cette fois, prévoit le Lorrain après plusieurs épreuves, je le tiens, mon B.C.S... »

Et c'est le cœur léger qu'il se présente devant un officier examinateur pour un banal test de tactique.

— Vous avez les cheveux bien trop longs, lui lance le capitaine pendant qu'il salue impeccablement, oui, vraiment trop longs...

Le sergent, figé au garde-à-vous, répond avec aisance à toutes les questions. « C'est foutu, enrage-t-il pourtant en sortant du local, ce salaud-là va me pénaliser pour mes cheveux, quelle connerie ! »

L'ancien Corsaire ne se trompe pas. Il se classe trente-quatrième sur cent cinquante candidats, à quelques dixièmes seulement du trente-troisième, qui est le dernier admis.

Le recalé rejoint son régiment qui a quitté le paradis berlinois pour s'installer à Oppenau.

— Ne vous en faites pas, mon petit vieux, l'encourage son colonel, vous avez eu un bon comportement là-bas... Vous l'aurez tout de même, votre galon de chef, faites-moi confiance...

Quelques anciens du 80e R.I. se rendent en pèlerinage à Saint-Louis le 20 novembre 1946. Le Lorrain est tout naturellement du voyage et se recueille longtemps au carré du cimetière alsacien, revivant une fois encore l'odyssée des maquis du Languedoc.

Le colonel tient parole, Péréra peut enfin recoudre son galon de sergent-chef sur sa manche gauche.

— Pas trop tôt, se réjouit-il en fêtant dignement l'événement avec les rares Corsaires qui restent encore au bataillon, j'allais finir par ne plus y croire...

Une loi de dégagement des cadres pousse des dizaines de sous-officiers à la vie civile. Certains partent volontairement, d'autres sont dégagés d'autorité. « Sans mon galon supplémentaire, se rend compte le Lorrain, j'étais sans doute bon pour la quille forcée... Merci mon colonel, vous m'avez évité l'usine ! »

L'hémorragie de gradés cesse après le 19 décembre 1946, lorsque des événements graves éclatent en Indochine. Les officiers et les sous-officiers aprennent l'existence du Viêt-minh d'Hô Chi Minh, et un corps expéditionnaire est mis sur pied. « Cette fois, se promet Péréra, je ne vais certainement pas manquer le coche ! »

Le Lorrain reçoit une permission et tempête à son retour en apprenant qu'une liste de volontaires a été établie. Il insiste très fort pour y faire ajouter son nom, mais rien n'y fait : la liste est définitivement close. « J'aurais pas dû partir en Lorraine, regrette-t-il, c'est trop bête... »

Le nouveau sergent-chef oublie un peu le départ raté en retrouvant le commandement d'une section.

Noël 1946 arrive. Des civils d'Oppenau organisent un grand bal dont ils refusent l'entrée aux militaires.

— Ils se foutent de nous, gronde Péréra, on a tout de même gagné la guerre... Non ?

Ses compagnons de sortie acquiescent bruyamment.

— T'as raison, décide un autre meneur, on fonce dans le tas...

Et les sous-officiers se fraient un passage hurlant dans la masse des civils, français et allemands, ameutés près de la salle des fêtes. La mêlée est tout de suite générale. Péréra apprécie la belle bagarre, donne des coups et en reçoit. Le compteur électrique du grand bâtiment reçoit un coup de chaise. Les groupes emmêlés échangent leurs horions dans l'obscurité. La lutte se poursuit dans les rues avoisinantes. Des fuyards se dispersent aux quatre coins de la petite ville. La lutte cesse bientôt. Des civils et des militaires sont hospitalisés. Péréra est convoqué le lendemain matin par son chef de bataillon. Ce dernier est entouré de quatre gendarmes qui entament leur enquête. Plusieurs gradés ont déjà été interrogés.

— Vos amis prétendent que vous n'étiez pas dans les meneurs de la bagarre, annonce l'officier à quatre galons, et que vous n'auriez fait que vous défendre... C'est vrai ?

Le Lorrain apprécie le geste de ses compagnons de rixe qui savent tout des événements de Noël 1945. Il ne répond pas à son chef.

— Bon, tranche ce dernier, vous pouvez vous retirer...

Le sergent-chef, rassuré, rejoint les premiers interrogés.

— Les Noëls ne me portent pas chance, avoue-t-il aux fautifs qui ont le visage marqué, je ferai gaffe l'année prochaine, même si je suis en Indochine... Merci, les gars !

La vie d'occupation poursuit son cours monotone. Oppenau n'offre pas aux Français les mêmes plaisirs que Berlin. Péréra tue le temps en escapades de plus en plus lointaines avec les autres gradés du bataillon.

La jeep que les noceurs avaient empruntée pour une de leurs courses au plaisir se renverse dans le village de Lauterbach alors que son chauffeur tentait d'éviter une femme imprudemment lancée au travers de la chaussée. Péréra et ses trois compagnons ont heureusement été éjectés avant que le véhicule ne se retourne complètement. Mais le chauffeur demeure coincé sous son volant, la poitrine enfoncée et les jambes brisées. La jeep est hors d'usage.

— En plus, rage le Lorrain, comme on l'a prise sans autorisation, je suis bon pour le gnouf...

Et il récolte dix jours d'arrêt. « Ça commence à bien faire, constate-t-il après avoir reçu la punition, l'air devient malsain pour moi par ici... »

Une note de service réclame peu après l'accident un sergent-chef pour l'Indochine.

— Bon Dieu, c'est pour moi, rugit le puni en lisant la note placardée au bureau de sa compagnie, cette fois, je pars !

Le sous-officier se précipite au P.C. du bataillon. Où il apprend qu'un sergent-chef marié vient d'être désigné d'office pour l'Extrême-Orient en raison de la faiblesse de ses états de service.

— Quelle poisse, gronde-t-il, je suis maudit...

Un caporal du P.C. saisit son dépit.

— Chef, lui annonce-t-il, j'ai pas l'impression que le gars qui a été désigné soit très content de foutre le camp...

Le Lorrain reprend espoir, trouve le sous-officier désigné malgré lui et n'a pas beaucoup de mal à le persuader de lui céder sa place. Le chef de bataillon donne son aval à la permutation de toute dernière minute. Péréra est aux anges. Il reçoit quelques jours plus tard une feuille de route pour rejoindre le 3e bataillon du 7e régiment de tirailleurs algériens qui occupe la petite cité de Meisenheim, dans la banlieue de Mayence.

Le futur tirailleur fête son départ avec René Berthézène, le dernier Corsaire de la compagnie.

— Je tourne la page, mon vieux Mimile, lui dit-il après le dernier pot partagé, vive l'Indo !

15. EN ROUTE POUR L'INDO

Le Lorrain est vite à Mayence. Pressé de recevoir ses ordres, il grimpe souplement le perron qui mène au P.C. du 7e R.T.A. Un énorme bélier, cornes torsadées et toison drue, sort du bâtiment, dévale les marches tête baissée, et bouscule au passage le nouveau venu aux tirailleurs.

L'ancien Corsaire suit d'un regard étonné la course têtue du gros mouton qui rejoint un groupe de Maghrébins. Un sous-officier coiffé d'un calot bleu ciel à fond et liséré jaunes s'approche du sergent-chef sidéré.

— Vous n'êtes pas de la maison, reconnaît-il en serrant chaleureusement la main de l'ancien maquisard, faut pas vous étonner, le bélier est la mascotte du régiment...

Et le sergent tirailleur explique en souriant que le Nord-Africain chargé de l'entretien du mouton amène l'animal chaque matin au P.C.

— Le bélier, poursuit-il, fait partie du corps au même titre qu'un tirailleur, il a un matricule et touche même sa ration de cigarettes... Il les bouffe une par une !

L'ancien Corsaire apprend encore que l'animal, enrubanné de bleu et jaune, est le roi de tous les défilés et marche devant la nouba, la musique régimentaire.

— Faudra bien que je me coule aux rites du régiment, se promet Péréra après avoir rempli toutes les formalités d'incorporation, ça doit pas être pire qu'aux chasseurs ; ici, au moins, le jaune est bien jaune...

Le sergent-chef, favorablement impressionné par l'accueil qu'il vient de recevoir, est conduit en jeep aux cantonnements du 3e bataillon, à Meisenheim, où il est affecté à une compagnie d'appui commandée par le capitaine Vincent.

— Vous servirez à la 2e section de mitrailleuses, lui apprend d'un ton glacial son nouveau capitaine, vous en assurerez le commandement jusqu'à l'arrivée d'un officier... Vous pouvez disposer !

Le Corsaire est vite transformé en tirailleur. La tenue lui plaît. Il se sent bien malgré le manque de chaleur de son capitaine. La compagnie d'appui est composée d'une section antichar, commandée par un lieutenant aussi revêche que le commandant de compagnie, d'une section de mortiers, dont le chef est un autre lieutenant très sympathique, de deux sections de mitrailleuses et d'une section de commandement menée par un adjudant. Les sous-officiers sont en majorité musulmans, à part quelques Corses et pieds-noirs qui ont participé à tous les combats du régiment, de l'Italie à l'Allemagne. Le Lorrain se sent un peu perdu au milieu d'eux, mais les choses s'arrangent considérablement à l'arrivée d'un renfort issu de plusieurs régiments métropolitains. L'ancien Corsaire sympathise tout de suite avec Streiff, un sergent-chef d'Hayange affecté comme adjoint à la 1re section de mitrailleuses, et avec le caporal Devet, un autre Lorrain de Moyeuvre-Petite, désigné pour servir aux mortiers.

Les préparatifs de départ s'engagent bientôt. Les tirailleurs perçoivent des tenues tropicales qui demeurent bien pliées dans leurs sacs marins. Le bataillon est vite prêt pour le grand voyage. Le commandant Fritsch, son patron, le présente au général Sevez et au colonel Lardin, le commandant du régiment, au cours d'un défilé impeccable. La nouba du 7e R.T.A. est là. Le bélier mascotte, tout enrubanné, ouvre la parade d'un trottinement très assuré. Les faces pâles des tirailleurs européens tranchent net sous la rezza dans les rangs de Nord-Africains basanés. La population allemande applaudit le spectacle haut en couleur. Le général Sevez fait un speech aux gradés du bataillon dans la salle des fêtes de Meisenheim. Il leur parle de l'Indochine, des tâches pacificatrices qui les attendent là-bas, des devoirs de la France, et s'éclipse après leur avoir serré la main à tous.

Les choses se précipitent dès le lendemain. Le bataillon Fritsch défile à nouveau devant le colonel Lardin et embarque dans un train.

— Les tirailleurs plaisaient bien aux Allemandes, s'amuse à constater le Lorrain en jetant un dernier regard sur la kyrielle de *gretchen* en pleurs qui agitent des mouchoirs au bord des wagons.

Le train est à Strasbourg au petit jour. Les parents de Péréra sont sur le quai, avec ceux du sergent-chef Streiff et du caporal Devet. Les adieux sont brefs. Le convoi reprend sa route vers le sud. Il est le lendemain matin à Toulon. Les tirailleurs embarquent en file indienne sur le paquebot *Ile-de-France*, fleuron de la flotte de commerce française depuis l'incendie du *Normandie* dans le port de New York.

— Etage E, hurle à l'adresse des Nord-Africains un gradé de la police militaire, pressez-vous...

Les tirailleurs se faufilent dans des coursives vers l'avant du mastodonte. La compagnie du Lorrain se retrouve confinée dans la cale E 3 avec la 9e compagnie.

— Dire qu'il va falloir vivre là-dedans plus de vingt jours à trois cents gaziers, envisage tristement l'ancien Corsaire, ça ne va pas être un voyage d'agrément.

Les sergents-chefs de la compagnie Vincent annexent d'autorité un coin de la cale. Péréra s'installe sur la banquette supérieure d'un couchage à trois étages, tout près d'une bouche d'aération. La cale E 3 ne possède pas de hublots, elle sent déjà mauvais, et une chaleur moite y règne.

— Les officiers et les adjudants ont plus de chance que nous, fait remarquer le Lorrain à ses compagnons d'inconfort, pour eux le voyage va être une belle croisière puisqu'ils sont logés en cabine, comme des bourgeois...

Les tirailleurs installent leur barda et se ruent à la grimpée des cinq ponts qui les amène à l'air libre. D'autres unités embarquent en longues processions. Le géant de la Compagnie générale transatlantique est bientôt comble de Marocains, de marsouins de la coloniale, de légionnaires, de parachutistes, de quelques marins, de gardes mobiles et d'un détachement féminin.

La vie du bord s'organise vite malgré une pagaille apparente. Les tirailleurs du capitaine Vincent reçoivent chacun une carte jaune qui leur permettra d'accéder au réfectoire à huit heures pour le déjeuner, et à seize heures pour le dîner.

— Drôle d'horaire pour bouffer, remarque le Lorrain en distribuant les cartes de sa section, enfin, on s'y fera : il faut bien que tout le monde passe à table, on est tout de même quelques milliers sur la barque...

Un escadron de dragons reçoit la charge des cuisines et les gardes mobiles assurent tout naturellement le service d'ordre. Le paquebot surchargé, tiré par des remorqueurs à superstructure grise de la Marine nationale, s'éloigne du quai de l'arsenal toulonnais à l'aube du 7 mars. Tous les passagers se pressent sur les ponts. Des sirènes mugissent. Le Lorrain a réussi à trouver une place pour s'accouder au bastingage du bateau. Les remorqueurs laissent bientôt l'*Ile-de-France* maîtresse de sa manœuvre. Les côtes de France sont bientôt l'horizon puis disparaissent tout à fait. Péréra s'arrache au bastingage, redescend dans la cale occupée par sa compagnie, enfile une bouée de sauvetage et remonte sur le pont en même temps que tout le bataillon pour participer à un exercice d'évacuation du paquebot.

L'*Ile-de-France* frôle la Corse, pique plein est au début de l'après-midi, passe entre l'île de Beauté et la Sardaigne et navigue toute la nuit au large des côtes italiennes. Des haut-parleurs répandent dans les cales et sur les ponts des flots d'informations et d'appels de corvées dès l'aube du 8 mars. Ils annoncent aux passagers en uniforme que le navire pénètre dans le détroit de Messine. Le temps est superbe, le Lorrain monte sur le pont pour goûter le paysage. Le paquebot est à Port-Saïd au matin du 10 mars et frôle l'immense statue de Ferdinand de Lesseps qui marque l'entrée du canal de Suez. Des remorqueurs le prennent en charge. « Nom d'un chien, constate bientôt l'ancien maquisard de Mandagout, on dirait que la quille du rafiot racle le fond... Sale temps ! »

Le navire prend soudain de la gîte sur tribord. Les gardes mobiles font vite passer sur bâbord les milliers de passagers inquiets. L'*Ile-de-France* retrouve son assiette normale.

— C'est parce que le canal n'a pas été correctement dragué pendant la guerre que nous talonnons, explique au Lorrain un matelot léger de la C.G.T., mais ce n'est pas bien grave, on va passer tout de même...

L'*Ile-de-France* jette l'ancre dans le lac Timsah, en face d'Ismaïlia et à mi-chemin de Suez. Il repart à l'aube vers le sud, talonne encore des bancs de sable mais parvient sans encombre au bout du canal. Ses bateaux guides le quittent. Il pénètre dans la mer Rouge. Les tirailleurs perçoivent le complément de leur équipement tropical et coiffent des casques coloniaux de liège entoilé.

— Tout ce barda doit provenir des prises de guerre réalisées sur des unités de l'Afrikakorps, avance très justement Péréra en partageant des chaussettes de laine verte et des souliers de toile entre ses hommes... L'armée française n'est vraiment pas riche !

Le transport de troupes passe le 13 mars devant La Mecque. Les tirailleurs musulmans font leurs prières sur des couvertures pour honorer la ville sainte de l'Islam. Et l'*Ile-de-France* relâche le lendemain à Aden. Une nuée de barques se meut à dix mètres en dessous des hauts bords du navire. Le commerce, troc ou paiement en argent frais, s'installe dans un brouhaha de cris. Certains marchands réussissent à monter à bord. L'équipage, habitué à ces cérémonies mercantiles, les empoigne et les jette par-dessus bord.

— Ils ne risquent rien, lance un bosco du paquebot aux sous-officiers de tirailleurs après avoir poussé à l'eau un grand gaillard à la peau bistre, ils nagent tous comme des anguilles...

Les tirailleurs reçoivent tous une piqûre dans l'après-midi.

— Avec ça, plaisante un des infirmiers après avoir injecté une bonne dose de liquide brûlant dans l'épaule du Lorrain, vous ne risquerez pas d'attraper la peste, ni même le choléra...

Le sergent-chef grimace en faisant jouer douloureusement sa clavicule droite.

— Il n'y a que contre les balles viêts qu'on n'a encore rien trouvé, ajoute le caporal en passant à un autre patient, faudra vous y faire...

Les Nord-Africains supportent mal les effets de la vaccination. Ils se répandent comme des loques sur leurs couchettes pendant presque deux jours. Leurs gradés européens ne valent pas mieux, et Péréra ne reprend goût à la vie que lorsque le paquebot vogue depuis longtemps déjà sur l'océan Indien.

La chasse au pays, commencée dès le départ de Toulon, bat toujours son plein dans les cales et sur les ponts. L'ancien maquisard passe tous ses moments libres avec Streiff, Gury, un engagé de Ranguevaux qui sert dans un bataillon d'infanterie métropolitaine, et Ancel, un garde mobile de Moyeuvre-Petite comme Devet. Les cinq hommes demeurent de longues heures chaque soir sur le pont grouillant d'hommes qui retardent le plus longtemps possible le moment de replonger dans les cales de plus en plus hantées d'odeurs insupportables. Des groupes, surtout d'Allemands de la Légion, chantent çà et là. Des cris montent de parties de cartes endiablées où l'on joue gros jeu. Des bagarres éclatent, brèves et violentes. Des petits malins se faufilent vers le pont supérieur du bateau où sont confinées les femmes soldats. Des amourettes passionnées se tissent et se défont tout aussi vite qu'elles sont nées.

Le Lorrain peut bientôt découvrir Ceylan. L'*Ile-de-France* jette l'ancre à Colombo pour se ravitailler en carburant. Le contingent qu'il transporte ne reçoit pas l'autorisation de descendre à terre.

— C'est sans doute qu'on est pressé de nous voir en Indochine, envisage le Ranguevalois, c'est bon signe pour le baroud...

Les infirmiers reviennent à la charge des compagnies au cours de l'escale. Ils administrent aux tirailleurs deux nouvelles piqûres, une pour prévenir les ravages du typhus, l'autre pour les prémunir contre la fièvre jaune.

— Et voilà ce que je craignais, regrette Péréra qui a moins souffert qu'à la première injection, voilà la tempête !

Le ciel est bas et gris. La mer est de plus en plus forte. L'*Ile-de-France* ne roule ni ne tangue à l'excès, mais plus de la moitié des tirailleurs sont bientôt malades. La cale E 3 devient un cloaque nauséabond. Les choses s'arrangent au bout de deux jours d'enfer, lorsque le paquebot jette l'ancre à un kilomètre des quais de Singapour.

— Bon Dieu, que c'est beau ! ne peut s'empêcher de constater à haute voix le Lorrain, dommage qu'on ne puisse pas visiter la ville...

Singapour s'offre aux regards, serrée dans un écrin de verdure et dominée par des lignes de rochers. La nuit tombe brusquement, les jeunes nageurs au corps fluet qui plongeaient et replongeaient inlassablement dans les eaux calmes pour rattraper les pièces de monnaie que leur jetaient les soldats penchés au bastingage s'éloignent des bords du colosse immobile.

Le voyage reprend avant l'aube. L'*Ile-de-France* croise des jonques dans la matinée. Péréra et ses compagnons de Lorraine les suivent longtemps des yeux. L'une d'elles passe tout près du navire, sur son tribord. Des marins nattés et vêtus de sortes de pyjamas noirs à jambes mi-longues, font des signes de bras aux soldats.

— On dirait des Pavillons noirs, commente le Ranguevalois en se souvenant de ses lectures d'enfant, on arrive bientôt...

Les haut-parleurs annoncent au matin du 25 mars que l'*Ile-de-France* jette l'ancre au large de Cap-Saint-Jacques. L'ancien Corsaire découvre la large embouchure de la rivière de Saigon, sur la gauche de la masse boisée du cap. Des carcasses de bateaux rouillés émergent çà et là des eaux calmes. Les tirailleurs ramassent leur barda et se transbordent sur un navire bien moins imposant que l'*Ile-de-France*, le *Docteur-Roux*, qui éventre la rivière tout aussitôt son chargement terminé pendant que d'autres navires mènent le gros du contingent vers le Tonkin.

— Ça sent déjà la guerre, fait remarquer le Lorrain à ses inséparables compagnons de voyage, regardez...

Des marins en treillis braquent des fusils-mitrailleurs et des mitrailleuses sur les rives du fleuve. Des jonques et des sampans chargés à basculer de ballots et de monceaux de légumes et de fruits, adroitement menés par des mariniers aux pieds nus, dansent dans les remous éveillés par le *Docteur-Roux*. Le navire stationnaire atteint Saigon à vingt-deux heures, après avoir frôlé des dizaines de villages de paillotes montées sur pilotis. Le bateau fait onduler des centaines d'embarcations sur les bords de la rivière, puis s'amarre à un quai du port militaire.

Des camions sont là, qui chargent rapidement les tirailleurs et leur font traverser la ville irrégulièrement éclairée, pour les mener au camp Lyautey, à Cho Lon, la ville indigène. Les Nord-Africains se partagent des baraquements sombres, touchent des lits de camp et des moustiquaires, reçoivent du ragoût gras accompagné de riz gluant, essaient de monter leur literie, y renoncent pour la plupart, et dorment.

— Bon sang, qu'il peut faire chaud ! râle le Lorrain en sueur qui ne trouve pas le sommeil sur sa couche de toile mal montée sous sa moustiquaire mal close. Et en plus, il y a de la vermine...

La compagnie Vincent est tirée de son mauvais sommeil bien avant l'heure réglementaire du réveil par des appels aigus qui proviennent des abords du camp.

Des dizaines de gosses et de femmes, agrippés aux grilles d'entrée des baraquements, vantent leurs marchandises dans un vacarme de pépiements. Péréra étudie longtemps du regard les marchands. Les gosses ont le crâne rasé, le torse et les pieds nus et ne portent pour tout vêtement qu'un short informe. Les femmes sont mieux ajustées dans des robes moulantes et fermées au cou par un col officier, ou dans d'amples vareuses portées sur de larges pantalons. Le Lorrain achète quelques grosses bananes jaunes avec des piastres touchées sur le paquebot.

— Tu t'es fait avoir comme un bleu, lui apprend en riant un sergent de la coloniale venu faire connaissance avec les gradés du renfort, tu as acheté des bananes à cochons...

— M'en fous, répond le sergent, vexé, elles sont vachement bonnes...

Compatissant, le marsouin explique au nouveau venu que les meilleures bananes sont très longues et vertes...

— Tu t'y feras vite, assure-t-il, pour la bouffe et les femmes, mais faut prendre le temps d'apprendre...

Le gradé de tirailleurs résiste mal à l'envie de poser des questions sur la guerre.

L'appel du bataillon met un terme aux confidences et aux marchandages. Les chefs de section apprennent que la compagnie doit défiler le lendemain devant les autorités de Cochinchine.

— C'est donc toujours pareil, rouspète pour la forme l'ancien Corsaire, guerre ou pas, c'est tout de même la parade !

Des camions mènent les tirailleurs en rezza bien ajustée au cœur de la capitale. Ils défilent impeccablement devant un général et une kyrielle de colonels. Les cadres reçoivent au soir l'autorisation de sortir du camp Lyautey.

— Ils doivent bien se foutre de nous, les marsouins, confie le Lorrain à ses compagnons de virée, on est les seuls en ville à être armés, on a l'air fin... C'est de notre faute, on n'avait qu'à pas gober tous leurs bobards de guerre...

Saigon, qu'ils avaient naïvement crue à feu et à sang, est très calme. Tous ses établissements, du plus chic club colonial au plus infect bouge de Cho Lon, sont ouverts. Les nouveaux arrivés, mitraillette Sten en bandoulière, chaussettes vertes montant jusqu'au dessous des genoux, short à l'anglaise et casque colonial, se fraient un chemin dans une foule mercantile. Ils visitent le Grand Monde, temple de tous les plaisirs et de tous les vices qui étend son empire étrange sur plus d'un kilomètre carré. Péréra achète sa première soupe chinoise à un cuisinier édenté qui tient commerce au ras d'un trottoir de Cho Lon, sur une carriole encombrée d'épices, de poissons secs, de canards déjà cuits et désossés, et de bols de sauces.

— Pas mauvais, lance-t-il à Devet qui fait la grimace près de lui, tu trouves pas ?

Le caporal ne répond pas. Il est bien trop occupé à inventorier le contenu de son bol de potage fumant dans lequel baignent des nouilles de riz, des crevettes séchées, des morceaux de champignons noirs et gluants, des fines herbes et des lamelles de piment rouge. Une odeur agaçante flotte sur toute la rive nord de l'arroyo chinois.

— C'est bientôt l'heure de rentrer, décide le Ranguevalois rassasié, on en verra un peu plus demain soir.

Les hommes qui accueillent les permissionnaires au camp Lyautey sont graves. L'adjudant Ricci, un Corse de la compagnie des services, la C.B.3, est mort dans un accident. Il est enterré dès le lendemain matin.

— Et d'un, ne peut s'empêcher de compter le Lorrain après l'inhumation du Corse, même s'il n'est pas mort au baroud, ça fait quand même un sous-off de moins...

Deux jours passent en exercices de débarquement des camions. Les Nord-Africains apprennent à gicler des véhicules de plus en plus rapidement lorsque ceux-ci stoppent en catastrophe.

— Pourvu qu'ils réagissent aussi bien en cas d'embuscade, espère Péréra à la fin d'une dure séance de sauts et de courses dans les fossés d'une route coloniale.

Un ordre lance le bataillon entier dans une opération d'accoutumance au matin du 30 mars 1947. Les tirailleurs coiffés de leur casque colonial débarquent des camions à quelques kilomètres de Saigon. Ils s'engagent en file indienne sur une piste-digue qui tranche net au-dessus des losanges irréguliers des rizières. Puis, après s'être bien éloignés de la route, ils font un à-gauche, et entament le ratissage. La section de Péréra se retrouve bientôt devant un marigot large d'une cinquantaine de mètres dont les bords sont plantés de roseaux.

— Un groupe à gauche et l'autre à droite, ordonne le Lorrain à son adjoint pour éviter de mouiller ses hommes.

Les tirailleurs n'ont pas le temps de contourner l'obstacle. Leur commandant de compagnie les oblige à se remettre en ligne. Péréra ne peut faire autrement qu'obéir. Il lance ses groupes dans le marécage. Les Nord-Africains enfoncent dans la boue jusqu'au ventre. Ils progressent lentement avec des bruits de ventouse tout en prenant garde de ne pas souiller leurs armes.

— On est chouettes, maintenant ! enrage leur chef en jetant un regard mauvais vers son capitaine, ça promet…

La section trempée poursuit le ratissage, écrasé de soleil, au travers d'une rizière à sec et craquelée. Les tirailleurs aux vêtements vite secs ressemblent bientôt à des statues animées et grises. Ils parviennent au bout d'un kilomètre au bord d'une étendue de bourbiers. La progression devient de plus en plus délicate. Les groupes ne sont plus en liaison à vue. Les transmissions mal rodées ne fonctionnent qu'à demi. Des tirailleurs s'enfoncent jusqu'à la poitrine dans des lises puantes. Des jurons arabes et français montent du marécage touffu. De minuscules sangsues s'agrippent à la moindre parcelle de peau nue. D'autres bestioles, puces d'eau et insectes inconnus, se faufilent dans les uniformes trempés.

— Les gars de la colo qui nous ont organisé l'excursion ont bien fait les choses, tempête l'ancien maquisard lorsque, complètement isolée, sa section ne peut plus avancer. Tant pis pour le capitaine, je ne vais pas continuer longtemps comme ça…

Les tirailleurs égarés, assoiffés, en sueur, mordus de crampes, se scindent en trois groupes. Leur sergent-chef progresse en tête de celui qui marche en colonne au centre du dispositif en essayant de garder le cap. Il est à nouveau arrêté par un arroyo aux eaux glauques et large d'au moins huit mètres.

— Y a pas pied, chef, lui apprend un Nord-Africain aux traits marqués par l'effort, ti peux pas passer…

L'ancien maquisard des Cévennes réfléchit quelques secondes. Des cris, lancés loin sur la droite de sa position, attirent son attention. Un adjudant boueux et furieux marche vers lui à la tête de sa section.

— Quels pièges à cons, gronde-t-il, on peut tout de même pas rester là…

Péréra reprend le cours de ses réflexions tandis que les tirailleurs des deux sections commentent bruyamment l'opération en arabe.

— On va faire un pont, décide-t-il en repérant un bouquet d'aréquiers hauts de plus de dix mètres.

Les coupe-coupe entrent en action. Un arbre est vite mis à bas et lancé au travers du cours d'eau.

— Voilà, explique le Lorrain, les gars n'ont plus qu'à s'y agripper pour passer...

Et, joignant le geste à la parole, il s'engage le premier dans l'eau couleur café au lait. L'aréquier plie au-dessous de lui, il avale de l'eau au goût de terre, éructe en jurant, mais parvient tout de même sur l'autre rive. Des Algériens qui savent à peu près nager imitent leur chef. Les tirailleurs des deux sections mettent plus d'une heure pour franchir l'obstacle. Ils sont à bout de forces. Certains d'entre eux sont pris de violentes coliques.

Des coups de feu claquent soudain, balayant les fatigues. Une forme terrorisée jaillit d'un buisson de joncs. Un sergent musulman bondit vers elle, la mitraillette prête à tirer. Le prisonnier n'est vêtu que d'un short noir. Il joint les mains sur sa poitrine maigre, juste en dessous du cou, et fait des courbettes.

— Faut l'emmener, décide Péréra en se souvenant des récits des coloniaux du camp Lyautey, il a peut-être caché une arme dans ce fouillis de merde...

Des tirailleurs éventrent nerveusement les buissons proches de l'endroit d'où est sorti le captif aux cheveux très ras, mais ils ne retrouvent rien. Les deux sections arrivent enfin au bout des marécages. Une nouvelle étendue de rizières sèches et craquelées s'offre aux yeux las des tirailleurs.

— On fait une petite pause, propose l'adjudant de la deuxième section égarée, les gars n'en peuvent plus...

Le Lorrain accepte. Les Algériens boueux, dont certains ont perdu leur casque de liège, s'étendent sur le dos tout le long d'une diguette, battle-dress ouvert, les yeux clos.

Le reste de la compagnie Vincent sort lui aussi du bourbier, une demi-heure plus tard et à cinq cents mètres de l'ancien maquisard.

— Tout le monde debout ! hurle ce dernier, on rejoint les copains...

La compagnie est regroupée. Les deux chefs de section apprennent qu'un tirailleur s'est noyé dans un arroyo, et que la 5e compagnie déplore deux morts. Le prisonnier est dirigé vers une compagnie de marsouins placée en recueil de l'opération sans gloire.

— Ça nous servira de leçon, cette sale balade, du moins je l'espère, rumine Péréra une fois que sa compagnie a retrouvé son train de camions, protégé par deux blindés. Nos chefs doivent tout de même savoir qu'on ne manœuvre plus dans la Forêt-Noire...

16. PREMIERS CONTACTS AVEC LES VIÊTS

Les trois tirailleurs morts sont enterrés avec les honneurs de la guerre le lendemain de la triste expédition dans la plaine saigonnaise.

— Et de quatre, comptabilise à nouveau le Lorrain après la brève cérémonie et les oreilles encore bourdonnantes de la sonnerie aux morts, à ce train-là on va tous y passer...

Les exercices d'évacuation rapide de véhicules pris fictivement en embuscade reprennent au début de l'après-midi. Les tirailleurs du capitaine Vincent en reviennent la mine défaite. Le sergent Carap est mort d'une balle de sa propre mitraillette qui lui a déchiré l'aine.

— C'est vraiment trop con de crever comme ça, enrage l'ancien Corsaire, c'est aussi bien trop injuste...

Le cimetière militaire résonne à nouveau de la lugubre sonnerie aux morts.

— Faudrait tout de même pas qu'on s'habitue à venir ici tous les jours, se force à plaisanter Péréra pour exorciser la mauvaise passe.

L'amiral Thierry d'Argenlieu est remplacé quelques jours plus tard au haut-commissariat en Indochine par Emile Bollaert. Les tirailleurs sont de corvée d'honneur à l'aérodrome de Gia Dinh. Le nouveau haut-commissaire, sans doute saisi par la moiteur qui écrase le terrain d'aviation, passe un mouchoir blanc sur son front en marquant un temps d'arrêt à la sortie de son avion.

— On dirait bien qu'il se demande ce qu'il est venu faire dans ce merdier, ironise Péréra, figé au garde-à-vous, je lui souhaite bien du plaisir...

Le bataillon du commandant Fritsch part tout de suite après avoir accueilli Emile Bollaert vers un autre camp situé à une vingtaine de kilomètres de Saigon. La compagnie Vincent s'installe dans une petite usine désaffectée, à trois cents mètres d'un gros bourg, et passe l'après-midi a aménager des défenses acceptables. La nuit dévore rapidement les boqueteaux de bambous, de cocotiers et d'aréquiers, qui poussent tout autour de la fabrique. Des guetteurs dépaysés veillent, le doigt sur la queue de détente de leur arme. Péréra récupère des fatigues de la journée animée sous la moustiquaire, qu'il a appris à tendre serré. Des rafales l'arrachent à son sommeil. Toute la compagnie rejoint ses postes de combat repérés avant la tombée de la nuit.

— Qu'est-ce qui se passe, demande le Lorrain à l'un de ses tirailleurs de guet, sur quoi vous avez tiré ?

Le Nord-Africain ne détourne pas les yeux en répondant.

— Chef, souffle-t-il, ci par là-bas, des lumières...

Les rafales reprennent de plus belle. L'oreille exercée de Péréra ne décèle aucun passage de balles ennemies au-dessus de la fabrique volcanisée. Des 4X4 de la Légion viennent du village à la rescousse. Des cris de halte au feu ne calment pas la fusillade.

— Chef ! crie dans le vacarme l'Algérien près de qui s'est posté le Ranguevalois, rigarde vite...

Des lueurs dansent sous la mitraille.

— Salement gonflés, les Viêts, gronde le gradé en scrutant la nuit fracassée, ils n'ont vraiment pas peur de nous narguer avec des lampes électriques !

D'autres ordres de cessez-le-feu se mêlent aux détonations. Les tirs s'espacent en direction des lueurs inquiétantes, puis cessent tout à fait. Les légionnaires, hilares, expliquent aux sous-officiers de la fabrique redevenue silencieuse que leurs hommes de veille ont tout simplement pris des vols de lucioles pour des lampes électriques. Le Lorrain est furieux.

— Si on continue comme ça, promet-il, on va devenir la honte du corps expéditionnaire tout entier...

Les travaux d'aménagement reprennent dès la fin de la nuit. Les corvées travaillent dur sous un soleil de plomb.

— Chef, j'ai été piqué par une bestiole, hurle soudain Josbach, un deuxième classe européen qui a servi à Berlin sous les ordres de Péréra, ça brûle...

Un énorme scorpion tente de se faufiler sous des parpaings que manipulait le blessé. Un tirailleur l'écrase d'un coup de talon.

— Ça fait mal, gémit le deuxième classe, qu'est-ce qu'il faut faire ?

Le Lorrain choisit la manière forte. Il sort un canif parfaitement aiguisé de sa poche, ordonne à un tirailleur de séparer une balle de son étui pour récupérer la poudre de la cartouche. Puis il incise d'un geste sûr la cheville du Français qui pâlit de plus en plus, vide les cristaux de poudre noire sur la plaie qu'il fait abondamment saigner, frotte une allumette et l'approche du magma sanglant. La poudre explose en *flop* épais. Le patient hurle sa douleur. Une désagréable odeur de chair rôtie envahit le groupe de tirailleurs attentifs aux gestes de leur chef. L'infirmier de la compagnie rejoint le Lorrain, inspecte la plaie cautérisée et décide de faire évacuer la victime du scorpion vers un hôpital de Saigon.

— Vous avez fait ce qu'il fallait, chef, lance-t-il au Lorrain, il va certainement s'en tirer à bon compte...

Josbach revient à la section deux jours plus tard. Les tirailleurs quittent leur fabrique à l'aube du 8 avril. Des camions les mènent à Saigon, où ils embarquent sur des bâtiments à fond plat de la Marine. Les engins empruntent un large cours d'eau pour les conduire à My Tho, à quatre-vingts kilomètres au sud-ouest de la capitale cochinchinoise.

Des unités de Légion, de paras, de marsouins, d'artilleurs et du Génie sont regroupées autour de la ville sillonnée de canaux. Les gradés du bataillon de tirailleurs apprennent qu'ils vont participer à une grosse opération de reconquête de l'immense île de Bentre, qui s'étend sur plus de cent kilomètres entre deux bras du Mékong. La compagnie Vincent embarque dans deux L.C.M. après avoir touché des boîtes de rations conditionnées.

Péréra, qui a pris place avec sa section dans le premier des deux engins de débarquement, demeure longtemps accoudé au bastingage du château arrière du L.C.M. pour découvrir un paysage plat à perte de vue. Puis il rejoint ses hommes dans la cuve de la barge dès que tombe la nuit. Les quatre mitrailleuses de 12,7 des marins balaient longtemps la zone du débarquement. Les deux portes rabattables des L.C.M. cognent sur la boue. Les tirailleurs sautent dans l'eau devant un épais rideau de palétuviers dont les racines ennouées plongent dans le rach. Le Lorrain entraîne ses hommes sur une centaine de mètres.

Pas un coup de feu ne salue le débarquement. Le capitaine Vincent consulte sa carte d'état-major, teste la qualité de ses transmissions et donne l'ordre d'avancer encore. Deux de ses sections très étirées progressent au travers de rizières sèches. Péréra s'approche d'un hameau de paillotes. Ses tirailleurs découvrent dans le village des traces toutes fraîches de cantonnement.

— Brûlez-moi tout ça, ordonne le capitaine Vincent, c'était un P.C. viêt…

Des incendies dévorent les cagnas. Les plus gros bambous de leurs charpentes explosent en claquements secs.

— On continue sur le village de Dong Xuan, ordonne le commandant de compagnie en relançant la traque.

Un groupe d'hommes en noir file à quatre cents mètres des premiers voltigeurs. Quelques balles sifflent au-dessus des tirailleurs.

— C'est pas ça qui va nous ralentir, estime le Lorrain, heureux de constater que ses Nord-Africains réagissent bien au feu, mais je crois bien que ces Viêts-là vont nous échapper…

Dong Xuan est vite atteint. Le scénario incendiaire se déroule à nouveau. Les Algériens excités rient aux éclats en mettant le feu aux paillotes qui recelaient des indices de passage des rebelles, puis cassent une croûte rapide un peu à l'écart des fournaises qui ajoutent encore à la canicule.

La compagnie pousse ensuite ses fouilles vers Ba Tri, un gros bourg bâti au sud-est de l'île et qui est encore distant de douze kilomètres. Les tirailleurs sont chez eux dans la chaleur étouffante. Ils avancent à bon pas le long d'une route creusée de sabotages en touches de piano et qui traverse quelques villages détruits par les rebelles en fuite. La progression est plusieurs fois bloquée par des découvertes de mines. Des tam-tams lointains se mettent à résonner.

— C'est pour signaler notre arrivée, regrette l'ancien Corsaire, on va encore tomber sur le vide absolu...

Quelques suspects n'ont pas le temps de fuir. Un tirailleur fureteur découvre un Viêt-minh dans une cache. L'homme n'est pas armé mais porte plusieurs petites musettes remplies de documents frappés d'une étoile rouge, et des portraits d'Hô Chi Minh. Il essaye de fuir alors que le tirailleur qui l'a capturé le conduit fièrement au capitaine Vincent. Deux rafales de Sten enraient sa course désespérée. Il meurt, la face dans la boue d'un maigre arroyo.

Des avions de chasse Spitfire rôdent au-dessus de l'île investie, prêts à offrir l'assistance de leurs canons et mitrailleuses en cas d'accrochage sérieux. La compagnie s'engage après la mort du Viêt dans un fouillis serré de palétuviers, traverse de nouvelles étendues de rizières, franchit des arroyos à l'eau fétide et boueuse et parvient à la nuit dans Ba Tri, déjà occupé par des éléments de l'opération ayant débarqué plus au sud. La vingtaine de suspects ramassés depuis le matin est confiée au service de renseignements de la manœuvre.

Les Algériens et leurs compagnons européens sont à bout de forces. Ils ont faim et soif. Péréra reçoit une pagode pour cantonnement. Ses hommes se restaurent rapidement, puis s'étendent au milieu de têtes de dragons furieux, de piques et de hallebardes que les lueurs sourdes de quelques bougies fumeuses projettent en ombres sur des tentures rouges brodées d'or. Une entêtante odeur d'encens règne dans l'étrange endroit. Le chef de section est saisi par la magie exotique. Quelques-uns de ses tirailleurs musulmans paraissent inquiets.

La première pluie de la mousson du sud-est s'abat en grosses gouttes tièdes sur Ba Tri qui avait été abandonné par les troupes françaises le 19 décembre 1946, au moment du coup de force d'Hô Chi Minh. La nuit résonne à plusieurs reprises de coups de feu tirés par des sentinelles nerveuses et trempées.

Toutes les unités lancées dans l'opération de reconquête se regroupent à Ba Tri peu après le jour. Puis, parachutistes S.A.S., légionnaires du 3e R.E.I. et marsouins partent grenouiller au nord-ouest. La compagnie Vincent demeure seule à la garde du chef-lieu de canton. Le capitaine poste ses sections aux entrées du bourg détruit en 46. L'interprète qui a été affecté à la compagnie se révèle très efficace pour créer des liens avec les quelques habitants de Ba Tri, une poignée de commerçants chinois qui ne se considèrent pas concernés par la guerre franco-viêt-minh.

Des rebelles viennent tâter les points d'appui français. Les tirailleurs réagissent bien et abattent quelques bo doîs au fil des nuits.

— On dirait qu'ils cherchent à nous faire sortir du bled, estime le Lorrain après un petit accrochage sans résultat, ils savent très bien que nous ne sommes pas nombreux...

Un élément du bataillon vient en liaison de Bentre. Les tirailleurs sont porteurs de mauvaises nouvelles. La 1re compagnie a durement souffert au cours d'un accrochage. Elle déplore une dizaine de morts, dont le sous-lieutenant Bonnet et le sergent-chef Dervaz.

— Cette fois, commente tristement l'ancien Corsaire, on est bel et bien entrés dans la guerre, on a payé le prix fort...

Le Lorrain apprend aussi que son bataillon a été rattaché depuis le 15 avril 1947 à la 1re demi-brigade de tirailleurs algériens commandée par le colonel Destremau et formée, en plus du bataillon Fritsch, des bataillons de marche des 1er et 2e R.T.A.

— Le colonel a installé son P.C. à Vinh Long, à quatre-vingts kilomètres à l'ouest de Bentre, précise encore le sergent porteur de mauvaises nouvelles.

Les tirailleurs sont relevés le 25 avril par la 8e compagnie du 3e étranger, celle-là même qui avait été obligée d'abandonner Ba Tri le 19 décembre dernier. Les quatre-vingts kilomètres de route qui mènent à Bentre sont dangereux. La Légion protège l'axe de trois postes réinstallés depuis quelques jours. Les G.M.C. qui ramènent la compagnie Vincent passent sans encombre. Les tirailleurs embarquent dans les cuves de deux L.C.M. et, passant par My Tho, regagnent Saigon, puis leur cantonnement de l'usine désaffectée.

La mousson du sud-est s'est bien installée sur la Cochinchine. Il pleut sans discontinuer. Les Viêts-minhs profitent des éléments déchaînés pour venir attaquer les tirailleurs à la mitrailleuse.

— Ils mettent le paquet, apprécie le Lorrain en dirigeant la riposte de ses deux fusils-mitrailleurs Bren, ça me rappelle les bords du Rhin...

Pas un tirailleur ne dort tout au long de la nuit. Les rebelles ne défont leur étau de feu qu'à l'aube grise. La compagnie ne déplore aucune perte.

— Leur petite plaisanterie aura au moins prouvé que nos postes de combat sont bien construits, se réjouit le Ranguevalois, les choses ne vont pas mal pour nous...

Les autorités ont décidé d'attaquer la rébellion dans ses sanctuaires de la plaine des Joncs, au sud-ouest de Saigon et au nord-ouest des bouches du Mékong. Elles lancent une opération d'envergure à partir du 24 avril. Les tirailleurs se rendent vite compte que la plaine des Joncs n'est qu'un fouillis de marécages malsains.

— On ne sait pas vraiment où commence la terre et où finit la flotte, râle le Lorrain au bout de deux jours de traque stérile dans des villages montés sur pilotis. Les gens d'ici sont de vrais crapauds...

L'ancien Corsaire retrouve avec plaisir le sergent Cavelier, qui était avec lui en Allemagne, au bourg de Cailé, tout au sud de l'infecte plaine détrempée. Ce dernier sert dans un bataillon parachutiste.

— Toi au moins tu as du pot, reconnaît le tirailleur avec un brin d'envie, tu vas sûrement tomber sur des coups fumants...

Les deux copains retrouvés partagent une soupe paysanne dans la gargote d'un marché grouillant de troupes, jurent de se revoir encore et se quittent.

L'opération se poursuit sans grand résultat pour le bataillon de marche du 7e R.T.A. N'Guyen Binh, le mythique chef viêt-minh du Nam Bo (zone rebelle du Viêt-nam du Sud), échappe à tous les raids lancés sur ses villages relais. Les tirailleurs progressent le plus souvent avec de l'eau jusqu'au ceinturon. Leurs armes s'encrassent de boue. Il règne sur la plaine balayée par les vents du sud-est une insupportable moiteur. Les hommes se tailladent les mains en se rattrapant à de hautes herbes coupantes comme des lames de sabres. Des rafales de pluie d'une violence inouïe ajoutent encore à la cruauté de la nature. Péréra a vite appris à faire lâcher prise aux sangsues avec le bout incandescent d'une cigarette.

— Elles ne sont d'ailleurs bonnes qu'à ça, les saletés de pipes de nos rations, plaisante-t-il au cours d'une pause de progression mise à profit par tous ses hommes pour se débarrasser de quelques annélides gorgés de sang. C'est du tabac moisi qu'ils nous ont refilé...

Le sergent-chef est émerveillé par la faculté d'adaptation de ses Algériens qui vivaient il y a peu en Allemagne sous moins vingt degrés, et combattent maintenant sans trop se plaindre dans une étuve portée à trente degrés.

La fièvre fait pourtant des ravages dans les groupes, ainsi que les premières atteintes de dysenterie.

— On a beau gueuler comme des ânes, explique le Lorrain au capitaine Vincent qui s'inquiète de la santé de ses hommes, ils boivent n'importe quoi... Et les cachets qu'on nous donne fondent dans les poches de treillis...

La quinacrine antipaludique se dilue aussi dans la boue envahissante, et les casques coloniaux, devenus pâte à papier, ne protègent plus du soleil qui tape fort entre deux ondées. « Heureusement qu'on a nos bons vieux chèches, apprécie Péréra qui a appris l'art de s'enturbanner comme les Algériens, les foutus casques sont tout juste bons pour traîner dans Saigon... »

— Chef, plaide un soir Josbach, je peux plus monter la garde... J'ai tout le temps la chiasse !

Le sergent-chef fixe longuement son ancien deuxième classe de Berlin pour déceler la vérité.

— Nos Arabes le font bien, lui répond-il en ayant l'impression que le caporal fatigué veut profiter du passé pour tirer au flanc, il faut donner l'exemple, ils ne comprendraient pas...

L'homme n'ajoute rien, et part rejoindre son poste de veille en traînant le pas.

L'opération sans gloire s'achève le 10 mai. La compagnie lasse retrouve sa base arrière avec soulagement. L'infirmier est obligé de faire hospitaliser le tiers des tirailleurs. Josbach est de ceux-là. Péréra regrette sa dureté de la plaine des Joncs.

Le bataillon est dirigé tout entier le 19 mai dans la région de Bentre pour y relever le 2e bataillon du 3e R.E.I. Toute l'île réoccupée à prix de sang est placée sous l'autorité des légionnaires du colonel Méric.

Le capitaine Vincent installe ses hommes dans une école déserte de Bentre, où ils dorment sur la paille. Les tirailleurs râlent. L'ambiance se détériore. Des incidents raciaux éclatent. Le chef de bataillon est obligé de procéder à des mutations de gradés européens pour éviter que les choses ne s'enveniment encore.

Péréra et le sous-lieutenant Fuseret se retrouvent à la 5e compagnie, bien qu'il ne se soit rien passé dans leurs groupes. Le Lorrain est chaudement accueilli par son nouveau chef, le capitaine Lerest, qui a passé cinq années dans un camp allemand. Le capitaine est un petit homme solidement charpenté et au visage tout rond. Il porte des lunettes. Fuseret, qui était sous-officier pendant la campagne d'Italie et réussit le tour de force de toujours demeurer impeccable de mise, même dans les bourbiers les plus infects, prend le commandement de la 1re section de sa nouvelle compagnie. Péréra devient l'adjoint de l'aspirant Bouette, un ancien du 49e R.I., à la 3e section. Le commandant Fritsch est remplacé à la tête du bataillon par son second, le capitaine Chevalier, qui est adoré par tous les tirailleurs.

Les gradés, après les chambardements de leur unité, apprennent que les légionnaires de la 8e compagnie du 3e R.E.I., qui avaient relevé les sections du capitaine Vincent à Ba Tri, sont tombés dans une énorme embuscade sur la route de Dong Xuan et qu'ils ont subi de grosses pertes.

L'annonce de la mort de Josbach à l'hôpital de Saigon frappe Péréra comme un coup de poignard.

— Le pauvre gars, ne trouve-t-il qu'à répéter plusieurs fois, comme incrédule, la dysenterie tue autant que les balles viêts...

L'aspirant Bouette vient bousculer le chagrin de son adjoint.

— La compagnie va quitter Bentre, lui apprend-il, on va occuper deux ou trois postes isolés dans l'est de l'île de Minh...

17. LA PAGODE DE BA VAT

L'île de Minh s'étend en langue étroite sur cent kilomètres au sud de Bentre, comme elle cernée par deux bras du Mékong. La 1re section du sous-lieutenant Fuseret part la première pour occuper le poste de Caimon, à l'extrême pointe est de l'île. Deux L.C.M. chargent ensuite le reste de la 5e compagnie. Les engins s'évadent du rach de Bentre en traînant au ras des eaux un tapis de gaz d'échappement noir, s'engagent dans le cours du Ham Luong pendant une dizaine de kilomètres au sud-est et filent vers la mer de Chine. Les bateaux à fond plat pénètrent ensuite dans un rach de l'île de Minh, traversent des rizières, des bois de palétuviers, et « beachent » à Giong Khéo, au ras d'un poste tenu par des légionnaires du 3e R.E.I.

Péréra et les autres gradés de tirailleurs fraternisent avec les képis-blancs. La nuit résonne longtemps de chansons à boire. Les légionnaires, pas mécontents d'être enfin relevés du village isolé au milieu d'un fouillis de mangroves, encombrent à leur tour les L.C.M. de la Marine. Ils s'éloignent au nord, vers le Ham Luong, en poussant des hourras.

La 2e section de la 5e compagnie, commandée par l'adjudant-chef Benarfa, un grand diable presque noir natif de Biskra, demeure à Giong Khéo avec l'élément de commandement du capitaine Lerest. Les L.C.M. déchargés de la relève légionnaire reviennent au poste. L'aspirant Bouette y fait charger les petits vivres, légumes secs, café, farine, sucre et sel nécessaires à la survie de ses cinquante hommes. Puis il embarque son groupe.

Les engins sont bientôt au poste du village de Ba Vat, où une section de légionnaires attend aussi sa relève. Péréra jette un rapide coup d'œil vers un pont de fer complètement détruit qui barre le rach au-delà du poste et fait débarquer ses hommes en casques coloniaux.

Les consignes de la relève sont vite passées. Les marins ramènent les képis-blancs du 3e R.E.I. vers Bentre. Les Européens de la grosse section de tirailleurs, le sergent Marcillac, un homme taciturne à forte musculature, les caporaux-chefs Ronflet, un grand blond au regard bleu, Paulès, Brouillard et Spagnol, et les caporaux Boussicaut et Alleman, découvrent peu à peu leur domaine avec les sergents musulmans Zouiche et Tifka.

— C'est pas royal, commente le Lorrain en évaluant d'un regard connaisseur les quatre blockhaus que les anciens occupants ont construits aux angles d'une vaste pagode à hauts toits de tuiles. On dirait qu'il n'y a pas foule dans les environs…

Des réseaux serrés de bambous effilés et entrecroisés courent tout autour de la pagode aux murs aveuglés de palissades. Un emplacement de mortier a été aménagé dans la cour de l'édifice religieux. La forêt de palétuviers a été dégagée sur une centaine de mètres au large des défenses de bambous.

— Bon, conclut le Lorrain après son premier tour d'horizon, je crois qu'on peut faire confiance aux légionnaires, ils s'y connaissent certainement plus que nous pour établir les défenses d'un poste...

Mainguy, l'interprète eurasien qui a été affecté à la section au départ de Bentre, tout menu et souriant, approche du sergent-chef et de l'aspirant chef de section.

— Il y a deux Viêts là-bas, leur annonce-t-il d'une voix douce, un mort et un blessé...

L'aspirant et son adjoint suivent le petit homme jusqu'à une soupente sombre dans laquelle ils découvrent le corps d'un rebelle mort, et un second Viêt-minh décharné. Le cadavre est vite jeté dans le courant du rach et flotte lentement vers le confluent du Ham Luong. Le moribond est confié au caporal-chef Ronflet.

— Donne-lui du lait en boîte, ordonne l'aspirant, il en a bien besoin...

Les tirailleurs qui vaquent à leur installation jettent des regards durs au prisonnier oublié par les légionnaires. Péréra saisit leur haine.

— Il faut dire, se souvient-il, qu'avec tout ce que leur ont raconté les gars de Giong Khéo, nos Arabes se méfient des Viêts...

Les images d'horreur décrites par quelques képis-blancs : corps de camarades retrouvés empalés, mutilés, brûlés, émasculés ou étêtés, s'imposent une seconde à l'esprit de l'ancien Corsaire. Le Lorrain les chasse vite pour aller surveiller la mise en place de ses pièces de fusils-mitrailleurs.

Deux partisans annamites habitent dans le poste, avec femmes et marmaille. Ils épient, l'air grave, l'agitation bruyante des Algériens. La première nuit au poste s'écoule tranquillement. L'aspirant Bouette et son second s'éloignent au matin de la pagode avec les partisans, l'interprète et un groupe d'Algériens pour reconnaître le bourg de Ba Vat qui fait face au poste, de l'autre côté du rach. La petite colonne emprunte la passerelle branlante que les légionnaires relevés ont construite avec des bambous au ras du pont disloqué.

— C'était un endroit très fréquenté avant la guerre, confie l'Eurasien à l'officier et au sergent-chef, il y avait beaucoup de commerce à Ba Vat...

La patrouille ne retrouve rien de l'opulence passée du gros village. Seule son église demeure miraculeusement intacte, à deux cents mètres du poste, et au milieu d'un boqueteau de cocotiers. Tous les autres bâtiments en dur, maisons coloniales, école et mairie, ont été rasés, à l'exception de deux bâtisses plantées à quelques mètres des eaux troubles du rach, juste avant la pagode transformée en forteresse. Les derniers habitants de Ba Vat, une poignée de Cochinchinois et quelques commerçants chinois, n'approchent pas des soldats. La patrouille parvient à l'entrée de ce qui fut une place de marché. L'aspirant Bouette réfléchit en contemplant la désolation de l'endroit.

— Ce qu'il faudrait, confie-t-il à son adjoint en suivant à haute voix le cours de ses pensées, c'est que nous réussissions à ramener la population sur ce marché... En tout cas, on va essayer de tout faire pour ça !

Le Lorrain ne saisit pas très bien les intentions de son chef de section. Ce n'est qu'au retour de la reconnaissance qu'il comprend où l'officier veut en venir.

— Nous avons reçu des ordres de pacification à outrance, lui confie en effet ce dernier, vous vous chargerez des servitudes militaires du poste : ravitaillement, discipline, tours de garde et patrouilles, et moi je vais m'occuper des contacts avec la population...

Le Lorrain trouve équitable le partage des tâches. « Pour ce qui est du ravitaillement, se dit-il après avoir quitté le chef de section, ça ne va pas être très facile... Heureusement que le caporal Brouillard réussirait à nourrir un troupeau de vaches dans le désert... »

L'ancien Corsaire ne se trompe pas. L'ordinaire ne pose pas trop de problèmes. Un tirailleur musulman confectionne à la demande du pain sans levain et en galettes comme il a appris à le faire dans son douar du Constantinois. Mais pour ce qui est de la viande, les tirailleurs doivent chercher leur provende dans les environs de Ba Vat. Les partisans légués par la section du 3e R.E.I., une fois apprivoisés, apprennent à leurs nouveaux compagnons d'isolement à puiser dans les richesses naturelles de la forêt qui borde le rach. Les liserons d'eau, les pastèques, des salades sauvages et des racines améliorent chaque jour les plats de riz et de haricots. Et, lorsque le stock de viande amené de Bentre est dévoré, ils pêchent aux rives du rach libéré à marée basse des crabes et des langoustines d'eau saumâtres.

— Les partisans disent qu'il y a un troupeau de buffles abandonné dans une rizière pas très loin du poste, apprend bientôt l'interprète à Péréra, il faut aller en tuer un...

Une patrouille guidée par les Cochinchinois découvre facilement les animaux aux cornes larges et basses.

— On a de la viande au moins pour dix jours, apprécie le chef de poste lorsque les tirailleurs ramènent à la pagode les quartiers de viande sanguinolents qu'ils ont découpés à la machette. C'est une bonne chose...

Des pluies de plus en plus violentes s'abattent sur Ba Vat. Les tirailleurs profitent de leurs trombes tièdes pour se laver car ils répugnent à se tremper dans l'eau trouble du rach. Le soleil, entre deux ondées, détrempe les abords essartés de la forêt qui cerne les arrières de la pagode et rend luisantes les boues de l'arroyo.

Quelques formes vêtues de ké kouans marron et coiffées de cônes de paille de riz reviennent hanter la place du marché. Elles sont escortées de gosses au torse nu, et chargées de panières de légumes et de poissons secs, de couples de poulets et de canards. L'aspirant Bouette jubile.

— C'est bon signe, fait-il remarquer à son adjoint, vous verrez que Ba Vat va renaître ; le marché, c'est l'âme d'un village ! Il faudrait maintenant retrouver les notables qui ont fui...

Les vendeuses sont chaque jour un peu plus nombreuses. Un semblant de vie anime les ruines du bourg.

— Il ne manque plus que les Viêts, remarque le Lorrain en traînant avec quelques tirailleurs barbus au milieu de groupes de nha qués de moins en moins effarouchés. On est tout de même là pour faire la guerre...

L'ancien adjoint de la 3e compagnie obtient l'autorisation de risquer une liaison avec Giong Khéo, qui n'est qu'à six kilomètres de Ba Vat. Le capitaine Lerest apprécie l'initiative et décide que le mouvement se reproduira une fois par semaine, en empruntant chaque fois un itinéraire différent.

Les rebelles se manifestent deux jours plus tard. Ils viennent tirer quelques coups de feu sur les défenses de la pagode, reçoivent des rafales en réponse et n'insistent pas. Péréra patrouille le lendemain dans la cocoteraie d'où ont jailli les tirs sans dommages, fait ouvrir le feu sur un groupe de suspects, en abat un et ramène un prisonnier au poste. Le captif rejoint le Viêt-minh remis sur pied par le régime de suralimentation du caporal-chef Ronflet.

Un L.C.M. armé par des légionnaires vient à Ba Vat le 25 mai pour ravitailler la pagode. Le patron de l'engin prêté à la Légion par la Marine est un colosse jovial qui est obligé de rester au poste pour la nuit à cause de la marée descendante.

— Je ne suis pas venu les mains vides, annonce-t-il d'une voix joyeuse après avoir fait débarquer ses équipiers, j'ai de quoi payer le loyer...

Le légionnaire brandit dans ses énormes mains deux bouteilles de pastis amenées en surplus des quelques flacons d'anis commandés par le Lorrain à Giong Khéo. La nuit est animée. Les bouteilles sont vides lorsque les gradés de l'aspirant Bouette saluent à l'aube le départ du L.C.M. « C'était du pastis frelaté, enrage Péréra, les entrailles soudain dévorées par une crise de dysenterie, j'ai l'air fin maintenant... »

Le Lorrain se vide comme une outre gonflée de sang plusieurs fois par heure. La crise de coliques le torture pendant quatre jours. Il est à bout de forces et ses compagnons de beuverie ne valent pas mieux.

— Chef, propose l'interprète qui s'est rendu compte de l'embarras des gradés européens du poste, les partisans peuvent vous guérir...

Le Lorrain accepte les soins étranges en se disant que rien ne peut être pire que ce qu'il endure. Il avale avec répugnance une infecte décoction d'herbes amères, et se réveille ragaillardi dès le lendemain de son absorption.

— En pleine forme pour reprendre les reconnaissances ! se réjouit-il en proposant à Bouette de monter une patrouille.

Les tirailleurs ne rencontrent que le vide devant eux. Les Viêts-minhs invisibles viennent une nouvelle fois harceler Ba Vat à la tombée de la nuit. Ils font voler en éclats quelques tuiles de la pagode.

Ils sont encore là le lendemain. Une voix acide et amplifiée par un mégaphone ordonne aux tirailleurs de se rendre, en les menaçant des pires sévices s'ils persistent à se comporter en valets des colonialistes. Péréra fait tirer quelques coups de bazooka pour toute réponse. Les nuits suivantes s'écoulent sans alerte.

— On dirait bien qu'ils ont compris la leçon, se réjouit l'adjoint de section en achevant l'inspection de ses postes de veille après trois jours de calme.

Ronflet, qui a fait la ronde avec son chef, est du même avis. Les deux hommes s'allongent sous leurs moustiquaires. Ils sont vite tirés du sommeil par des rafales nerveuses.

— Chef, les Viêts sont revenus, hurle le caporal Houamed, un vétéran de la campagne d'Italie, Alfaoui est blessé...

La riposte des occupants de la pagode est si dure que les rebelles refluent au large dans la cocoteraie. Le tirailleur blessé est amené dans la pagode. Il a la cuisse fracassée et ses intestins s'échappent de son ventre déchiré. Il râle en roulant des yeux fous pendant que Ronflet évalue les dégâts de sa blessure. L'aspirant Bouette demeure muet à deux mètres de l'Algérien martyrisé et, comprenant qu'il est mort, s'éloigne la mine sombre.

Les Algériens sont atterrés. Pas un d'entre eux, même parmi ceux qui ont plus de cent fois vu des morts par balle en Italie, ne se propose pour aider les Européens à préparer Alfaoui pour la sépulture.

Péréra, Marcillac et Ronflet allongent le premier tué de Ba Vat dans une pièce déserte. Ronflet nettoie soigneusement les horribles souillures de l'éventré pendant que ses compagnons allument des bougies pour la veillée funèbre.

— On l'enterrera demain dans un drap blanc selon le rite musulman, vient annoncer l'aspirant Bouette à ses gradés aux mains tachées de sang, allez vous reposer...

Péréra ne retrouve pas le sommeil. Un hurlement de dément, suivi d'une cavalcade, le ramène dans la cour de la pagode.

— Qu'est-ce qui se passe ? demande-t-il au premier tirailleur qu'il rencontre.

— C'est un gars qui est devenu maboul, lui répond l'Algérien en suivant d'un regard inquiet un de ses compagnons qui court en tous sens en poussant des cris de porc égorgé. Il a vu le fantôme d'Alfaoui…

L'homme affolé est difficilement maîtrisé par quatre tirailleurs. Le caporal Houamed, le marabout de la compagnie, lui murmure des paroles d'apaisement. Péréra se recouche. « Cette fois, s'encourage-t-il en fermant les yeux, je vais peut-être pouvoir dormir pour de bon… »

Les tirailleurs enterrent Alfaoui avec les honneurs de la guerre dans une sépulture creusée à l'orée de la cocoteraie proche du poste. Houamed chantonne quelques versets du Coran.

Le ramadan, qui doit durer quarante jours, commence aux premiers jours de juin, qui est le neuvième mois de l'année coranique. Tous les Algériens demandent à respecter le jeûne, mis à part quelques vétérans d'Italie.

— Ça va poser de sacrés problèmes, commente Péréra à l'adresse de son chef de section, le ramadan est facile à suivre dans une caserne en temps de paix, mais ici… au bout du monde…

L'officier est très conscient du problème, mais il ne peut refuser à ses hommes le droit de se conduire en soldats d'Allâh.

— C'est d'accord, annonce-t-il au caporal Houamed, mais il faut tout de même assurer le service…

Les tirailleurs ne prennent plus aucune nourriture ni boisson pendant les heures de jour. Ils font leurs prières dès le coucher du soleil, mangent la nuit, et s'abstiennent de fumer. Péréra ne ralentit pas pour autant le rythme des sorties au large de la pagode. Quelques tirailleurs des plus jeunes de la section, fatigués par les noubas de chaque nuit, abandonnent le rite de privations au bout d'une semaine. Leur marabout se fâche, les menace de représailles, mais ne parvient pas à les faire revenir sur leur décision sacrilège.

Péréra s'entend héler quelques jours après la colère du marabout. Le poste est silencieux, tous ses habitants qui ne sont pas de veille, gradés compris, font la sieste. Le soleil tape dur. Il ne pleut plus depuis le matin. L'homme qui a attiré l'attention du Lorrain crie à nouveau.

— Regarde en bas, chef, conseille-t-il, là, dans le fossé…

Le sergent-chef suit l'indication du bras du jeune tirailleur qui ne respecte plus le ramadan, et éclate de rire en découvrant le caporal Houamed qui, allongé sur le dos, les mains croisées sous la nuque, fume voluptueusement une cigarette.

— Le vieux roublard, s'amuse l'adjoint de section, il se fout de tout le monde avec son intransigeance religieuse… Je vais lui faire la morale !

Le marabout surpris dans le péché balbutie de pauvres excuses.

— C'est le tabac, chef, plaide-t-il, c'est plus fort que tout…

Péréra n'attache pas plus d'importance à l'incident et il ne fait rien pour ébruiter le manquement au Coran.

Plusieurs L.C.M. remontent le rach pour débarquer à Ba Vat un groupement opérationnel mis aux ordres du capitaine Chevalier. L'ancienne compagnie de Péréra, deux compagnies de gardes indochinois et deux pièces d'artillerie du 10e R.A.C. prennent position autour de la pagode fortifiée. Le capitaine Lerest est là, avec la section de l'adjudant-chef Benarfa. Le Lorrain reçoit l'ordre de préparer ses hommes à se mêler à l'opération.

— Un Viêt déserteur nous a signalé la présence d'une bande d'au moins trois cents rebelles dans le village de Than Phu Taï, explique le capitaine Chevalier à l'aspirant Bouette et à son adjoint.

L'ancien Corsaire fronce ses sourcils blonds. Il sait que Than Phu Taï n'est qu'à deux kilomètres à vol d'oiseau de la pagode.

— Ils allaient sans doute nous tomber dessus, estime-t-il à la nouvelle, on a eu du pot que le déserteur bavarde...

Les deux pièces de 155 se mettent en batterie à proximité du poste, ainsi que l'élément de transmissions du P.C. de l'opération. La pagode est confiée à la garde du sergent Marcillac et de quelques tirailleurs malades.

— On marche en tête, annonce l'aspirant Bouette à son adjoint lorsque le chef de bataillon lance la manœuvre. C'est normal : nous connaissons bien le secteur...

Péréra donne le signal du départ. Les tirailleurs traversent des arroyos sur d'étroits ponts de singe ou de simples troncs d'arbres qu'ils franchissent à la course comme ils ont appris à le faire au cours de leurs fréquentes sorties.

— Ils ont fait de sérieux progrès depuis notre première opération, prend le temps de constater l'ancien maquisard après plus de trois kilomètres parcourus à bonne allure, on dirait qu'ils sont chez eux...

Than Phu Taï s'offre bientôt aux regards des éclaireurs. La compagnie d'appui dépasse les tirailleurs de Ba Vat qu'un ordre du capitaine Chevalier a figés. Le sifflement des deux premiers obus d'une salve de vingt coups fait lever les têtes des fantassins en chapeaux de brousse. Les échos roulants du tir de préparation s'infiltrent entre les arbres de la forêt dans laquelle se sont enfoncés les tirailleurs. La compagnie du capitaine Vincent se lance à l'assaut de Than Phu Taï. Le Lorrain suit l'avance de ses ex-compagnons à la jumelle. Le village est vide, regrette-t-il lorsque ces derniers pénètrent entre les paillotes sans recevoir un coup de feu, les Viêts ont dû entendre les moteurs de L.C.M., c'est foutu...

Le capitaine Chevalier décide de poursuivre la traque au-delà du village désert, dans lequel ses hommes n'ont découvert que quelques indices du passage des rebelles, des musettes de paperasses viêts-minhs et des tracts étoilés de rouge. Des groupes de bo doîs armés se faufilent au large de la manœuvre dans un dédale de boqueteaux, au-delà d'une platitude de rizières. L'artillerie donne à nouveau. Les fantassins des deux compagnies indochinoises se lancent vers les explosions en s'étirant sur des diguettes. La bande trahie par le Viêt-minh déserteur ne peut être rattrapée. Le patron de l'opération rameute ses éléments vers Ba Vat, en leur donnant l'ordre de fouiller le terrain à rebrousse-poil. Les tirailleurs capturent quelques suspects désarmés dans des caches et les ramènent entravés au bord du rach.

Le légionnaire bâti en hercule qui commande un des L.C.M. a profité de l'opération pour amener le ravitaillement de la section Bouette. Il a une fois encore ajouté deux bouteilles de pastis à l'intention de ses nouveaux amis. « Cette fois, se promet le Lorrain lorsque s'éloignent les engins de débarquement, pas question de tout boire en une nuit. Avec les Viêts qui rôdent par ici, on a besoin de toutes nos forces... »

Les rebelles harcèlent une nouvelle fois la pagode au soir de la manœuvre. Péréra monte deux embuscades à la fin du jour suivant. Le groupe de bo doîs vient donner tout droit devant ses pièges invisibles.

— On ne tire qu'à bout portant, souffle l'adjoint de section à ses tirailleurs, il ne faut pas les rater...

Les rebelles, sûrs de leur fait, approchent encore. Ils sont vite à moins de cinquante mètres des armes françaises.

— Venez, mes jolis, chuchote l'ancien maquisard. Tout doux... Approchez encore un peu...

Un coup de fusil perce le silence. Les bo doîs figent leur avance tranquille, puis rebroussent chemin à la course, poursuivis par les tirs de l'embuscade éventée.

— On les tenait, nom de Dieu ! enrage le Lorrain en donnant l'ordre de regagner la pagode, quelle connerie ! Et c'est même pas la peine d'essayer de savoir qui a tiré le premier...

Le sergent Marcillac part à son tour en patrouille en fin de matinée, le lendemain du coup raté. Il ramène un prisonnier au poste. L'interprète et les partisans le pressent de questions, en appuyant chacune d'elles par des coups et des torsions raffinés. L'homme leur tient tête et réussit à leur fausser compagnie alors que deux tirailleurs le menaient à la mort à l'orée de la forêt.

— Je ne comprends vraiment rien à ce pays, reconnaît le Lorrain après avoir copieusement engueulé les gardes, les Viêts bougent de plus en plus dans le secteur, pourtant il y a de plus en plus de monde au marché du village... C'est curieux...

Ba Vat s'anime chaque matin vers sept heures, et regorge de marchandises étalées. Les Chinois ont rouvert leurs échoppes. L'aspirant

Bouette pavoise, bien qu'il n'ait pu retrouver de notables autrement que morts et flottant sur le rach au gré des marées.

— Chef, venez voir ! hurle un tirailleur qui, surmontant sa répugnance naturelle, se débarbouillait dans l'eau sale du cours d'eau, il y a une femme morte...

Le Lorrain court au ras des défenses de bambous de la pagode et demeure figé devant le spectacle d'une Indochinoise flottant sur le dos.

— Les salauds, gronde-t-il, ils lui ont coupé les seins...

Les larges plaies rondes qui marquent sur le corps nu l'emplacement de ses seins ne saignent pas.

— Il y a longtemps qu'elle est dans la flotte, estime le sous-officier qui a été rejoint par la majorité des tirailleurs, c'est vraiment trop dégueulasse...

Des musulmans rient aux éclats en lançant des plaisanteries obscènes pour exorciser l'horreur. La suppliciée, entraînée par le courant, s'éloigne vers le pont détruit.

— Ce sont les tueurs du comité d'assassinat qui mutilent comme ça, précise l'interprète eurasien en remontant au poste près du Lorrain, ils font ça pour terroriser les villageois...

Deux explosions toutes proches alertent les tirailleurs au lendemain matin de la macabre découverte.

— Ça vient du marché, estime l'adjoint de section en empoignant sa Sten, on dirait des grenades... Marcillac, on y va...

Les tirailleurs sont en moins de deux minutes sur la place du village. Un Algérien, qui était sorti du poste pour faire quelques emplettes, court vers son sergent-chef.

— Ils sont partis par là-bas, hurle-t-il, ils étaient deux...

Le Lorrain fait un signe à Marcillac et au caporal-chef Ronflet pour lancer la poursuite. Les tirailleurs se séparent en trois groupes et filent sur trois sentes. Péréra fouille l'église du village et ses abords immédiats. Un voltigeur découvre une musette. Son chef s'en empare, l'ouvre, et jette son contenu à terre en reconnaissant des tracts du Viêt-minh.

— On est sur la bonne piste, lance-t-il ensuite en relançant ses hommes à la course, il faut les retrouver pour les fusiller devant tout le village...

La petite patrouille parcourt au sprint plus d'un kilomètre. Son chef se rend compte que le jeu devient dangereux.

— Ils veulent nous attirer dans un piège, envisage-t-il, on rentre au village...

Les tirailleurs essoufflés font demi-tour après avoir fait jonction avec le groupe du sergent Zouiche.

— Chef, ils en ont un ! hurle soudain un voltigeur en montrant du doigt le groupe de Ronflet.

Le grand gradé blond traîne un prisonnier comme un chien en laisse.

— On l'a coincé dans un rideau de bambous, claironne-t-il, il portait une musette pleine de saloperies de tracts...

L'adjoint de section ramène son monde sur la place du marché désertée par tous les commerçants.

— Personne n'a été touché, apprend un caporal au Lorrain qui cherche en vain des traces de sang sur le sol jonché de légumes, c'est un miracle...

— Le salopard qui est là a sans doute lancé des grenades de fabrication locale, avance justement l'ancien maquisard, les nha qués ont eu de la chance...

Le prisonnier est confié à Mainguy et aux partisans. Ses cris de douleur vrillent de temps en temps les tympans des tirailleurs au long de deux journées d'horreur.

— Il a parlé, vient annoncer l'interprète à ses chefs, il est instituteur et chef du comité de propagande de Than Phu Taï... Il avait reçu la mission de tout faire pour saboter la pacification de Ba Vat, c'est pour ça qu'il a lancé les grenades...

Le terroriste est condamné à mort sans procès, et exécuté à la tombée du jour. L'aspirant Bouette ressent durement la désertion de Ba Vat. Il ne sort pratiquement plus de la pièce où il a installé son P.C. et son couchage, et ne s'adresse plus à ses gradés que pour des questions de service.

— Le salopard d'instituteur a tout de même gagné la partie, reconnaît le Lorrain en essayant de trouver le moyen de redonner le goût de vivre à son chef. Il ne nous reste plus qu'à faire la guerre, seulement la guerre !

18. DANS L'ENFER DE THAN PHU TAÏ

Ba Vat s'anime à nouveau peu de temps après l'exécution de l'instituteur viêt-minh de Than Phu Taï. Deux femmes osent braver les interdits révolutionnaires et viennent étaler leurs légumes sur des nattes de paille de riz. L'aspirant Bouette retrouve ses espoirs de pacification. Le capitaine Lerest vient en liaison de Giong Khéo. Lui aussi a des ennuis avec un comité d'assassinat. Le marché de son village demeure désespérément vide. Bouette, un Breton comme son commandant de compagnie, et qui avait pris l'éloignement des marchands comme un échec personnel, est tout à fait ragaillardi après la visite du capitaine. Il ordonne à

Péréra de tout faire pour protéger les petites colonnes de paysans chargés de palanquées qui trottent menu sur les diguettes de rizières et les sentes de cocoteraies pour amener à Ba Vat le produit de leurs jardins et basses-cours. De nombreux tirailleurs ont abandonné les contraintes du ramadan. Ils se régalent au marché renaissant de beignets de pâte frits dans de l'huile de noix de coco qu'ils accompagnent de citronnade tiède.

Les patrouilles lancées par le Lorrain, de nuit comme de jour, donnent quelques résultats. Deux Viêts-minhs sont abattus, et les tirailleurs fusillent un poseur de mines pris sur le fait alors qu'il allait piéger la piste de Ba Vat.

— On va abattre un buffle, décide Péréra au matin du 1er juillet 1947, après que le caporal-chef Brouillard l'a averti que la viande allait manquer au poste.

Les trois quarts de la section sont de l'expédition. L'aspirant définitivement requinqué accompagne ses hommes. Le poste demeure sous la garde de Marcillac et d'un groupe.

Le buffle sauvage est vite abattu. Les partisans l'éventrent, l'éviscèrent, et deux musulmans le découpent. D'énormes quartiers de viande sont chargés sur deux civières en bambou.

— On rentre, ordonne Péréra lorsque tout est prêt pour le retour.

Les voltigeurs du grand sergent Zouiche éclairent la colonne. Les porteurs de viande marchent juste derrière son groupe aux aguets. Ils sont suivis par les servants d'une pièce de mortier de 60 commandée par le caporal Boussicaut. Le groupe du sergent Tifka, diminué des porteurs, ferme la marche bien étalée et qui n'est bientôt plus qu'à un kilomètre de Ba Vat.

La progression tranquille frôle une cocoteraie sur sa droite et longe à gauche une rizière étroite, séparée d'une vaste étendue marécageuse par un rideau de bambous et de palétuviers. Un coup de feu éclate.

— Merde ! gronde le Lorrain, l'embuscade...

Des rafales, passant sur la gauche de l'avance et devant elle, suivent le signal de feu. Les tirailleurs plongent dans le fossé droit de la piste prise de flanc et de front.

— Il y a plusieurs mitrailleuses dans les palétuviers, apprécie calmement l'adjoint de l'aspirant Bouette, ce sont certainement les gars qui avaient été signalés dans Than Phu Taï...

Un tapis de balles se déroule en claquant sec au-dessus du fossé providentiel.

— Le mortier ! hurle le chef de section en hélant le Lorrain, mettez-le en batterie... Vite !

L'officier est bien loin de la pacification. Il resserre les deux groupes piégés en protection de l'arme à tir courbe. Les rebelles accompagnent leurs tirs de hurlements démentiels.

— *Thin toï*, reconnaît le Ranguevalois, ça veut dire « en avant »... Il vont foncer à la curée !

Les servants des fusils-mitrailleurs réagissent bien. Leurs rafales tiennent les Viêts-minhs au large. Le mortier de 60 est vite en position de tir. Péréra le tient à pleines mains, presque à la verticale et sans avoir pris le temps d'installer son dispositif de pointage.

— Vas-y, ordonne-t-il à Boussicaut, je suis prêt...

Le caporal-chef embouche son premier obus. Le projectile monte droit dans le ciel lourd de nuages. Les arêtes de la plaque de base du mortier s'enfoncent de quelques centimètres dans le sol mou.

— C'est bien calé, apprécie le Lorrain, lance tes pelots...

Boussicaut laisse tomber les obus de 60 à bon rythme sur le percuteur fixe de l'arme bien assise.

— Un Viêt ! hurle-t-il au bout de huit coups, attention...

Péréra lâche le tube pour empoigner sa Sten. Un bo doï en noir, pris en tenaille par des rafales tirées par l'aspirant Bouette et le sergent Tifka, s'écroule à trois mètres de la pièce de mortier. Le sergent-chef ne prend pas le temps de contempler le corps du Viêt animé de soubresauts de plus en plus faibles. Le mortier crache à nouveau des projectiles qui vont ravager la ligne de l'embuscade, à cent mètres de la piste. D'autres bo doïs se lancent au travers de la rizière. Ils viennent mourir en bout de course, à moins de vingt mètres des tirailleurs.

— Ils gueulent de plus en plus fort, reconnaît l'adjoint de Bouette dans le vacarme, il y en a un sacré paquet !

Le compagnon du sergent-chef, aux mains brûlées par le tube de mortier, engage le dernier des vingt obus de sa dotation transportée par ses servants.

— Y a plus de pelots, crie le Lorrain à son chef de section, va falloir bouger...

L'aspirant jette un rapide coup d'œil sur la ligne de ses tirailleurs qui, vieux briscards, ne tirent qu'à coup sûr.

— Trouvez une issue pour décrocher, ordonne-t-il ensuite à son adjoint.

L'ancien maquisard étudie le champ de bataille.

— Faut tourner le dos au poste, conclut-il à la fin de son examen et bien décidé à jouer de ruse avec les Viêts-minhs qui préparent l'assaut final. On tâchera de le rejoindre en mouvement tournant...

L'ancien Corsaire explique son intention de manœuvre par un mouvement du bras gauche et ordonne au sergent Tifka d'ouvrir le repli avec son groupe. Les tirailleurs hésitent à bondir sous le feu.

— Faut donner l'exemple, se résoud leur adjoint, à Dieu vat !

Et il jaillit du fossé après que les servants du mortier muet ont démonté et rebrêlé son tube chaud et sa plaque de base boueuse. Les Algériens s'enhardissent et se lancent à leur tour, dos courbé, sous la mitraille qui ne faiblit pas. La course folle du Lorrain les entraîne dans un marécage où ils enfoncent jusqu'à mi-cuisse au milieu de hautes herbes.

— On va les avoir, crie Péréra à Boussicaut, la nuit va bientôt tomber...

Un fort élément du parti viêt talonne les fuyards en tiraillant sur la piste et en hurlant des insultes aiguës. La nuit espérée s'abat sans transition sur le marécage.

— C'est à moitié gagné, jubile le Lorrain, ils ne nous auront plus !

Les deux partis ralentissent. Les tirs s'espacent, les balles rebelles passent de plus en plus haut sur les tirailleurs. L'aspirant Bouette rattrape son adjoint essoufflé.

— Bien joué, lui lance-t-il, maintenant il faut rejoindre le poste...

Le sergent-chef ne prend pas le temps de répondre à son chef et relance le repli. La colonne franchit à nouveau trois cents mètres de fouillis marécageux.

— Arrêtez, hurle soudain l'aspirant, Tifka est blessé !

Le sergent musulman, touché d'une balle dans l'épaule avant le décrochage, est à bout de résistance. Il est tombé dans la boue. Les rebelles se rapprochent à nouveau.

— Pas question de l'abandonner là ! rage le Lorrain en faisant signe à quatre Algériens d'empoigner leur gradé sans connaissance.

Les tirailleurs portent leur fardeau mou sans ménagement. Ils ralentissent à peine l'allure de la section. Dehène, un caporal musulman à longues jambes, court à côté de Péréra. Les deux hommes s'engagent dans une zone de plus en plus boueuse.

— On enfonce vachement, lance le Français à l'Algérien, on doit approcher d'un rach...

Les tirailleurs piétinent bientôt de larges feuilles de locs binhs, sortes de nénuphars géants déposés là par la marée descendante.

— On n'aura pas de mal à le traverser, se réjouit le Lorrain, ce doit être le cours d'eau qui passe devant le poste...

Les tirailleurs pataugent en ahanant avec de la boue jusqu'au ventre. Les porteurs de Tifka soulèvent leur fardeau à bout de bras pour éviter qu'il ne trempe dans l'eau sale.

— Nous n'avons plus qu'à suivre la rive du rach, avance l'ancien maquisard lorsque son chef vient faire avec lui le point de la situation. Les Viêts ne nous poursuivent plus...

L'aspirant décide de suivre le conseil de son adjoint. Les tirailleurs se coulent silencieusement à la lisière de la boue. Ils marchent ainsi pendant plus d'une heure en marquant quelques pauses pour mieux écouter les bruits de la nuit. Une lueur rouge danse bientôt devant Dehène et Péréra, à près de six cents mètres. Les deux hommes figent une nouvelle fois la progression de la section. L'aspirant braque ses jumelles sur le large halo.

— On dirait que le poste brûle, avance-t-il d'une voix lugubre, les Viêts l'ont enlevé…

Des murmures inquiets parcourent le groupe d'Algériens. L'ancien Corsaire refuse l'horrible.

— Ce n'est pas possible, rétorque-t-il à son chef, Ronflet et Marcillac n'ont pas pu se laisser avoir, même par surprise… Il faut aller voir d'un peu plus près !

Dehène et son chef partent seuls dans l'inconnu.

— Tout paraît calme, souffle le Français au musulman, et pourtant ça crame sec…

Les deux éclaireurs approchent encore du poste auréolé. Péréra se hisse souplement dans un arbre à tronc lisse et braque ses jumelles sur la pagode.

— Tout va bien, lance-t-il joyeusement, c'est Marcillac qui a dû allumer un feu au milieu de la cour pour nous guider… Brave gars !

L'adjoint de section, rasséréné, distingue nettement dans ses jumelles les silhouettes du sergent massif et le grand gabarit de Ronflet qui attisent le feu. Il saute à bas de son perchoir et refile vers ses hommes.

Les Algériens ont soudain des ailes. Ils parcourent à la course les dernières centaines de mètres qui les séparent du poste. Tifka a repris connaissance depuis une demi-heure et supporte sans se plaindre le transport inconfortable. La section harassée pénètre dans la pagode. Les flammes du brasier judicieusement allumé par Marcillac et Ronflet éclairent les faces maquillées de sang et de boue des tirailleurs titubant de fatigue.

— Manque quatre hommes à l'appel, apprend tristement Péréra à son chef, Zidane, Terai, Arkani et un partisan… On a perdu trois Mas 36 et un Mauser…

L'aspirant au visage torturé de lassitude, véritable paquet de boue, jure entre ses dents serrées. Une trombe d'eau s'abat sur les bords du rach. Les tirailleurs profitent du déluge pour se débarrasser des souillures de l'embuscade et de leurs courses infernales dans les marais. Le feu ne résiste pas aux cataractes de la mousson et s'éteint peu à peu en dégageant une épaisse fumée.

— Tout le monde aux créneaux, ordonne le Lorrain après avoir repris visage humain, les Viêts peuvent encore venir…

Le sergent-chef omet de préciser qu'il ne désespère pas de voir sortir de la nuit les tirailleurs manquants et le partisan armé d'un fusil allemand.

Le capitaine Lerest a été alerté à Giong Khéo par les échos roulants de l'embuscade. Il vient à l'aube à Ba Vat à la tête d'un fort élément.

— On ne pouvait pas venir de nuit, explique-t-il à Bouette lorsque celui-ci lui a fait le récit du combat de la veille, les Viêts ne nous auraient pas ratés... Menez-moi sur les lieux de l'embuscade...

Les tirailleurs de Ba Vat et ceux de Giong Khéo avancent prudemment vers la rizière bordée d'arbres après avoir traversé le marché à nouveau déserté, et laissé l'église du village sur leur droite.

— Voilà, explique l'aspirant à son chef, c'est là...

Le capitaine inspecte du regard la rizière barrée de langues de brume et le fouillis de bambous et de palétuviers dans lequel s'étaient embusqués les rebelles.

— Ratissez tout ça bien serré, ordonne-t-il ensuite à Bouette.

Péréra et ses compagnons découvrent, encore bien nettes malgré la pluie, des traces d'emplacements de mitrailleuses, des traînées de sang sur quelques troncs d'arbres, de nombreuses douilles de différents calibres et des trous d'hommes agencés pour l'embuscade. La fouille investit ensuite prudemment la large piste qu'ont empruntée les rebelles lancés en poursuite. Un tirailleur ramasse un chargeur de Bren et deux chargeurs de Sten. Un autre tombe soudain en arrêt devant un cadavre entièrement nu.

— C'est Zidane, hurle-t-il à ses compagnons, c'est Zidane !

Le Lorrain dépasse les Algériens figés et se penche sur le corps gisant au travers de la piste en dérangeant un essaim de grosses mouches. Zidane a reçu une balle dans l'épaule gauche.

— Ce n'est pas ça qui a pu le tuer, reconnaît le sergent-chef tandis que ses voltigeurs s'éparpillent en défense. Ils l'ont achevé au coupe-coupe...

La boîte crânienne du mort bée comme une noix de coco coupée net. Le Lorrain détourne les yeux de la cervelle rosée qu'elle laisse voir. La reconnaissance fouille encore le terrain détrempé, par un soleil de plomb.

— Attention ! crie soudain un voltigeur en s'accroupissant à quelques mètres d'un taillis de bambous, ça bouge là-dedans...

Les tirailleurs, qui espèrent tous retrouver l'un des manquants en vie, ne tirent pas. Les bambous remuent à nouveau. Un bras vêtu de noir en sort, puis apparaît la tête ronde et boueuse d'un Asiatique.

— C'est notre partisan, se réjouit l'adjoint de la section endeuillée, c'est un miracle...

L'Indochinois s'extrait tout à fait de son abri végétal. Mainguy bondit vers lui.

— Il dit qu'il n'a pas compris la manœuvre quand vous êtes partis dans la direction opposée du poste, traduit-il rapidement, et il n'a pas bougé depuis...

Le partisan, marqué par sa nuit de terreur, semble ressusciter en se mêlant à ses compagnons retrouvés. Des tirailleurs confectionnent une civière de branchages, étendent dessus le corps de Zidane recouvert de chèches et le ramènent à Ba Vat à pas comptés, comme s'ils avaient peur de le faire encore souffrir.

Le capitaine Lerest prononce le lendemain un court éloge du tirailleur scalpé, qui n'avait pas encore vingt ans, et le caporal Houamed psalmodie ses prières. Le corps enroulé dans un linge de coton blanc disparaît vite sous un tumulus près de la tombe d'Alfaoui.

Les Algériens de Giong Khéo regagnent leur poste P.C. en emmenant le sergent Tifka et un second blessé, le deuxième classe Boudjena. Le capitaine Lerest promet à Bouette de tout faire pour obtenir l'autorisation de monter une nouvelle opération dans le secteur.

La manœuvre annoncée débute le 9 juillet. Le capitaine Chevalier commande un groupement formé de l'ancienne compagnie de Péréra, d'une compagnie du 3e R.E.I., d'un escadron de gardes indochinois et d'une section lourde équipée de mortiers de 81. Les unités sont regroupées au gros bourg de Bang Tra, où doivent les prendre des engins de la Marine qui les débarqueront pas loin de Ba Vat.

L'opération n'a pas le temps de parvenir à son but. Un millier de rebelles dotés de nombreuses armes automatiques se ruent à l'attaque de Bang Tra à l'aube du 10 juillet. Le combat brutal dure une heure au cours de laquelle la garde indochinoise cède sous l'incroyable pression des bo doîs, et se replie sur les campements de tirailleurs et de képis-blancs. Le capitaine Chevalier monte une contre-attaque. Les rebelles décrochent en abandonnant une trentaine de cadavres derrière eux.

— Les copains ont eu neuf tués et vingt-huit blessés, apprend à Péréra un de ses anciens compagnons des groupes du capitaine Vincent, venu à Ba Vat en liaison après les durs combats. Les Viêts en voulaient salement...

Le Lorrain apprend avec plaisir que des paperasses trouvées sur des rebelles abattus relatent l'embuscade du 1er juillet.

— Le chef de la bande qui vous a attaqués est un Eurasien qui s'appelle Roman, précise le tirailleur de Giong Khéo. Il a dû faire son autocritique devant ses chefs pour ne pas avoir réussi à vous foutre en l'air malgré ses cent quatre-vingts bonshommes et ses sept pièces de F.-M. et mitrailleuses...

L'ancien maquisard est aux anges. « Ça fait tout de même chaud au cœur d'apprendre qu'on ne s'est pas carapatés devant une poignée de guignols », se dit-il.

La liaison regagne Giong Khéo après que Péréra a encore appris que son ami Devet est au nombre des blessés de Bang Tra.

Les bandes du Viêt-minh se manifestent à nouveau après leur déroute du 10 juillet. Le L.C.M. de la Légion, qui a perdu la veille son chef de bord, blessé au dos par un ricochet de balle de 12,7, dépose le ravitaillement de Ba Vat au poste de Giong Khéo et rebrousse chemin pour éviter de tomber dans un piège des Viêts. Un élément de tirailleurs relaie à pied les vivres de la 3e section.

Le reste du mois de juillet 1947 passe dans une routine toute relative. Deux miliciens du Viêt-minh sont abattus au cours d'une patrouille vers Than Phu Taï, l'un par le caporal-chef Ronflet, et le second par un de ses tirailleurs.

Péréra mène deux groupes en raid dans la nuit du 6 août, avec l'intention de tirer vingt obus de mortier de 60 sur Than Phu Taï et demande, mission accomplie, l'autorisation de sortir à nouveau à la fin de la nuit suivante.

— Il faut absolument savoir ce qui se trame autour de nous, plaide-t-il pour enlever la décision, un de nos partisans prétend savoir où habite un des chefs rebelles de la région...

L'aspirant blond se fait expliquer le plan de son second, l'approuve et donne le feu vert pour le coup de main. L'ancien maquisard emmène avec lui Ronflet, Marcillac, deux des tirailleurs les plus anciens, l'interprète et les deux partisans armés de Mauser.

Le petit groupe se faufile hors du poste à la nuit, dans une tempête effroyable qui plaque des trombes d'eau sur la rizière. Le partisan qui a fourni le renseignement ouvre la marche du commando en empruntant des diguettes glissantes. Les rafales de gouttes d'eau fouettent les visages tendus des trois Français, des trois Asiatiques, et des deux Arabes.

— On ne voit pas à cinq mètres, se réjouit le chef de patrouille en avalant de l'eau tiède, les Viêts ne nous attendent certainement pas dans cette tourmente...

Les hommes dégoulinants de pluie luttent contre le vent qui ne rencontre aucun obstacle dans la rizière. Le partisan entraîne ses compagnons confiants sur une autre diguette pour éviter de passer tout près d'un groupe de paillotes. Des crapauds-buffles mêlent leurs coassements tremblotants au raffut de la tempête. La ligne sombre d'une forêt prend de plus en plus d'importance aux regards mouillés des huit fantômes silencieux.

— Il a vraiment l'air de savoir où il va, se réjouit le Lorrain lorsque le partisan pénètre sous les arbres, on va certainement coincer son Viêt...

Le sous-bois est plus silencieux que la rizière. Le vent ne pénètre pas profond entre ses troncs. Les hommes du commando progressent à un mètre l'un de l'autre, le doigt sur la queue de détente de leur arme. Ils mettent près de trois heures pour traverser le dédale des grands arbres.

— C'est là-bas, indique le guide de l'expédition à l'interprète eurasien en débouchant devant une rizière résonnant de coassements.

L'homme au Mauser indique la masse imprécise de quelques paillotes plantées au-dessus de l'étalement d'une petite bananeraie agitée par le vent mollissant.

— On est à trois cents mètres du but, apprécie le sergent-chef, on y va...

Le groupe sort de la forêt, s'engage sur une diguette et parvient sans encombre entre les sombres habitations. Le partisan se dirige directement vers celle qui est la plus importante.

— Viens avec moi, demande-t-il à son compagnon de race, il faut profiter de la surprise...

Les deux Indochinois se propulsent en trombe vers la paillote. Des lambeaux de lumière sourde s'évadent vers la boue lorsqu'ils éventrent sa porte à coups de pied. Aucun coup de feu ne se mêle au chant du vent.

— Continuez à veiller ici, ordonne le chef de patrouille aux deux Arabes transis, et couvrez-nous...

Et il entraîne Mainguy vers la paillote à la porte brisée pendant que Ronflet et Marcillac filent vers une autre cagna. Trois hommes en ké kouans noirs et menacés par les Mauser des partisans sont accroupis sur un bat-flanc. Une femme et un garçon d'une dizaine d'années sont serrés l'un contre l'autre, debout au fond de la pièce sombre.

— Attachez-les, ordonne le Lorrain aux partisans après avoir appris avec dépit que le chef rebelle ne fait pas partie du trio.

— Mais celle-là, indique le guide de l'expédition en s'adressant à Mainguy, c'est sa femme... Et le garçon, c'est son fils.

Le sergent-chef décide de ramener l'enfant et la femme à Ba Vat.

— Son bonhomme doit être en train de baratiner les nha qués d'un autre village, envisage-t-il, il sera surpris de trouver sa cahute vide... Il viendra peut-être rôder vers la pagode quand il apprendra que nous tenons sa petite famille...

Le commando, encombré de ses prises, se faufile à nouveau dans la tempête.

— Il y a du monde dans cette paillote, chuchote Mainguy lorsque le groupe frôle une des dernières habitations du village isolé. Il est peut-être là...

Deux nouveaux suspects sont extraits de la cagna et vite reliés aux trois premiers. La procession furtive est à Ba Vat juste avant l'aube. Les cinq prisonniers sont durement interrogés par les partisans et l'interprète. La femme et le gosse sont bien mieux traités par les tirailleurs, qui leur offrent du lait en boîte et quelques friandises.

Deux des prisonniers avouent être des tu vés et sont tout de suite passés par les armes. Les trois autres, très coopératifs après l'exécution, donnent une foule de renseignements concernant la vie du Viêt-minh et sont conduits à Giong Khéo sous bonne escorte. Péréra a appris, entre autres, que son tir de mortier sur Than Phu Taï a fait une vingtaine de victimes.

— Malheureusement, regrette-t-il tristement, des femmes et des gosses ont certainement dû souffrir dans l'affaire...

Un des prisonniers a aussi appris à ses tortionnaires qu'un des disparus de l'embuscade de Ba Vat est promené de village en village, enchaîné comme une bête fauve et humilié à chaque exhibition. Cette nouvelle a tempéré les regrets du Lorrain. « Les femmes et les gosses ne doivent pas être les derniers à tourmenter notre pauvre copain, s'est-il dit, il aurait mieux valu pour lui qu'il soit tué... »

Deux L.C.V.P. et un L.C.M. de la Marine viennent à Ba Vat le 9 août. Le capitaine Lerest annonce à l'aspirant Bouette que le poste doit être abandonné.

— Il faut tout emporter, précise le commandant de compagnie, même les mines antipersonnel...

Péréra reçoit la désagréable mission de récupérer les vingt mines Hawkins que les légionnaires ont semées dans le glacis gagné sur la forêt.

— Mais, souligne-t-il avant de se mettre au travail, les gars qu'on a relevés ne nous ont pas laissé de plan de pose... Ça va pas être une partie de plaisir...

L'ancien Corsaire désigne Marcillac et Ronflet pour l'aider à mener à bien la périlleuse récolte. Les trois hommes sondent à la baïonnette chaque pouce de terrain dans une moiteur insoutenable. Les tirailleurs massés à bonne distance du trio, silencieux et inquiets, épient les gestes lents de leurs gradés. Le torse nu du Lorrain est luisant de sueur.

— Toute cette flotte n'est pas due à la chaleur, reconnaît franchement le sous-officier en s'accordant deux minutes de répit, j'ai aussi une trouille d'enfer...

Le déminage, rendu difficile par la végétation qui a repoussé sur les essarts, s'achève dans la matinée du 10. Des cris de joie, poussés par les tirailleurs et les marins des engins, saluent la mise au jour de la vingtième mine. La section en partance se partage entre le L.C.V.P. et le L.C.M. Les mines neutralisées sont entassées dans un sampan que remorque le plus gros des engins de débarquement.

Le capitaine Lerest donne le signal du départ. La femme et le fils du chef rebelle sont libérés. Les quelques habitants de Ba Vat, les partisans et leurs familles sont du voyage, car ils savent que la mort les attend au départ des Français. Ils fixent intensément le décor de toute leur vie jusqu'à ce qu'il disparaisse derrière les engins. Le sampan est bientôt libéré de sa remorque. Le canon de 20 du L.C.M. le prend pour cible.

Une gerbe d'eau boueuse monte au-dessus du rach dans une formidable explosion. Des débris de l'embarcation pulvérisée retombent dans une pluie de gouttelettes.

— Ce coup de tonnerre va donner le signal du retour aux Viêts, se dit Péréra lorsque les échos de la déflagration s'éteignent au ras des eaux du rach. Ils seront certainement dès ce soir à Ba Vat, près des tombes d'Alfaoui et de Zidane... Je commençais pourtant à l'aimer bien, ce petit coin de terre du bout du monde...

19. L'HÉRITAGE DE SANG

Le convoi fluvial débarque les tirailleurs à Bentre. L'implantation militaire de la région est en plein chambardement. Le 3e R.E.I. doit partir au Tonkin à la fin de septembre. Le secteur de Bentre est dissous. Il devient un sous-secteur qui est rattaché au secteur de My Tho commandé par le colonel Noblet, le patron du 10e régiment d'artillerie coloniale.

La compagnie Lerest est menée en camions à My Long, une petite ville animée située à une vingtaine de kilomètres au sud-est de Bentre, sur la route de Ba Tri. Des mouvements de gradés sont décidés dès que les sections sont installées dans leurs cantonnements provisoires, qu'elles devront quitter au départ du 3e R.E.I. pour remonter à Bentre. Le sergent Marcillac est muté à la compagnie des services à la demande du lieutenant Candelier, un grand officier sportif au visage tout en longueur et au nez aquilin, qui a reçu l'ordre de monter un commando de partisans.

— Boussicaut et Brouillard nous quittent aussi, annonce le Lorrain à Ronflet qui vient de passer sergent, on reste tous les deux avec nos Algériens...

Les tirailleurs oublient vite la dure vie de poste. Péréra retrouve un semblant d'existence normale en traînant pendant deux jours dans la ville. Le marché de My Long est noir de monde. Des filles à longue natte noire, amples tuniques de soie et pantalons blancs pépient au passage des soldats. Des gosses à demi nus vivent dans le monde de leurs jeux, complètement étrangers à la rumeur mercantile des grands. Le bar-bordel de la Légion ne désemplit pas. La tomate, Pernod-grenadine, y est la boisson à la mode.

— Ça serait mieux avec de l'eau potable, regrette le Lorrain qui n'est pas le dernier à oublier la guerre dans le boui-boui, on finira bien par attraper la rage à force de boire n'importe quoi...

Les patrouilles reprennent dès le 12 août. Deux tirailleurs de l'ancien maquisard capturent un guetteur rebelle dans une énorme touffe de joncs. L'homme tente de s'évader sur le chemin de My Long et disparaît dans un bois de palétuviers qui borde un arroyo. Les deux groupes de la patrouille se mettent en ligne et courent sur les brisées du fuyard.

— Ne tirez pas, hurle leur chef, bien décidé à obtenir des renseignements, il me le faut vivant !

Un coup de feu éclate sur la droite du ratissage.

— Merde ! râle le sergent-chef, ils vont me le tuer...

Et il court vers l'endroit où se regroupent déjà quelques tirailleurs. Un deuxième coup de fusil claque sous les palétuviers. Le prisonnier gît sur le dos. Il est agité de soubresauts et a la tête complètement éclatée.

— Pour les renseignements, je repasserai ! rage le Lorrain en ramenant son monde sur la route de My Long.

Péréra et ses compagnons grenouillent dans la région jusqu'au 1er septembre 1947 et remontent le lendemain à Bentre après avoir été relevés par une unité de partisans. Le Lorrain découvre un peu mieux Bentre, qui grouille de vingt mille habitants. Ses rues principales sont bordées de maisons de style colonial, le commerce y est prospère dans ses magasins et sur ses marchés à tous vents. Les services civils, postes, électricité et ponts et chaussées, fonctionnent presque comme en temps de paix. Des gendarmes tiennent leurs postes comme dans toutes les villes de France. L'église est pleine à tous les offices. Le palais du gouverneur de province est intact, et les écoles sont pleines de gosses.

— Tout a l'air franc, par ici, confie à Ronflet l'ancien maquisard qui vient d'être cité à l'ordre de la division. Tu trouves pas ?

Le nouveau sergent hausse ses larges épaules.

— Inch'Allâh, comme disent les ouailles d'Houamed, lance-t-il pour toute réponse à son chef, qu'il dépasse d'une bonne tête.

Deux grenades, lancées par des agents viêts, explosent sur le marché le lendemain de l'arrivée de la compagnie Lerest. Péréra apprend ensuite que le légionnaire du L.C.M. a été poignardé pendant son sommeil par l'Indochinoise avec qui il s'était mis en ménage. « Drôle de mort tout de même, pour un colosse comme lui ! songe le Lorrain en repensant au sous-officier italien qui avait été de tous les coups durs en Europe, pourvu qu'on retrouve bientôt sa salope de congaï... »

La division navale d'assaut, Dinassaut 2, commandée par le capitaine de corvette Simonot, arrive en renfort à Bentre avec un L.C.I, un L.C.M., une vedette rapide bien armée et quatre L.C.V.P. L'officier de marine commande aussi une compagnie détachée du 4e régiment de tirailleurs marocains.

— Avec tout ça, se réjouit l'adjoint de Bouette lorsque retombe l'animation des amarrages de la flottille, le père Chevalier va sûrement pouvoir faire du beau travail...

Le travail espéré commence dès le lendemain. Le renfort marocain et les Algériens ratissent l'île de Minh dans le secteur de Ba Tri, qui est toujours tenu par la compagnie Vincent. Les bandes viêts-minhs ont bien sûr essaimé plus au large bien avant le débarquement, et seuls les Marocains font du butin. Ils accrochent quelques rebelles traînards, en tuent une dizaine et récupèrent quatre fusils et des grenades dans une cache.

Les tirailleurs chérifiens s'installent au retour de l'opération dans des bâtiments en dur à moins de cent mètres du cantonnement du capitaine Lerest. Des rebelles viennent tirer dès la nuit quelques coups de feu sur les nouveaux arrivés. Ces derniers ripostent de toutes leurs pièces placées en veille.

— Ils ne sont pas radins, s'amuse Péréra, éveillé par les rafales, ils se croient à Verdun, les copains... Ils mettent vraiment le paquet !

Des balles claquent contre les bâtiments de plain-pied occupés par les Algériens.

— Mais, nom de Dieu ! finit par s'inquiéter le sergent-chef en se dirigeant vers un de ses postes de guet, ils vont finir par nous foutre des gars en l'air...

Le tir ami s'enrage encore. Les Algériens de garde à la 3e section se tapissent derrière leurs défenses de sacs de terre. Leur chef se rend compte qu'ils ne risquent rien et retourne s'allonger sur son lit de camp. Les Marocains ne tirent bientôt plus.

— Les cons ! gronde le Lorrain en apprenant à l'aube que deux balles amies ont fait mouche, ils nous ont blessé deux gars de la 2e section...

La Dinassaut 2 repique sur l'île de Minh quelques jours après la première opération. Les Algériens sont débarqués dans le secteur de Giong Khéo. Péréra mène sa section au poste de Ba Vat. La pagode est rasée et le village est désert. « On aurait dû laisser les mines en place, regrette le sergent-chef, il y a bien quelques Viêts qui se seraient fait péter la gueule... Tout de même : mon pauvre poste ! »

Les ratissages convergent vers les barges de la Dinassaut en fin d'après-midi. Quelques tirailleurs du Lorrain sont encombrés de ravitaillement ramassé dans les derniers villages fouillés. L'un d'eux aborde son adjoint de section à quelques centaines de mètres du rach où attendent les marins.

— Regarde, chef, lui demande-t-il, le sergent Ronflet me fait porter l'*alouf... machi m'ler...*

Le Lorrain sourit en découvrant le porcelet à poils noirs qui subit les pattes entravées le transport à dos d'homme.

— Mais non, Haddad, lance-t-il pour encourager le musulman, c'est pas mauvais, le cochon...

La compagnie Lerest embarque bientôt dans un L.C.M. qui est le dernier à partir. La cale de l'engin est copieusement encombrée par un chargement de riz que les marins ont récupéré sur un convoi de sampans rebelles. Seules les 1re et 2e sections réussissent à s'y caser.

— Installez vos gars sur les bords du rafiot, ordonne l'aspirant Bouette en renonçant à serrer plus encore ses hommes dans la cuve, et faites-les asseoir...

Les hélices de l'engin surchargé brassent la boue du rach.

— On va pas pouvoir décoller du bord, craint le Lorrain dans les enragements des moteurs, va falloir foutre du riz à la flotte...

Le patron de la barge lance ses moteurs à toute puissance. Le fond et les bords du L.C.M. tremblent de plus en plus fort. Le rach s'empuantit d'une lourde odeur de gasoil consumé. L'engin à fond plat commence à culer dans des tourbillons sales.

— Ouf ! souffle Péréra, on a mis du temps à foutre le camp, les autres sont déjà loin... Gare à l'embuscade !

Les marins qui arment une pièce de 12,7 et les tirailleurs installés jambes ballantes au-dessus du courant scrutent le rideau de palétuviers qui borde le rach. Le L.C.M. s'engage dans les eaux du Mékong, le Lorrain se détend.

— Maintenant on ne risque plus rien, se dit-il, le fleuve est bien trop large...

La nuit tombe sur la file indienne de la Dinassaut. Des tirailleurs, lassés par leurs courses vaines dans la rizière et les cocoteraies de l'île de Minh, commencent à somnoler.

— Attention, conseille l'aspirant Bouette à son adjoint, ne les laissez pas s'endormir, ils risquent de tomber par-dessus bord...

Le Lorrain fait passer la consigne mais, bercé par le ronronnement lancinant des moteurs, finit lui-même par sombrer dans le sommeil sur le château arrière du L.C.M. La sensation d'un changement de direction et des éclats de voix le tirent de sa lourde somnolence.

— Un gars est tombé à la flotte, entend-il dans une sorte d'ivresse cotonneuse.

Et il se rendort pour ne se réveiller qu'à l'aube. Le convoi a pénétré dans le rach de Bentre. Les tirailleurs s'agitent. Les pontons du port bondé de jonques et de sampans sont atteints. La compagnie Lerest débarque.

— Faites rapidement l'appel, ordonne le capitaine, et on file au cantonnement...

Les gradés comptent leurs hommes sans prendre le temps de les aligner. L'un d'entre eux porte deux fusils Mas 36.

— Manque un gars, annonce le sergent Ronflet d'une voix lugubre.

— Qui ? questionne Péréra en se souvenant de son bref éveil de la nuit.

Le grand sergent aux yeux bleus semble hésiter un instant, grimace, et lâche sourdement :

— Haddad !

Le Lorrain semble entendre l'écho de la voix inquiète du disparu :

— *Alouf... machi m'ler...*

Le sergent Zouiche, qui a pris le fusil du manquant, s'approche des deux gradés européens, la mine sombre.

— C'est un mauvais présage, souffle-t-il à l'oreille du Lorrain, c'est vraiment pas bon signe...

Les 1re et 2e sections de la compagnie Lerest sont désignées pour escorter le chef de province de Bentre qui doit se rendre à Ba Tri pour y installer un chef de canton. Elles se rassemblent en tenues de sortie, au matin du 21 septembre, auprès de deux sections de la garde indochinoise.

Le convoi se forme vite. Péréra fait embarquer le groupe du sergent Ronflet dans le premier véhicule, un Dodge déglingué qui a fait la campagne de Birmanie. Le sergent Tifka, bien remis de sa blessure de Ba Vat, s'installe avec ses tirailleurs dans le deuxième véhicule et les Algériens de Zouiche occupent le troisième camion. Le chef de province occupe une jeep avec le capitaine Chevalier. Et le futur chef de canton de Ba Tri prend place dans une autre Willys avec le capitaine Lerest. Une pièce de 105 tractée s'insère dans le convoi derrière les autorités, entre deux camions chargés par la section de l'adjudant-chef Benarfa. Les gardes indochinois ferment la marche, répartis dans trois G.M.C.

— En route, vient ordonner à 10 h 30 l'aspirant Bouette à Péréra qui s'est installé près du chauffeur du premier Dodge, et ouvrez l'œil... Ce n'est tout de même pas une promenade de santé...

Le vieux camion démarre. L'aspirant monte dans la cabine de son G.M.C, attend que le groupe Ronflet se soit éloigné de cent cinquante mètres et fait signe à son chauffeur de démarrer à son tour. Les véhicules du convoi s'étirent bientôt sur plus de quinze cents mètres. Péréra engage la conversation avec le conducteur de son camion.

— Vous êtes de l'Est, reconnaît ce dernier en appréciant l'accent légèrement traînant du sergent-chef. Moi je suis de Florange, en Moselle, et je m'appelle Seller...

L'ancien maquisard se fend d'un large sourire.

— Et moi de Ranguevaux, s'empresse-t-il de répondre, c'est pas banal...

Les deux Lorrains parlent du pays. Le moteur du Dodge hurle aux fréquents changements de régime que lui impose son chauffeur pour franchir les nombreuses coupures de sabotage sommairement rebouchées. La cabine du camion bringuebalé n'est que bruits de ferraille. Les deux Lorrains sont obligés de crier pour échanger leurs souvenirs.

Le Dodge s'enfonce entre les hauts troncs d'une cocoteraie, entame une côte en grondant un peu plus et s'engage sur un pont qui enjambe un large rach en épingle à cheveux. Des coups, soudain frappés sur le toit du vieux camion, ajoutent encore au vacarme.

— Qu'est-ce qu'ils veulent, là-haut, se demande l'adjoint de Bouette, je n'entends rien du tout...

Les coups redoublent. La voix de Ronflet réussit à percer le vacarme.

— Les Viêts ! hurle-t-il, ils nous tirent dessus...

Le Lorrain jette un coup d'œil sur le site.

— Fonce, ordonne-t-il au chauffeur du Dodge, on ne peut pas s'arrêter sur le pont...

Le véhicule est vite sur l'autre rive du rach et stoppe net dans des miaulements de freins. Les tirailleurs sautent dans les fossés en quelques secondes. Ronflet avec sa pièce de fusil-mitrailleur à gauche du camion, Péréra et ses voltigeurs armés de Mas 36 et de Sten sur sa droite. Le pont est balayé de longues rafales. Le deuxième camion du convoi piégé s'est immobilisé sous les derniers arbres de la cocoteraie. Des clameurs enragées se mêlent aux déchaînements des armes des deux partis. L'adjoint de Bouette étudie rapidement la situation.

— Les bras repliés du rach sont parallèles à la route, constate-t-il très calmement après s'être assuré qu'aucun de ses hommes n'a souffert des premiers feux de l'embuscade. On ne risque donc rien de ce côté-là... Le danger ne peut venir que de l'autre côté du pont...

Et il remonte sur la route, bien décidé à organiser son groupe pour essayer de contre-attaquer.

— Ronflet ! hurle-t-il une fois parvenu en rampant près du camion, mets ta pièce en batterie pour les empêcher de passer le pont...

Le grand sergent blond, tête nue, se redresse de l'autre côté de la route.

— On se bat en tenue de sortie, crie-t-il en souriant franchement, comme les Cyrards à Charleroi... Manque vraiment que les gants blancs...

Le pont est pris sous des rafales précises de fusil-mitrailleur qui interdisent à un groupe de bo doîs de foncer à la curée vers le Dodge.

— Les mitrailleuses viêts sont dans la bande de bananiers qui longe la cocoteraie, se rend compte le Lorrain, on va leur balancer nos grenades sur le coin de la gueule...

Les tirailleurs lancent quelques grenades au-delà du pont, dans le fossé séparant la route de la cocoteraie. Des bo doîs s'en échappent et traversent la bananeraie en hurlant pour gagner l'abri des cocotiers.

Péréra rampe jusque sous son Dodge pour essayer de distinguer le camion de Bouette.

— Je ne le vois pas, rage-t-il, il est en plein dans le virage...

D'autres rebelles en noir approchent du pont. Le 24/29 ne tire plus.

— Ronflet ! hurle à nouveau le Lorrain, le F.-M., nom de Dieu...

Le chef de groupe tire lui-même trois chargeurs sur les bo doîs qui reculent une fois encore.

— Merde ! gronde Péréra, si c'est le grand qui sert le F.-M., c'est que son tireur a morflé...

Les tirailleurs lancent leurs dernières grenades. Leur sergent-chef demeure sous le camion résonnant des rafales rebelles qui ne cessent de le prendre pour cible.

— Ça fait bien vingt minutes qu'on est dans la merde, évalue-t-il, les copains des autres camions doivent penser qu'on est foutus...

Un tirailleur qui n'a plus de munitions rejoint son chef et fixe désespérément la route au-delà du pont pour guetter du secours. Un obus d'artillerie s'abat sur la cocoteraie.

— C'est le 105 qui donne, hurle Péréra à ses hommes, on va s'en sortir...

Ronflet tire ses derniers chargeurs.

— Chef, regarde, crie le tirailleur allongé sous le camion, les Viêts viennent aussi par là...

Venant de la direction de Ba Tri, des formes sombres courent vers le pont en se faufilant sous des cocotiers. Le Lorrain craint un instant l'encerclement.

— Ce sont des copains, le détrompe le chauffeur du Dodge, qui s'est abrité à plat ventre derrière un arbre depuis le début de l'embuscade. Ils viennent d'un poste...

Le feu viêt-minh faiblit peu à peu. La pièce de 105 pilonne inlassablement la cocoteraie. Les inconnus parviennent près du camion. Leur premier groupe s'engage sur le pont.

— C'est le capitaine Morvan, s'enthousiasme l'adjoint de Bouette en reconnaissant le patron de la 10e compagnie de son bataillon. On est sauvés !

— Des pertes ? s'enquiert tout de suite le capitaine en reconnaissant Péréra.

— Deux tirailleurs blessés, lui répond l'ancien maquisard, mais il était temps que vous arriviez...

L'officier au souffle court braque ses jumelles au-delà du pont pendant que l'adjoint de la section piégée lui explique la formation du convoi. Puis il lance ses hommes en avant. Les tirailleurs en tenue de sortie suivent le mouvement nerveux. Péréra est vite tout près du camion du groupe Tifka, qui flambe dans le virage de la cocoteraie.

Le regard fiévreux du Lorrain se pose un instant sur le cadavre d'un tirailleur à demi nu et désarmé qu'il n'a pas le temps de reconnaître. Les Viêts-minhs se sont repliés. Le canon de 105 allonge son tir en poursuite. L'ancien Corsaire se fige soudain devant le corps de son chef de section. La tenue de parade de l'aspirant est tachée de sang juste à la place du cœur, et un mouchoir dépasse d'une déchirure de son pantalon sali de terre, au milieu de la cuisse droite.

— Il a d'abord morflé à la jambe, imagine l'adjoint de l'officier blond, il est mort en héros...

Le corps du sergent Tifka est étendu à quelques mètres de son chef, la tête à demi détachée du tronc criblé de balles.

— Toujours leurs saloperies de coupe-coupe, gronde le Lorrain, écœuré par l'odeur de chairs brûlées. Pauvre vieux, qui n'avait pas accepté de convalescence après sa blessure du 1er juillet...

D'autres cadavres gisent çà et là à droite et à gauche de la route. Les deuxième et troisième camions du convoi ont été délestés du ravitaillement qui était promis aux postes de Ba Tri. Le groupe du sergent à demi étêté a le plus souffert. Celui de Zouiche, qui a pu se couler à temps dans le fossé opposé au feu rebelle, ne déplore que quelques blessés. Les capitaines Chevalier et Lerest arrivent à leur tour sur l'endroit empuanti.

— Ils ont l'air étonnés de nous trouver en vie, souffle Ronflet au Lorrain, c'est vrai qu'on l'a échappé belle...

Le Ranguevalois rend compte des pertes à son chef de bataillon.

— Huit morts, deux disparus et sept blessés graves, ânonne-t-il d'une voix brisée, l'aspirant Bouette est mort...

Les Viêts-minhs se sont emparés d'un fusil-mitrailleur 24/29, d'une Sten, de huit fusils Mas 36 et de caisses de grenades destinées au ravitaillement d'un poste tenu par la compagnie bataillonnaire.

Le rapport crispé est interrompu par le cri d'un tirailleur statufié devant deux énormes bombes d'aviation d'où s'échappe un fil électrique. Péréra suit prudemment le conducteur qui meurt au milieu des bananiers.

— Leur fourbi n'a pas fonctionné, se réjouit-il une fois parvenu au bout du fil, on aurait pu tous y passer...

Une compagnie du 3e R.E.I. qui n'a pas encore été acheminée vers le Tonkin arrive à la rescousse. Son chef écoute les explications du capitaine Chevalier et lance ses sections sur les traces des rebelles. Les tirailleurs blessés sont vite menés à Bentre.

— Pourvu qu'ils s'en tirent tous, espère l'adjoint de l'aspirant mort, il y en a qui ont reçu plusieurs blessures, comme le grand Dehène : une balle dans le bras, une dans les parties et une troisième dans la cuisse !

Les quinze rescapés de la 3e section rentrent sous la pluie à Bentre. Pas un seul d'entre eux ne parle. Tous fixent les huit morts qui sont allongés au milieu de leur camion.

— Je viens de faire un héritage de sang, se rend compte leur nouveau chef de section. Mon Dieu, donnez-moi la force de les venger tous...

20. COMBAT DANS BENTRE

Les tirailleurs enterrent leurs morts au cimetière de Bentre, qui se trouve à près d'un kilomètre au nord de la ville. Péréra reçoit tout naturellement le commandement de sa section. « Et, se souvient-il gravement, je succède encore une fois à un officier mort au combat... »

Un nouveau convoi est monté le 24 septembre 1947 pour ravitailler la compagnie d'appui à Ba Tri et celle du capitaine Morvan à Cho Giong Trong.

— Cette fois, annonce le capitaine Lerest, nous ouvrons la route à pied à partir des faubourgs de Bentre... C'est plus prudent !

Les 1re et 2e sections de la compagnie reconnaissent tour à tour l'itinéraire jusqu'à My Long.

— A vous, Péréra ! ordonne le capitaine Lerest une fois que le convoi tout entier est parvenu à la petite ville. Poussez prudemment sur deux kilomètres pour rencontrer les gars de la 10 qui nous attendent à l'entrée d'une cocoteraie...

Le Lorrain reconnaît à la jumelle les étendues de rizières qui bordent la mauvaise route et sont piquetées par endroits de bouquets de hauts cocotiers, dont les plumets se balancent au vent du sud-est. Les tirailleurs éclairent huit cents mètres d'itinéraire à bon pas. Leurs voltigeurs de tête s'accroupissent soudain lorsqu'une quinzaine de silhouettes noires s'évade d'une petite cocoteraie pour traverser la route à la course.

— On va venger l'aspi et nos pauvres tirailleurs, gronde le Lorrain en saluant l'apparition ennemie. On fonce...

Le chauffeur du Dodge démarre tout doucement. Le sergent-chef, toujours debout sur son marchepied, dépasse ses voltigeurs.

— Plus vite, maintenant, hurle-t-il, on va leur tomber dessus...

Les bruits du moteur ont alerté les hommes en noir, qui essaiment dans toutes les directions au travers de la rizière, sous les cocotiers et sur les diguettes. Le conducteur du camion appuie brutalement sur la pédale de frein. Péréra saute de son marchepied. Ses tirailleurs giclent en même temps que lui.

— Avec moi sur la diguette ! ordonne-t-il à deux d'entre eux en repérant un homme encombré de deux musettes rebondies qui file bon train à gauche de la route.

— Bon sang qu'il va vite, le bougre ! enrage le sous-officier, il va finir par nous semer...

Des balles de fusil et de Sten encadrent le fuyard sans le toucher. Le nouveau chef de section regarde une fraction de seconde ses deux compagnons qui tirent au jugé, sans cesser de courir.

— Passe ton fusil, crie-t-il à celui qui le talonne de plus près, je vais l'avoir...

Et, plaçant sa mitraillette en bandoulière, il met calmement un genou en terre, contrôle son souffle et tire une première balle dans le dos du bo doî.

— Raté ! fulmine-t-il en manœuvrant sèchement le levier de culasse du Mas 36 pour engager une deuxième cartouche de 7,5 dans sa chambre de percussion. Ce type-là est béni des Dieux...

La deuxième balle part. Le rebelle boule au sol et disparaît dans les herbes de riz.

— C'est peut-être une ruse, avance le Lorrain, on fonce...

Le trio essoufflé se relance en avant, parcourt les trois cents mètres qui le séparaient de l'endroit où le fuyard a disparu et le retrouve facilement.

— Il est bien mort, jubile le sergent-chef en se penchant sur sa victime, tombée côté face dans les pousses de riz, fouillez-le...

Un tirailleur arrache sans ménagement les musettes du mort.

— Il avait la vie dure, constate son chef en s'apercevant que le Viêt-minh saigne de trois plaies.

Le porteur de musettes a reçu une balle dans l'épaule droite, une dans le mollet droit et la troisième, celle qui lui a été fatale, dans la nuque.

— Merde, gronde Péréra en se retournant vers la route, ce salaud-là nous a entraînés sur plus d'un kilomètre, il faut filer...

Le trio met moins de cinq minutes pour rejoindre le gros de la section.

— On en a eu trois, claironne Ronflet dès que son chef aborde la route, un infirmier que j'ai coincé avec tout son barda, et Zouiche a pris les deux autres... Il y en a un qui a déjà parlé...

Le chef de section constate que le prisonnier a durement été travaillé à coups de crosse. Il n'a plus figure humaine et demeure prostré comme un animal durement châtié.

— Et qu'est-ce qu'il a dit ? s'empresse de s'enquérir le sergent-chef après avoir repris son souffle normal.

— C'est un étudiant qui parle très bien le français, précise Ronflet, il fait partie de l'échelon de commandement d'une compagnie viêt qui traîne dans le secteur...

Le convoi, alerté par les tirs, se présente sur la route. Le capitaine Lerest saute de sa jeep.

— J'ai cru un instant que vous étiez tombé une nouvelle fois en embuscade, avoue-t-il à son chef de section, je vous avais pourtant réservé la portion de reconnaissance la moins exposée...

Les prisonniers sont hissés dans un camion. Le convoi poursuit tranquillement sa route vers Ba Tri. « La vengeance a commencé, se dit le Lorrain, mes gars reprennent goût à la guerre... »

La section décimée le 21 est recomplétée par le renfort de dix tirailleurs et deux caporaux, Hocine et Benini. Puis elle repart en opération le 26.

Le capitaine Lerest a une fois encore tout fait pour ne pas trop exposer le Lorrain. Ce dernier reçoit la mission de demeurer en protection de deux pièces de 105 qui sont commandées par le lieutenant Plessy.

Les artilleurs mettent leurs canons en batterie à un carrefour de petites pistes et à proximité d'un poste tenu par des partisans. L'opération s'ébranle. L'ancien maquisard apprécie le terrain, et poste ses groupes dans trois directions,chacun à une centaine de mètres des pièces prêtes à tonner au moindre appel radio.

Le poste de supplétifs est planté au milieu de vastes rizières parsemées de grosses touffes de bambous et de maigres bouquets de cocotiers. Quelques heures passent, tranquilles. Les tirailleurs somnolent au soleil.

— Il ne va certainement pas pleuvoir aujourd'hui, avance leur chef en scrutant le ciel pour une fois tout à fait dégagé, la saison sèche approche... C'est tout de même pas trop tôt !

Le sergent Zouiche vient arracher le sergent-chef à sa rêverie.

— Il y a des gars dans les cocotiers là-bas, lui annonce-t-il, je les ai bien vus...

La petite cocoteraie suspecte est à six cents mètres des canons. Péréra l'inspecte minutieusement à la jumelle.

— Ce sont certainement des nha qués qui soignent la rizière, lance-t-il calmement au sergent musulman, mais ouvre tout de même l'œil, on ne sait jamais...

Zouiche regagne sa position de veille en faisant la moue. « La vengeance lui tient salement à cœur, se dit le Lorrain en suivant le vétéran d'Italie du regard, il voit du Viêt partout ! »

Le gradé algérien revient près de son chef une demi-heure plus tard.

— Ce ne sont pas des paysans, insiste-t-il de son accent d'Afrique du Nord, ce sont des Viêts...

Péréra braque à nouveau ses jumelles sur la cocoteraie et décide, par prudence, d'y mener une patrouille formée de Zouiche, du caporal Alleman et de quatre tirailleurs.

La petite colonne, Alleman en tête avec deux Algériens, Péréra, puis Zouiche et les deux derniers fantassins, se coule sous le couvert des buissons qui bordent une piste tailladée de profonds sabotages. Il fait de plus en plus chaud. Les tirailleurs approchent d'un cimetière qui naît sur la gauche de la piste défoncée, tout près des cocotiers suspects.

— On stoppe là, ordonne Péréra, faut d'abord reconnaître ces tombes...

Un tirailleur s'éloigne de ses six compagnons. Le caporal Alleman met un genou en terre près de son chef. Les deux hommes suivent du regard l'avance du voltigeur qui parvient au premier alignement de sépultures mangées par une végétation désordonnée.

Le silence vole soudain en éclats. Il est déchiqueté par des cris qui s'échappent de la cocoteraie. Des claquements de pieds nus naissent sur la piste et dans la rizière.

Péréra réagit dans la seconde. Il bondit près de Zouiche qui s'est abrité dans une coupure de la route, dégoupille une grenade offensive et se retourne pour essayer de voir le caporal Alleman. Le gradé musulman est assis là où le Français l'a laissé. Les Viêts sont déjà sur lui.

— Il est foutu, gronde le sergent-chef en lançant sa grenade au milieu d'une grappe d'assaillants coiffés de cônes de paille de riz, on ne peut plus rien pour lui... On recule !

Zouiche et son chef bondissent en tiraillant vers une seconde tranchée de sabotage. Le feu s'enrage. Le dernier homme du flanc droit de la patrouille réussit à rejoindre un abri en courant en zigzag. Des balles de fusil-mitrailleur le serrent de très près. Un hurlement inhumain détourne l'attention que lui portait le Lorrain.

— Bon Dieu, Ladjeroud ! laisse échapper l'ancien maquisard en voyant passer devant lui l'homme qu'il avait envoyé dans le cimetière. Il a salement morflé...

Le voltigeur hurle toujours. Il court vers les pièces de 105, le bras droit complètement arraché.

— Il n'a même pas lâché son fusil, a le temps de constater le chef de section, chapeau !

Le blessé hurlant s'abat à bout de forces dans une coupure de piste. Péréra reconnaît la haute silhouette de Ronflet qui accourt à la rescousse en entraînant son groupe derrière ses longues foulées. Le colosse aux yeux bleus se jette bientôt près de son chef.

— Il faut reculer, décide ce dernier lorsqu'une nouvelle vague de bo doïs vociférants jaillit de la cocoteraie. Il en vient de plus en plus...

L'assaut rebelle est adroitement appuyé par le tir croisé de deux pièces de fusils-mitrailleurs. Le 24/29 de Ronflet oblige les hommes en noir à se couler derrière les tombes.

— On y va, hurle le Lorrain en voulant profiter du répit providentiel, tout le monde aux canons !

La pièce de 105 tire sans discontinuer. La patrouille se retire du feu sur une centaine de mètres, se poste dans des trous de sabotage et couvre à son tour le repli des hommes de Ronflet. Deux tirailleurs empoignent Ladjeroud au passage et le traînent à l'abri.

Le lieutenant Plessy ordonne un tir sur la cocoteraie dès que les tirailleurs en sont suffisamment éloignés. Les bo doïs enraient leur poursuite. Le radio des artilleurs essaie de contacter le capitaine Chevalier. Péréra décide de retourner au feu.

— Non ! l'arrête le patron des deux pièces, il faut attendre l'arrivée du gros de l'opération, vous auriez encore des pertes...

Le Lorrain accepte de demeurer auprès des canons qui crachent la mort à bon rythme.

— Lieutenant ! hurle soudain le radio, je les ai... Ils font demi-tour...

L'artilleur à deux galons bondit vers son poste.

— Je serai sur vous dans deux heures, lui annonce le capitaine Chevalier après un rapide rapport sur la situation. Gardez-les au large...

Ronflet, qui a posté ses hommes en barrage au bout de la piste, attire peu après l'attention du Lorrain. Ce dernier bondit vers lui dans le vacarme des coups de 105.

— Nom de Dieu ! gronde-t-il en observant une colonne viêt qui entame une nouvelle progression vers les tirailleurs, ils ne vont tout de même pas essayer de nous piquer les 105...

Une des pièces menacées prend les nouveaux venus à partie.

— Ils foutent le camp, hurle un tirailleur lorsque les bo doîs s'égaillent dans la rizière, bravo li canon...

Le capitaine Chevalier est là bien avant les deux heures annoncées. Il écoute les explications pressées du lieutenant qui a tiré soixante coups de 105, consulte Péréra et lance la compagnie Lerest sur les traces des rebelles. Le Lorrain se fige bientôt devant le corps mort du caporal Alleman. Le musulman a les cuisses fracassées et la gorge tranchée.

— La poisse continue, gronde le sergent-chef en faisant ramener le corps supplicié vers les canons, Zouiche avait bien raison de prédire du vilain après la disparition d'Haddad...

La compagnie Lerest rentre à Bentre. Le sergent Zouiche emmène le lendemain matin une partie de son groupe au cimetière de la ville pour creuser la sépulture d'Alleman. Trois cyclo-pousse pénètrent une heure plus tard entre les bâtiments occupés par les tirailleurs.

— C'est Viêts-minhs au cimetière, hurle l'un d'eux, c'est tirailleurs attaqués...

Péréra répercute l'alerte au P.C. de la compagnie, et rassemble vite les deux groupes qui lui restent.

— Tout le monde dans les cyclos ! hurle-t-il à ses tirailleurs en s'installant dans la nacelle d'osier d'un cyclo avec deux Algériens. Dépêchez-vous...

Les tirailleurs réquisitionnent d'autres engins qui rôdaient alentour et obligent leurs propriétaires à pédaler de toutes leurs forces vers le nord de la ville. Le cortège se faufile au travers d'une foule étonnée.

Les rumeurs du combat se font bientôt entendre.

— Plus vite, ordonne le Lorrain au conducteur de son pousse, mets toute la gomme...

Le Cochinchinois en short s'arc-boute sur son large pédalier. Le

Les incorporés forcés de la Grande Guerre. Le père du sous-off et son oncle Jules sont marqués d'une croix.

Le chef de bataillon Ely passe le 10e B.C.P. en revue à Neuville-sur-Ain.

Les couleurs de la liberté montent chaque jour dans les Cévennes. Avril 1944, au maquis des Corsaires.

A droite au premier rang, Lucien Péréra, alias Leblond, matricule n° 1 du maquis de Mandagout, créé par le pasteur Gillier, connu dans l'O.R.A. sous le nom de lieutenant Gervais.

Le maquis de Mandagou vient de recevoir son premie parachutage d'armement Février 1944.

Les ruines de Mas-de-Pomier après l'assaut allemand du 15 août 1944.

Les Corsaires pénètrent dans Montpellier. Lucien Péréra est marqué d'une croix.

Les Corsaires attendent le passage du général de Lattre de Tassigny. Lucien Péréra est à gauche du pasteur Gillier qui porte le drapeau du maquis.

Les Corsaires, incorporés dans la Brigade légère du Languedoc, défilent dans Rodez, le 30 septembre 1944, avant de rejoindre l'armée de Lattre.

Un point d'appui du 80ᵉ R.I., à Huningue, en janvier 1945. Les Allemands sont encore à cinq cents mètres.

Le Corsaire Leblond est devenu sergent-chef au 80ᵉ R.I.

La pagode de Ba Vat transformée en poste. Les tirailleurs du 3e bataillon du 7e R.T.A. n'oublient pas la tradition. Lucien Péréra s'est laissé pousser moustaches et bouc comme les volontaires algériens.

Lucien Péréra et son adjoint, le sergent Lafont, se reposent dans un village enlevé au Viêt-minh.

Les partisans indochinois engraissent des serpents pour les repas de fête.

Les Algériens du 7e R.T.A. en progression dans la plaine des Joncs.

Les Coventry *du 5e Cuirassiers appuient les tirailleurs en protection des convois.*

Le sergent Lafont, l'adjoint du sous-off.

Le poste d'Hoa Loc isolé au milieu des Viêts-minhs.

La Coventry *du maréchal des logis Baveux vient de sauter sur une mine.*

Lucien Péréra avec le sergent N'Guyen Van Phu, un rescapé des camps viêts-minhs.

Les Cambodgiens et les Annamites du sous-off vivent comme les bo doîs qu'ils traquent.

Le sampan est souvent le seul moyen de locomotion permettant d'approcher l'ennemi.

Péréra avec Gantois et Sinh, son cruel garde du corps.

Dans un sampan sur le Song de Cantho.

Le sergent-chef Lafont vient rendre visite à Péréra le 18 mai 1953. Les deux Français posent avec N'Guyen Van Sinh et Ly Canh, le patron des tigres khmers.

Le sous-off vit pieds nus comme les pirates de Cantho. Derrière lui, le clairon cambodgien qui sonne toutes les charges.

Les faux bo doîs du sous-off. A sa droite N'Guyen Van Sinh.

Les engins de Marine Cantho transportent souvent le commando noir. Un convoi file vers la mer de Chine.

En opération vers Thot Not, sur les traces de Ba Cut, avec les Hoa Hao du commando Frachet.

Sinh ne quitte jamais son chef.

Le sous-off en Algérie, dans un village kabyle.

L'adjudant-chef Péréra dans un camp de toile, près de Tizi-Ouzou.

Photos collection personnelle

Les appelés du 151e R.I. défilent devant leur colonel.

cimetière est bientôt là, entouré d'un muret d'un mètre de haut. Le chef de section lance le groupe Ronflet sur la gauche de la nécropole. Celui du caporal Hocine part à la course dans la direction opposée. Puis le Lorrain s'engage tout droit dans le cimetière, vers l'endroit où Zouiche fait le coup de feu. Il découvre bientôt un tirailleur qui gémit, allongé entre deux tombes, la hanche fracassée.

— C'est la guigne qui continue, gronde le sous-officier en dépassant le gisant ensanglanté.

Les coups de feu s'espacent.

— Ils décrochent, hurle le sergent fossoyeur, soulagé de la pression d'un fusil-mitrailleur rebelle par l'arrivée du renfort inespéré. Ils voulaient s'infiltrer en ville...

Le Lorrain entraîne ses groupes en poursuite et talonne les Viêts en tiraillant sur plus d'un kilomètre. Le capitaine Lerest arrive à son tour au cimetière profané et fait évacuer le blessé sur l'hôpital de Bentre.

— On risque de tomber dans un traquenard si on continue comme ça, prévoit l'ancien maquisard. On rentre...

Les tirailleurs enragés tirent encore quelques balles sur les formes basses qui se perdent à cinq cents mètres d'eux. Puis ils obéissent à regret à l'ordre prudent de leur chef.

La dépouille du caporal Alleman, momifiée de blanc, reçoit les honneurs de ses compagnons dans l'après-midi qui suit l'accrochage. Les prières d'Houamed l'accompagnent au paradis des braves.

— Cette foutue chasse aux Viêts nous coûte cher, se dit le Lorrain en rentrant de la triste cérémonie. Rien qu'à la section on a perdu douze tués et quatre disparus depuis le départ de Ba Vat... Et je ne compte pas nos douze blessés... A qui le tour ?

Un sergent européen et quatre tirailleurs sont affectés le lendemain à la section poursuivie par la malchance.

— Je m'appelle Lafont, annonce le gradé avec un soupçon d'accent du Sud-Ouest.

Péréra jauge son nouvel adjoint qui n'est pas plus grand que lui, très sec, a les cheveux châtains, des yeux marron pétillants de malice et respire la bonne humeur.

— Bienvenue chez les poissards, lui lance-t-il en devinant le bon camarade.

21. BAROUD DANS L'ÎLE DE MINH

Le Lorrain oublie un peu les malheurs de sa section en apprenant qu'il va recevoir une troisième citation méritée les 21, 24 et 26 septembre 1947. Le rythme des opérations ne diminue pas pour contrer les exactions du régiment V.M. du Mékong, qui est commandé par le mythique Gong.

La 5e compagnie de tirailleurs contrôle à partir du 30 septembre la population de tous les villages du secteur de Ba Tri et l'oblige à travailler à la réparation de la route de Cho Giong Trong que les rebelles ont sabotée avec l'aide des mêmes nha qués.

— Ces salopards sont tout de même malins, reconnaît le Lorrain lorsqu'un partisan lui explique que les Viêts-minhs ont transporté sur des sampans les déblais de leurs sabotages pour les éparpiller à plus de cinq cents mètres dans les rizières.

L'ancienne compagnie de l'ex-Corsaire a durement accroché la veille plusieurs centaines de rebelles massés en large protection des sabotages. Le capitaine Vincent a perdu quatre tués, cinq disparus et une douzaine de blessés dans l'affaire.

— Le quartier devient de plus en plus infréquentable, confie Lerest à ses chefs de section, il faudrait beaucoup de renforts pour bien le reprendre en main…

La route est à peu près redevenue carrossable au bout de six journées de corvée. Les nha qués exténués sont renvoyés dans leurs cagnas. Le commando du lieutenant Candelier travaille souvent avec la compagnie Lerest qui sert d'élément d'intervention pour le sous-quartier de Bentre depuis son retour de l'île de Minh.

Une cérémonie du souvenir se déroule le 2 novembre au monument aux morts de Bentre. Toutes les autorités civiles et militaires y participent gravement. Le chef de bataillon Chevalier fait appeler un à un les morts de ses compagnies et une sonnerie déchirante de clairon fait couler quelques larmes sur les visages émaciés des tirailleurs.

Le capitaine Chevalier monte le lendemain une grosse opération pour dégager le poste de Giong Khéo abandonné le 10 avril dans l'île de Minh, et réoccupé depuis par une compagnie de caodaïstes ralliés.

Des L.C.M. mènent les éléments rameutés vers le poste cerné par une grosse bande rebelle. Une compagnie du 2e régiment de tirailleurs algériens est éparpillée par les marins pour boucler l'île là où le capitaine Chevalier a décidé d'achever ses ratissages.

Péréra et ses compagnons sont à Giong Khéo dans la soirée. Les rebelles, alertés par les moteurs de L.C.M., ont desserré leur étreinte et les caodaïstes font fête à leurs sauveurs. Tous les villages alentour brûlent. De larges lueurs dansent dans les rizières. Les tirailleurs passent la nuit à même le sol de la grande cour du poste tout juste débarrassée des cadavres qui l'encombraient.

Le capitaine Chevalier lance la poursuite à l'aube du 4 novembre. Sa 5e compagnie et le commando Candelier ont reçu des axes de marche parallèles mais séparés de plus d'un kilomètre. Les hommes du capitaine Lerest progressent au long du rach qui mène à Ba Vat, avec les sections de Candelier sur leur gauche et une compagnie de gardes indochinois sur la droite. La section du Lorrain éclaire l'avance en file indienne. La mousson du nord-est s'est déjà bien installée sur le pays. Il ne pleuvra plus de façon suivie avant au moins cinq mois. Les voltigeurs approchent de la pagode détruite de Ba Vat. Un sampan glisse silencieusement sur le rach, en venant du village ruiné.

— Les Viêts ! hurle soudain le sergent Lafont, attention...

La première rafale de Sten du nouvel adjoint de section oblige les rebelles en armes à manœuvrer en catastrophe pour rebrousser chemin. Le deuxième chargeur qu'il tire les force à plonger dans le courant et à nager vers la rive opposée du rach. Les tirailleurs se lancent à leur poursuite. Le pont de singe installé contre la carcasse du pont Eiffel les ralentit tellement que les fuyards réussissent à les semer.

Un ordre relance la progression au-delà de la pagode rasée. Des échos de fusillade traînent au ras de la rizière.

— Ce sont les gardes qui accrochent, estime le capitaine Lerest, il faut leur porter secours... Péréra, foncez vers eux !

Le Lorrain fait un signe de bras à Lafont. Les tirailleurs quittent la piste qu'ils suivaient jusque-là pour s'engager au travers d'une zone marécageuse et plantée de buissons serrés.

— Les partisans de l'adjudant Martinez sont derrière nous, hurle le sergent Ronflet à son chef qui s'est porté en tête de l'avance ralentie par le terrain spongieux.

Le Lorrain apprécie la nouvelle. Il sait qu'en cas de coup dur il pourra compter sur la section supplétive créée depuis peu à sa compagnie. Les deux sections s'engagent sous un bois. Elles sont bientôt prises à partie par les rebelles qui harcèlent les gardes indochinois. Des balles claquent au-dessus de Péréra. Certaines miaulent en écorçant des troncs d'arbres à hauteur d'homme.

— On y est presque, estime le successeur de Bouette en ne ralentissant pas la marche sous le feu, les gardes ne sont pas loin... Ils doivent être là-bas dans la clairière, et les Viêts plus au large...

L'adjudant Martinez place ses partisans en ligne face à la position amie. Péréra l'imite.

— On y va, hurle-t-il quand le dispositif est bien étalé, en avant !

Les Algériens et les Jaunes rejoignent d'un bond la ligne des gardes malmenés. Péréra repère aussitôt un lieutenant européen qui passe des messages radio. L'officier, surpris par l'arrivée inespérée du renfort, lâche le combiné de son poste émetteur et, sans prendre le temps d'expliquer la situation, indique au Lorrain la position viêt qui crache toujours le feu. Les partisans de Martinez et les tirailleurs de l'ancien Corsaire se relèvent des abris qu'ils avaient gagnés, dépassent tous les gardes, et se ruent en hurlant sur l'ennemi. Toutes leurs armes, fusils-mitrailleurs 24/29, Mas 36 et pistolets-mitrailleurs Sten, tirent à l'unisson, tramant un tapis de feu devant l'avance furieuse. Les bo doîs fuient.

— Ils foncent vers le rach Sau, hurle Péréra à ses hommes en enjambant quelques bo doîs sacrifiés au repli de leurs compagnons. On va les coincer...

L'attaque pénètre dans un cloaque de boue et d'herbes. Les tirailleurs s'y enfoncent jusqu'à la ceinture en poussant des jurons de rage. Les rebelles s'aperçoivent de leur mauvaise situation. Leurs armes prennent pour cibles les troncs gigotants. Des balles claquent sec à quelques centimètres au-dessus du Lorrain embourbé. Les bo doîs plongent dans l'eau âcre du rach. Les tirailleurs, enfin extraits du piège de lises puantes, rejoignent les partisans de Martinez, et accompagnent de rafales la nage pressée des fuyards. Des obus de mortier commencent à pleuvoir sur le repli rebelle.

— Ce sont les nôtres, crie Péréra à Ronflet et Lafont qui se sont arrêtés à quelques mètres du rach. Qu'est-ce qu'ils vont prendre !

Le capitaine Lerest s'est installé avec ses tubes de 60 et le reste de sa compagnie à cinq cents mètres de l'accrochage. Les obus poursuivent longtemps les bo doîs.Les tirailleurs et les partisans passent au peigne fin les marécages et les sous-bois qui les bordent. Ils retrouvent des corps viêts inertes, et ramassent des armes que les fuyards ont jetées dans la boue pour nager plus aisément.

— Lucien, hurle soudain le sergent Lafont, regarde ce que j'ai trouvé...

Le petit sergent du Sud-Ouest pousse devant lui un prisonnier couvert de boue des pieds aux cheveux.

— Il est vachement grand, pour un Viêt, s'étonne le Lorrain lorsque le captif parvient près de lui, c'est bizarre...

L'homme passe une main sur son front pour dégager un peu ses yeux. Une mèche blonde s'évade de la calotte de boue qui épouse la forme de son crâne.

— C'est un Européen, souffle Lafont, ça alors...

Péréra devine le légionnaire déserteur.

— Conduis-le au capitaine, ordonne-t-il à son adjoint, il a sûrement des choses à lui raconter...

Les mortiers cessent le tir sur la rive opposée du rach. Seuls quelques coups de feu isolés saluent de temps en temps la découverte d'un rebelle moribond. Les tirailleurs poussent des cris de joie à chaque arme retrouvée. Des partisans, formidables nageurs comme tous les gens du delta, plongent et replongent dans le courant du rach pour arracher à ses boues l'armement jeté là par les fuyards. Les capitaines Chevalier et Lerest se sont installés dans une paillote, et commencent à comptabiliser les résultats du combat. Le grand prisonnier blond, sommairement nettoyé de son masque de boue et qui avait déserté le 3e R.E.I., est entravé très serré près d'un tirailleur algérien transfuge du 1er R.T.A. et de cinq bo doîs apeurés.

Péréra et Martinez ramènent leurs hommes transformés en statues de boue vers le P.C. improvisé. Ils ont dénombré cinquante-huit Viêts-minhs abattus au bord du rach Sau. Des partisans ont fermement reconnu parmi eux un officier du régiment du Mékong et un commissaire du peuple. Un légionnaire gît lui aussi, face dans la boue, à quelques mètres d'un Japonais. Trois fusils-mitrailleurs, deux pistolets-mitrailleurs, sept fusils, des grenades, une masse de munitions et des quantités de paperasses de la rébellion forment le butin de la compagnie Lerest. Le plus gros du bilan ayant été récupéré par les plongeurs de l'adjudant Martinez.

— Et pour tout ça, se réjouit Péréra, nous n'avons eu que trois tués et dix blessés... Cette fois, les morts du 21 septembre sont bien vengés...

Les gardes indochinois ne sont pas demeurés inactifs, qui ont récupéré une mitrailleuse américaine de 7,62 et cinq fusils.

Les tirailleurs de Péréra repartent en opération le 6 novembre avec le commando Candelier. Le capitaine Chevalier est de la partie avec un petit élément de protection.

— Il cavale comme un voltigeur, lance le Lorrain à Lafont une fois que le capitaine bourguignon a dépassé ses éclaireurs de pointe, et il fouine comme un chien de chasse...

Le petit groupe du chef de bataillon disparaît au regard de l'ancien maquisard. La fouille traîne en longueur, de cocoteraie en rizière.

— On va à la rencontre du capitaine, ordonne le lieutenant Candelier, soudain inquiet, je me demande où il a bien pu passer...

Les partisans ouvrent la marche. Péréra se fige soudain derrière eux en apercevant une section rebelle bien déployée qui progresse souplement de fourré en fourré en direction du groupe de commandement enfin repéré.

— On arrive à temps, gronde-t-il en mettant un fusil-mitrailleur en batterie et en faisant tout de suite ouvrir le feu sur les bo doîs. Cinq minutes de plus et on n'avait plus de chef...

Les partisans foncent à la rescousse. Les rebelles n'insistent pas et se défilent au loin, poursuivis jusqu'à limite de portée par les armes françaises.

Le Viêt-minh semble décidé à venger ses pertes du 4 novembre. Il tend une solide embuscade le 9 à un L.C.M. qui conduisait le capitaine Chevalier à Vinh Long, qui se trouve à cent kilomètres à l'ouest de Bentre. Le commando Candelier et la section Péréra débarquent d'un autre engin à quelque cinq cents mètres plus loin et tentent vainement de tomber sur les rebelles à travers un terrain inondé tandis que le chef de bataillon ramène son L.C.M. à hauteur de l'embuscade pour les appuyer à la 12,7.

Le Lorrain escorte le lendemain des véhicules chargés de ravitaillement sur la route de My Tho, au nord-est de Bentre. L'ancien Corsaire a pris place dans le premier camion.

— Arrête-toi, ordonne-t-il à son chauffeur en apercevant un groupe de civils lancé à la course vers Bentre, il y a du louche...

Les tirailleurs sautent à terre pour reconnaître la route tandis que les nha qués, qui n'ont pas voulu répondre aux questions de leur chef, filent vers la ville.

— Bon Dieu, jure le Lorrain à la sortie d'une courbe, le car de My Tho a été attaqué !

Les Algériens sont vite près du véhicule en flammes, et se postent tout autour de lui, prêts à tirer. Leur chef découvre deux corps de civils à demi dévêtus qui gisent sur le bord de la route, la gorge tranchée et le sexe sectionné. Un troisième Indochinois en pantalon à l'européenne est étendu un peu plus loin, mort lui aussi, un pieu de bambou enfoncé dans la poitrine à hauteur du cœur.

— Les salauds ! rage le chef de section en s'éloignant de l'atroce spectacle, ils doivent être loin, maintenant... Je dois poursuivre ma mission...

Et le convoi repart vers le bras du Mékong qui sépare Bentre de My Tho.

Le 11 novembre est dignement commémoré le lendemain sur l'esplanade de Bentre. Les tirailleurs défilent devant les autorités et la foule colorée. Quelques Algériens sont décorés de la croix de guerre des T.O.E. Un repas amélioré est servi à midi. La ville est en fête tout au long de l'après-midi. Des régates de sampans troublent l'eau du rach, et une course cycliste clôt les festivités sportives pendant que veillent des groupes de tirailleurs aux portes de la ville.

— Sacré coup de jarret, remarque le sergent Ronflet au passage du peloton, ils filent vingt nœuds !

— Normal, souligne Péréra qui ne perd pas une miette du spectacle dépaysant, tous ceux qui roulent en tête sont des cyclos-pousse !

La trentaine de concurrents, accompagnée par les clameurs de la foule, fait plusieurs fois le tour de la ville. Un sprint royal s'engage à l'issue de la dernière boucle. Un petit bonhomme à cheveux ras, pourtant monté sur une lourde bécane à garde-boue, arrache la victoire d'un magistral coup de reins. La foule applaudit copieusement. L'homme lève les bras pour remercier, puis tente soudain de remonter sur son vélo pour échapper à des gendarmes et des policiers qui fendent l'assistance pour l'arrêter. Les applaudissements laissent place à des cris de haine, des poings se lèvent autour du vainqueur de la course, des crachats bien dirigés volent vers sa mine défaite.

— C'est un membre du comité d'assassinat, souffle en zézayant un policier indochinois passant près de Péréra et de Ronflet, c'est une de ses anciennes victimes qui l'a reconnu pendant la course... Il fallait bien attendre l'arrivée pour le coincer...

La 5e compagnie est désignée quelques jours après la fête pour aller relever la 9e compagnie du bataillon dans la ville de Mo Cay, la capitale administrative de l'île de Minh. Des L.C.M. traversent le bras du Mékong, s'engagent dans un rach et débarquent les tirailleurs en fin d'après-midi juste en face du P.C. de la compagnie à relever.

— Le capitaine Bardet est mort il y a quatre jours, annonce à Péréra un des gradés de la 9, on n'est pas mécontents de foutre le camp d'ici... C'est un bien trop sale coin, tu vas très vite t'en apercevoir...

Les tirailleurs relevés s'éloignent à la nuit tombée. Les sections de Lerest doivent essaimer dans l'île pour occuper plusieurs petits villages isolés. L'adjudant-chef Benarfa est désigné pour tenir deux postes vers le village de Giong Trong situé à huit kilomètres de Mo Cay.

— Et vous, Péréra, explique le capitaine Lerest qui a hérité de tous les pouvoirs civil et militaire de l'île de Minh, vous partez au nord pour occuper le poste de Hoa Loc avec le groupe du caporal-chef Hocine... Vous retrouverez là-bas une douzaine de partisans cambodgiens et annamites... Votre principale mission consistera à empêcher les Viêts de détruire un pont Eiffel... Bonne chance, mon vieux !

Le Lorrain prend la route vers l'inconnu, dépasse deux postes intermédiaires piqués dans la rizière, où sont en train de s'installer le 3e groupe de Benarfa et des tirailleurs de la 1re section de Fuseret. Il est vite à son nouveau domaine.

Le poste, un fortin rectangulaire de type Fort Apache, est planté sur le bord d'un rach, à moins de cent mètres du pont Eiffel à protéger. Les partisans, vêtus comme des bo doïs du Viêt-minh, accueillent les tirailleurs sans grand enthousiasme. Un grand Cambodgien, qui semble leur chef, paraît pressé de faire rentrer le renfort dans la cour du poste occupée par deux bâtisses de bois.

— C'est Viêt-minh tout près, confie-t-il d'emblée à son nouveau chef en exhibant une denture noire, ils sont de l'autre côté du pont...

Le camion refile sur Mo Cay. La porte du fortin se referme en grinçant. Le Lorrain se sent saisi par l'ambiance étrange qui règne au bord du rach. La nuit dévore bientôt le poste, seulement défendu par plusieurs alignements de bambous acérés et plantés en biais. Les partisans taciturnes apportent des lampes à huile, simples mèches flottant dans des moitiés de noix de coco, aux tirailleurs qui se sont installés à la place du groupe relevé dans la plus grande cabane de la cour.

— On est bien à l'aise, apprécie le Lorrain en déployant et en tendant sa moustiquaire, c'est pas comme les partisans qui vivent entassés avec leurs familles... Drôle de vie...

L'ancien maquisard met en place les tours de veille, casse rapidement une maigre croûte, pâté en boîte, pain dur et bananes, inspecte ses défenses et se couche tout habillé sous sa moustiquaire.

— Et voilà, mon vieux Lucien, se dit-il en épiant le fouillis de voix qui s'évade de la cagna des partisans, te voilà seul Européen dans ce trou à rats... Ça risque de ne pas être drôle tous les jours...

22. LES OUBLIÉS DE HOA LOC

Le Lorrain, inquiet, ne dort presque pas. Il connaît à peine le caporal Hocine et ne sait rien de ses partisans.

— Chef, le hèle un tirailleur de veille en début de matinée, le capitaine revient !

L'officier, sans doute saisi par l'isolement et la vétusté de Hoa Loc, ramène au poste une pièce de mortier de 60, servie par deux tirailleurs et commandée par Boussicaut.

— Au moins, apprécie le chef de poste lorsque le capitaine Lerest refile vers Mo Cay, on sera deux Européens dans le bazar...

Hoa Loc se transforme vite. Le Lorrain a l'intention d'augmenter ses défenses de deux miradors. Le premier, qu'il a voulu le plus haut pour déceler de jour les plus lointains mouvements suspects, monte vite.

— On n'aura bientôt plus rien à bouffer, annonce Boussicaut au bout de quelques jours, les familles de partisans sont voraces...

L'ancien maquisard, démuni de poste radio, ne peut alerter Mo Cay.

— Quand le loup a faim, décide-t-il, il sort de sa tanière... On va faire comme lui, on va visiter le village le plus proche...

Boussicaut demeure au poste avec quatre tirailleurs et deux partisans lorsque le gros de la garnison sort de Hoa Loc. Les partisans pieds nus mènent la marche sur une piste qui frôle le rach au milieu de hautes herbes coupantes qui poussent dans un cloaque boueux. Ils s'engagent après deux kilomètres dans une cocoteraie. Péréra aperçoit bientôt des paillotes à travers le fouillis des troncs. Une femme chargée d'un panier s'éloigne de la première habitation vers le gros du hameau.

Les partisans se sont tapis dans les buissons. Leur chef fait un signe de la main au Français, pour indiquer qu'il y a du monde au village.

L'ancien maquisard relance la progression derrière un long rideau de bambous qui borde la droite des paillotes, puis donne le signal de la ruée. Les gifles des pieds nus des supplétifs résonnent sec. Des hommes en noir giclent des cagnas. Le 24/29 du caporal Hocine crache quelques rafales. Les partisans s'égaillent à la chasse aux canards, poulets et cochonnets noir et rose. Au loin, des colonnes d'hommes en noir reviennent vers le village mis à sac.

— Arrêtez le cirque, hurle le Lorrain, on rentre...

Les pillards rigolards attachent leur butin caquetant, cancanant et couinant sur des perches de bambou. Deux suspects qui n'ont pas eu le temps de fuir sont réquisitionnés pour aider au portage.

— Hocine, ordonne le chef de groupe, tu nous couvres...

Et les partisans s'enfoncent à nouveau sous les cocotiers, sans précaution cette fois. La pièce de F.-M. tire quelques rafales pour intimider les groupes viêts-minhs qui approchent du village sans trop de hâte, puis décroche à son tour. Le mouvement de ravitaillement est vite au poste. Boussicaut découvre le butin.

— On est tranquilles pour une bonne semaine, estime-t-il, c'est un bon coup...

Péréra arraisonne trois jours plus tard un sampan sur le rach. L'homme qui le menait réussit à fuir à la nage et, diaboliquement dissimulé dans des roseaux, échappe à toutes les recherches des partisans. Le butin est vite inventorié sous le regard haineux d'une femme sans âge qui n'a pas osé plonger en même temps que son compagnon.

— Tiens, Boussicaut, claironne joyeusement le Lorrain en rentrant à Hoa Loc, range tout ça...

Le chef de pièce de mortier a des dons d'économe. Il entasse près de deux mille œufs dans une soupente, des sacs de riz et des tonnelets de poissons secs qui étaient destinés aux Viêts-minhs.

Un jeune Cambodgien d'une douzaine d'années, toujours torse nu, vêtu d'un short bien trop large pour lui et aux cheveux de jais soigneusement séparés en deux parties égales par une raie, ne quitte pas le nouveau chef de poste.

— Tu parles français ? s'étonne ce dernier, tu vas me servir d'interprète... D'accord ?

Le garçon frêle est aux anges.

— Je pourrai sortir du poste avec toi ? s'empresse-t-il de demander, je suis un soldat !

Le Lorrain ne promet rien, et s'éloigne pour surveiller l'avancement d'un blockhaus à épais murs de rondins qu'il fait construire pour abriter les femmes et les enfants en cas d'attaque au mortier.

— Après tout, se dit-il, pourquoi pas, il y en a certainement de plus jeunes que lui chez les Viêts...

Le premier mirador est terminé en dix jours. Il comporte un premier étage haut de six mètres, qui abrite la pièce de fusil-mitrailleur du caporal Benini, et un nid-de-pie où veille un guetteur de l'aube à la tombée de la nuit. Un poulailler et une petite porcherie sont sortis de terre, du côté du poste inaccessible aux vues des liaisons de ravitaillement.

— Comme ça, explique Péréra à Boussicaut, on ne risque pas de se faire engueuler pour nos razzias dans les villages...

Les Viêts viennent tâter le poste le 6 décembre, à l'heure de la sieste. Le Lorrain jaillit de sa cabane. « Bon Dieu, qu'ils ont fait vite, apprécie-t-il en constatant que les partisans sont déjà tous à leurs postes de combat. Avec eux il n'y a pas besoin de donner des ordres... »

Le jeune interprète, que le chef de poste a baptisé Mickey, est là lui aussi. Les femmes et les gosses se sont coulés sous leurs bat-flanc, des pleurs s'évadent de leur cagna. « Vivement que le blockhaus soit terminé, a le temps de souhaiter le Lorrain en courant vers le deuxième mirador de son poste. C'est l'enfer, pour ces pauvres gosses... »

Les bo doîs n'approchent pas. Leurs balles claquent sans danger au-dessus des tirailleurs et des partisans. Boussicaut attend l'ordre de pilonner les alentours. Les défenseurs d'Hoa Loc ne gaspillent pas leurs munitions. Ils ne tirent qu'après avoir bien repéré les assaillants.

— Ils sont tous dans la cocoteraie de l'autre rive, reconnaît l'ancien maquisard, on va voir ce qu'ils ont dans le ventre...

Le mortier aboie, les fusils-mitrailleurs rafalent, les Mas 36 et les Mauser tirent à bonne cadence. Le vacarme dure trois minutes. Rien ne bouge sous les cocotiers. Les balles rebelles claquent de moins en moins au-dessus du poste.

— Halte au feu ! hurle Péréra.

Partisans et tirailleurs obéissent. Le silence retombe sur les postes de combat qui sentent la poudre brûlée, dure une minute et vole en éclats lorsque les femmes des partisans et leurs gosses se répandent dans la cour en hurlant de joie.

Les partisans tiennent à fêter le premier combat partagé avec leur nouveau chef. Leurs épouses s'affairent pendant des heures à la préparation de plats étranges. Péréra et Boussicaut, qui ne connaissaient que les soupes chinoises, le canard laqué et les pâtisseries vietnamiennes, apprennent à manger du rat grillé, du crapaud-buffle et les tranches d'un énorme boa jusque-là engraissé dans l'attente d'une occasion de festin.

Le chef de poste domine ses répulsions, mange de tout par politesse, goûte même du bout des dents de grosses chenilles grillées, copieusement salées et présentées sur des brochettes de bambou. Les partisans ouvrent ensuite des durions, de gros fruits couleur moutarde et hérissés de piquants. Le Lorrain est tout de suite pris par une odeur infecte.

— Ça sent le cadavre, grommelle-t-il, il est pourri, ce fruit...

Les supplétifs se gorgent du dessert peu ragoûtant. Leur chef se contente de bananes.

Le Lorrain est tiré de sa sieste rituelle, quelques jours après la première attaque repoussée, par une violente douleur.

— Nom de Dieu, gronde-t-il en secouant vivement sa main droite pour se défaire du gros rat qui s'y est agrippé, cette saloperie va me foutre la peste...

Le chef de poste craint l'infection et, comme la maigre pharmacie de Hoa Loc ne recèle pas de vaccin, il décide d'aller se faire soigner à Mo Cay.

— Je vais profiter de cette connerie pour faire liaison avec le P.C. de la compagnie, se promet-il en s'engageant sur la route du bord du rach, vers les défenses du poste tenu par le sergent Polito.

— Prends encore deux hommes, lui offre ce dernier, on ne sait jamais...

Le groupe renforcé parvient sans encombre au dernier poste avant Mo Cay et rejoint vite la ville.

— Blessé par un rat, c'est vraiment trop bête, mon capitaine, explique le patron d'Hoa Loc à son commandant de compagnie, je n'ai vraiment pas de chance...

Le sergent-chef Tamagny, un Lorrain de Nancy, administre la piqûre espérée au Ranguevalois et lui fait ensuite les honneurs de Mo Cay. Le P.C. du capitaine Lerest a hérité d'une pièce japonaise de 75.

— Un de ces jours, propose Tamagny, je vais tirer quelques coups autour de ton poste...

Le sergent-chef raccompagne son homologue à Hoa Loc.

— Merci pour tout, lance ce dernier à l'infirmier-artilleur, n'oublie pas ton 75...

Les rebelles du secteur demeurent toujours dans une réserve prudente, qu'ils ne quittent que le 14 décembre.

— Chef, hurle alors un guetteur alors que la garnison prend son repas de la mi-journée, il y a un Viêt au bord du rach !

Les partisans et les tirailleurs bondissent à leurs postes de combat. Péréra scrute en vain les bords du cours d'eau.

— T'as rêvé, lance-t-il à la sentinelle au bout de longues minutes d'observation, ou alors c'était un nha qué.

Le tirailleur se renfrogne. Les hommes qui ne sont pas de veille s'apprêtent à terminer le repas interrompu par l'alerte.

— Un radeau ! hurle à nouveau le factionnaire.

Le Lorrain remonte sur le mirador. Un esquif confectionné avec des troncs de bananiers passe lentement devant Hoa Loc.

— C'est un signal viêt, gronde le chef de poste, ils se foutent de nous...

Le radeau s'éloigne. Des drapeaux rouges et des placards de propagande sont plantés sur ses troncs.

— Cette fois, confie Péréra à Boussicaut, je suis sûr que tu vas avoir du travail avec ton mortier... On peut s'attendre à une attaque sous peu... Drôle de dimanche !

L'après-midi passe en amélioration des défenses du fortin.

— Il va bientôt faire nuit, estime le sergent-chef sur le qui-vive, il faut faire dormir les familles dans le blockhaus, on ne sait jamais...

Une fumée monte haut dans le ciel au-dessus d'une cocoteraie qui s'étale à six cents mètres au nord-ouest du poste.

— Balance deux obus par là-bas, ordonne le Lorrain à Boussicaut, ils doivent casser la croûte avant l'attaque...

Les deux obus de 60 tombent juste.

— On continue comme ça ? hurle Boussicaut à son chef, posté en observation sur le premier étage du mirador le plus haut.

L'ancien Corsaire décide d'économiser ses munitions.

— Non, ordonne-t-il, mais tiens ta pièce prête...

La nuit tombe sur Hoa Loc. Les familles des partisans s'entassent dans l'abri de rondins. L'attente de l'attaque commence. Pas un tirailleur ne pense à dormir. Leur chef s'est allongé sous sa moustiquaire et guette les bruits de la nuit. Il est bientôt minuit. Rien ne bouge alentour. Les partisans veillent toujours. Deux heures s'écoulent encore. « Les gars ne vont pas tenir longtemps comme ça, redoute le patron d'Hoa Loc, ils sont sur les nerfs... et moi aussi ! Les Viêts jouent très bien le coup... »

C'est presque avec soulagement que le Lorrain accueille les premiers coups de feu de l'assaut si longtemps attendu. Des tuiles du poste volent en éclats. Les guetteurs ripostent. Mickey se tient aux créneaux près de son chef.

— T'as peur, gamin ? lui lance ce dernier.

Le jeune Vietnamien hausse les épaules. Le feu rebelle prend de plus en plus de puissance. Une fusée rouge crève la nuit.

— C'est le signal de la ruée, hurle Péréra à Boussicaut, tiens-toi prêt à balancer tes pelots...

Puis l'ancien Corsaire brandit le pistolet lance-fusée dont il s'est muni et tire un projectile éclairant. Les glacis dégagés de végétation qui séparent le poste des cocoteraies semblent trembler dans la lueur de la fusée. Boussicaut tire ses premiers obus. La mitrailleuse de 7,62 et les deux 24/29 des tirailleurs arrosent épais les bords du rach et l'orée de la forêt. Une grêle de balles ennemies piquette les défenses nord du poste et ses toitures. « Tant pis pour les gouttières, prend le temps de se dire le Lorrain, la saison des pluies est encore loin... »

La riposte d'Hoa Loc en impose aux assaillants invisibles. La pression de leurs armes diminue considérablement.

— Cessez le feu ! crie le chef de poste aussi calmement qu'il le ferait sur un pas de tir, ils vont foutre le camp...

Le sous-officier devine juste. Les Viêts-minhs tirent encore une centaine de coups de fusil, leurs armes collectives lâchent ue douzaine de longues rafales, puis le silence s'empare à nouveau des bords du rach.

— Tout le monde reste à son poste, ordonne tout de même Péréra, ils vont peut-être revenir...

Les heures de fin de nuit s'écoulent dans l'attente de nouvelles rafales, seulement rythmées par les cris métalliques des lézards geckos qui ont repris leur concert, agrippés aux charpentes du poste. L'aube balaie les appréhensions des défenseurs d'Hoa Loc.

— Pas question de sortir aujourd'hui, décide Péréra en se souvenant des avertissements du capitaine Lerest qui lui avait annoncé des attaques rebelles à l'approche du 19 décembre. Ils ne doivent attendre que ça...

Les alentours d'Hoa Loc demeurent calmes pendant deux jours. Le Lorrain oublie sa résolution de prudence et, autorisant la sortie d'une corvée de bois de construction, se rend avec elle dans une cocoteraie située à trois cents mètres du poste.

— Les Viêts ! hurle un tirailleur placé en guet pendant que ses compagnons abattent et débitent deux cocotiers. Ils arrivent...

Les bûcherons d'occasion se saisissent de leurs armes déposées contre des troncs et se placent en position de combat.

— Mickey, ordonne Péréra, fonce au poste et dis au chef Boussicaut de tirer devant nous... Dépêche-toi...

Les yeux du jeune partisan brillent d'excitation. Il sourit, comme pour remercier, et détale vers Hoa Loc.

— Il y en a d'autres, avertit un Algérien quelques secondes après le départ du gosse, beaucoup d'autres...

Les premiers obus de mortier venant du poste s'abattent en pluie sur l'avant-garde des bo doïs. Des hurlements suivent les explosions. Les tirailleurs de Péréra ajoutent à la confusion qui s'empare de l'élément rebelle en tirant de toutes leurs armes individuelles.

— Ils foutent le camp pour aller chercher du renfort, évalue le sergent-chef qui ne s'est pas servi de sa Sten, il est bien temps de rentrer...

Les tirailleurs ne s'encombrent pas du bois qu'ils ont eu le temps de tailler avant l'approche des Viêts-minhs et s'engouffrent bientôt dans Hoa Loc, juste au moment où les bo doïs reviennent en force dans la cocoteraie.

— Tire encore, ordonne leur chef à Boussicaut, faut les garder au large...

Tous les occupants du poste sont aux créneaux. Leurs tirs empêchent les hommes en noir de sortir du bois.

— Cette fois ils filent pour de bon, apprécie l'ancien Corsaire, ils n'ont pas beaucoup de constance, dans cette bande… Il y a de l'autocritique dans l'air…

La date fatidique du 19 décembre passe sans attaque. Noël 1947 arrive.

— Ici au moins, plaisante Péréra en se souvenant des deux précédentes nativités, je ne risque pas de faire l'andouille ! C'est toujours ça de gagné…

La fête ne manque pas au Lorrain. « Fils de pauvre ouvrier, ouvrier moi-même et maquisard, se souvient-il tout de même nostalgique, je n'ai jamais connu de grandes fêtes : messe de minuit à Ranguevaux, une saucisse passée au four, des pommes, une orange quelquefois, des noix, trois ou quatre bonbons, un Père Noël de pain d'épices, et c'était tout… »

Le sergent-chef oublie vite le réveillon manqué en partant en liaison vers le poste du sergent Polito pour fouiller avec lui le village d'Ap Than.

Les Viêts espérés sont là, bien embusqués dans des fossés creusés autour des paillotes du village. Les partisans n'attendent pas les ordres du Lorrain. Ils se lancent dès les premiers coups de feu à la poursuite des bo doïs qui abandonnent leurs positions.

— Ils sont fous, fait remarquer leur sergent à Polito, ils risquent de tomber dans un piège…

Les Cambodgiens mitraillent au milieu du village, puis ils poursuivent la traque en s'enfonçant sous une cocoteraie. Les dix tirailleurs de Péréra et ceux de l'autre chef de poste se placent en hérisson en attendant le retour des partisans.

— Mais qu'est-ce qu'ils foutent ? s'impatiente l'ancien Corsaire en écoutant les échos de fusillades, on va être obligés d'aller les chercher…

Quelques minutes crispantes passent encore. Puis le Lorrain se détend en voyant enfin revenir les partisans. Les Cambodgiens sont hilares. Ils sont chargés de volailles et traînent derrière eux deux bo doïs entravés.

— Faut tout de même marquer le coup, décide le chef de section en hélant le sergent supplétif qui a mené l'assaut sans ordres, ils risquaient tout de même gros dans la partie…

Le chef des partisans ne saisit pas très bien les reproches du Français. Pour lui tout va bien. Il n'a pas perdu un seul homme, il ramène de la nourriture pour les familles, et les deux bo doïs ficelés vont certainement donner des renseignements pour peu qu'on les questionne sans ménagement.

— Après tout, s'avoue le Lorrain après l'engueulade sans grande portée, il n'a pas tort... J'étais comme lui au maquis, la guerre est belle en liberté !

L'année 1947 meurt sans cérémonies. Hoa Loc vit une nuit de guerre comme les autres.

— Ce n'est certainement pas le cas des planqués de Saigon, se laisse aller à regretter son chef de poste, ça doit cartonner sec par là-bas... Vive 1948 tout de même !

Le sergent-chef Tamagny tient parole. Il amène le canon japonais à Hoa Loc quelques jours après le triste Jour de l'An, et arrose copieusement les zones tenues par le Viêt-minh pendant les trois heures qu'il passe au poste.

— J'ai bien repéré ton fourbi, annonce-t-il à Péréra avant de rejoindre Mo Cay. Demain à midi pile, je vais te mijoter un petit tir de réglage... Tu m'en diras des nouvelles !

Tous les occupants d'Hoa Loc sont aux créneaux de leur poste à l'heure prévue pour le tir.

— Midi, annonce le Lorrain, attention...

Un sifflement épais approche. Le premier obus explose à une cinquantaine de mètres du poste. Les partisans et les tirailleurs applaudissent. Le deuxième obus s'annonce.

— On va le prendre en plein sur la gueule, craint le chef de poste en rentrant instinctivement la tête entre ses épaules, il est beaucoup plus long que le premier...

L'ogive de 75 passe au-dessus du poste et laboure la terre à cent mètres de ses défenses.

— Je ne sais pas si Tamagny l'a vraiment fait exprès, commente Boussicaut admiratif, mais pour un tir d'encadrement c'est réussi... Ça sera bon en cas d'encerclement...

Le repas est vite expédié. Le Lorrain s'étend pour la sieste dans le petit réduit de son P.C., qu'il a doté d'une porte au fond de la cabane des tirailleurs. Il n'a pas le temps de dormir son content. Mickey pousse un hurlement aigu et se plante devant lui en tenant un serpent de la taille d'un crayon entre le pouce et l'index de sa main droite.

— Qu'est-ce que c'est que cette saloperie ? s'étonne l'homme, tiré de son indispensable repos colonial.

Le jeune partisan approche encore de la couche étalée à même le sol.

— Il allait passer sous ta porte quand je l'ai tué, explique-t-il à son patron, il est très dangereux, tu sais...

Le Ranguevalois ne sait pas et écoute les précisions de son minuscule garde du corps. Il apprend qu'une seule morsure du serpenteau suffit pour envoyer un homme *ad patres*.

— Il mord toujours entre les doigts de pieds, là où c'est tendre, explique encore le lutin à la raie de cheveux bien nette, ses dents ne sont pas assez dures pour piquer ailleurs...

Le Lorrain se recouche, impressionné, après avoir soigneusement inspecté son coin de cagna.

Le calme règne autour du poste pendant quelques journées.

— Pas de sieste aujourd'hui, décide le maître d'Hoa Loc après le repas de midi du 16 janvier, on file au ravitaillement...

Les douze partisans forment la progression avec la pièce de 24/29 du caporal-chef Hocine. Péréra, suivi comme son ombre par le petit Mickey à qui il a confié sa Sten, mène la patrouille aux paillotes de Tan Than Binh, où il sait trouver de la viande pour quelques jours.

Un coup de feu éclate alors que le mirador du poste est encore visible.

— Bon sang, l'embuscade ! gronde le Lorrain en se jetant à l'abri d'une levée de terre, c'est pas Dieu possible, ils ont des antennes !

Un feu roulant plaque au sol les tirailleurs d'Hocine et les partisans.

— Tout le monde sous les arbres ! hurle le sergent-chef en arrachant sa mitraillette des mains de Mickey.

Les fantassins piégés ripostent à l'aveuglette et bondissent courbés vers le bois de palétuviers que leur indique leur chef. Les rebelles invisibles tirent de plus belle. « Ils ne s'améliorent pas, se réjouit l'ancien maquisard, ils tirent toujours comme des savonnettes... »

Une galopade attire soudain l'attention du sous-officier.

— Merde, jure-t-il, les partisans foutent le camp ! On est dans de beaux draps...

Le sergent-chef, furieux, se rassure un peu en constatant sous la mitraille que les supplétifs ne prennent pas la direction du parti viêt-minh, comme il l'avait craint un instant. Ces derniers filent en effet vers Hoa Loc.

Deux tirailleurs d'Hocine imitent les hommes armés de Mauser. Ils abandonnent leur caporal à son sort.

— Qu'est-ce qu'ils ont tous aujourd'hui, rage le Lorrain en arrosant la ligne viêt-minh d'une longue rafale, ils ont le feu au cul...

Les bo doïs ont décelé le repli précipité du plus gros de la patrouille. Ils intensifient leurs tirs en hurlant.

— Ils vont nous tomber dessus, mon pauvre Mickey, souffle l'ancien Corsaire, va falloir bouger nous aussi...

Et le sergent-chef attire l'attention d'Hocine.

— Arrose-les encore un peu, lui intime-t-il, et on file au poste...

Les trois tirailleurs demeurés au feu autour de leur chef se redressent après la dernière rafale de leur 24/29 et se lancent à grandes foulées vers le salut. « Pas question de prendre la piste, se conseille le Lorrain en menant le repli dans des hautes plantes et dans une boue épaisse, nous y ferions de trop belles cibles... »

Les bo doîs de l'embuscade se rendent compte que leur proie leur échappe. Ils jaillissent de leurs positions et se ruent en poursuite. Péréra, toujours suivi de Mickey, trébuche dans la boue, se rattrape en jurant, tombe encore, se retourne vers la meute hurlante qui le poursuit.

— On est presque au poste, souffle-t-il ensuite. On les a eus...

Les partisans sont là depuis longtemps. Boussicaut tire une trentaine d'obus de 60. Les rebelles sont obligés de stopper leur rush à trois cents mètres d'Hoa Loc et refluent vers leurs armes automatiques.

— Il manque un partisan, vient souffler Mickey au Lorrain couvert de boue qui suit à la jumelle le reflux de l'ennemi.

Le sergent-chef sursaute et se laisse tomber à bas du mirador. Le responsable du groupe de supplétifs est bien obligé de confirmer la disparition d'un de ses hommes. Une femme pleure en serrant ses gosses contre son pantalon de ké kouan.

— Je l'ai vu tomber, vient préciser un Cambodgien, juste avant qu'on revienne...

Le sous-officier serre les poings.

— Et bien sûr, rage-t-il en laissant ses partisans à leur peine, il n'est pas question de partir à sa recherche... Les Viêts ne doivent attendre que ça...

La pièce de 60 tire encore quelques coups. Le silence qui suit la dernière explosion ajoute encore au trouble qui s'est emparé des défenseurs du poste à l'annonce de la disparition du partisan.

La nuit tombe. Elle noie tout à coup le rach, les cocoteraies et le pont Eiffel.

— Avec tous ces Viêts dans le coin, estime le chef des oubliés d'Hoa Loc en faisant une ronde avec Mickey, on peut s'attendre à du vilain avant l'aube...

23. LES TAM-TAMS DE TAN THAN BINH

Les gardes ont été doublées. Les femmes de partisans veillent l'épouse du disparu. Les tirailleurs gagnés par la sinistre ambiance du poste ne trouvent pas le sommeil. Le patron d'Hoa Loc ressasse plus de vingt fois l'accrochage de l'après-midi pour essayer de savoir où a bien pu tomber le partisan manquant à l'appel. De sourdes résonances de tam-tams rythment lugubrement la nuit. Venant de Tan Than Binh, le village que voulait piller le Lorrain, elles traînent sur les rizières et s'insinuent dans les cocoteraies. Les tirailleurs supportent mal leur énervement. Leur chef décide d'exorciser les démons de la nuit en faisant donner le mortier de 60 sur Tan Than Binh.

— Mais, lui fait remarquer Boussicaut qui grelotte de fièvre depuis la tombée de la nuit, le bled est hors de portée…

— Je sais bien, précise le chef de poste, mais c'est juste pour essayer de faire taire ces saloperies de tam-tams…

Le mortier d'Hoa Loc tire dix obus. Les tambourineurs ne reprennent pas leur concert. Le reste de la nuit s'écoule silencieusement.

Un gros élément est au poste peu après l'aube. Le sergent-chef Tamagny fait partie de la liaison. Il met vite son canon japonais tracté par un 4X4 en batterie, et pilonne copieusement le village rebelle bien repéré sur la carte.

— Tes Viêts ont sûrement filé un peu plus au large, lance-t-il à Péréra, en tout cas ils ne sont pas près d'approcher de chez toi…

L'ancien maquisard profite du renfort de la liaison pour aller fouiller le terrain des accrochages de la veille. Ses partisans ne retrouvent pas trace de leur compagnon disparu.

— Il doit être prisonnier, envisage tristement le patron d'Hoa Loc, il aurait mieux valu pour lui qu'il soit mort…

La patrouille rentre au poste. L'élément de Mo Cay reprend la route du sud. Boussicaut, de plus en plus fiévreux, part avec lui. Péréra reçoit en échange le renfort de son ami Lafont.

Les rebelles de Tan Than Binh se risquent à nouveau vers Hoa Loc quarante-huit heures après la canonnade de leur sanctuaire. Ils se portent silencieusement autour du fortin, et lancent deux fusées rouges. Les partisans et les tirailleurs sont à leurs défenses en moins d'une minute. Leur chef scrute la nuit à la jumelle. Rien ne bouge alentour.

— Ils vont encore nous empêcher de dormir, rage le sergent-chef en passant ses binoculaires à Lafont, ils espèrent nous rogner les nerfs avant d'attaquer en force un jour prochain…

Les défenseurs d'Hoa Loc demeurent toute la nuit au poste de combat. Les bo doîs cernent le poste pendant plusieurs jours, en se contentant de le harceler de temps en temps de quelques coups de feu imprécis.

— On dirait bien qu'ils veulent nous obliger à sortir de notre tanière, estime l'ancien Corsaire dont le visage accuse de sérieux stigmates de fatigue, mais on ne bougera pas !

Sans doute à bout de nerfs eux aussi, les Viêts-minhs desserrent leur étreinte au bout de quatre jours. Les guetteurs du poste s'aperçoivent vite de leur départ. Leur chef lance une liaison avec le poste de Polito où l'attend son ravitaillement. Le poste intermédiaire est atteint sans encombre. Les tirailleurs et les partisans chargés de nourriture marchent à bon pas sur la piste du retour. L'Algérien qui éclaire la patrouille alourdie fige soudain son avance sous une cocoteraie. Péréra, qui marchait au milieu de la colonne, dépasse ses hommes un à un.

— Qu'est-ce que tu as vu ? s'inquiète-t-il une fois parvenu en tête de la progression.

L'Arabe ne répond rien. Il roule des yeux fous. Le Lorrain balaie du regard le fouillis de la cocoteraie.

— Il n'y a rien, lance-t-il au voltigeur toujours immobile, on continue...

Le tirailleur n'obéit pas et ne réussit qu'à faire un geste du bras pour montrer l'objet de son trouble à son chef.

— Merde ! gronde ce dernier en se rejetant en arrière et armant sa Sten, un serpent à lunettes...

Le cobra s'est dressé comme un bâton en plein milieu des basses herbes de la piste. Il n'est qu'à un mètre du voltigeur hypnotisé. Sa tête largement étalée en à-plat se balance d'avant en arrière en sifflant. Les spirales de sa queue glissent lentement. Le Lorrain lâche une rafale de 9 mm.

— Manqué, gronde-t-il lorsque le reptile se défile dans les herbes, on fout le camp...

L'éclaireur ne réagit toujours pas.

— Il est parti, lui crie son chef en désarmant sa mitraillette, tu ne risques plus rien...

Et, comme l'Algérien ne bronche toujours pas, il fait un signe au caporal Benini. Le gradé musulman prend le tirailleur choqué aux épaules et lui murmure quelques mots en le fixant dans les yeux.

— Ça va aller, promet-il ensuite en rejoignant sa place dans la progression figée sur ses gardes, on n'aime pas les serpents chez nous...

Le voltigeur peu à peu désenvoûté laisse sa place à un autre tirailleur en tête de la colonne, s'appuie contre un arbre, vomit de la bile noire, et pleure. « Il est à bout, s'avoue le Lorrain en respectant la crise de nerfs du vieux soldat, et nous le sommes tous... Vivement la relève ! »

Deux coups de fusil raniment le poste le lendemain à l'heure de la sieste. Péréra grimpe au mirador.

— Ils font vraiment tout ce qu'ils peuvent pour nous priver de repos, râle-t-il, c'est de bonne guerre...

Le guetteur qui a tiré les deux coups de feu montre le rach de la main.

— J'ai vu un Viêt sur un sampan, affirme-t-il en mauvais français, je l'ai certainement touché...

Une petite barque demeure coincée dans une touffe de roseaux.

— Lafont, ordonne le Lorrain, va aux résultats avec quatre gars...

Le sergent aux cheveux très noirs entraîne sa petite patrouille à la course, et ramène du rach un homme en sang.

— Il est salement touché, constate Péréra, et on ne dirait pas un Viêt…

Les partisans détaillent longuement l'inconnu qui a l'avant-bras gauche déchiré du coude à la main. Le sergent supplétif est de l'avis de son chef.

— Ce n'est pas un Viêt, annonce-t-il lui aussi, c'est un pauvre nha qué…

Péréra compatit à la douleur du blessé vite pansé.

— Il faut l'emmener au P.C., décide-t-il, il va se vider de son sang…

Lafont se porte volontaire pour conduire le Vietnamien à Mo Cay. La liaison, renforcée par la section de partisans de Polito, s'effectue sans ennuis. Le sergent très brun est de retour à Hoa Loc avant la nuit.

Le Lorrain est à nouveau tiré de sa sieste le lendemain. Des tirailleurs l'appellent du premier étage du plus haut de ses miradors, et lui montrent un homme en noir qui se tient prudemment au bout du pont toujours intact en agitant son chapeau conique en signes pacifiques.

— C'est un Européen, s'étonne le chef de poste, d'où sort-il ?

La petite garnison d'Hoa Loc est tout entière aux créneaux. Son chef étudie longuement le comportement de l'inconnu. Puis il dépêche à sa rencontre le responsable des partisans avec deux de ses hommes. Le trio se poste à l'entrée du pont Eiffel. Le sergent cambodgien parlemente un instant avec l'homme en noir. Ce dernier recule de quelques mètres, disparaît de la vue de Péréra, et revient deux minutes plus tard avec deux autres Européens sans armes. Les trois hommes sont vite ramenés au poste.

— Continuez à veiller, ordonne le Lorrain à ses hommes, c'est peut-être un piège…

Le sergent-chef connaît bien des histoires de postes enlevés par des déserteurs envoyés par le Viêt-minh. Il se plante devant le grand blond qui semble être le chef du trio de faux nha qués. Ce dernier s'exprime en français très écorché par un rauque accent allemand.

— Nous étions prisonniers des Viêts, explique-t-il, et nous avons réussi à nous sauver ce matin…

Le Lorrain ne prend pas l'explication comme parole d'Evangile.

— Ouais, se dit-il en étudiant les traits du soi-disant évadé, moi je veux bien, mais l'histoire est trop belle pour être vraie… On va les mener en vitesse à Mo Cay…

Le trio est visiblement affamé. Il dévore le repas frugal que leur offrent les tirailleurs.

— Garde-les à l'œil, ordonne l'ancien maquisard à Lafont, faudrait pas qu'ils profitent de l'amitié de nos braves gars pour leur piquer leurs armes et nous foutre tous en l'air… Ça s'est déjà vu des trucs comme ça…

Les légionnaires ont vite fini de manger.

— Moi, confie le Lorrain à son adjoint, je crois plutôt que ces cocos-là ont déserté le 3e R.E.I... Ils n'ont sans doute pas trouvé chez les Viêts la vie pépère qu'ils espéraient, alors ils font le voyage à l'envers...

Lafont traverse avec les trois Allemands la forêt qui mène chez Polito. Péréra lui a donné l'ordre de déjouer tous les pièges éventuels. Les hommes de l'escorte effectuent des tirs a priori aux endroits les plus propices à l'embuscade. Le poste de Polito, mis en alerte par les rafales et les éclatements de mortier de 60, est atteint sans accrochages. Lafont pousse jusqu'au P.C. du capitaine Lerest après avoir reçu un renfort de partisans, et revient en fin d'après-midi à Hoa Loc.

— T'avais raison, s'empresse-t-il de rapporter au Lorrain lorsque refile vers Mo Cay la section de partisans du P.C., nos trois gars sont bien des déserteurs... Les gens du renseignement les ont pris en charge à Mo Cay, je n'aimerais pas être dans leurs souliers...

Lafont apprend aussi au maître d'Hoa Loc que le partisan disparu dans l'embuscade du 17 janvier a été emmené à Tan Than Binh et achevé devant la population hurlant sa haine.

Le mois de janvier tire à sa fin. Les défenseurs d'Hoa Loc n'ont plus des mines de soldats réguliers. Ils ressemblent à des guérilleros. La plupart d'entre eux marche pieds nus, comme les partisans. Ils ne se rasent plus. Une barbe roussâtre mange le visage de Péréra. Le savon manque, les tubes de dentifrice sont vides depuis longtemps. Le Lorrain a appris à vivre sans nouvelles de France. Il a perdu le goût d'écrire, et cette absence de lien avec sa famille ne le gêne pas. Les baraques du poste sont envahies de punaises et de cafards. Les rats pullulent dans ses fossés.

— Encore quinze jours comme ça, envisage l'ancien Corsaire en passant une main dans ses cheveux mal coupés par un de ses tirailleurs, et on sera irrécupérables... Ça détruit, la merde !

Lafont propose à son chef d'utiliser le sampan du nha qué évacué sur Mo Cay, ainsi que deux autres qui pourrissent dans les roseaux du rach.

— On pourrait sûrement tomber sur les Viêts en nous faufilant par le rach et les arroyos, plaide-t-il pour enlever la décision, ils ne nous attendent pas par là...

Le Lorrain accepte l'idée avec enthousiasme. Les sampans, transportant chacun trois hommes, glissent chaque nuit silencieusement sur le rach. Péréra et son adjoint, qui mènent tour à tour les petits commandos, interceptent ainsi trois embarcations chargées de ravitaillement rebelle dont les sampaniers sont dirigés à l'aube sur Mo Cay.

L'ancien Corsaire s'enhardit à pousser plus loin ses opérations nautiques.

Deux sampans abordent en pleine nuit au village d'Ap Hong, là où un des sampaniers capturés et durement interrogé avant son transfert à Mo

Cay a signalé la présence d'un groupe de bo doîs au repos. Le chef de commando place quatre de ses hommes en défense près du rach et, ayant bien repéré la paillote décrite par le prisonnier torturé, entraîne vers l'objectif le sergent cambodgien qui a débarqué avec lui.

Les deux hommes, félins, se plaquent au ras de la cagna.

— Rien ne bouge, souffle le Français à son compagnon aux yeux bridés, on y va...

Le Cambodgien fait très lentement jouer la légère porte de la paillote. Les deux intrus ne bronchent pas pendant près d'une minute. Les bruits d'une forte respiration trahissent la présence d'un dormeur au fond de la pièce. Le partisan pose une main sur le bras de son chef, et plonge comme un fauve dans l'obscurité hantée de lourdes odeurs d'épices. Un bruit de lutte, halètements et coups sourds, envahit la cagna.

— Je l'ai eu, souffle le Cambodgien en ramenant un bo doî assommé vers la porte entrouverte de la paillote, les autres doivent être plus loin...

Le prisonnier, sans doute un guetteur qui s'était assoupi, est traîné hors de la cagna. L'action rapide n'a même pas troublé les crapauds-buffles qui continuent à coasser épais. Péréra attire l'attention de deux autres partisans. Les deux hommes s'approchent de leur chef.

— On pousse plus loin, leur chuchote ce dernier en obligeant le prisonnier revenu à lui à avancer vers l'intérieur du village.

Les cinq hommes parcourent une cinquantaine de mètres sous la lune qui éclaire bien le paysage tranquille.

— Merde ! gronde le chef de commando lorsque le bo doî surpris au gîte réussit à se faufiler entre des cagnas, il nous a eus...

Un coup de feu claque. Le fuyard boule au sol en hurlant. Le sergent cambodgien a tiré en mouvement réflexe. Des bo doîs jaillissent de toutes les paillotes en tiraillant dans toutes les directions. Des ordres aigus se mêlent aux détonations. Le Viêt-minh abattu, qui est tombé à moins de dix mètres des commandos, ne bouge plus.

— Il doit être mort, avance le Lorrain en étudiant la pagaille des bo doîs arrachés à leur repos, mais c'est un bien maigre résultat, j'aurais bien aimé en ramener un vivant à la maison...

Les rebelles ne tirent plus. Leurs voix essoufflées résonnent, aigres, entre les cagnas.

— Ils disent qu'on a filé dans la forêt, traduit le sergent cambodgien après avoir saisi quelques éclats de voix, ils ne pensent pas au rach...

Péréra devine les déplacements des Viêts-minhs qui dirigent leurs fouilles bruyantes vers une sombre cocoteraie.

— On peut y aller, lance-t-il d'une voix retenue à ses hommes, ils sont tous par là-bas...

Les quatre hommes se coulent courbés au ras des paillotes, atteignent sans encombre la paillote où le Cambodgien a surpris le bo doî endormi, rejoignent les deux derniers partisans demeurés tapis auprès des sampans.

— On rembarque ! leur ordonne le Lorrain.

Le bois des deux embarcations grince quand les partisans et leur chef les occupent. Quelques coups de feu résonnent à trois cents mètres du cours d'eau.

— Ils allument des fantômes, ironise l'ancien Corsaire lorsque les barques ont gagné le milieu du courant, on les a baisés…

Les deux partisans qui mènent les sampans s'arc-boutent sur les longues rames qu'ils manient à l'arrière des longues embarcations.

Le pont Eiffel d'Hoa Loc est atteint en moins d'une heure. Le chef du commando se fait reconnaître des veilleurs du poste à coups de brefs éclairs de lampe électrique. Puis, une fois parvenu à la porte close du fortin, il chuchote le mot de passe prévu au départ de l'expédition.

24. LES LÉPREUX DE MO CAY

Une relève de gardes de la 3e légion arrive à Hoa Loc au matin du 8 février 1948. Les tirailleurs n'ont guère de mal à ramasser leur maigre barda. Les adieux aux partisans sont vite expédiés. Mickey a décidé de suivre Péréra.

— On ne va certainement pas rester longtemps dans l'île, mon petit vieux, lui oppose ce dernier, et on ne pourra pas t'emmener avec nous…

Le jeune garçon insiste. Le Lorrain cède.

— Ça va, tu viens, accepte-t-il, occupe-toi de mes affaires…

Le départ vers Mo Cay est donné. Le lutin rieur trottine menu derrière son patron de sergent-chef.

— Je suis bigrement content de rejoindre le reste de ma section, reconnaît ce dernier en se retournant une dernière fois vers Hoa Loc, mais je laisse encore un peu de moi-même dans ce foutu poste… Pourvu qu'il ne subisse pas le sort de Ba Vat.

Le capitaine Lerest a fait évacuer une grande bâtisse de Mo Cay pour loger ses deux sections relevées de leurs postes. Le caporal Dehène, un des blessés du 21 septembre 1947, a refusé le rapatriement et reprend du service à la section Péréra. Les tirailleurs d'Hoa Loc redeviennent des soldats français, rasés de près, uniformes repassés, cheveux bien coupés, ils redécouvrent la vie de garnison. Leur chef, transformé lui aussi en véritable sergent-chef, visite Mo Cay après avoir appris de son capitaine que le reste du bataillon avait quitté Bentre pour la région de Saigon, pour servir là-bas au sein du groupement des réserves générales des troupes françaises en Indochine du Sud.

La ville est peuplée de cinq mille habitants. Elle étale ses rues tirées au cordeau et bordées de maisons en dur autour d'un vaste marché vers lequel convergent chaque jour des centaines de sampans et des voiturettes arrivées là par la seule route encore libre de l'île, celle de Giong Trong. Mo Cay est complètement coupée de Than Phu, la deuxième ville de l'île de Minh. La zone viêt-minh commence dans cette direction à deux cents mètres de la cité, juste après un pont Eiffel détruit qui encombre le rach.

Le capitaine Lerest a pris ses quartiers dans la maison jadis habitée par l'administrateur civil de la région. La capitale de Minh est également occupée par une grosse compagnie de caodaïstes et semble vouloir ignorer la guerre pourtant si proche. Les notables invitent chaque jour des gradés de la compagnie à leurs tables bien garnies. Péréra, vêtu comme tous les autres cadres de tirailleurs d'une impeccable tenue blanche, short et chemisette taillés à bas prix par un Chinois, découvre de nouveaux plats indigènes.

— C'est vraiment la belle vie, s'avoue sans honte le sous-officier, on aurait bien tort de ne pas en profiter...

La fête du Têt, le Nouvel An des Vietnamiens, enfièvre la ville qui vit au rythme colonial de l'avant-guerre quelques jours après le retour des oubliés d'Hoa Loc. Les plus pauvres habitants de Mo Cay dépensent en quatre jours les économies de toute l'année passée. Les riches, vêtus de neuf pour la circonstance, étalent leur aisance dans les rues résonnant d'éclatements de milliers de pétards et parcourues par un long dragon de tissu à armature souple dont l'énorme tête écarlate et à la gueule béante, ornée de deux gros yeux, terrorise les plus jeunes enfants.

— Pourvu que les Viêts ne viennent pas troubler la fête, espère le Lorrain saisi par l'ambiance, ce serait vraiment dégueulasse, ces gens paraissent tellement heureux...

Les bo doïs respectent la trêve. Le dernier jour de liesse meurt sans qu'une seule exaction l'ait endeuillée.

La guerre reprend bientôt ses droits sur l'île de Minh. Le gros du bataillon débarque le 21 février avec une compagnie du 4e régiment de tirailleurs marocains, et une autre du 2e R.T.A. Vingt-cinq crabes, des engins blindés amphibies, renforcent le groupement opérationnel. La manœuvre, lancée sur renseignement contre trois compagnies du régiment viêt-minh nº 99 et une usine d'armement, dure jusqu'au 29.

— Et nous, regrette Péréra lorsque l'opération baptisée « Cheval » est démontée, on n'a eu qu'à compter les coups comme des bons à rien...

Le bilan est d'importance, qui annonce cinquante-huit réguliers du Viêt-minh abattus et cent quatre-vingts prisonniers.

— Oui, poursuit le Lorrain en prenant l'apéritif au mess créé de toutes pièces par le sergent Guerchaux, les copains ont fait du bon boulot, ils ont même récupéré un canon de 75 et un mortier de 81... C'est pas à nous que ça arriverait !

Un commando du 4e R.T.A. vient renforcer la garnison de Mo Cay après l'opération Cheval. Le renfort participe à une petite manœuvre montée par le capitaine Lerest, et c'est à lui que reviennent les honneurs du communiqué. Les Marocains accrochent durement les rebelles au troisième jour de vains ratissages, et récupèrent des fusils au prix de quatre morts. Le lieutenant Oufkir, le chef du commando, est un homme au profil d'oiseau de proie qui mène ses hommes comme un chef de rezzou saharien. Péréra l'observe, impressionné, lorsque ses quatre tués sont mis en terre au carré militaire du cimetière de Mo Cay. « Ce bonhomme-là respire la fierté et la cruauté, ne peut s'empêcher de penser le Lorrain, ce doit être une sacrée machine de guerre... »

Les délices de Mo Cay commencent à peser à l'ancien Corsaire dans les jours qui suivent l'enterrement. L'annonce que le sergent Streiff, son ancien compagnon de la compagnie Vincent, a été tué en opération à Baria, au-dessus de Cap-Saint-Jacques, ajoute encore à la sensation de lassitude morale qui l'envahit.

— Nous étions sept sergents au départ d'Allemagne, se souvient-il tristement, Streiff est le quatrième à mourir... Ça commence à bien faire !

Le Viêt-minh se manifeste de plus en plus souvent dans Mo Cay. Ses agents se mêlent sans peine aux nha qués qui viennent au marché central. Un partisan déserte dans la nuit du 5 mars en emportant deux fusils et trois cents cartouches.

— C'est une bien sale affaire, confie le capitaine Lerest à ses gradés réunis après la découverte de la disparition de l'Annamite. Nous ne pourrons plus avoir confiance... Ouvrez l'œil...

La propagande viêt poursuit son lent pourrissement. Des nuages, qui courent dans le ciel de l'île, annoncent le retour de la mousson du sud-est et de la saison des pluies. Un orage éclate, noyant la ville sous des trombes d'eau. « Si seulement toute cette flotte pouvait un peu rafraîchir les idées de nos gars, espère le Lorrain pris sous l'orage qui menaçait Mo Cay depuis plusieurs jours déjà, ça ne nous ferait pas de mal... »

La lourde ambiance de la petite garnison pourrit encore un peu plus. Un second Annamite disparaît.

— Cette fois, c'est très grave, tempête l'officier gouverneur de l'île, il a emmené une mitraillette, un fusil, dix grenades et trois cents cartouches... Il ne faut absolument pas que cela se reproduise...

Le Lorrain et les autres gradés sont atterrés. Ils décident, la rage au cœur, de cadenasser chaque soir les armes de leurs partisans à un râtelier. Un trafic d'armement règne en ville. L'adjudant-chef Benarfa récupère un pistolet automatique dans le paquetage d'un de ses hommes, et des tracts appellent les « frères algériens » à abandonner le combat colonialiste.

— Faut bouger, décide Péréra, c'est le seul moyen d'empêcher nos gars de subir la saloperie de propagande viêt...

Le capitaine Lerest est de l'avis du chef de sa 3e section. Les tirailleurs et les partisans grenouillent tout autour de Mo Cay, à la traque des bo doîs.

Péréra mène sa section et un groupe de Cambodgiens impénétrables aux idées révolutionnaires du Viêt-minh sur la route interdite de Than Phu, au sud-est de Mo Cay. Les rebelles se replient par petits paquets devant l'avance de la petite troupe.

— Ils sont mal renseignés, estime le Lorrain, j'ai l'impression qu'ils nous prennent pour le premier élément d'une grosse opération... Ils filent trop vite, il n'y pas moyen d'en abattre un seul...

Le retour du raid se fait prudemment par un autre itinéraire. Les tirailleurs et les partisans sont obligés de traverser des arroyos à la nage, car tous les ponts de singe du secteur ont été détruits par le Viêt-minh. Un voltigeur de l'équipe serre-file du difficile repli signale que des bo doîs se regroupent à moins de huit cents mètres de la section renforcée.

— Ils se sont rendu compte de notre importance réelle, avance calmement le sergent-chef alerté, on a tout juste le temps de filer avant qu'ils ne nous tombent dessus...

Le retour s'accélère sous un nouvel orage. Les lignes d'hommes en noir gagnent du terrain, mais stoppent prudemment à quatre cents mètres de Mo Cay lorsque les hommes de Péréra y pénètrent.

Un caporal vient le lendemain prévenir son chef que Mickey file un bien mauvais coton.

— Il a volé des piastres à un tirailleur, précise le gradé algérien, et il joue aux dés et aux cartes avec des civils...

Le Lorrain promet de sévir et dédommage le tirailleur volé.

— Rien ne va plus aller entre nous, menace-t-il ensuite après s'être fait amener le coupable, je sais tout ce que tu as fait... Je vais te renvoyer à Hoa Loc !

Le lutin se met à pleurer.

— Garde-moi, chef, supplie-t-il sincèrement remué par l'engueulade, je te promets que je ne recommencerai plus jamais...

Le Lorrain se laisse fléchir en souvenir des dangers partagés à Hoa Loc. Le visage éploré de son interprète s'illumine.

— Merci, chef, claironne le lutin en s'essuyant les yeux, tu sais, il y a des Viêts qui viennent jouer à Mo Cay…

Le sergent-chef comprend que le petit bonhomme rusé tient à se racheter.

— On va les coincer ce soir, annonce-t-il à Ronflet et à Lafont, si le gosse n'a pas menti, on va réussir un sacré coup…

Les trois sous-officiers se coulent dans la nuit avec deux tirailleurs. Mickey guide le petit groupe vers une paillote isolée au bord d'un rach et à sept cents mètres des dernières habitations de Mo Cay. L'interprète d'Hoa Loc trace la route de ses compagnons au travers d'un bois de palétuviers.

— On y est, susurre-t-il, bien décidé à payer ses fautes, c'est là…

Les trois Européens découvrent une paillote à travers un rideau de bambous.

— On observe un peu, propose l'ancien maquisard, et on fonce à mon signal…

Un bruit de course trouble soudain le silence de la nuit.

— Un guetteur, rage le chef du petit commando, il nous a repérés…

Une dizaine d'hommes gicle du rendez-vous de jeu. Des rafales de Sten suivent la course désordonnée des fuyards.

— J'en tiens un, crie Ronflet, en ramenant un prisonnier vers ses compagnons, c'est un vrai Viêt !

Le captif est terrorisé. Il tient ses bras très droit au-dessus de sa tête ronde. Sa taille est prise dans un ceinturon de l'armée américaine, et il est porteur d'un poignard.

— Il a dû avoir le temps de foutre son arme à feu en l'air avant que je le coxe, avance le grand sergent qui l'a capturé, mais, trouillard comme il m'a l'air d'être, il va certainement nous raconter plein de choses au P.C.…

Le groupe retraverse les arroyos franchis à l'aller, en colonne par un.

— *Fissa*, conseille son chef, les joueurs de dés vont ramener leurs petits copains sur nous…

Ronflet mène la progression rapide, son prisonnier le suit, bien surveillé par Lafont, et Mickey marche derrière le sergent du Sud-Ouest tandis que Péréra ferme la marche avec les deux tirailleurs.

Les cinq premiers hommes de la colonne se retrouvent resserrés sur un pont de singe. Le bo doî entravé saisit tout le parti qu'il peut tirer de l'inconfortable position de ses gardes. Il pousse Ronflet dans l'arroyo, saute à l'eau, rejoint la rive et file à toutes jambes vers une paillote tout en longueur.

Péréra est encore sur la rive opposée à la fuite éperdue du bo doî. Il arme sa Sten et tire tout son chargeur en balayage. Lafont atteint le bout du pont de singe. Il pénètre dans la longue case.

— Tu l'as eu, claironne-t-il, il est là…

Le Lorrain désarme sa Sten, s'engage à son tour sur le pont de singe, et pénètre dans la paillote à demi en ruine. Lafont tient le Viêt en sang dans le faisceau de sa lampe torche. L'homme s'est recroquevillé en chien de fusil et meurt en gémissant.

— Quel con, lance son tueur, il aurait certainement rejoint des copains dans un camp de prisonniers ; la guerre s'humanise de plus en plus… Du moins de notre côté…

Lafont ramasse un calepin rouge et le tend à Péréra.

— C'est écrit en quôc-ngu, regrette celui-ci en le feuilletant rapidement, je n'y comprends rien, sauf son nom : il s'appelait N'Guyen Than…

Le petit commando rentre dans Mo Cay. Mickey pavoise. Il se sait pardonné.

Péréra confie le lendemain matin le calepin du bo doî abattu à son capitaine. Un interprète le traduit facilement.

— C'est une autocritique de combattant, constate le Lorrain, ce gars-là notait tous ses manquements aux règles viêts-minhs, sauf la passion du jeu qui lui a coûté la vie…

Des pluies de plus en plus violentes s'abattent chaque jour sur la ville. Les tirailleurs et leurs gradés reprennent l'habitude des longues douches d'eau pure, qu'apprécient surtout ceux qui sont atteints de dartres annamites et de bourbouille.

Mickey tient promesse. Il ne joue plus et devient un formidable éclaireur. C'est lui qui mène la plupart du temps les raids de la 3e section.

Péréra parvient une nuit, sous des trombes d'eau, auprès de quelques paillotes montées sur de très hauts pilotis.

— Qu'est-ce que c'est que ce fourbi ? s'interroge-t-il en se dirigeant vers une échelle de bambou pour grimper sur une des bizarres constructions.

Mickey bondit vers son chef et le retient par un bras.

— Faut pas monter, chef, lance-t-il d'un ton péremptoire, c'est la maison des lépreux…

Le mot maudit fait lâcher prise au sous-officier.

— Des lépreux, qu'est-ce que tu me chantes là ? questionne-t-il, soudain inquiet.

— Oui, chef, poursuit le petit Vietnamien exorcisé des démons du jeu, tous les lépreux de Mo Cay habitent là… Ils n'ont pas le droit de venir en ville, leurs familles viennent déposer leur nourriture sans approcher…

Péréra ramène son groupe trempé à Mo Cay. Les parias de la forêt ne sont pas les seuls lépreux de la région. Le chef du conseil des notables de

Mo Cay arrête le Lorrain dans la rue quelques jours après la découverte de la léproserie.

— Je voudrais vous dire quelque chose, lui annonce-t-il d'un air gêné, et cette chose concerne vos amis les autres sergents...

Le sous-officier ne voit pas où veut en venir le riche Vietnamien.

— Oui, enchaîne ce dernier, on voit souvent le grand blond et le petit brun avec deux jeunes filles de la belle maison qui est mitoyenne à votre cantonnement...

Le Lorrain fronce ses sourcils blonds.

— C'est une histoire de fesses, avance-t-il, je n'aime pas ça du tout...

L'édile de Mo Cay paraît de plus en plus gêné.

— Voilà, se décide-t-il à dire, le père de ces deux filles est lépreux... C'est parce qu'il est très riche qu'il demeure encore à Mo Cay...

Ronflet et Lafont sont tout de suite mis au courant.

— Nom de Dieu, gronde Lafont, atterré, encore la lèpre...

Péréra décide d'aller vérifier les dires du chef des notables.

— Zouiche et Hocine, appelle-t-il, venez avec moi...

Et, se prétendant à la recherche d'un captif évadé, le sergent-chef obtient l'autorisation de fouiller la demeure jouxtant son cantonnement. Les deux « fiancées » de Lafont et Ronflet sont là, gracieux papillons de soie noir et blanc, pouffant derrière leurs mains jointes devant la bouche.

Péréra pénètre dans une grande pièce très claire et luxueusement encombrée de meubles laqués de noir et incrustés d'ivoire, d'or et d'argent. Il ne peut réprimer un haut-le-cœur en découvrant un homme sans âge et à demi allongé dans un profond fauteuil de cuir brun.

— Nom de Dieu ! gronde le Lorrain, c'est bien un lépreux, Ronflet et Lafont ne vont pas être à la fête !

L'homme a le visage complètement rongé par la maladie. Seuls ses yeux sont vivants. Tout le reste n'est que trous et boursouflures. Ses mains sont horriblement recroquevillées, et ses pieds ne sont plus que des moignons.

— On file, ordonne le chef de section très mal à l'aise, c'est insupportable...

Mis au courant de la triste réalité, les deux sergents font tout ce qu'ils peuvent pour éviter les deux jolies Vietnamiennes et vivent dans la peur d'être contaminés. Ils tuent leurs appréhensions en se lançant à corps perdu dans des raids au large de Mo Cay.

Les autorités du Viêt-minh n'apprécient pas du tout l'activité de plus en plus débordante des tirailleurs et des partisans. Ils retirent leurs troupes des approches de la ville.

Les caodaïstes, qui avaient jusque-là gardé une froide réserve envers les tirailleurs et leurs chefs, changent peu à peu d'attitude. Leurs gradés se mêlent aux repas offerts par les notables de la ville.

La 1re section du sous-lieutenant Fuseret tombe en embuscade sur la route de Giong Trong. Deux partisans périssent dans l'affaire, le sergent Lemizzi et un de ses tirailleurs sont grièvement blessés. Le capitaine Lerest monte une opération de représailles qui ne donne pas de résultats. Plusieurs notables trop ouvertement profrançais sont tués dans les jours qui suivent par des membres du comité d'assassinat de la région. La situation se dégrade à nouveau. La compagnie de tirailleurs est de plus en plus isolée. Le L.C.M. qui venait chaque jour de Bentre ne se présente plus au ponton de Mo Cay. Le ravitaillement commence à manquer. Le capitaine Lerest est bientôt obligé de lancer des raids pour abattre des buffles redevenus sauvages.

Les bo doîs viennent copieusement harceler la garnison dans la nuit du 18 au 19 mai. Toutes les unités demeurent à leurs postes de combat jusqu'à l'aube. Les caodaïstes, qui ont été pris pour cibles privilégiées, ont deux tués et trois blessés graves.

— Les Viêts sont venus foutre la merde pour célébrer l'anniversaire de l'Oncle Hô, lance Péréra à ses compagnons après avoir appris de son capitaine que le grand maître de la révolution est né le 19 mai 1890, à Kiêm Lan.

Un escadron de la 3e légion de gardes vient relever les tirailleurs le surlendemain de la violente attaque, dont les civils de Mo Cay, mal abrités, ont le plus souffert. Une brève cérémonie d'adieu est organisée. Les tumultes de l'embarquement dans les L.C.M. s'achèvent. Le convoi de la Marine pique au nord.

25. DANS LES MANGROVES MAUDITES

La compagnie Lerest débarque à Bentre. Les gardes de la 3e légion occupent tous les cantonnements de la ville. Les tirailleurs partent en camions à My Long. Péréra apprend que la petite garnison de Hoa Loc est tombée en embuscade, et que tous ses anciens partisans sont morts.

— Nous allons demeurer par ici deux à trois semaines, annonce Lerest à ses gradés, nous sommes placés à la disposition de l'administrateur d'An Hoa...

An Hoa est le chef-lieu d'une longue île très étroite qui s'étend, parallèle, au nord de Bentre. Son administrateur civil est le lieutenant

Leroy, un petit Eurasien qui a créé des milices bien armées en recrutant dans la population catholique du secteur, dont il est peu à peu devenu le maître absolu. Aussi cruel que les chefs du Viêt-minh, Leroy utilise les mêmes méthodes qu'eux. Il lance des raids de plus en plus nombreux à partir de Binh Daï, son village natal transformé en place forte. Ses brigades sont formées de soixante volontaires, et chacune commandée par un officier et quatre sous-officiers.

Leroy, visage dur aux yeux très noirs, semble doué d'ubiquité. Il est partout, à Binh Daï, dans les postes de ses miliciens des U.M.D.C. (unités mobiles de défense des chrétientés), et en opération où il se bat comme un voltigeur et mène les durs interrogatoires de prisonniers.

Péréra combat avec lui le 26 mai 1948, dans une zone marécageuse de Bentre. Puis encore le 2 juin.

La section de l'ancien Corsaire progresse seule sur une piste longeant un rach. Les tirailleurs marchent séparés d'une dizaine de mètres les uns des autres. Mickey, qui avait réussi à suivre encore le Lorrain au départ de Mo Cay, progresse derrière le chef qu'il s'est donné, en portant fièrement sa mitraillette. La piste est détrempée par la dernière averse de la mousson. La lente chenille longue de près de trois cents mètres approche d'un alignement de paillotes bâties sur la rive opposée du rach.

— Un Viêt ! crie soudain le sergent Ronflet.

Péréra reprend son arme et se lance à la course vers le colosse blond.

— Là-bas, regarde, lui conseille le chef de groupe, il a un fusil...

Le rebelle n'est qu'à deux cents mètres et ne semble pas s'être aperçu de l'approche française. Il est debout à l'entrée d'une cahute, la crosse de son fusil entre les pieds. Les tirailleurs se sont tapis dans les joncs qui bordent le cours d'eau.

— Je vais approcher encore un peu pour être sûr de l'avoir, propose Ronflet, on foncera après...

Le Lorrain laisse s'éloigner le sous-officier aux yeux bleus avec deux tirailleurs. Les hautes tiges balancent à peine sur le passage furtif des trois hommes.

— Ils vont l'avoir, se réjouit déjà l'ancien Corsaire en fixant le Viêt dans ses jumelles, il a l'air de rêver...

Le trio coulé dans les joncs n'est plus qu'à cinquante mètres du guetteur apparemment inconscient. Le Lorrain se prépare à lancer sa section dès les premiers coups de feu.

— Là, apprécie-t-il lorsque les joncs s'immobilisent autour de Ronflet, ça va être à nous...

Une grêle de balles s'abat sur le bord du rach. Les tirailleurs se tassent un peu plus dans la boue.

— Ils nous voyaient depuis longtemps, se rend compte le chef de section, on est dans de beaux draps...

Le guetteur a disparu. Des armes automatiques se dévoilent sur toute la longueur du village de paillotes. Ronflet se replie en catastrophe.

— Il y a du beau monde, souffle-t-il à son chef, et il en arrive encore...

Le Lorrain braque ses jumelles sur une longue colonne courant à huit cents mètres de l'embuscade.

Les tirailleurs ripostent calmement. Des bo doïs jaillissent des paillotes et, bien couverts par leurs fusils-mitrailleurs, progressent par bonds pour venir à la hauteur des Algériens.

— Heureusement que le rach fait bien dix mètres de large, apprécie le Lorrain, sans ça ils seraient déjà sur nous...

Le feu rebelle forcit encore. L'ancien Corsaire regrette une fois de plus le manque de poste radio.

— On ne peut même pas avertir les copains, rage-t-il, les gars de Leroy ne sont pourtant pas très loin...

La colonne viêt-minh qui court au feu approche dangereusement.

— On va être pris en sandwich, estime le chef de la section surprise, on fout le camp... C'est pas Camerone !

Les tirailleurs ne paniquent pas. Le repli s'organise sans pagaille. Lafont et le sergent Zouiche demeurent avec un groupe en élément retardateur. Leurs compagnons réussissent à sortir sans pertes de l'enfer. Les tirailleurs de Zouiche, couverts à leur tour par les autres pièces de la section, s'extraient facilement du guêpier. Les bo doïs se lancent en poursuite.

— Tant qu'ils galopent, ce n'est pas bien grave, remarque pour lui-même le Lorrain au souffle de plus en plus court, ils tirent déjà comme des cochons quand ils sont en position...

Le repli bien ordonné parcourt six cents mètres sans pertes. Une colonne vient à sa rencontre.

— Ce sont les catholiques de Leroy, se réjouit Péréra, on est sortis de l'auberge !

Le seigneur de Binh Daï court à la tête d'une de ses brigades de guérilleros de la Foi. Le Lorrain lui explique succinctement la situation. Le petit homme au visage dur scrute la rive opposée du rach sur laquelle les Viêts se sont tapis à son arrivée. Puis il donne des ordres brefs dans sa langue natale. Une trentaine de miliciens se lancent au travers du rach. Les bo doïs se relèvent dans les joncs et, de poursuivants, deviennent gibiers.

— On va couvrir mes gars de cette rive, explique l'Eurasien au patron des tirailleurs, rameutez votre petit monde...

Les Algériens repartent vers le village qui crache toujours le feu. D'autres éléments de l'opération convergent vers l'accrochage. Les miliciens de Leroy abattent quelques bo doïs. Le calme revient aux bords du rach. Les catholiques ramènent deux des leurs, tués, aux premières paillotes du village abandonné par le Viêt-minh.

Le maître de Binh Daï pose sur les morts un regard sans émotion. Des hurlements de douleur annoncent le début des interrogatoires de quelques bo doîs captifs. Péréra reçoit l'ordre de rejoindre sa compagnie qui boucle le site à un demi-kilomètre. Le regard enfiévré du Lorrain rencontre celui d'un Viêt-minh étendu ventre ouvert à quelques mètres de l'équipe de renseignement des miliciens. L'homme grimace en retenant ses tripes à deux mains. Un homme de Leroy l'achève d'une balle de fusil dans la tête.

— De toute façon, lance-t-il au sergent-chef en zézayant, il allait crever, alors...

Les tirailleurs quittent My Long en camions le 10 juin 1948 et embarquent au bac de My Tho sur un L.C.T. qui rejoint la mer de Chine, pique au nord et remonte la rivière de Saigon.

— On pourrait tout de même nous dire où on va, fait remarquer Ronflet à son chef de section en constatant que le L.C.T. ne poursuit pas sa route vers Saigon, ça ne leur écorcherait pas la gueule...

La section Péréra est transbordée dans la nuit du 11 au 12 sur un L.C.M. pour participer à une grosse opération lancée sur les rives du Soï Rap, pour soulager les Binh Xuyen de Le Van Vien menacés par d'importantes troupes du Viêt-minh. Les Binh Xuyen sont des hors-la-loi. Ils portent le nom d'un village proche de Cho Lon qui sert depuis toujours de repaire aux proscrits de tout bord. Le Van Vien est leur chef depuis la mort de Duong Van Duong, tué au cours d'un bombardement français en février 1946. Il vient d'échapper à un piège que lui avait tendu dans la plaine des Joncs N'Guyen Binh, le maître viêt-minh de toute la Cochinchine, et a demandé de l'aide au général Boyer de la Tour, en promettant le ralliement de toutes ses bandes.

La compagnie Lerest débarque à marée basse sur la rive nord du Soï Rap. Péréra découvre, quand le jour est entièrement levé, la dentelle géante de milliers de racines de palétuviers étalée en longue mangrove.

— On dirait que les arbres poussent à l'envers, lance-t-il à Lafont qui patauge à quelques mètres de lui, c'est tout de même curieux...

Le capitaine Lerest reçoit l'ordre de progresser. Il engage son P.C. sous les irréels entrelacs de racines géantes, bien en dessous du début des troncs d'arbres. La section de l'adjudant-chef Benarfa s'enfonce dans le sombre fouillis pour suivre l'avance de son commandant de compagnie. Le sous-lieutenant Fuseret mène ses hommes sur la droite du P.C., et Péréra flanque le lent mouvement sur sa gauche.

Les trois colonnes sont séparées les unes des autres de six à sept cents mètres. Leurs chefs sont obligés de marcher à la boussole, cap au nord.

Les voltigeurs de tête taillent leur route au coupe-coupe. Les longues lames de leurs outils rebondissent sur les racines enrobées de vase.

— Je croyais bien m'y connaître en bourbiers, s'efforce de plaisanter l'ancien Corsaire des Cévennes, mais je n'ai jamais vu une merde pareille…

Le maquis antédiluvien s'épaissit encore. Des sangsues se laissent tomber sur les fantômes égarés dans son labyrinthe. Des plaques de crabes font un cliquetis métallique à l'approche des tirailleurs vite mis en sueur par l'atmosphère étouffante qui règne sur les cloaques du Soï Rap. Des serpents tracent des arabesques dans la boue. D'énormes araignées se balancent au milieu du fouillis gris-bleu de leurs toiles.

— Bon sang que ça pue, crie Ronflet en encastrant sa haute carcasse entre les racines d'un palétuvier centenaire, et en plus on n'avance pas…

La progression aveugle ne parcourt pas deux cents mètres en une heure et demie.

— Si je tenais le con qui a choisi ce coin de fin du monde pour nous faire débarquer, gronde le Lorrain en eau, il passerait un sale moment !

Les voltigeurs avancent encore de quelques dizaines de mètres.

— On s'en sortira pas, se lamente l'un d'eux en s'agrippant à une racine pour s'extraire d'un trou de boue, il faut retourner vers le fleuve…

Le sergent Zouiche n'est pas en meilleure posture que le tirailleur, qui exprime son désarroi en arabe.

— Y a plus de bateaux au fleuve, crie-t-il à l'homme qu'il devine au bord de la crise de nerfs, tiens le coup… On y est presque !

Il est bientôt midi.

— On n'a pas fait un kilomètre depuis le départ, gronde le chef de la section isolée, et on ne sait même pas où sont les autres…

Le chapeau de brousse du sergent-chef inquiet n'est plus qu'une galette informe. Le Lorrain est dépoitraillé. Des griffures zèbrent sa poitrine sale. Ses yeux sont injectés de sang et brillent au fond d'un masque de boue.

— On casse la croûte, ordonne le fantôme à ses hommes à bout de forces.

Le silence s'empare du labyrinthe. La boue s'est infiltrée dans les sacs de combat.

— Pas la peine d'essayer de bouffer, regrette le sergent Lafont, tout est foutu…

Le moral des tirailleurs baisse encore. Leur chef décide de brusquer les choses.

— On repart, crie-t-il en abandonnant l'idée de se restaurer, on est presque au bout de nos peines…

La section reprend son chemin de croix, et parvient à quinze heures aux abords d'une sorte d'îlot spongieux. Les quarante zombies l'abordent et s'affalent sur son magma de boue et de joncs. Le monde des racines est soudain envahi d'un bruissement continu.

— Bon Dieu, la marée monte ! se rend compte le Lorrain après avoir longtemps réfléchi, on est un peu plus dans la merde... Il faut continuer...

Les tirailleurs ont compris eux aussi. Leurs yeux rougis par la fatigue fixent la boue qui se transforme peu à peu en eau sale.

— Si on ne rejoint pas la vraie terre dans deux heures, avance le chef de la section qui s'est péniblement remise en marche, on est bons pour passer la nuit dans les arbres...

Toutes les armes des groupes sont hors d'usage. Leurs canons sont pleins de boue.

— Heureusement que les Viêts sont moins cinglés que nous, lance le Lorrain à Ronflet, on devrait leur rentrer dedans à mains nues...

Trois coups de feu déchirent le silence oppressant de la sombre mangrove.

— Ce sont les copains, apprécie Lafont, ils tirent pour nous guider vers eux...

L'espoir renaît. Tous les Algériens hurlent en même temps. La clameur ricoche de paquet de racines en langue de boue. D'autres cris s'infiltrent vers l'avance soudain énervée.

— Par ici... Par ici... saisit nettement le Lorrain.

L'eau monte de plus en plus. Les tirailleurs en ont bientôt jusqu'à la ceinture. Les voix amies se rapprochent. La terre redevient ferme sous les pieds des voltigeurs. Le rideau de racines s'éclaire. La section pénètre bientôt dans une clairière. Les hommes de Benarfa font de grands signes aux silhouettes grises de leurs compagnons qui s'extraient un à un du piège de la marée.

Le capitaine Lerest est là, torse nu, à demi lavé, et furieux contre les officiers d'état-major qui ont programmé le débarquement sur leurs cartes de Saigon.

La section Fuseret sort à son tour de l'enfer une heure plus tard. La compagnie s'étale en point d'appui fermé.

— La radio est en panne, explique Lerest à ses chefs de section sommairement nettoyés, pendant que les tirailleurs remettent leurs armes en état de servir. On va passer la nuit ici...

Le caporal radio de la compagnie réussit à réparer l'avarie de son poste. Le capitaine entre en liaison avec le L.C.T. qui demeure sur le fleuve. Il reçoit l'ordre d'occuper l'endroit où dorment déjà ses tirailleurs qui ne sont pas de veille.

— Il y a du Viêt dans les parages, confie l'officier à ses gradés après la vacation, ouvrez bien l'œil...

La nuit s'écoule calmement. Elle est seulement troublée par l'inlassable activité de millions de moustiques qui se gorgent de sang frais.

La compagnie reçoit un nouvel axe de marche dès l'aube. Les tirailleurs mordus par des crampes tenaces marchent raides comme des automates. Le ciel s'emplit un peu avant midi de grondements de moteurs d'avions. Des chasseurs bleu nuit de l'aéronavale passent au-dessus de la colonne d'Algériens en balançant leurs ailes en W aplati, puis plongent en crachant des milliers de balles de mitrailleuses à six cents mètres des premiers tirailleurs.

— Ça c'est de l'ouverture de route, reconnaît le Lorrain, les Viêts vont filer au large...

L'opération de soulagement des bandes Binh Xuyen de Le Van Vien s'achève au soir du 14 juin. Les tirailleurs, qui n'ont pas vu un seul bo doï, réoccupent leur L.C.T, débarquent à Saigon, et rejoignent le gros du bataillon Chevalier à Chi Hoa.

Péréra prend possession du cantonnement de sa section et passe sa première nuit de repos à même le sol.

— A nous Saigon, lance-t-il le lendemain à ses compagnons, on va bouffer toutes les piastres qu'on a économisées de force...

Les tirailleurs récupèrent leurs cantines. Ils flottent littéralement dans leurs tenues de sortie. Il fait très chaud le lendemain de leur retour, un dimanche, lorsqu'ils se dirigent vers Saigon, en cyclo-pousse, en camions ou en taxis.

— On va s'amuser, promet Péréra à Lafont et à Ronflet, on va bouffer, boire, manger, et enfin voir des femmes blanches... Un an et demi sans elles, ça marque...

Le trio gourmand de vie, dépaysé, se fait déposer en taxi rue Catinat, le boulevard central de Saigon. Ils demeurent longtemps sans dire un mot, comme choqués par l'animation de la ville rythmée de coups de klaxon. Des officiers et des sous-officiers en short blanc et mollets serrés dans de hautes chaussettes, parcourent les trottoirs bondés. Des A.F.A.T. se mêlent à la foule, hautaines. Des dizaines de jeeps frôlent les trottoirs pour déposer quelque officier devant une terrasse de café.

— Et dire, constate amèrement le Lorrain étourdi par la vie de la capitale, qu'on ne peut même pas en obtenir une vieille pour les liaisons de nos postes de brousse...

Les trois revenants du vrai monde de la guerre se repèrent à la cathédrale de Saigon pour se diriger vers le mess de garnison dont les salles à manger sont bondées à leur arrivée.

Le Lorrain découvre un spectacle depuis longtemps oublié. Son regard traîne de table en table, s'arrêtant sur des bouteilles de vin fraîchement embuées. Des boys en vestes blanches s'affairent souplement au service.

— Manque vraiment rien, lance Lafont à ses deux compagnons aux yeux écarquillés, tout y est : salières, poivriers et ronds de serviette... Je ne savais même plus que ça pouvait exister ces trucs-là...

Le trio monte au bar qui se trouve à l'étage du mess. Une centaine de gradés de toutes armes y papotent, verre en main. Péréra remarque qu'il n'y a pas beaucoup de calots de tirailleurs, algériens à fond jaune, rouge pour les tunisiens, et vert pour les marocains.

— Les gens de chez nous sont tout juste bons pour la merde des rizières, constate-t-il avec amertume, ici c'est pas pour nous, on sent le bouc !

Le Lorrain saisit malgré lui des bribes de conversations. Tout le monde parle d'arrivages de bateaux, de gouvernement renversé, d'officiers qui ne seraient pas bons à grand-chose, et d'A.F.A.T. qui coucheraient avec Un tel ou Un tel.

— C'est écœurant, songe encore l'ancien patron d'Hoa Loc de plus en plus mal à l'aise, on dirait des concierges...

Les trois affamés trouvent enfin de la place dans une salle à manger. Ils avalent vite leur repas en se sentant désagréablement épiés par l'entourage. Puis ils parcourent une bonne partie de la ville tout au long de l'après-midi.

Leur promenade sans but les conduit, après un tour sur le port, à la visite de quelques bars, sur le boulevard Gallieni qui mène au Parc à Buffles. Le Parc est un gigantesque bordel ceint de murs. Tous les clients sont obligés de passer devant un poste de police tenu par des tirailleurs sénégalais et fermé de hautes grilles. L'infirmier d'une cabine prophylactique ne laisse pénétrer personne qui ne soit passé par ses soins dans le vaste temple de l'amour tarifé. Des prostituées de toutes les races de l'Asie, Annamites, Cambodgiennes, Tonkinoises, Laotiennes, Siamoises, Chinoises, Malaises et hindoues sont parquées dans des bâtiments sans confort, tout autour d'une cour rectangulaire.

Les trois sergents sortent vite du Parc à Buffles. Ils dînent dans un restaurant qui affiche un menu français, et terminent leur premier jour de vie normale au Dragon d'Or, un dancing de la place du Grand-Marché. Le Lorrain se fait vite au rite des entraîneuses, belles filles soignées et en robes de soie fendues haut sur une cuisse qu'on ne peut inviter sans un ticket de danse payé quelques piastres à la caisse de l'établissement comble.

Le bataillon Chevalier défile dans Saigon le 18 juin, devant une ribambelle d'officiers supérieurs rangés par grades autour d'Emile Bollaert, sur une estrade bâtie au bord du boulevard Norodom.

Les trois gradés de la 3e section du capitaine Lerest poursuivent leurs sorties dans Saigon et Cho Lon jusqu'au soir du 20 juin.

Leur bataillon est engagé le lendemain dans une opération lancée dans le secteur de Go Cong, à l'est de My Tho. La manœuvre dure trois jours et ne donne pas de gros résultats. Les tirailleurs renforcent encore un mouvement offensif le 29 juin, et vont s'installer à My Tho dans les premiers jours de juillet, dans un camp aménagé à deux kilomètres de la ville et jusque-là occupé par le bataillon de marche du 2e R.T.A.

Le chef d'escadron de La Croix de Castries, qui commande le 2e régiment de spahis marocains et le secteur de Cai Lay, au nord-ouest de My Tho, dirige une nouvelle opération qui engage son régiment, le 1er R.T.A. et le bataillon Chevalier.

Péréra et ses compagnons passent une partie de la nuit du 8 au 9 juillet 1948 au marché de Cai Lay, sont enlevés en camions à quatre heures, et menés à un grand poste, le P 17, où les attendent des engins de débarquement.

La flottille s'engage à marée haute dans un canal qui éventre la plaine des Joncs. Le Lorrain ferme avec sa section la marche de sa compagnie après le débarquement. Ses tirailleurs avancent une fois encore avec de la boue jusqu'aux genoux. La plaine, léchée de brume de chaleur, s'étend, morne, à perte de vue. La compagnie chemine toute la matinée au long d'un arroyo au cours incertain. Des tirailleurs perdent souvent l'équilibre et s'enfoncent en hurlant dans l'eau qui court sous des tapis de joncs.

— La marée monte toujours, apprécie le Lorrain, il serait temps de changer de direction…

La chaleur est lourde, la plaine fume par endroits. Des nuées de moustiques nimbent les hommes boueux. La compagnie atteint à midi un îlot de paillotes désertées depuis peu par un élément rebelle. Les voltigeurs découvrent des emplacements de tir bien aménagés, des abris antiaériens, et récupèrent des piles de tracts ficelées, ainsi que quelques fanions frappés de l'étoile jaune du Viêt-minh.

La halte est de courte durée. Le commandant de Castries, qui a installé son P.C. mobile à bord d'un L.C.M., relance la compagnie en avant.

— On n'est plus très nombreux, se rend compte Péréra lorsque les trois sections sont à nouveau étalées sous le soleil, le bataillon a bien fondu de moitié depuis notre arrivée en Indo…

La progression crottée s'installe pour la nuit dans un village abandonné. Le 1er R.T.A. occupe d'autres paillotes à plus d'un kilomètre.

— Un kilomètre dans cette merde, c'est le bout du monde, fait remarquer Péréra à Ronflet, en cas de pépin on ne pourra compter que sur nos petits moyens…

Le capitaine Lerest donne des ordres de prudence. Les tirailleurs creusent des trous individuels, la moitié de la compagnie se met en veille. L'aube du 10 juillet éveille le campement humide. Le Lorrain mène une reconnaissance dans l'axe de l'opération. Le petit mouvement ne va pas loin.

— Bon Dieu, gronde son chef, des mines ! Si on avait dû partir de nuit, on pétait tous dessus…

Les Viêts ont habilement piégé le terrain sur plus de trois cents mètres. Péréra, Ronflet, Lafont et tous les gradés de la compagnie travaillent à relever une cinquantaine de mines reliées entre elles par un dispositif électrique. Ce n'est qu'au début de l'après-midi que la piste est enfin libre.

Les tirailleurs rejoignent un élément du 1er R.T.A. qui les attendait sur un large carrefour de rachs, au milieu d'un village viêt-minh. Péréra installe sa section face à une immense étendue d'herbes vertes.

— Chef, vient l'avertir un de ses tirailleurs, il y a des Viêts qui courent par là-bas…

Le Lorrain braque ses jumelles dans la direction indiquée par l'Algérien.

— Il a raison, lance-t-il à Lafont, il y a des gars qui se faufilent dans les herbiers…

La nuit tombe. L'ancien maquisard ne dort pas. La présence des rebelles de l'autre côté du rach l'obsède.

26. VICTOIRE À LAÏ THIEU

Quelques heures passent, trop tranquilles au goût du Lorrain.

— Faut aller aux nouvelles, décide-t-il, ils ne nous attendent certainement pas de nuit…

Ronflet, Lafont et Zouiche sont d'accord pour tenter une action de commando. Leur capitaine accepte de les laisser partir. Zouiche choisit cinq tirailleurs parmi les plus sûrs. Le groupe traverse le rach dans un sampan abandonné là par les rebelles.

— Ronflet, ordonne Péréra une fois que le commando a débarqué, tu éclaires la marche avec moi…

La patrouille file à bons pas dans les hautes herbes. Elle tombe en arrêt au bout d'une heure de progression, tout près d'une paillote bien découpée sous la lune.

L'habitation est déserte. Le Lorrain relance la patrouille furtive encore plus au large du village occupé par leurs compagnons. Les neuf hommes suivent le bord d'un des nombreux arroyos qui découpent la plaine en figures géométriques. Il est bientôt un peu plus de minuit.

Ronflet lève un bras. Ses compagnons se figent derrière sa haute silhouette.

— J'ai entendu parler, annonce l'éclaireur à Péréra qui s'est accroupi près de lui. Par là-bas... J'en suis sûr !

Le Lorrain tend l'oreille.

— T'as raison, reconnaît-il, nos Viêts sont tout près...

Le commando se remet en marche après deux minutes d'écoute. Les joncs s'éclaircissent autour d'une paillote.

— Ils sont là-dedans, souffle le chef de patrouille à Ronflet, ils discutent tranquillement le bout de gras... On va les coincer, viens avec moi.

Les deux sous-officiers traversent le terre-plein illuminé par le clair de lune. Puis ils se tapissent derrière quatre hautes jarres remplies d'eau.

— On va les appeler, décide le Lorrain, et si ça ne marche pas, on rafale...

Et le sergent-chef hèle les occupants de la cagna. L'appel furtif met un terme à la discussion animée qui a trahi leur présence. Quelques secondes passent. Le Lorrain crie une seconde fois. Un bo doî apparaît sur le seuil de la cahute. Il est nu-tête et tient les bras en l'air. Puis trois autres Viêts-minhs l'imitent.

— Ils sont obéissants, s'amuse à constater le chef de patrouille, il a suffi que je gueule « rendez-vous » pour qu'ils rappliquent...

Les tirailleurs de Zouiche ligotent rapidement les prisonniers peu combatifs.

— Il y en a certainement d'autres, suppute le Mosellan sur le qui-vive. Ronflet, va les chercher...

Le long sous-officier bondit. Sa silhouette s'encadre dans la porte de la paillote. Deux hommes le bousculent et filent vers le rach. Le Lorrain accompagne leur course d'une longue rafale de Sten. Le deuxième fuyard tombe contre le premier. Une autre rafale les achève.

— Vite, ordonne le sergent-chef en changeant machinalement de chargeur, on retourne au village...

Ronflet fouille rapidement la paillote, et en ressort avec un Mauser. Le Lorrain ne retrouve pas facilement les sillons que sa patrouille a tracés dans les joncs.

— La marée monte, se rend-il compte, on est frais...

Les tirailleurs et les captifs ont de l'eau boueuse jusqu'à mi-cuisse.

— Heureusement qu'il y a pleine lune, souffle Lafont à son chef, on serait dans de beaux draps avec une nuit noire...

Le capitaine Lerest, alerté par les rafales de son chef de section, accueille chaudement le retour de la patrouille.

— Bravo, lance-t-il à Péréra, vous aviez raison... Il faut toujours bouger...

Les prisonniers sont confiés à l'aube à un élément détaché du P.C. de De Castries.

Une compagnie du 1er R.T.A. est durement accrochée le lendemain. Des L.C.M. rameutent tous les éléments engagés dans l'opération autour de l'accrochage. Les tirailleurs qui ont progressé à pied vers le feu arrivent les derniers à la rescousse. Les Viêts ont fui depuis longtemps. Les engins de la Marine évacuent les blessés de l'engagement. De Castries donne l'ordre aux trois compagnies regroupées d'aller occuper avant la nuit le village d'Ap My Hung. Péréra étend sa section dans des paillotes à l'extrême pointe du dispositif de sa compagnie. Les tirailleurs fortifient les cagnas du mieux qu'ils peuvent. Le temps est à l'orage. Il n'y a pas de lune. La nuit est des plus noires. Une intense fusillade éclate vers 2 heures du matin.

— Les Viêts veulent réoccuper leur village, avance le Lorrain, faut les garder au large...

Les bo doîs profitent au maximum de l'obscurité parfaite pour approcher sans danger des paillotes. Le sergent Zouiche est blessé d'une balle dans le pied.

— Et, râle Péréra, nous n'avons même pas une fusée éclairante...

Le sergent-chef distingue une cagna inoccupée entre les assaillants invisibles et sa position.

— On va y foutre le feu, décide-t-il, l'incendie va éclairer suffisamment le coin pour empêcher les Viêts d'avancer encore...

Ronflet se propose pour la mission incendiaire.

— Bon, accepte le chef de section, qui se faisait une joie d'aller lui-même jouer un tour aux bo doîs, vas-y...

Le grand sergent part en rampant. La cahute s'embrase rapidement. Les rebelles, surpris par l'éclairage dansant, reculent en catastrophe. Les tirailleurs bien abrités les poursuivent de leurs tirs dès que Ronflet les a rejoints. D'autres paillotes s'enflamment les unes après les autres sur toute la longueur d'Ap My Hung.

— Les copains ont vite compris la manœuvre, jubile le Lorrain, il n'y a plus qu'à attendre le jour... Les Viêts sont baisés !

Les rebelles sont bien trop au large au lever du jour pour que de Castries puisse lancer un mouvement de poursuite. L'opération est démontée.

— Vous allez être cité, lance le capitaine Chevalier au Lorrain pendant le retour, vous l'avez bien mérité...

Le sergent-chef est aux anges.

— Mais, poursuit l'officier, plus question de vous laisser jouer les commandos comme vous l'avez fait l'autre nuit... C'est bien compris ?

Les tirailleurs se mêlent le 23 juillet à une opération engagée dans la région de Thu Dau Mot, à cent cinquante kilomètres au nord de Saigon.

La manœuvre, menée avec un bataillon de la 13e D.B.L.E., ne donne rien. Le capitaine Chevalier rembarque ses compagnies dans un L.C.T. au soir du 24 et les jette à nouveau en traque à l'aube du 25, à An Nhon Tay, où ils détruisent un camp rebelle abandonné juste avant le débarquement.

— On risque pas de perdre la main, ironise Péréra en débarquant une nouvelle fois d'un L.C.M. à l'aube du 26 juillet, on est encore bons pour le bain de boue...

La mise à terre se déroule pas très loin de Laï Thieu, à une cinquantaine de kilomètres au sud de Thu Dau Mot. La progression est lancée dès que les barges s'éloignent. Le bataillon avance sur une route parallèle à la rivière. La 10e compagnie marche le plus à droite de l'étalement de colonne, la C.A.3 entre elle et la route, le commando Candelier sur la route elle-même et suivi par la 2e compagnie. La 5e hérite de la bande de palétuviers qui borde le cours d'eau.

Le capitaine Lerest étale ses sections en ligne dans leur ordre numérique. Celle de Fuseret à gauche de la route, celle de Benarfa au centre, et la 3e, celle de Péréra, se retrouve une fois encore dans la boue.

— Les Viêts ne doivent pas être loin, avance l'ancien Corsaire, les légionnaires de la 13 en ont déjà accroché dans les terres... Ils vont les repousser sur nous...

Le commando Candelier, parti éclairer le mouvement des tirailleurs, est à 10 heures au contact des premiers bo doïs qui fuient devant les képis-blancs du lieutenant-colonel Arnault en remontant vers le nord. Les tirailleurs de Péréra ont de plus en plus de mal à avancer sous les palétuviers. La section Benarfa prend du champ sur eux.

— On est salement à la traîne, enrage leur chef, on a l'air fins...

Ronflet et Lafont houspillent leurs hommes embourbés. Leurs groupes réussissent à recoller au reste de la fouille. Le grand adjudant-chef musulman a arrêté ses hommes derrière une diguette de rizière couverte de bambous. Le Lorrain profite de la pause pour rééquilibrer sa section après avoir dépêché Lafont aux nouvelles vers le capitaine Lerest. Le groupe de Zouiche, maintenant commandé par le caporal Hocine, est au bord des palétuviers. Les tirailleurs bien étalés face à des lignes de bambous, des fouillis de roseaux, des champs de canne à sucre et des rizières inégales attendent, un genou en terre pour la plupart, l'ordre d'avancer encore.

— Qu'est-ce qu'il fait ? s'inquiète l'ancien Corsaire en ne revoyant pas revenir Lafont.

Un tirailleur d'Hocine se plante tout essoufflé devant son chef de section.

— On a trouvé des chargeurs de F.M. sous les arbres, annonce-t-il en sabir, c'est par là-bas...

Le Lorrain hésite un instant à envoyer un tirailleur pour avertir le chef de bataillon.

— Ronflet, hèle-t-il en décidant d'aller fouiller un peu plus l'endroit suspect, amène ton groupe...

Les tirailleurs du grand sergent blond s'enfoncent sous les palétuviers avec ceux d'Hocine. Ils parcourent une trentaine de mètres dans la pénombre moite du sous-bois.

— Les Viêts ! hurle soudain un voltigeur en voyant une dizaine de bo doîs se couler entre les troncs gris à une vingtaine de mètres de lui.

Péréra fait accélérer son mouvement crachant le feu. Des balles se plantent avec un bruit mat dans le bois dur des palétuviers.

— Ils tirent pas mal, ceux-là, prend le temps de constater le chef de section, gare au plomb !

Un tirailleur arrache le fusil des mains d'un bo doî qui râle, couché sur le flanc et saignant du dos. Un second Algérien loge une balle dans la tête d'un autre blessé qui gémissait près de deux caissettes de munitions de 7,62.

— Ils sèment le matériel, lance Péréra à Ronflet, c'est bon signe...

Les bo doîs se reprennent après le premier effet de surprise. Leur tir forcit. Les Algériens sont bientôt obligés de stopper l'assaut. Un combat aveugle s'engage dans la mangrove.

— Boussaada, crie le Lorrain, file prévenir le capitaine que les Viêts se défilent au bord de la rivière... Fais vite...

L'agent de liaison se relève sous le feu, et s'éclipse entre les palétuviers.

Lafont rejoint bientôt ses compagnons.

— Le pitaine te demande de rejoindre la route au plus vite, transmet-il au Lorrain, on va reculer d'un kilomètre pour mieux fermer la nasse...

L'ancien Corsaire ne comprend pas très bien le but de la manœuvre.

— Nom de Dieu, jure-t-il, on les tient... Ils sont là...

Et, la rage au cœur, il donne l'ordre du décrochage. Les tirailleurs sortent du bois sans dommages. La section rejoint la route au pas de gymnastique.

— On les avait, mon capitaine, râle encore le Lorrain, fallait nous laisser foncer...

Les rebelles refluent en désordre vers le sud. Ils tombent bientôt sur les groupes du commando Candelier qui, averti à temps, a manœuvré souplement pour leur barrer le chemin.

Un ordre fige le mouvement de la compagnie Lerest et la remet face au sud. Péréra râle toujours lorsque Lerest lui donne l'ordre de revenir vers les accrochages. La 3e section parvient bientôt à l'endroit du premier engagement. Quelques bo doïs, à nouveau repoussés, se présentent devant elle.

— C'est toujours ça de pris, se console le chef de section lorsque les Viêts tombent sous les balles de ses hommes.

Le capitaine Chevalier lance la fouille du champ de bataille. Des cadavres sont retrouvés un peu partout dans les champs de canne à sucre et sur les bords du rach Trah qui se jette dans la rivière. Des coups de feu signent la mort de quelques ennemis blessés. Des prisonniers abêtis par la violence des combats sont extraits de trous boueux. Les tirailleurs poussent des cris de joie en ramassant des armes. Une dizaine de bo doïs tentent de fuir en traversant la rivière de Saigon. Ils sont aussitôt pris sous un feu nourri. Des petits geysers piquettent l'eau tout autour d'eux. Ils coulent l'un après l'autre.

Le calme revient sur la rive du cours d'eau vers 17 heures. Les L.C.M. de la Marine approchent en recueil. Les Algériens entassent dans leurs cuves le bilan qui les récompense de quelques milliers de kilomètres parcourus depuis des mois. Le capitaine Chevalier rayonne en détaillant ses prises à la radio.

— Il a de quoi être heureux, le père Chevalier, commente le Lorrain qui a vite oublié sa déception, et nous aussi...

Le bataillon n'a pas perdu un seul homme. Ses tirailleurs ont compté cinquante et un cadavres entre la rivière et la route, sans tenir compte des derniers morts dans le cours d'eau. Trente-sept prisonniers sont poussés, mains sur la nuque, dans la cuve d'un L.C.M. Le Viêt-minh a perdu une mitrailleuse de 12,7, deux mitrailleuses de 7,62, un fusil-mitrailleur Bren, un pistolet-mitrailleur Thompson, deux Sten, un pistolet automatique, treize fusils, trois tromblons lance-grenades, des masses de munitions, des étendards, et des documents administratifs qui apprennent aux gradés des tirailleurs qu'ils ont pratiquement anéanti les compagnies n°s 15 et 5 du bataillon Chi Doï Vi.

— Leurs chefs pensaient que nous n'allions pas fouiller jusque sous les palétuviers, conclut le capitaine Lerest en faisant le point de la journée avec Péréra, vous êtes encore bon pour une citation... C'est tout de même grâce à vous si les Viêts n'ont pas réussi leur infiltration au bord de la rivière...

Les tirailleurs ne sentent pas leur fatigue. Ils chantent en frappant des mains dans les L.C.M.

— La fête serait encore plus belle, regrette le Lorrain qui goûte la victoire, si mon pauvre copain Streiff était encore vivant...

27. LE PIÈGE DE BAMBOU

Les tirailleurs sont à bout de forces. Les maladies coloniales, surtout la dysenterie et le paludisme, tracent des coupes sombres dans leurs sections. Ils remontent le 29 juillet le Vaïco oriental à bord de L.C.M. pour aller traquer les Viêts-minhs dans la région de Cai Bé, à cinquante kilomètres à l'ouest de My Tho.

De jeunes tirailleurs apportent du sang frais au bataillon à son retour de la zone fouillée sans succès. Péréra en accueille six à sa section. Les nouveaux venus sont tout de suite saisis par la guerre. Le capitaine Chevalier engage ses sections le 2 août dans une nouvelle opération vers Cai Bé.

Le régiment nº 105 du Viêt-minh se dérobe à l'approche des engins de débarquement chargés de troupes mises aux ordres du commandant de Castries. Les L.C.M. lâchent les tirailleurs dans la boue. Péréra épie à la dérobée le comportement de ses six nouveaux voltigeurs en menant ses trois groupes au travers d'un marécage. Le sous-officier se retrouve bientôt, pour la vingtième fois au moins, agenouillé sur un immense tapis d'herbes pourrissantes qui flotte sur les eaux du Vaïco débordant à marée haute. Il jure, s'agrippe à des plateaux de nénuphars géants, et réussit à rejoindre une langue de terre ferme.

— Les Viêts doivent être loin, estime-t-il alors que la matinée tire à sa fin, et c'est peut-être aussi bien pour nos jeunes, il vaut mieux qu'ils aient le temps de s'habituer à cette saloperie de terre jaune avant de connaître le feu...

La progression ne rencontre aucune résistance jusqu'à 16 heures. La compagnie Lerest approche alors d'un hameau de cagnas. Quelques balles claquent au-dessus des voltigeurs. Une poignée de bo doîs s'échappe des paillotes pour fuir dans les joncs vert sombre.

— On les poursuit ! crie le capitaine Lerest en lançant ses voltigeurs de tête au-delà du hameau.

Le Lorrain n'est pas du mouvement. Il dirige ses voltiges et ses pièces à la fouille des cagnas. Il franchit un arroyo d'un bond nerveux, tombe en avant, et laisse échapper une plainte en s'éventrant sur un piège de bambou aiguisé. Deux tirailleurs abandonnent la ligne pressée de la section pour secourir leur chef grimaçant.

— Doucement, leur souffle ce dernier en se sentant empoigné aux épaules, ça fait mal... J'ai l'impression que tous mes boyaux foutent le camp...

La poursuite s'est bien éloignée du village. Les échos de ses fusillades s'amenuisent. Le capitaine Lerest est tout de suite averti de la blessure de son chef de section. Ce dernier est allongé sur le dos et à demi défait de son treillis ensanglanté.

— Mon ceinturon a limité les dégâts, se rend compte le sous-officier en découvrant une plaie souillée de boue juste sous son nombril, sans lui j'étais certainement foutu...

Le bambou sanglant est resté planté en biais sur le bord de l'arroyo. Les tirailleurs en découvrent toute une rangée.

— Les gars ont eu de la chance de passer au travers, trouve la force de se réjouir le Lorrain qui saigne un peu plus à chaque mouvement.

Les deux tirailleurs qui ont arraché leur chef au piège le relèvent et le portent vers le village.

— Non, gronde le blessé, je peux marcher tout seul...

Obéissants, les deux Algériens défont leur prise. Le sergent-chef, qui a confié son barda et son arme à un des nouveaux venus à la section, tient son ventre crevé à deux mains, lance une jambe en avant, retient un hurlement de douleur, et bat l'air de ses deux bras pour se retenir aux Arabes à mines défaites qui se tenaient prêts à l'aider à marcher.

— Bon Dieu, que c'est con, grommelle l'empalé, je vais salement ralentir l'avance de la section...

L'élément de la compagnie lancé en poursuite revient vers le village. Un ordre remet la ligne de fouille en marche. Le blessé subit son calvaire sans se laisser vaincre par la douleur. Ronflet et Lafont épient de loin ses moindres réactions. La section parvient bientôt au bord d'un rach. Le capitaine à lunettes repère la position de sa compagnie sur sa carte d'état-major, et réclame par radio une patrouille de L.C.M. en épelant nettement ses coordonnées topographiques.

— Les marins ne vont pas tarder, annonce-t-il ensuite au blessé en éclairant son visage d'un sourire forcé, vous serez vite soigné...

L'infirmier de la compagnie, qui a reçu l'ordre de se préparer à passer la nuit au bord du rach, n'a pu que saupoudrer de sulfamides la plaie du chef de section.

Un ronronnement annonce l'arrivée de la barge. Les herbes aquatiques du bord du rach se mettent à onduler. Le L.C.M. beache.

— Tout va bien aller pour toi maintenant, a juste le temps de souhaiter Lafont à l'homme qu'il remplace à la tête de la 3e section, on va se revoir très vite...

Les chaos de l'embarquement réveillent la douleur du Lorrain, qui crispe les mâchoires. La barge s'éloigne derrière un premier engin armé de deux mitrailleuses lourdes.

— Je vais certainement retrouver mon vieux Zouiche à l'hosto, envisage le Lorrain, il n'y a plus que deux sous-offs à ma pauvre section...

Deux infirmiers affinent le travail du caporal des tirailleurs. L'un d'eux administre une piqûre de morphine au blessé et l'autre change son pansement gorgé de sang. L'ancien Corsaire se sent bientôt mieux. Il inspecte du regard la cuve du L.C.M. Cette dernière est encombrée de caisses de munitions. « Je ne suis pas tout seul », se rend compte le sous-officier calmé par la morphine en découvrant quatre autres blessés allongés sur des civières.

Deux des blessés sont en ké kouans plaqués de boue.

— Ce sont des Viêts, annonce un des infirmiers assis sur une caisse au milieu des ensanglantés, et ces deux-là sont des légionnaires...

L'un des deux képis-blancs sourit douloureusement au tirailleur. Le second fixe les nuages qui défilent au-dessus de la barge. Il a les narines étrangement pincées et la peau presque grise.

Le L.C.M. aborde au grand poste de P 17. Les cinq blessés sont transbordés dans deux ambulances qui filent tout aussitôt vers My Tho.

Le Lorrain voyage allongé dans le même véhicule que les deux Viêts, dont l'un est aussi mal en point que le légionnaire au teint gris et râle sans cesse. Le regard douloureux du bo doï qui semble le moins touché fixe le Français.

— C'est fini la merde pour toi, mon petit vieux, lui lance ce dernier, on va bien te soigner, et hop ! repos dans un camp jusqu'à la fin de la guerre...

Le révolutionnaire n'exprime aucune émotion. Ses paupières ne cillent pas. Il continue à dévisager le sous-officier compatissant.

— Il ne comprend sans doute pas ce que je lui dis, avance ce dernier en renonçant à parler encore, en tout cas je donnerais cher pour savoir ce qu'il pense...

Le Lorrain et l'Indochinois mélangent longtemps leurs regards graves, unis dans la douleur. L'ambulance est hantée d'un entêtant bouquet d'odeurs où se mêlent éther, remugles de vomissures et relents de viscères tièdes. Le petit convoi est vite à My Tho. Des brancardiers déposent les cinq civières dans une longue salle de l'hôpital. Deux médecins se penchent sur eux, lisent les fiches d'évacuation que les infirmiers ont remplies dans le L.C.M., et s'éloignent. « Il doit déjà faire nuit, essaie de se rendre compte le Lorrain, la morphine ne me fait plus d'effet... J'ai de plus en plus mal... »

Des infirmiers silencieux viennent s'emparer du légionnaire le plus gravement atteint. « Pourvu qu'il s'en tire, prie l'ancien maquisard lorsque les hommes en blouse blanche s'éloignent vers une salle d'opération. »

Les mêmes infirmiers reviennent une demi-heure plus tard dans le hall de l'hôpital, semblent hésiter un instant, fixent le gradé des tirailleurs, se baissent au-dessus du rebelle qui râle de plus en plus faiblement, et l'emmènent. « C'est normal, admet le chef de section lorsque meurt le bruit des pas des brancardiers, il est bien plus esquinté que moi... »

La nuit est bien avancée lorsque le Ranguevalois passe enfin sur le billard. Il reçoit deux piqûres, a un mouvement de recul lorsqu'un assistant d'opération plaque un masque anesthésiant sur son visage, et plonge dans un monde ouaté.

— Bon Dieu, qu'est-ce qui m'est arrivé, se demande l'opéré en émergeant de l'inconscient à l'aube du 3 août, et où suis-je ?

Le blessé, allongé sur le dos dans une chambre à deux lits, retrouve vite ses esprits. Il tâte doucement l'énorme pansement qui double presque le volume de sa taille, essaie de bouger, y renonce, et dévisage son voisin de chambre qui s'éveille aussi.

— Balducci, souffle le Lorrain en reconnaissant un sous-officier corse de la base arrière de son bataillon, qu'est-ce que vous faites là, mon adjudant ?

Le Corse est tout aussi étonné que son compagnon.

— Et vous ? lance-t-il en se redressant sur sa couche.

Le sergent-chef explique en quelques mots sa chute sur le piège viêt.

— Moi, avoue en souriant l'adjudant-chef, c'est beaucoup moins glorieux, rien qu'une foutue piqûre antichiasse qui m'a amené dans ce plumard...

La petite chambre se remplit deux jours plus tard de visiteurs. Le capitaine Lerest, Lafont, le sous-lieutenant Fuseret, Ronflet, Benarfa et Hocine ont tenu à revoir le blessé dès le démontage de l'opération dans la plaine des Joncs. La visite amicale fait oublier au Lorrain sa douleur et l'agacement permanent de demeurer allongé sur le dos, ainsi que l'humiliation des corvées de bassin.

— On va revenir, promet Ronflet en quittant le dernier l'allongé, chaque fois qu'on pourra... T'en fais pas, on ne risque pas de t'oublier...

Personne ne revient dans les jours qui suivent. Le Lorrain s'impatiente et bombarde les infirmières de questions. Il réussit à apprendre qu'une grosse opération a été lancée et que les tirailleurs sillonnent une fois encore les pourritures de la plaine des Joncs avec des unités de Légion, des marsouins et des paras.

L'adjudant-chef Balducci, qui ne peut toujours pas se lever, est un merveilleux compagnon. Son attention constante accélère le cours du temps. Une quinzaine de jours passe. Le Lorrain reçoit enfin l'autorisation de se promener un peu dans l'hôpital comble.

— Je ne vais certainement pas moisir ici, se promet-il au cours d'une de ses escapades à pas comptés, il faut que je rejoigne mes tirailleurs...

Une infirmière, responsable de bloc, vient discuter chaque soir après le service avec les deux gradés du 7e R.T.A.

— Votre bataillon est parti au Cambodge, leur annonce-t-elle, il paraît que ça bouge par là-bas aussi...

Le blessé ne reçoit plus aucune nouvelle des tirailleurs dans les jours qui suivent leur départ vers l'ouest.

— Je n'ai plus rien à lire, confie le Corse jovial à l'infirmière au soir du 22 août, et je n'ai pas sommeil...

— Vous n'avez qu'à monter avec moi, lance la jeune femme à Péréra, j'ai quelques bouquins dans ma chambre...

Le Lorrain accepte la proposition et se retrouve sous les combles de l'hôpital, qui ont été affectés au logement du personnel féminin de l'établissement et sont strictement interdits aux malades.

— Asseyez-vous pendant que je cherche le livre, conseille l'infirmière une fois parvenue dans ses quartiers, je n'en ai pas pour long...

La porte de la petite chambre mansardée s'ouvre brusquement. Le médecin-chef de l'hôpital s'y encadre, furieux. Le sergent-chef en pyjama se met au garde-à-vous.

— Rejoignez immédiatement votre chambrée, ordonne l'officier hors de lui, et n'en bougez plus en attendant de mes nouvelles...

Le blessé s'éclipse sans prendre le livre promis à Balducci. Des éclats de voix le poursuivent dans l'escalier.

— Qu'est-ce qu'elle a pris, la pauvre fille, raconte-t-il au Corse, et ce n'est certainement pas fini pour moi... En tout cas, poursuit-il, l'air soudain mauvais, le toubib n'a tout de même pas pu deviner que j'étais là-haut ; si je tenais le salaud qui nous a mouchardés...

Le Lorrain est une dernière fois pansé le lendemain matin. La longue balafre qui court en biais sous son nombril n'est pas parfaitement refermée. Il reçoit pourtant son billet de sortie une heure plus tard et quitte l'hôpital sans une journée de convalescence.

La base arrière du capitaine Chevalier est encore à My Tho. Le Lorrain se présente au lieutenant Ferrandi, le trésorier du bataillon.

— C'est inadmissible, s'emporte l'officier, vous devriez être encore à l'hôpital... Enfin, je dois vous emmener au Cambodge...

Le renvoyé dit adieu à son fidèle Mickey, qui demeure en Cochinchine comme tous les boys attachés au bataillon, et grimpe dans un camion bondé de sacs marins.

— Pauvre gosse, songe-t-il en s'installant le plus confortablement possible sur une couche aménagée par Blanchan et Guerchaux, deux sergents lorrains de la base arrière, qu'est-ce qu'il va devenir... Ça fait trop mal... J'ai l'impression d'avoir manqué à ma parole...

Le convoi rejoint le gros du bataillon à Siem Reap après trois jours de route, au nord du lac Tonlé Sap. Le Lorrain se présente très affaibli au capitaine Chevalier, lui raconte sa triste histoire et se prétend apte à reprendre les opérations.

— On verra ça, mon petit vieux, promet l'officier à l'accent bourguignon, pour l'instant, contente-toi de penser à te retaper...

Le convalescent retrouve la guerre le 4 septembre. Les tirailleurs opèrent pendant quatre jours sous la pluie à la frontière du Siam, d'où s'infiltrent des trublions révolutionnaires.

— Tu vois, fait remarquer Péréra à Ronflet au retour de la traque vaine, j'ai bien tenu le coup...

Le Lorrain n'avoue pas la douleur qui le taraude, ni l'inquiétude qui l'envahit chaque fois qu'on change son pansement et qu'il aperçoit la plaie mal jointe et purulente de son ventre.

L'administration ne perd pas ses droits, même en campagne lointaine. Péréra et le sergent Polito sont désignés le 10 septembre pour aller passer l'examen de chef de section à Phnom Penh avec six autres sergents du bataillon.

— Mais, s'inquiète le Lorrain en recevant l'ordre de se préparer au départ, je vais être boulé en sport...

— Ne vous inquiétez pas, lui conseille son commandant de compagnie, il faut absolument que vous ayez enfin ce foutu brevet...

Tout se passe bien dans la ville royale. Péréra revient à Siem Reap avec son brevet en poche.

— Mes cinq citations ont certainement pesé dans la balance, avoue-t-il à Lafont et à Ronflet qui sont franchement heureux de son succès. Enfin ça y est : je suis un vrai chef, à ce qu'il paraît !

–

Le bataillon rentre en Cochinchine à bord de camions du 512e régiment du Train. Il relève le 16 octobre 1948 les compagnies du 25e B.T.A. à Laïkhé, au nord de Thu Dau Mot.

Le capitaine Chevalier prend le commandement d'une zone dépendant d'un vaste secteur commandé par le colonel de Menditte, le patron du 5e régiment de cuirassiers. Le sous-secteur dévolu aux tirailleurs est long de cent cinquante kilomètres et parcouru par deux routes, celles de Ban Me Thuot et Loc Ninh, qui partent de Thu Dau Mot vers le nord et le nord-est. Une voie de chemin de fer le traverse aussi vers Loc Ninh.

La ville de Laïkhé, où se trouve l'Institut de recherches sur le caoutchouc en Indochine (I.R.C.I.), est aux trois quarts désertée. Chevalier, qui vient de toucher son quatrième galon, y installe son P.C., sa compagnie des services et le commando indochinois du lieutenant Candelier. La garnison est renforcée par le 4e escadron du 5e cuirassiers.

La compagnie Lerest, qui a été désignée comme unité d'intervention du sous-secteur, cantonne dans le poste de l'Agriculture, une vaste bâtisse située à un kilomètre du gros bourg.

— Notre mission, apprend le capitaine Lerest à ses gradés, consiste à protéger le passage des convois routiers... Il y en a un qui part de Ban Me

Thuot tous les matins, et un autre de Thu Dau Mot à la même heure, ils se croisent à Phuoc Hoa où se tient notre 9e compagnie...

Péréra apprend au cours de l'exposé que deux autres chaînes de camions civils circulent de la même façon sur la route de Loc Ninh et se croisent à Chon Than, où veille son ancienne compagnie toujours commandée par le capitaine Vincent.

— Bon, conclut le commandant de compagnie en traçant un itinéraire de son index droit sur sa carte d'état-major, comme vous le voyez nous devrons aller tous les jours nous poster au-dessus de la route, à plus de trente kilomètres d'ici...

Le manège de protection se déroule sans anicroche pendant plusieurs jours.

— Tout irait bien si les gars ne tombaient pas comme des mouches, confie le Lorrain à son chef, on ne va pas tenir le coup bien longtemps comme cela...

Le climat des plantations est pourri. Lafont, miné par le paludisme, est à l'infirmerie du bataillon. Ronflet, rongé par la dysenterie, a été évacué sur Saigon. Et Hocine l'a vite rejoint pour soigner un pied infecté. Les tirailleurs ne sont pas mieux lotis. La section du Lorrain est décimée. Les maladies vénériennes sont pour beaucoup dans l'affaiblissement des groupes. Le commandant Chevalier réclame la venue d'un bordel de campagne.

Un groupe de la 9e compagnie tombe en embuscade le 19 octobre sous les couverts d'une plantation d'hévéas. L'arrivée rapide d'un deuxième camion oblige les bo doïs à se perdre dans la forêt, mais deux tirailleurs sont morts et deux autres grièvement blessés.

Le bordel demandé par le chef de bataillon, une maîtresse et cinq filles, débarque le lendemain de l'embuscade à Laïkhé. Il est décidé que les prostituées se déplaceront par roulement de compagnie en compagnie. Péréra reçoit le renfort d'un vétéran musulman, le sergent-chef Lemizzi, qui vient d'être promu et prend la place de Lafont.

Les convois, surtout chargés de bois et de caoutchouc, défilent inlassablement sous la protection des tirailleurs. Le Lorrain vit à leur rythme régulier.

— Et les Viêts, dans tout ça, regrette-t-il seulement, ils ne bougent plus beaucoup depuis l'embuscade du 19... Faudrait peut-être songer à aller les chercher...

28. EMBUSCADE VERS BAN ME THUOT

L'habituel convoi de la 5e compagnie se met en place devant le poste de l'Agriculture le 28 octobre à dix heures du matin. Il est formé d'un scout-car du 5e cuirassiers, d'un G.M.C. dans lequel prennent place les tirailleurs de Benarfa, d'un 4X4 chargé de ravitaillement pour les postes tenus près de Phuoc Hoa par la 9e compagnie du bataillon, d'une ambulance, d'un second G.M.C. chargé des tirailleurs de Péréra, et d'un second scout-car.

Les moteurs des six véhicules tournent au ralenti. Il fait beau et les Algériens, émoustillés par la présence des six femmes du B.M.C. qui ont pris place dans l'ambulance pour aller distraire les tirailleurs de Phuoc Hoa, lancent des plaisanteries en arabe. Péréra et quelques gradés bavardent avec les filles à l'arrière de l'ambulance aux portes grandes ouvertes.

— Tenez, regardez, leur propose la maîtresse qu'ils appellent tous « la Belle Hélène », voilà ma fortune...

La prostituée tient de la main gauche un coffret laqué et joue de la droite avec quelques colliers de perles et d'or, une dizaine de bagues, et autant de bracelets.

Le capitaine Lerest met fin aux confidences amicales en donnant le signal du départ. Le médecin-capitaine Frezières, qui achève une tournée d'inspection, prend place près du chauffeur de l'ambulance. Lerest s'installe dans le 4X4 bourré de ravitaillement. Péréra compte une dernière fois ses tirailleurs et s'assied dans la cabine de son G.M.C.

Le premier scout-car s'engage sur la route qui rejoint l'axe Thu Dau Mot-Ban Me Thuot. Chaque chauffeur demeure prudemment à cent cinquante mètres du véhicule qui le précède. Les tirailleurs passent à Ben Cat où se tient le P.C. d'un sous-secteur tenu par des coloniaux du 43e R.I.C. Des marsouins du poste de Xom Xaï saluent le passage du convoi de grands gestes de bras. Le scout-car d'ouverture de route s'engage aussitôt après le poste au travers d'une jungle épaisse dont les vagues vertes meurent à un mètre seulement de la route. Le chauffeur du véhicule blindé est obligé de ralentir au passage de nombreuses coupures de sabotage sommairement comblées par les coloniaux. Il se retrouve sans ressources de puissance au bas d'une longue côte naissant à la sortie d'une courbe. Les véhicules du convoi se resserrent considérablement. Les camions, l'ambulance, le 4X4 et leurs deux cerbères ne s'étirent plus que sur cent cinquante mètres. Péréra fait la grimace. « Si j'étais viêt, se dit-il en fouillant la forêt d'un regard inquiet, c'est là que je m'installerais en embuscade... »

Une énorme explosion met un terme aux considérations tactiques du chef de section. Une mine a explosé sous le G.M.C. de la section Benarfa. Le véhicule disparaît dans un nuage de fumée noire. Des rafales de plusieurs mitrailleuses s'abattent sur le convoi piégé. Le camion du Lorrain s'immobilise dans le vacarme. Les tirailleurs qui l'encombraient s'éparpillent sur les bords de la route. Leurs fusils-mitrailleurs tirent déjà sur la position rebelle. Des grenades explosent entre les véhicules en même temps que deux autres mines. Les Viêts invisibles hurlent. Leurs cris percent de temps en temps le tohu-bohu des armes.

— Gueulez aussi, nom de Dieu, crie Péréra à ses hommes, ça donne du courage !

Le concert des voix arabes se mêle au vacarme. Une quatrième mine explose. Un large morceau de ferraille tombe à deux mètres du Lorrain.

— C'est un pan de portière de l'ambulance, a le temps de reconnaître le sous-officier, les filles ont dû souffrir...

Rhamani, le caporal-chef qui remplace Ronflet, fait le coup de feu dans le fossé opposé.

— Lemizzi est mort ! hurle-t-il à l'adresse de son chef de section.

Le sergent-chef cesse de tirer et scrute le bord de la route battu par le feu. Il reconnaît vite le corps de son nouvel adjoint. Un filet de sang naît juste entre les deux yeux du gradé musulman.

— Ils vont me le payer, gronde l'ancien Corsaire en reprenant son tir, le pauvre gars n'a pas eu le temps de profiter de ses galons...

Le camion de Benarfa et l'ambulance du B.M.C. brûlent en ronflements épais. Rhamani hurle à nouveau.

— Les Viêts sont sur la tour, saisit son chef, derrière le camion.... Attention !

Quelques bo doïs ont investi l'axe routier, et mettent une mitrailleuse en batterie en son plein milieu.

— Zouiche, ordonne Péréra d'une voix étrangement métallique, fous-les en l'air...

Younès, le tireur au fusil-mitrailleur du sergent musulman, délaisse les points de feu qu'il prenait pour cibles pour arroser les nouveaux venus postés à une vingtaine de mètres de lui. Les servants de la mitrailleuse n'ont pas le temps de tirer. Un ordre les ramène sous les couverts. Younès tire un second chargeur sur leur repli, puis s'écroule sur son 24/29. Un flot de sang jaillit de sa gorge transpercée. Un tirailleur bondit vers le blessé, s'empare de son arme, et reprend le tir.

Le Lorrain s'éloigne de quelques mètres de la route en rampant sur son talus. Une galopade et des cris l'obligent à reporter son attention vers les véhicules.

— Bon Dieu, gronde-t-il, le toubib avec les gars de Benarfa...

Quelques tirailleurs ensanglantés, et aux uniformes léchés de flammèches, tentent de filer vers le poste de Xom Xaï. Des bo doïs les poursuivent en hurlant. Un homme couvert de sang se dresse soudain dans les fourrés devant le Ranguevalois. Ce dernier reconnaît tout de suite son commandant de compagnie.

— Par ici, mon capitaine, hurle-t-il au fantôme titubant, je vous couvre...

L'officier trouve la force de bondir vers la route, et s'affale tout contre son chef de section. Hocine lui plaque rapidement un pansement provisoire sur le visage.

— Où en est votre section ? s'inquiète le capitaine aveuglé.

L'ancien Corsaire supporte difficilement le spectacle de son chef blessé.

— Pas trop de pertes, lui répond-il, c'est un miracle...

Le blessé à la face se relève à demi.

— Alors, ordonne-t-il, essayez de porter secours à Benarfa... Et il retombe sur le dos.

Des bo doîs se lancent à l'assaut. Le feu de tirailleurs les oblige à reculer de quelques mètres. Le Lorrain est en sueur. Un tirailleur hurle à deux mètres de lui, le genou fracassé.

— Ça fait bien vingt minutes que ça dure, se rend compte le sous-officier ivre de bruit en se décidant à tenter de progresser vers la 2e section, Dieu que ça passe vite... Je me demande bien ce que peut fabriquer le deuxième scout-car ?

Rhamani et Hocine sont vite prévenus de la manœuvre. Ils rameutent leurs tirailleurs indemnes ou légèrement blessés.

— Zouiche, ordonne le chef de section, reste auprès du capitaine avec les gars... Je file !

Les tirailleurs du mouvement de secours s'ébranlent à quatre pattes sous la mitraille. Rhamani, qui a engagé ses hommes dans le fossé opposé, hèle soudain son chef.

— J'ai trouvé le chauffeur de l'ambulance, crie-t-il, il est mort, il est tout nu...

La fumée noire et âcre qui s'échappe des véhicules en feu offre bientôt un écran tournoyant aux deux groupes. Le Lorrain passe à côté de l'ambulance qui n'est plus qu'un brasier puant.

— Les pauvres filles sont certainement mortes, constate-t-il, tuées comme de vrais soldats !

Le Lorrain écœuré par l'odeur de chairs brûlées bute quelques mètres plus loin sur deux cadavres d'Algériens désarmés et recroquevillés l'un contre l'autre. Le 4X4 abandonné par le capitaine Lerest brûle aussi.

— Les salopards ont eu le temps de piquer le ravitaillement de la 9, réalise le chef de section en frôlant le Dodge.

Le chauffeur du véhicule est retrouvé par Rhamani. Il gît dans le fossé, à demi décapité. Une aigre sonnerie de clairon perce le vacarme des armes. Les tirs rebelles s'espacent.

— Ils vont décrocher, en déduit Péréra, le visage noirci de fumée, c'est pas trop tôt...

Les groupes ne sont plus qu'à dix mètres du G.M.C. de Benarfa. Le Lorrain est saisi d'un haut-le-cœur en approchant encore. Un tirailleur à demi carbonisé pend à l'arrière du camion en flammes. D'autres morts sont éparpillés entre les roues du véhicule et les fossés.

— Ils n'ont pas eu le temps de pouvoir se défendre, lance le Ranguevalois à Hocine, ils sont tous morts...

De nouvelles rafales s'abattent sur la route enfumée.

— Merde, gronde le sergent-chef, ils reviennent... Ils ont le diable au corps !

Les tirs durent à peine deux minutes. Quelques tirailleurs refilent vers le poste.

— Revenez, leur ordonne en vain leur chef, il faut aider les copains...

Le tir cesse. Les tirailleurs n'enraient pas pour autant leur course affolée. Un corps s'agite dans des tourbillons de fumée, tout près du G.M.C. dévoré par les flammes.

— Le Déodic, hurle Péréra, on arrive...

Hocine a lui aussi aperçu le blessé qui risque l'asphyxie. Les deux gradés bondissent ensemble vers le camion, s'emparent chacun d'une main du blessé suffocant, et le tirent au large de la puanteur.

Le Déodic hurle à la mort lorsque ses deux jambes brisées se désaxent aux chocs du transport vers le fossé.

— On retourne vers le capitaine, ordonne le chef de section, tous les autres doivent être morts...

Deux tirailleurs qui avaient reflué vers le poste à la reprise du tir ennemi se chargent bientôt du sergent aux jambes fracassées.

— Péréra, s'entend soudain héler le Lorrain qui couvre l'évacuation, au secours...

Le sergent-chef reconnaît la voix déformée par la douleur.

— Benarfa, crie-t-il, où es-tu ?

— Au secours, ne peut que répéter le gradé de Biskra, vite, Péréra... au secours...

Hocine et son chef, se repérant à la voix suppliante, découvrent vite l'adjudant-chef. Le grand sous-officier est allongé sur le ventre à l'extrémité du fossé. Son dos n'est qu'un magma de sang, ses longues mains brunes serrent nerveusement des racines.

— C'est fini, lui souffle Péréra en essayant de lui faire lâcher prise, on t'emmène...

Le grand Arabe refuse de desserrer ses doigts tétanisés. Les deux sauveteurs s'arc-boutent sur ses bras en ahanant. Le blessé hurle de douleur, et lâche enfin les racines.

Les deux gradés peinent pour supporter le grand corps jusqu'à leur G.M.C. grêlé de dizaines d'impacts.

Les coloniaux de Xom Xaï, des Cambodgiens encadrés de gradés européens, déboulent en renfort. Ils se lancent à la poursuite des derniers bo doïs de l'embuscade qui ont décroché à leur arrivée. Les blessés sont ramenés vers le poste. Péréra demeure encore cinq heures sur le champ de bataille fumant et puant pour récupérer les morts et le matériel encore en état de service.

Deux des morts de la section Benarfa ne peuvent être retirés de leur camion.

— Il faut attendre que tout brûle, est obligé d'admettre le Lorrain, on ne retrouvera pas grand-chose de ces pauvres gars...

Le capitaine Lerest a refusé l'évacuation. Il attend sur les lieux du drame l'arrivée du commandant Chevalier et du colonel de Menditte.

Le patron du 5e cuirassiers entre dans une violente colère en constatant que les véhicules ont été pris sous le feu viêt-minh très près les uns des autres. Il ne se calme qu'après avoir écouté les explications de Lerest et soigneusement étudié le site empuanti.

Tout ce qui pouvait brûler sur le camion de Benarfa est consumé. Péréra peut enfin récupérer les deux derniers morts. Ses tirailleurs roulent des yeux fous en déposant sur le bord de la route deux amas de chairs carbonisées.

Le bilan de l'embuscade est catastrophique : dix-neuf morts et vingt blessés ! Et les six Asiatiques du B.M.C. ont brûlé dans leur ambulance. Péréra, à bout de forces, n'a pas le loisir de se reposer lorsque les restes des deux sections piégées sont ramenés au poste de l'Agriculture. Il doit s'occuper de préparer l'enterrement des victimes. Les trois tués européens, parmi lesquels se trouve le sergent-chef Escarment, qui avait été promu en même temps que Lemizzi, ne posent pas de problèmes. Mais il n'y a pas de suaires blancs à Laïkhé pour mettre en terre les seize morts musulmans. Un message radio réclame les linges manquants à Saigon.

— Les suaires arriveront demain matin par l'avion des plantations, vient annoncer au Lorrain un adjudant fraîchement affecté au P.C. du capitaine Lerest.

Le sergent-chef dort quelques heures qui sont hantées de cauchemars. Les linceuls arrivent à l'heure annoncée. Pas un volontaire ne se présente pour momifier les corps. Le Lorrain aux traits durement marqués par les fureurs de la veille est obligé de désigner quatre tirailleurs pour l'horrible corvée. Le sergent Marcillac, qui vient d'être réaffecté à la compagnie décimée, complète le groupe de croque-morts.

Une chaleur lourde règne sur Laïkhé. La chapelle ardente improvisée dans une salle du poste de l'Agriculture est empuantie. Péréra est plusieurs fois obligé de sortir de la pièce pour reprendre son souffle.

— Il faut plus de courage pour faire ça que pour riposter à une embuscade, souffle-t-il lorsque les corps sont enfin prêts à être ensevelis ; on mériterait bien une citation... Quelle horreur !

L'enterrement est vite expédié. Houamed prononce une nouvelle fois ses rapides litanies.

La section Fuseret rentre d'opération tout aussitôt après la cérémonie. Le sous-lieutenant hérite des restes de la compagnie. Il dissout la section Benarfa, et affecte à la 3e section une dizaine de malades qui n'ont pas participé au combat dévastateur.

Des renseignements bien filtrés par le 2e Bureau apprennent à Péréra que l'embuscade tragique a été montée par près de cinq cents bo doîs armés de huit mitrailleuses, dix-neuf F.M., trois bazookas, un mortier et neuf lance-grenades. Il sait aussi que les Viêts avaient placé vingt et une mines sur la route, et que quatorze d'entre elles ont explosé.

— Ils sont costauds, les gars du 2e Bureau , ironise-t-il en commentant les événements avec Marcillac, mais c'est avant l'embuscade qu'ils auraient dû nous donner tous ces renseignements... Pas vrai ?

Le compagnon du Lorrain ne peut qu'acquiescer. Les deux hommes parlent encore longtemps de la route de Xom Xaï. Ils revivent le calvaire du sergent Le Déodic qui, une première fois blessé à une cuisse en sautant de son camion, a encore été touché à l'autre jambe en tombant au sol.

— Un Viêt a voulu l'achever avec sa propre mitraillette, précise le Lorrain, il doit la vie à un déserteur qui s'est proposé pour l'achever... Le gars n'a sans doute pas eu le courage de faire son sale travail... Paraît qu'il a dit à Le Déodic qu'il lui laissait le temps de souffrir avant de crever tout seul...

Le sergent-chef souligne aussi le grand courage des cuirassiers qui armaient le premier scout-car du convoi à demi anéanti.

— Leur lieut' a pris une balle dans le cou dès le début de l'engagement, explique-t-il à son interlocuteur captivé par l'évocation, mais ça ne les a pas empêchés de canarder les Viêts à la mitrailleuse pendant toute l'embuscade... Sans eux, on aurait certainement morflé encore un peu plus...

— Mais, questionne Marcillac, et le deuxième scout-car ?

Le Lorrain grimace.

— Pas de chance, se souvient-il, il est tombé en panne avant Xom Xaï, il n'a pu nous être d'aucune aide...

La compagnie étrillée repasse sous Xom Xaï le 1er novembre. Deux automitrailleuses Coventry du 5e cuirassiers mènent le convoi. Le camion qui transporte la section Péréra suit les deux blindés à bonne distance. Un déluge de balles nappe soudain le reste du convoi.

— Il y en a bien moins que l'autre jour, apprécie le Lorrain tandis que les Coventry se mettent en position de tir, les copains vont facilement s'en tirer...

Les cuirassiers arrosent consciencieusement la forêt. Les bo doîs décrochent prudemment. La 1re section, qui a supporté tout le poids du feu, ne déplore que quelques blessés. Mais Venini, le sergent adjoint au trésorier du bataillon, est mort.

Une compagnie de parachutistes tonkinois vient renforcer le sous-secteur grouillant de Viêts. Puis débarque à Laïkhé la section de redressement des unités algériennes (S.R.A.). Les réprouvés ne doivent pas se mêler aux sections saines. Ils bâtissent rapidement un poste sur un piton dominant la route de Laïkhé-Ben Cat, à deux kilomètres du poste de l'Agriculture. Péréra est tout heureux de récupérer enfin Ronflet et Lafont qui sont bien remis de leurs maladies. La compagnie est une troisième fois au contact des rebelles le 10 novembre.

Quelques coups de feu balaient les deux Coventry qui ouvrent encore la voie aux G.M.C. du sous-lieutenant Fuseret. Les deux blindés s'immobilisent et ripostent. Les tirailleurs de Péréra giclent de leur camion. Courbé, le Lorrain court vers la première automitrailleuse crachant le feu. Un lieutenant crie dans son combiné radio. Il n'interrompt pas ses messages d'alerte en apercevant le sergent-chef. Il lui indique seulement de son bras libre un barrage de terre qui ferme la route à une centaine de mètres du nez de son blindé.

L'ancien Corsaire comprend. Il fait signe à Ronflet de le suivre pour aller reconnaître l'obstacle avec son groupe.

Les tirailleurs se faufilent courbés dans les fossés. La première Coventry roule doucement derrière eux.

— Attention, lance Péréra à Ronflet une fois parvenu à quelques mètres du barrage, il peut y avoir du monde...

Les deux gradés sont les premiers sur l'obstacle.

— La terre est tout fraîchement remuée, reconnaît le Lorrain, regarde les traces de pieds nus... Le convoi les a dérangés... Les coolies qui ont fait ça ne doivent pas être bien loin...

Le lieutenant de cuirassiers s'approche à son tour de la barricade inachevée.

— Allez reconnaître la forêt sur la droite, ordonne-t-il au sergent-chef, je vais essayer de foutre ça en l'air à coups de canon...

Péréra rameute le reste de sa section. Ses trois groupes s'enfoncent en ligne sous les arbres. Une galopade naît aussitôt devant eux. Quelques balles claquent au-dessus des voltigeurs. L'un d'eux s'écroule en hurlant. Il est touché à l'épaule.

— En avant, ordonne son chef de section, ils sont à nous...

Les Algériens qui s'étaient abrités au pied des plus gros arbres se relèvent en tiraillant. La poursuite les mène à plus d'un kilomètre de la route. Trois bo doïs sont abattus. Un voltigeur récupère un fusil japonais. Péréra donne l'ordre de redescendre vers le convoi. Les canons des Coventry commencent à hacher la forêt dès que les Algériens en sortent, tout heureux d'avoir commencé à venger les morts du 28 octobre.

Le tirailleur à l'épaule transpercée est pansé et installé sur une automitrailleuse. Il sourit au Lorrain malgré sa douleur.

— La section repart du bon pied, estime le sous-off lorsque le convoi se remet en route, la première embuscade n'est plus qu'un mauvais souvenir...

29. LE POSTE O'CONNELL

Le capitaine Lerest rejoint sa compagnie à la fin de la troisième semaine du mois de novembre.

— Chapeau, apprécie le Lorrain, il a refusé sa convalescence pour reprendre sa place...

Le petit officier au visage criblé des stigmates bleutés des éclats reçus le 28 octobre serre les mains de tous ses anciens.

— J'ai rédigé quelques propositions de récompenses à l'hôpital, leur annonce-t-il, et je ne vous ai pas oublié, Péréra...

Le Lorrain se raidit à la nouvelle.

— Ça m'en fera six, se réjouit-il, mais ce sont nos morts qui la méritent...

Les bo doîs ne se manifestent plus dans le secteur de Laïkhé pendant plus de vingt jours. Péréra supporte sereinement la routine des protections de convoi entrecoupée de pleines journées de repos au poste de l'Agriculture. Il s'apprête à entamer sa sieste rituelle le 26 novembre. Des bruits de moteurs l'empêchent de s'assoupir sous sa moustiquaire. La jeep du capitaine Lerest pénètre en trombe dans la cour déserte du cantonnement. L'officier jaillit souplement de son véhicule en alertant ses gradés.

— Les Viêts ont enlevé le poste O'Connell, leur lance-t-il, dans une plantation pas très loin d'ici...

Deux Coventry et deux G.M.C. pénètrent à leur tour entre les bâtiments du poste. Les tirailleurs sont vite équipés et armés. Le convoi démarre vers Loc Ninh et, après un peu plus de cinq kilomètres, quitte la route pour s'engager sur une piste de plantation. Le poste à secourir apparaît bientôt au bout d'une ligne droite. Il est couronné de fumée noire.

Le premier blindé, commandé par le maréchal des logis Baveux dont le Lorrain s'est fait un ami au cours des protections de convoi, stoppe net devant un corps allongé les bras en croix au beau milieu de la route. Les tirailleurs sautent à bas des G.M.C. et filent vers la position enfumée qui était tenue par une section de partisans. Le sous-lieutenant Fuseret entraîne sa section à l'intérieur du poste.

— Nous, on va fouiller plus au large, ordonne Péréra à Ronflet en menant ses groupes vers un petit hameau occupé par les coolies de la plantation accotée à la face nord du poste.

Des paillotes ont été incendiées par les Viêts. Les travailleurs apeurés se répandent en courbettes après avoir regagné leurs habitations les uns après les autres.

La compagnie a vite fait le tour du domaine. Les partisans ont disparu. Des Européens sont retrouvés morts sur leurs couches. Des incendies achèvent de dévorer tout ce qui pouvait brûler aux quatre blockhaus d'angle du poste. Le capitaine Lerest rameute tout son monde dans la position dévastée qui comporte un atelier de traitement du latex, un hangar qui servait de logement aux partisans disparus, une tour de deux étages, et le bâtiment où ont été retrouvés les Français assassinés. L'ensemble est ceint de murs en pierre sur deux de ses faces, et de deux autres en torchis. Une large porte permet l'accès des véhicules, et une seconde, bien plus petite, donne sur le village des coolies.

Le commandant Chevalier débarque à son tour au poste. Il est accompagné du chef mécanicien de l'usine qui a réussi à échapper au massacre et à donner l'alerte à Laïkhé.

Péréra, convoqué à un briefing des deux officiers avec Fuseret, apprend le déroulement de l'attaque.

— Il semblerait, estime le chef de bataillon, que les Viêts voulaient seulement s'emparer des armes des partisans...

Et l'officier à la canne explique à ses chefs de section qu'un partisan de veille avait trahi au début de la sieste. Qu'il avait laissé entrer les bo doîs par la porte des coolies. Qu'une deuxième sentinelle avait voulu s'opposer à l'intrusion.

— C'est lui que vous avez retrouvé esquinté sur la route, précise l'officier.

Les coups de feu avaient éveillé le reste des partisans qui avaient voulu s'armer au râtelier de leur hangar. Mais le traître avait pris la précaution de cadenasser les armes. Les défenseurs trahis s'étaient alors rués vers la grande porte sud du poste pour fuir dans la plantation.

— Voilà toute l'histoire, conclut le chef de bataillon, il ne nous reste plus qu'à installer une section au poste...

C'est la 3e section qui hérite de la mission. Le convoi s'éloigne. Péréra inspecte son nouveau domaine.

— Cette nuit, décide-t-il après en avoir apprécié au plus juste les défenses, on reste tous dans la tour, c'est plus prudent...

La nuit s'écoule calmement. Le convoi apporte à onze heures du matin les sacs marins des tirailleurs.

— On est bons pour rester là, en déduit Péréra sans enthousiasme, sale temps...

La section de partisans qui s'était égaillée sans armes dans la nature fait partie du convoi. Elle est composée d'une trentaine de Moïs et de quelques Annamites, et vient se réinstaller au poste, toujours sans armes.

La liaison refile sur Laïkhé.

— Qu'est-ce qu'on va faire de ces types désarmés, se demande le Lorrain en dévisageant les anciens défenseurs du poste O'Connell qui sont commandés par un vieux sergent annamite.

Les partisans ne paraissent pas très fiers de ce qui s'est passé dans la plantation.

— On verra ça plus tard, tranche le nouveau chef de poste, ce qui presse maintenant c'est de remonter nos défenses...

Tout le monde, coolies compris, s'attelle à la tâche. Le débroussaillage des abords du poste est rapidement mené. Le Lorrain fait relever les parties du mur en torchis, et entreprend l'érection de quatre blockhaus entre les quatre premiers.

— Le boulot ne va pas manquer, estime-t-il après avoir distribué les corvées, ça occupera les partisans en attendant de pouvoir les réarmer...

La garde du poste réclame la présence constante de dix hommes aux créneaux. L'ancien Corsaire décide de mélanger les tirailleurs et les partisans munis chacun de deux grenades.

Chaque gradé de la garnison reçoit une tâche bien précise. Lafont est chargé de la section Moïs, Ronflet de la bonne marche des travaux, Zouiche de la sécurité, et Hocine de la propreté des lieux. Les deux sections se partagent le cantonnement. Les partisans ont réoccupé leur hangar ouvert à tous vents. Le groupe Ronflet s'est installé dans la tour à deux étages, et celui de Zouiche a pris ses quartiers dans le logement du planteur assassiné. Hocine occupe avec ses tirailleurs le grenier de l'usine.

— Comme ça, envisage sereinement le chef de poste, si les Viêts reviennent, ils ne risqueront pas de nous baiser tous ensemble...

Deux jours passent sans que les rebelles osent se manifester. Péréra décide de bien expliquer à ses hommes la tactique à suivre en cas d'attaque en force. Il rassemble les deux sections dans la cour du poste qui a déjà repris bonne mine, et se juche sur un tas de sable pour exposer son plan. Le sergent annamite et un petit caporal moï traduisent ses dires au fur et à mesure pour leurs compagnons mal alignés.

La cuiller de la grenade U.S. qui pendait au ceinturon d'un Moï casse soudain. L'engin quadrillé se met à rouler au fusant au milieu de l'auditoire.

— Planquez-vous ! hurle Péréra en disparaissant derrière son tas de sable.

Les deux tiers de l'assemblée débandée bondissent à l'abri des bâtiments. Le reste demeure à plat ventre dans la cour.

— Les cons, gronde leur chef, ils vont se faire hacher...

La grenade explose. Le Lorrain se redresse aussitôt, et court vers les allongés enchevêtrés.

— C'est pas vrai, se réjouit-il lorsque tout le monde est sur ses jambes, il n'y en a pas un de touché...

Les partisans et les tirailleurs s'ébrouent. Leur chef échange un regard entendu avec ses gradés. « Pourvu que cette chance incroyable ne nous quitte pas », se dit-il en reprenant l'exposé de son plan de défense.

Le capitaine Lerest vient en liaison quelques jours après l'explosion. Il est accompagné du nouveau directeur de la plantation et de son assistant, un vieil Indochinois et un tout jeune homme, jaune lui aussi.

— Evidemment, se dit le chef de poste, après ce qui s'est passé ici, il ne devait pas y avoir beaucoup de volontaires parmi les cadres blancs...

Le capitaine au visage grêlé de bleu amène aussi le nouvel armement des partisans. La routine s'installe au poste O'Connell. Le Lorrain mène chaque jour des patrouilles sous les hévéas et dans la brousse pour protéger le travail de fourmi des coolies. Il consiste à récupérer dans des seaux la résine qui s'écoule dans des bols agencés au bout de saignées pratiquées sur les troncs d'hévéas.

Le latex ainsi collecté est ensuite traité dans de grands bacs à l'usine O'Connell, laminé en plaques de deux centimètres d'épaisseur, séché dans des hangars, mis en ballots transportés en camions vers le port de Saigon.

Les Viêts-minhs ne se risquent plus à saboter la plantation en tailladant les hévéas à coups de hache pour qu'ils se vident de leur précieuse résine.

— Ils ne sont certainement pas loin, confie Péréra à ses gradés, ils sont patients... On dirait qu'on joue une partie d'échecs...

Une patrouille se faufile dans la brousse quelques jours avant Noël 1948. Elle est formée d'un groupe de partisans et des tirailleurs du sergent Ronflet. La reconnaissance sort du fouillis de la brousse et s'engage sous les hévéas d'une portion de plantation abandonnée. Les Moïs, à demi nus et armés de Mauser et de mousquetons, éclairent la colonne furtive.

Un coup de feu claque soudain dans la forêt, donnant le signal d'une épaisse fusillade. Des nuages d'oiseaux s'envolent des hévéas aux troncs striés de saignées. Les tirailleurs et les partisans disparaissent derrière les troncs pour riposter à l'aveuglette.

— Ne tirez plus, leur crie le Lorrain en n'entendant plus les claquements de balles ennemies.

Le silence retombe sur les arbres.

— On ne bronche pas, décide le chef de patrouille en faisant signe à ses hommes de demeurer tapis sur leurs positions, les Viêts doivent attendre qu'on se relève pour reprendre le tir...

Les oiseaux reviennent sur leurs perchoirs. Dix longues minutes passent. Péréra épie le moindre bruit de la plantation envahie par de hautes herbes. Un bref sifflement de Ronflet attire son attention. Puis, assuré de ne pas se faire tirer dessus, le grand sergent se met à ramper dans les herbes vers son chef de section.

— Qu'est-ce que tu penses de ce silence, interroge l'ancien maquisard dès que le colosse est parvenu près de lui, tu crois qu'ils ont foutu le camp ?

Les deux gradés hésitent encore à ranimer la progression figée.

— On va tout de même pas attendre Noël ici, décide le Lorrain, on y va... Attention...

Les Moïs se relèvent un à un, prêts à tirer. Les tirailleurs les imitent tout aussi prudemment.

— Je ne comprends rien aux Viêts, confie le chef de section à Ronflet qui rejoint son groupe d'Algériens, ils tirent quelques balles et ils filent au large...

Un Moï pousse un cri aigu en butant contre le corps mort d'un de ses compagnons. L'homme a reçu une balle en pleine tête. La patrouille ramène sa dépouille au poste.

Le sergent annamite exprime le désir que le montagnard soit enterré à la lisière de la plantation. Péréra accepte et fait présenter les armes lorsque le corps disparaît sous des pelletées de terre.

— Il mérite mieux qu'un simple tumulus, décide le chef de poste, il faut marquer le coup pour nos partisans...

Un maçon de l'usine et Ronflet érigent le lendemain un véritable petit mausolée au premier mort du poste O'Connell.

Medjoub, un tirailleur du groupe Ronflet, est blessé de trois balles de mitraillette au cours d'une nouvelle embuscade pendant une patrouille dans la brousse. Les rebelles n'ont tiré que quelques balles et, tout comme la première fois, se sont défilés sans insister.

— Merde, gronde le chef de poste lorsque Ronflet ramène le blessé au poste, il est salement touché... Il faudrait l'évacuer avant que la gangrène ne le pourrisse...

Le poste O'Connell ne possède pas de poste radio.

— Ça ne fait rien, décide le Lorrain, on va le descendre à Laïkhé...

Et le sergent-chef emprunte le camion civil de la plantation, le charge de quinze tirailleurs, et file à toute allure vers le P.C. de sa compagnie.

Noël 1948 est bientôt là. Le ravitaillement du poste est arrivé dans l'après-midi.

— On va faire la fête, propose l'ancien Corsaire à Ronflet et à Lafont, d'accord ?

Les deux gradés acceptent d'entamer copieusement la dotation de vivres et décident de convier aux réjouissances le sergent des partisans, le directeur de la plantation, son jeune adjoint, et le mécanicien de l'usine.

— J'ai ramené une surprise de ma dernière liaison sur Saigon, avertit le vieux patron de la plantation O'Connell en acceptant l'invitation, et je crois qu'elle vous plaira...

Le repas tout simple est préparé. Péréra en s'attablant a une pensée émue pour Boussicaut avec qui il a passé le triste Noël 1947 au poste d'Hoa Loc, mais chasse vite sa nostalgie. La surprise annoncée est là. C'est un phonographe à manivelle et une dizaine de disques de Luis Mariano.

La voix du ténor espagnol lance ses échos dans la nuit. Le réveillon improvisé se termine tard. Le poste O'Connell vit dès le lendemain au rythme des espagnolades distillées par le phonographe. Les tirailleurs et les partisans s'éveillent, travaillent, mangent et se couchent aux accents de *la Belle de Cadix* et du *Fandango du Pays basque*. Certains finissent par les savoir par cœur.

Le Jour de l'An 1949 s'écoule tout aussi tranquillement que Noël. Le Lorrain a l'impression d'avoir enfin compris l'Indochine au contact permanent du vieux directeur et des coolies qui travaillent pour trois fois rien, mais qui ne se plaignent pourtant jamais.

— Ils deviendront tous des Viêts dès qu'on aura tourné le dos, s'avoue-t-il, c'est leur destin...

La section est relevée le 24 janvier par des tirailleurs de la compagnie d'appui du bataillon. Tous les coolies et leurs familles assistent au départ de leurs amis. Le Lorrain salue une dernière fois la tombe du partisan tué sous les hévéas et, la gorge serrée, donne le signal du départ vers Laïkhé.

Les fastidieuses protections de convoi sur la route de Ban Me Thuot reprennent, et durent jusqu'à la mi-février. Les tirailleurs vivent en symbiose avec les équipages des blindés du 5e cuirassiers.

— C'est vraiment la routine, s'impatiente l'ancien patron du poste O'Connell avide d'émotions fortes et qui ne se satisfait pas des quelques escarmouches qui émaillent les ouvertures de route. Je commence à trouver le temps long...

Le capitaine Lerest s'aperçoit à temps de la baisse de tonus de son chef de section.

— Je vous envoie vous refaire une santé à Saigon, lui annonce-t-il, allez vous y amuser quelques jours avec votre copain Lafont...

Les deux sous-officiers rejoignent la compagnie avec un moral tout neuf, et participent pendant un mois à de nouvelles missions de protection de routes.

La section du Lorrain renforce le 25 mars le commando Candelier. Le grand lieutenant au visage allongé a décidé de lancer un long raid à partir d'un poste baptisé « Maison-Rouge ». Les partisans et les tirailleurs marchent de nuit pendant des heures derrière un transfuge du Viêt-minh qui doit les conduire jusqu'à une base rebelle. La longue colonne s'engage avant l'aube sur une piste qui se coule sous des fourrés serrés.

— On étouffe là-dessous, constate bientôt le Lorrain en eau, vivement qu'on marche à l'air libre...

Le transfuge ne s'arrête que lorsqu'il débouche à l'orée de la jungle moite. Candelier appelle Péréra.

— On y est presque d'après le renseignement du guide, lui annonce-t-il, le camp viêt doit se trouver quelque part par là-bas...

La colonne s'est arrêtée au-dessus d'une vallée veinée de rizières en étages.

— On dirait des marches taillées pour des géants, ne peut s'empêcher d'admirer le Lorrain en détaillant le site somptueux.

Le lieutenant aux yeux constamment mi-clos derrière d'épaisses lunettes met fin à la contemplation du sous-off.

— Bon, décide-t-il, je passe devant vous avec mes partisans, vous me couvrez, et vous me rejoignez ensuite, bien compris ?

La manœuvre élémentaire s'ébranle. Les supplétifs du commando dévalent silencieusement les murettes des rizières.

— A nous, ordonne ensuite le Ranguevalois, les copains nous couvrent...

Les Algériens se lancent en rupture d'équilibre à travers les langues étroites de rizière de montagne.

— Bon sang, gronde le Lorrain lorsque des hommes en noir détalent devant le commando Candelier, le guide n'a pas menti...

Un obus de mortier s'abat sur la rizière que viennent de quitter les tirailleurs. Des rafales les encadrent.

— Une chance qu'ils tirent bien trop haut, se réjouit le chef de section en relançant sa progression un instant hésitante.

Les partisans subissent aussi un tir nourri. Candelier se retourne sous le feu pour apprécier l'avance des Algériens, et reprend l'ascension des marches de rizière. Le commando tombe en plein sur le campement annoncé. Les rebelles surpris au gîte décrochent en catastrophe. Deux rangées de paillotes strictement alignées sont aussitôt incendiées après une fouille rapide.

— On rentre, hurle Candelier à Péréra qui l'a rejoint, les Viêts vont revenir en force...

Des partisans ramassent quelques fusils sur des cadavres viêts, et rattrapent leurs compagnons déjà lancés sur la pente abrupte. La vallée est vite traversée. Le grand lieutenant remet son commando et la section d'Algériens en colonne.

— Pas de gymnastique, hurle-t-il ensuite à Péréra, et on ne s'arrête pas...

Les hommes bien entraînés courent pendant plus d'une heure sous un véritable tunnel de verdure.

— On peut ralentir, ordonne tout de même ensuite le chef de commando, mais personne ne doit s'arrêter ! On peut encore tomber dans un piège...

Les tirailleurs ont tous la bave aux lèvres. Le martèlement régulier de leurs pieds résonne sous la forêt.

— On arrive, souffle leur chef à Ronflet, à nous le repos...

Le poste de Maison-Rouge est enfin atteint. Candelier remercie le Lorrain pour son appui utile. Ce dernier ramène sa section éreintée à Laïkhé.

Candelier monte d'autres raids tout au long du mois d'avril pour désorganiser les bases avancées des unités de bo doïs qui menacent les axes routiers. Péréra et les siens participent au bilan en abattant quelques Viêts-minhs.

Deux lieutenants musulmans sont affectés au bataillon qui manque cruellement de cadres.

— Ce sont des descendants d'Abd el-Kader, apprend le capitaine Lerest à ses chefs de section.

Les tirailleurs considèrent comme un honneur de pouvoir combattre avec les arrière-petits-fils du légendaire émir vaincu en 1843 par le duc D'Aumale.

La saison des pluies bat son plein. Le commando Candelier ne met pas pour autant un frein à ses activités. Il tombe nez à nez le 2 mai avec une bande rebelle qui s'apprêtait à se restaurer dans une clairière. La section Péréra est du mouvement.

Les bo doïs surpris bondissent sur leurs armes et se postent derrière une longue levée de terrain à l'extrémité de la clairière.

— Heureusement qu'on n'a pas foncé tout de suite derrière eux, souffle le chef de commando au Lorrain, on aurait certainement eu des pertes...

Les Viêts assurent un feu d'enfer.

— Ménagez les munitions, hurle Candelier à ses hommes qui ripostent tous ensemble, ils sont plus nombreux que nous...

Les bo doïs s'aperçoivent vite qu'ils ont l'avantage du nombre, et amorcent un mouvement d'encerclement.

— Ils attendent du renfort, lance Candelier à Péréra, il faut foutre le camp pendant que c'est encore possible, prévenez vos groupes...

Le sergent-chef rejoint Ronflet en rampant.

— Personne ne doit se perdre de vue, ordonne-t-il au grand sergent blond, on attend le signal du lieutenant.

Les bo doïs avancent. Les partisans et les tirailleurs font boule de feu pendant près d'une minute pour les rejeter de l'autre côté de la clairière.

Les partisans se lancent les premiers en repli. Les tirailleurs de Péréra les couvrent pendant une autre minute, puis se replient à leur tour à la course. Les Viêts-minhs ne s'aperçoivent que trop tard du décrochage. Ils ont près de quatre cents mètres à combler lorsqu'ils engagent la poursuite.

— On les a eus, claironne Péréra en débouchant à proximité de Maison-Rouge, ils n'osent plus avancer...

Des tirs de mortier s'abattent sur la forêt dès que les partisans et les Algériens sont parvenus à l'abri. Les bo doîs refluent vers leurs sanctuaires.

Le Lorrain participe dans les jours qui suivent à des ouvertures de routes sans histoires. Puis, le 14 mai, il reçoit le mission de reconnaître une portion d'itinéraire vers Loc Ninh avec les restes squelettiques de sa section et les groupes de Benarfa recréés sous les ordres du sergent-chef Marcillac, ce dernier redevenant son adjoint pour l'occasion.

— Des Viêts ont été vus dans le secteur où on va, vers la piste Hallet, prévient le chef de la section composite en s'adressant à son adjoint et à ses chefs de groupe, respectez bien les distances...

Le mouvement conduit par le groupe Ronflet s'ébranle à six heures et parcourt sans encombre quelques kilomètres. La 2e section prend à son tour la tête de la reconnaissance lorsque les tirailleurs atteignent la piste Hallet. Des guetteurs viêts-minhs s'échappent en tiraillant.

— Il n'est que 7 h 40, constate le Lorrain en consultant son bracelet-montre, les Coventry ne doivent nous rejoindre que dans vingt minutes... Faut faire gaffe !

Le sergent-chef rappelle les tirailleurs déjà partis en poursuite.

— Pas question de tomber dans un traquenard, explique-t-il à Marcillac, on attend les blindés...

Le silence retombe sur la forêt. Les tirailleurs se sont tapis dans les fossés de la route. Ronflet panse sommairement près du Lorrain un Algérien de Marcillac qui a reçu une balle dans l'épaule.

— Encore dix minutes à attendre, annonce le chef de section, si seulement on avait un poste pour alerter Laïkhé...

Un coup de feu éclate. Des rafales s'abattent au-dessus des fossés. Des snipers tirent du haut des plus grands arbres. Marcillac, qui a rejoint ses hommes sur le bord opposé de la route, se lance vers le Lorrain. Une balle le frappe dans le dos. Il s'abat tout contre son ami.

— Ils sont en train de nous encercler, souffle-t-il en crachant du sang, ils sont déjà derrière nous...

Les fusils-mitrailleurs français ripostent à bon rythme. Des lignes de bo doîs sont déjà à distance d'assaut.

— C'est l'hallali, constate calmement le Lorrain en installant un peu mieux Marcillac dans le fossé, ça va chauffer dur !

Des tirailleurs crispent un peu plus leurs mains sur leurs armes. D'autres préparent leurs grenades et leurs munitions. Le feu ennemi s'enrage. Les premiers bo doîs de l'assaut hurlent comme mille diables. Les tirailleurs crient aussi, pour saluer l'arrivée grondante des deux Coventry qui sont à l'heure. Les canons et les mitrailleuses des cuirassiers balaient les groupes rebelles. Les bo doîs reculent, et fuient sous les couverts. Quelques obus de mortier bien dirigés évitent aux tirailleurs de se lancer à leur poursuite.

La radio des blindés a alerté Laïkhé. Le commando Candelier et la 1re section de Fuseret déboulent bientôt en renfort. Marcillac et le premier tirailleur blessé sont rapidement évacués. Les premiers camions civils du convoi commencent à défiler sur la route. Les tirailleurs hurlent des cris de victoire.

— Et voilà, conclut Péréra en regardant s'écouler le flot des véhicules, ils sont encore passés... Mais cette fois, c'était tout juste !

30. DERNIERS COMBATS AUX TIRAILLEURS

Le lieutenant Ali Abd el-Kader meurt le 17 mai dans une embuscade qui coûte également la vie au capitaine Plemeur, le commandant de la 10e compagnie. Le lieutenant Zenine, musulman lui aussi, hérite du commandement de la compagnie endeuillée. Abd el-Kader Abd el-Kader, le second lieutenant de haute lignée, est rapatrié sur ordre supérieur.

La mousson du sud-est transforme le secteur de Laïkhé en éponge. La vie devient de plus en plus dure au bord des routes menacées par le Viêt-minh.

— Il serait peut-être temps de penser à nous ramener en France, confie Péréra à Ronflet alors qu'il vient de surveiller avec sa section le passage d'un convoi montant vers Ban Me Thuot, les gars sont à bout... et nous aussi.

Le Lorrain n'a pas le temps de pousser plus loin le commentaire. Deux Coventry du 5e cuirassiers débouchent en dessous de sa position. Un lieutenant s'extrait du premier blindé anglais, et alerte les tirailleurs à grands gestes de bras.

— Je vais voir ce qu'il nous veut, lance le chef de section à son compagnon, il a l'air pressé...

Et le sous-off rejoint rapidement la route.

— Les Viêts vont tenter de bloquer le convoi plus au nord, vers Dong Xuaï, lui annonce le lieutenant, rameutez vos gars...

Les tirailleurs déboulent sur la route, et se hissent sur les automitrailleuses.

— Le renseignement est sûr, précise l'officier avant de donner le signal du départ, d'autres éléments de veille ont été alertés, pourvu qu'on arrive à temps...

Les blindés rattrapent bientôt les derniers véhicules du convoi qui roule au pas. La route fait des lacets sous la forêt dégoulinante d'eau. Les chauffeurs des Coventry réussissent peu à peu à remonter la colonne. La route est enfin libre. « Le reste du convoi a pris du champ, se dit Péréra, on va pouvoir foncer... »

Le renfort stoppe à la fin d'une longue courbe.

— Nom de Dieu, gronde le Lorrain en sautant à bas de la première automitrailleuse, on arrive trop tard...

Le chef de section découvre un spectacle insoutenable. Une dizaine de camions civils et un véhicule porte-char brûlent. Des cadavres gisent sur la route et dans les fossés. Les tirailleurs se coulent sous les sous-bois à la recherche de l'équipage du porte-char. Leur patrouille nerveuse ne donne rien. Péréra les ramène sur le lieu du carnage.

— Et bien sûr, rage-t-il, les Viêts sont déjà loin... Ils font ce qu'ils veulent, on ne peut tout de même pas garder chaque mètre de cette bon dieu de route...

Le deuxième tronçon du convoi débouche à son tour au bout de la courbe mortelle et, après avoir frôlé les camions en feu, file vers le nord.

— Pour eux la vie continue, songe le Lorrain lorsque le dernier camion a disparu vers Ban Me Thuot, du moins jusqu'à la prochaine embuscade...

Une quarantaine de cadavres sont bientôt rassemblés sur le bord de la route. Des renforts arrivent et reçoivent l'ordre de redescendre vers Thu Dau Mot. Depuis longtemps habitués à l'horrible, les tirailleurs de Péréra oublient vite l'alignement des victimes de l'embuscade. Les deux G.M.C. qui sont venus les recueillir et les deux Coventry qui les escortent roulent sous des trombes d'eau.

— On n'y voit pas à dix mètres, râle le Lorrain, on n'est pas près d'arriver chez nous...

Les roues des camions américains chassent dangereusement dans les virages les plus serrés. La route est par endroits un véritable torrent. Les tirailleurs muets sous les gifles d'eau se recroquevillent sur leurs banquettes. Le petit convoi n'est plus qu'à dix kilomètres de Laïkhé.

Des crépitements de rafales se mêlent soudain au tumulte de la mousson. La première automitrailleuse pile net, et recule vers les camions pris dans la nasse de feu. Les tirailleurs sautent dans les fossés. Le chef se reçoit mal, jure, lâche sa Sten qui tombe dans un trou d'eau, et ressent une violente douleur à la main droite. Les tireurs rebelles demeurent invisibles. Leurs rafales ricochent sur les véhicules désertés. Les Algériens manœuvrent bien sous le feu. Lafont et Ronflet n'ont aucun mal à étaler leurs groupes à quelques mètres du fossé gorgé d'eau.

— Merde, gronde leur chef de section en récupérant sa mitraillette dans la boue, j'ai morflé, ma main ne répond plus...

Ronflet lance une contre-attaque hurlante. Les bo doîs commencent à décrocher. Péréra semble hypnotisé par sa main sanglante. Une balle a fracassé son index qui pend, inerte, dans une bouillie de chair déchirée et d'os éclatés. Le sous-off se sent envahi par une étrange torpeur. La bataille lui devient tout à fait étrangère. Il n'entend même plus le fracas des armes. Les rafales de l'embuscade s'espacent. Lafont et Ronflet reviennent vers la route.

— Ils foutent le camp, hurle le plus grand des deux sergents au Lorrain, on les eus... Personne n'est touché !

Le chef de groupe remarque la pâleur inhabituelle du Lorrain, puis le sang qui sourd de sa main droite.

— Montre voir, ordonne-t-il soudain inquiet, t'as une sale gueule...

Le sous-officier aux nerfs brisés par le choc se laisse manipuler, sans ressort. Ronflet éclate de rire.

— Mais, s'étonne-t-il, t'as juste un doigt de foutu... Tu vas tout de même pas tomber dans les pommes pour ça ?

Le Lorrain ne semble pas entendre la moquerie amicale. Ses yeux demeurent fixes, son cœur bat à près de cent coups minute. Ronflet ne plaisante plus.

— Bon Dieu, souffle-t-il à Lafont, c'est pourtant vrai qu'il tombe dans les vapes... Attrape-le...

Les deux sergents empoignent leur chef et l'adossent à une butte détrempée. Ronflet sort de son sac un sachet de sulfamide, le vide sur le doigt brisé, et panse rapidement la main inerte de son ami. Son patient revient peu à peu à la réalité. Son regard redevient normal.

— Vous avez raison de vous foutre de moi, s'efforce-t-il de plaisanter en se redressant, j'aurais jamais cru qu'on pouvait flancher pour un si petit bobo...

La section réoccupe les camions gangrenés d'impacts. Le petit convoi parvient sans autres malheurs au carrefour Thu Dau Mot-Laïkhé. Un groupe de fantassins descendu du poste qui défend la croisée des chemins stoppe la première Coventry.

— Vous devez attendre une compagnie de chez vous qui rentre d'opération, annonce le chef de patrouille à Péréra, elle ne va certainement pas tarder...

La tempête ne faiblit pas. Plusieurs heures passent. Les tirailleurs, fatalistes, se sont allongés sous leurs camions. Leur chef a fait comme eux.

— Je crois que j'ai une sale fièvre, est-il bientôt obligé d'annoncer à Ronflet, et j'ai rudement mal...

Le sous-officier remue doucement sa main dont le pansement n'est plus qu'une bouillie de sang et d'eau. La nuit tombe. Le blessé grelotte.

— Et en plus, rage-t-il, les gars n'ont plus rien à bouffer...

Deux heures passent encore, rythmées par la pluie qui tombe crescendo. Le radio d'une Coventry s'approche du camion qui abrite Péréra.

— Je viens de recevoir un message, annonce-t-il à ce dernier, vos copains doivent passer le reste de la nuit à Phu Hoa... Vous pouvez rentrer chez vous... On part tout de suite.

Le Lorrain de plus en plus fiévreux se réinstalle sur le siège trempé de son G.M.C. La première Coventry prend la direction de Laïkhé.

— Pas trop tôt, grommelle le blessé une fois que ses hommes trempés et affamés ont réintégré leurs cantonnement, refais-moi mon pansement...

Ronflet s'exécute après avoir rapidement passé un treillis sec.

— Tu veux manger un morceau ? propose-t-il ensuite à son patient.

Le Lorrain refuse net.

— J'ai pas le temps d'avoir faim, explique-t-il à l'infirmier d'occasion, j'ai bien trop mal...

Lafont est inquiet.

— Je file chercher quelqu'un de l'infirmerie, décide-t-il, tu ne peux pas rester comme ça...

Péréra se redresse sur sa couche.

— Pas question, lance-t-il, ils seraient capables de m'évacuer... C'est vraiment pas le moment... Et, précise-t-il encore, pas un mot de cette connerie au capitaine !

L'adjoint de section n'insiste pas, et va rendre compte de l'embuscade au capitaine Lerest.

— C'est vrai, commente pour lui-même le blessé dévoré par la fièvre, un détachement précurseur du 25e B.T.A. est ici depuis hier... Ça sent la relève : je ne veux pas quitter les copains...

L'aube ranime le poste de l'Agriculture. Il ne pleut plus. Péréra émerge d'une torpeur tiède. Il est en nage.

— Tu t'es plaint toute la nuit, lui apprend Ronflet, à ta place j'irais tout de même me faire soigner...

— Pas question, se force à répondre le blessé, tu vas refaire mon pansement, et c'est tout...

Le Lorrain têtu se lève.

— Bon Dieu que ça tourne, gémit-il en se laissant retomber assis sur sa couche, vous avez peut-être raison, je file au P.C.

Le capitaine Lerest n'apprécie pas la réaction de son chef de section.

— Vous auriez dû vous faire soigner dès votre retour, lui reproche-t-il, vous ne seriez certainement pas dans l'état où vous êtes maintenant...

Le blessé aux jambes flageolantes reçoit un deuxième savon à l'infirmerie du grand poste.

— Regardez-moi cette cochonnerie, lui ordonne d'un ton rogue le médecin-capitaine Le Quere, qui a remplacé depuis peu le capitaine Frezières, votre doigt est foutu, vous êtes content ? Mon vieux, c'est l'hôpital...

Le Lorrain subit le sermon sans tenter de plaider sa cause. Et il accepte l'idée de se laisser évacuer.

Une ambulance le mène à l'hôpital 415, à Cho Lon, où il est tout de suite pris en charge par deux énormes infirmiers marocains.

— A poil, lui ordonne l'un d'eux, enlève tout...

— Mais, plaide l'évacué en tendant sa main bandée, c'est juste le...

Il n'a pas le temps d'en dire plus.

— A poil, répète le Chérifien, vite... On nous attend !

Le blessé s'exécute, et se retrouve vite allongé sur une table d'opération. Il reçoit deux piqûres à l'épaule droite, et une troisième à la base de son index douloureux.

Des médecins se penchent sur lui, reculent de deux mètres, discutent, se repenchent, et sortent de la salle d'opération.

— Quel cirque pour un malheureux bout de doigt, râle leur patient, on dirait qu'ils prennent cela au sérieux...

Les hommes en blanc reviennent près de l'allongé, discutent encore deux bonnes minutes sans paraître se soucier de lui.

— Bon, tranche l'un d'eux en s'adressant au plus jeune toubib de l'aréopage, à vous de jouer, mon petit vieux...

L'anesthésie locale fait son effet. La main du chef de section est morte.

— Je vais essayer de sauver votre doigt, annonce le chirurgien en souriant à son patient, mais je ne vous promets rien...

Et il commence à charcuter l'index éclaté à gestes précis. Le travail dure plus d'une demi-heure. Le Lorrain commence à grimacer.

— Ça fait mal ? s'inquiète le jeune chirurgien, j'ai presque terminé...

L'anesthésique ne fait plus d'effet. Le sergent-chef serre les dents et cramponne de la main gauche le bord du billard pour supporter la douleur.

— Et voilà, conclut le praticien, c'est fini... Je pense que votre doigt fonctionnera comme avant, bonne chance !

Le médecin s'éloigne. Un infirmier panse soigneusement la main recousue. Les deux solides Marocains se ressaisissent de leur client, l'allongent sur un brancard, le couvrent d'un drap, et traversent la cour de l'hôpital.

— J'ai trois fois rien, regrette le transbahuté, on va me prendre pour un grand blessé...

Les porteurs taciturnes se faufilent à bons pas dans une longue salle bondée de gisants. Puis ils pénètrent dans une chambre à deux lits, dont l'un est occupé par un blessé serré dans une coquille de plâtre. L'un des Marocains tend un pyjama de coton beige clair à l'opéré qui s'est enfin remis debout. Le second porteur replie sa civière. Les deux hommes s'éclipsent sans avoir prononcé une parole. Péréra s'allonge sur son lit aux draps bien blancs. Son voisin lui sourit. « J'ai honte, se dit le gradé de tirailleurs, il va me prendre pour un tire-au-cul... »

Le grand blessé laisse son nouveau compagnon de chambre se reposer quelques minutes.

— Qu'est-ce que tu as ? s'enquiert-il ensuite.

Le Lorrain remue doucement sa main bandée au-dessus de sa poitrine.

— Une balle dans le doigt, avoue-t-il d'une voix peu sûre.

Un cadre est pendu à un clou au-dessus du lit de l'homme immobilisé dans sa gangue de plâtre. Trois décorations y pendent sous verre. Péréra reconnaît les rubans rouge, jaune liseré de vert, et rayé noir et rouge de la croix de chevalier de la Légion d'honneur, de la médaille militaire, et de la médaille de la Résistance.

— Je vais vivre quelque temps avec un sacré soldat, apprécie-t-il, impressionné, j'ai l'air d'un rien du tout avec mes six citations...

Le grand blessé se présente. C'est un adjudant-chef de la Légion étrangère qui a sauté sur une mine.

— Tous les copains qui étaient avec moi dans le 6X6 sont morts, se souvient-il en crispant son visage soigné, moi j'ai la colonne vertébrale toute démolie... Je suis là depuis quatre mois...

Et le sergent-chef apprend que le paralysé a combattu à Narvik, à Bir Hakeim, en Italie, et tout au long des combats de la revanche.

— Je pourrais certainement lui rendre des services, se propose-t-il, au moins je ne serai pas tout à fait inutile...

Les infirmières de l'hôpital, qui sont aux petits soins pour le héros de Bir Hakeim, sont heureuses de se décharger d'un peu de leur attention sur leur nouveau patient. Le temps ne passe pas vite. Tout au service de l'adjudant-chef, le Lorrain épie les nouvelles de la guerre.

— Des gars de votre bataillon viennent d'arriver, lui apprend une infirmière cinq jours après son opération, ils ont souffert dans la région de Phu Hoa.

Le Lorrain n'a pas grand mal à trouver les tirailleurs blessés. Ils sont tous de la compagnie d'appui.

— Le capitaine est blessé lui aussi, s'empresse d'annoncer l'un d'eux à son ancien chef de groupe, il est au pavillon des officiers...

Le capitaine Vincent est grièvement blessé à la poitrine.

— C'est bien con de se faire trouer la paillasse alors qu'on va certainement bientôt quitter l'Indo, rage le sergent-chef après avoir visité son ancien commandant de compagnie, Dieu est aveugle...

Trois semaines s'écoulent, monotones, rythmées par les heures de soins, les repas, quelques séances de cinéma et la chasse aux nouvelles.

— Si j'apprends que les copains doivent être rapatriés, confie Péréra à son stoïque voisin de chambre, je fous le camp, avec ou sans autorisation...

Le sous-officier impatient touche enfin son billet de sortie le 12 juillet 1948.

— Pas question de convalescence, précise-t-il au bureau des sorties, faut que je rejoigne mes gars...

Le gratte-papier de service hausse les épaules, et tend l'autorisation de sortie à son client qu'il trouve assez fou pour refuser les délices d'une permission de remise en forme.

Le Lorrain rejoint le camp Petrusky, qui se trouve aussi à Cho Lon. Il trouve le lendemain une place dans un convoi montant sur Thu Dau Mot, et parvient sans encombre à Laïkhé en fin d'après-midi.

Les tirailleurs sont maintenant logés sous des tentes alignées devant le poste de l'Agriculture.

— On a laissé la place aux gars du 25e B.T.A., apprend Lafont à son chef de section tout heureux d'être enfin redevenu un soldat, on ne va certainement pas moisir longtemps dans le coin...

Le bataillon tout entier redescend à Saigon le 17 juillet.

— Si j'avais su, regrette le Lorrain en se retrouvant une nouvelle fois au camp Petrusky, je me serais offert quelques jours de java en attendant les copains ici...

Les tirailleurs sont désarmés au matin du 18. Leur armement, les maigres moyens radio des compagnies et les véhicules du bataillon sont remis au 2e bataillon du 3e R.T.A. qui, arrivé à Saigon le 3 juillet, va se charger du secteur de Laïkhé. Les formalités du transfert sont rondement menées, et terminées en fin d'après-midi.

— Tout le monde en ville, décide le Lorrain une fois la corvée expédiée, on n'est plus en guerre...

Les trois quarts des survivants du bataillon se ruent à la chasse aux pousse-pousse pour gagner Saigon. La fête bat son plein pendant des heures. Péréra n'est pas le dernier à jouir de tous les plaisirs de la capitale. Il se réveille assez mal en point le lendemain matin.

— Je ne sais même pas comment on est revenus au camp, rumine-t-il la langue pâteuse, pour une java, c'était une belle java !

Lafont, levé un peu plus tôt, pénètre en coup de vent dans la chambrée des sous-officiers.

— On va retoucher de l'armement, lance-t-il à ses compagnons mal éveillés, on repart en opération...

Péréra se demande si Lafont ne joue pas une mauvaise farce.

— Ce n'est pas une connerie, insiste ce dernier, on refile au baroud...

Les ordres de rééquipement courent de section en section. Les tirailleurs font grise mine en retouchant armes et munitions. Certains étalent franchement leur mauvaise humeur. Le Lorrain a toutes les peines du monde à raisonner la vingtaine de durs à cuire, qui forment sa maigre section.

— Si on nous redonne nos armes, plaide-t-il, vous pensez bien que c'est parce qu'on a vraiment besoin de nous... On va leur montrer une fois de plus ce qu'on vaut, et après on rentre en Algérie...

Lafont et Ronflet abondent dans son sens. Les Arabes font contre mauvaise fortune bon cœur. Et seuls quelques malades demeurent au camp de Cho Lon lorsque le bataillon embarque le 21 juillet dans des camions qui prennent en long convoi bien protégé la direction de Thaï Ninh, à cent cinquante kilomètres au nord-ouest de Saigon. Houamed, le marabout de la 5e compagnie, manque seul à l'appel au départ de la section Péréra.

— Il ne tire pas au cul, précise le Lorrain à l'intention de son capitaine, il a bouffé une saloperie dans un village... Ce sont les Viêts qui l'ont empoisonné...

Le convoi du commandant Chevalier stoppe au milieu de la nuit dans un village proche de la frontière cambodgienne. Les gradés du bataillon en apprennent un peu plus sur les causes du rappel.

— Le colonel Noblet lance une grosse opération pour rejeter les Viêts au large de Thaï Ninh, la capitale des caodaïstes, précise le capitaine Lerest à ses chefs de section. Ce sont eux qui ont appelé au secours...

La manœuvre est importante. Elle regroupe une dizaine de brigades caodaïstes fortes chacune de cent cinquante hommes, les légionnaires de la 13e D.B.L.E., des tirailleurs marocains, et un groupe d'artillerie. Le colonel Morel, patron des képis-blancs, lance l'action à l'aube du 22 juillet.

— C'est la dernière fois, promet Péréra à ses hommes qui s'engagent en serre-file dans une forêt épaisse. On va bouffer du Viêt et on rentre...

Les Algériens traînent d'abord la jambe puis, peu à peu repris par l'ambiance de la traque, retrouvent une bonne partie de leur entrain. Ils grenouillent pendant quatre jours sans grand succès. Les Viêts-minhs du régiment 311 fuient vers le nord après quelques accrochages. Le colonel Noblet engage des troupes fraîches et rameutées du Cambodge dans la deuxième phase de l'opération. Le commandant Chevalier ramène ses compagnies à Saigon.

Péréra apprend dès le lendemain la mort du caporal Houamed. Le moral des tirailleurs en prend un nouveau coup.

— Il est vraiment temps de rentrer, gronde leur chef de section sonné lui aussi par la mort du marabout, cette fois c'en est trop...

Les Algériens gardent leurs armes.

— C'est pas bon signe, fait remarquer Ronflet à Lafont et Péréra au soir du deuxième jour de repos après l'opération de Thaï Ninh. On nous prépare encore un sale coup...

Le grand sous-officier ne se trompe pas. Le bataillon repart en guerre le 29 juillet. Péréra retrouve la boue de la plaine des Joncs. L'opération, menée par un marin, le lieutenant de vaisseau de Toulouse-Lautrec, éventre la plaine humide. Les crabes du 1er escadron de cavalerie éclairent la manœuvre et des forces aériennes pilonnent les éléments viêts-minhs débandés. Les deux cent quatre-vingts tirailleurs du commandant Chevalier, à bout de forces, tiennent dans le dispositif la place dévolue à un bataillon frais de six cents hommes en bonne santé.

Péréra ouvre la progression de sa compagnie à l'aube du troisième jour de l'attaque étalée entre les rachs Than Phu et Tan Than. Les tirailleurs avancent en colonne par un vers un village de paillotes. Des bo doîs s'échappent vers le nord sous la protection de quelques sacrifiés qui ouvrent le feu sur les Algériens rapatriables. Péréra et Ronflet se jettent à plat ventre dans une rigole. Deux voltigeurs de tête sont en mauvaise posture sous la mitraille.

— Revenez, leur hurle leur chef de section, on vous couvre...

Ronflet vide un chargeur de Sten sur un point de feu rebelle.

— Merde ! gronde son compagnon, j'avais oublié mon doigt... Je ne peux plus tirer !

Le Lorrain est obligé de se servir de son majeur pour libérer ses rafales de mitraillette. Les deux éclaireurs réussissent à reculer de vingt mètres.

— Bon, décide leur sergent-chef une fois qu'ils sont sortis d'affaire, maintenant plus de folies ! Faut éviter les pertes...

Les groupes manœuvrent parfaitement. Zouiche tient les rebelles sous le feu de la pièce de fusil-mitrailleur qu'il a judicieusement mise en batterie sur la droite du groupe Ronflet. Lafont demeure en soutien avec les tirailleurs d'Hocine.

— Je vais prévenir le capitaine, hurle-t-il à Péréra, ne bouge pas...

Le Lorrain étudie le terrain.

— C'est à nous de jouer, se rend-il compte, le reste de la compagnie est bloqué par le rach... Faut y aller !

Ronflet est du même avis.

— En avant ! hurle-t-il à ses hommes.

Les Algériens bondissent en tiraillant.

— Merde, gronde leur chef de section en plongeant dans la boue au bout de vingt mètres de course, Zouiche est coincé dans les joncs...

L'assaut est relancé. Un rebelle s'affole soudain et tente de fuir, encadré par les balles françaises.

— Ses copains vont aussi foutre le camp, souffle Péréra à Ronflet, ils sont foutus...

Un groupe entier de bo doîs se lance en repli. Les tirailleurs investissent le village qui sent la poudre. Un bo doî gît au fond d'un marigot. Le Lorrain le retourne d'un coup de pied pour s'assurer qu'il est bien mort.

L'homme roule sur le côté, la tête dans l'eau. Le sergent-chef pénètre ensuite dans une paillote avec Ronflet. Un second Viêt-minh achève de mourir dans un angle de la pièce sombre.

— Il y en a un autre, hurle le Lorrain.

Ronflet tire une rafale en mouvement réflexe. Un troisième bo doî est assis sur le sol de la cagna. Il a la mâchoire fracassée par une balle.

— Attention, grenade, crie Ronflet, on va sauter...

Le bo doî n'esquisse pas un geste. Il fixe Péréra d'un regard éteint lorsque ce dernier lui arrache la grenade quadrillée qu'il tenait entre ses jambes. Benini et un tirailleur entrent à leur tour dans la paillote.

— Ne le tuez pas, leur ordonne leur sergent-chef, il faut que le capitaine le trouve vivant...

La compagnie se regroupe en avant du village. La fouille nerveuse de ses groupes permet la découverte d'un P.C. rebelle. Une colonne de prisonniers chargés de musettes de documents est poussée vers le P.C. de l'opération. Les tirailleurs reçoivent l'ordre de rentrer à Saigon. Ils chantent dans les camions.

— Cette fois, jubile Péréra, c'est bien la der des der... On a fini le séjour en beauté !

Le général Boyer de la Tour passe le bataillon en revue le lendemain de son retour. Le drapeau du bataillon reçoit une deuxième croix de guerre avec palmes des mains du général Alessandri, commandant en chef des troupes françaises en Extrême-Orient. Les tirailleurs sont désarmés quelques jours plus tard, et embarquent le 17 août 1949 sur le S/S *Nantes*, un *liberty-ship* de dix mille tonnes cédé à la France au titre du plan Marshall.

— On a du mal à y croire, lance joyeusement Ronflet à son chef de section lorsque le bateau quitte Saigon, c'est bien trop beau...

La guerre se rappelle une dernière fois aux survivants de vingt-sept mois de combats lorsqu'ils reçoivent l'ordre de dégager le pont du navire pour ne pas risquer de tomber sous les balles de quelque sniper embusqué sur les rives mal contrôlées de la rivière de Saigon.

— Ils ont raison, se dit Péréra en obéissant à l'ordre de prudence, ça serait tout de même trop con d'en ramasser une alors que tout est fini...

31. LE REPOS DU GUERRIER

Le S/S *Nantes* touche Alger le 23 septembre 1949 au bout d'un voyage aux tempêtes presque continuelles. La musique du 9e zouaves accompagne les manœuvres d'accostage d'échos de cuivres et de martèlements de tambours. Le bataillon débarque aux accents de « Pan pan larbi, les chacals sont par ici… ». Le général commandant la Xe région militaire est là, et passe tout aussitôt en revue les revenants de l'enfer. Une foule compacte, curieux, amis et familles des soldats algériens, pousse des cris de joie.

— Nos braves gars sont déjà en plein bonheur, reconnaît le Lorrain sans aucune jalousie, ça fait vraiment plaisir à voir…

Les compagnies sont vite dissoutes. Les gradés disent adieu à leurs hommes. Péréra, qui n'a pourtant pas l'intention de briguer une deuxième affectation aux tirailleurs, a le cœur serré en quittant Zouiche, Benini, Hocine et les rescapés de sa section.

— Sacrés vieux soldats, songe-t-il tristement en montant dans un G.M.C. qui doit mener les gradés européens au centre de transit du port, ils sont à jamais de ma famille…

Le retour en Lorraine se déroule comme dans un rêve. Avion, taxi d'Orly à la gare de l'Est, Metz, et re-taxi jusqu'à Ranguevaux où le sous-off arrive vers minuit. Sa mère et sa sœur sont sur le pas de la porte, en pleurs.

— Qu'est-ce que vous avez ? s'inquiète le sergent-chef comme les larmes ne cessent pas.

— C'est papa, balbutie sa mère entre deux sanglots, il est mort…

L'ancien chef de section accuse durement le coup.

— Ça fait déjà un bon bout de temps, précise la femme en pleurs, on n'a pas voulu te l'écrire pour ne pas te faire de la peine là-bas…

— Là-bas, songe le rescapé de dizaines de combats, la mort était plus anonyme… Pauvre papa, j'avais tellement rêvé de lui parler de ma vie de soldat…

Le permissionnaire est debout à l'aube. Il parcourt à grands pas le royaume de son enfance.

— Tout est pareil, se réjouit-il, ébloui, qu'est-ce que c'est bon d'être ici… Je vais être heureux pendant cinq mois, seulement heureux !

L'ancien coureur de rizières se rend à Metz au début du mois d'octobre pour régulariser sa situation à la compagnie régionale no 6 qui a ses quartiers dans la caserne Ney.

— Ça s'est bien passé, se réjouit-il en sortant du bâtiment, ils acceptent ma demande d'affectation au 151e R.I., je resterai donc en Lorraine en attendant mon tour de repartir en Indo… Il serait temps de penser au mariage…

Le sergent-chef tient parole. Il épouse Monique, une jeune Ranguevaloise, le 5 août 1950, alors qu'il sert depuis mars au 151e R.I. sous les ordres du colonel Ragot, une gueule cassée de 14-18. Les nouvelles d'Indochine ne sont pas bonnes. Le jeune marié s'abstient de les commenter en présence de son épouse. Surtout lorsque quelques gradés de son régiment sont désignés pour l'Extrême-Orient.

— Normal, se dit-il sourdement envieux, c'est chacun son tour... Moi, avec mes six citations, je passe déjà pour un vieux con... Je n'ai pourtant que vingt-sept ans !

Le nouveau marié est décoré de la médaille militaire le 11 novembre 1950. C'est le général gouverneur militaire de Metz qui épingle sur sa poitrine la médaille au ruban jaune et vert.

— Dire que grand-mère n'est plus là, regrette le récipiendaire, très ému en recevant la médaille créée par Napoléon III, et papa non plus...

Le général passe au décoré suivant. Péréra, statufié dans un garde-à-vous parfait, crispe les mâchoires. L'Indo est là, qui l'appelle. Le grand Ronflet et le petit Lafont lui sourient. Ses anciens tirailleurs, diables bruns sortis de l'oubli, le saluent. Il ferme un instant les yeux.

— J'aurais peut-être dû me rendre aux raisons du commandant Chevalier qui m'a écrit, et aux arguments du capitaine Lerest qui est venu me voir, regrette-t-il, ils finissent par me manquer, mes bougres d'Arabes...

La vie au 151e R.I. n'est pas monotone. Le nouveau décoré passe de nombreuses nuits en exercice, et se voit confier en mars 1951 une section d'élèves gradés.

Une formidable explosion ébranle les murs de la caserne Rafenel où cantonne son régiment. Le Lorrain bondit vers l'étage où elle est née.

— C'est à ma compagnie, gronde-t-il, il y a sûrement du vilain...

Des recrues hagardes de la 1re section dévalent quatre à quatre les escaliers du casernement, et s'éparpillent dans la cour. L'ancien tirailleur les traverse à contre-courant pour gagner la salle d'instruction qu'ils ont déserté dans l'affolement. Joly, un caporal, est couché sur le côté.

— Saloperie de merde, gronde le sergent-chef en se penchant sur l'homme qui souffre, je n'ai jamais vu ça...

Un sous-lieutenant se tient à côté du blessé. Il est blanc comme un linge, et tient encore le lance-roquettes qu'il avait cru chargé d'un obus inerte de démonstration. Le projectile réel qu'il avait dégoupillé et lancé s'est planté dans le ventre de Joly. Péréra empoigne ses ailettes sans se soucier des brûlures qui endolorissent ses mains. Il tire tout doucement l'engin qui n'a heureusement pas parcouru la distance réclamée pour l'armement de son ogive à charge creuse. Les viscères du caporal s'évadent de l'horrible plaie libérée de l'engin. Un autre sergent-chef de la compagnie se penche aussi sur le caporal et, tandis que Péréra remet en place la goupille de sécurité de l'obus antichar, vainc son dégoût pour replacer les boyaux chauds du blessé dans leur réceptacle éclaté.

— Bon Dieu, se rend compte le Lorrain en s'attaquant lui aussi à l'horrible travail, il n'a pas perdu connaissance...

Le blessé ne bouge pas. Ses yeux fixent ses sauveteurs, incrédules, exorbités. Des brancardiers pénètrent dans la salle d'instruction. Une ambulance démarre en trombe dès qu'ils l'ont chargée de leur patient.

— Il n'a pas une chance sur mille de s'en tirer, prédit l'ancien tirailleur, quelle connerie...

Le sergent-chef trop habitué à l'horreur n'est pas étonné d'apprendre que Joly a rendu l'âme en arrivant à l'hôpital.

— Si encore il était mort à la guerre, gronde-t-il lorsque la compagnie du capitaine Gourvest rend les honneurs au caporal, j'accepterais encore, mais là, ça ne passe pas...

Les mois s'écoulent. Péréra est promu adjudant. Un deuxième tour de départ pour l'Indochine tombe au régiment lorrain.

— Cette fois, je suis bon, admet le nouveau promu, ce n'est pas parce que je viens d'avoir un gosse que je vais intriguer pour laisser partir quelqu'un à ma place...

Les adieux familiaux sont durs à vivre. Monique n'a que vingt ans. Elle n'admet pas l'inéluctable. Son mari promet de revenir entier. Il embarque à Marseille le 11 juin 1951, sur le *Cap-Saint-Jacques,* un bateau des Messageries maritimes.

— Terminé, le repos du guerrier, lance l'ancien du 7ᵉ R.T.A. à Esbach et Blanchard, deux autres adjudants du 151ᵉ R.I. désignés pour l'Indo, c'est bien fini, la belle vie...

La transition n'est pas brutale. Les sous-officiers sont impeccablement logés dans une cabine à quatre couchettes.

— On se demande où on va, s'étonne le Lorrain en admirant le confort précieux du navire, on dirait bien qu'on va faire une croisière d'agrément...

Des serveurs en vestes blanches officient à la salle à manger. La chère est bonne, la mer est belle. L'ancien maquisard s'abandonne aux plaisirs du voyage. Des femmes d'officiers et de sous-officiers qui servent en Indochine sont du voyage. Le Lorrain est sidéré.

— Qu'est-ce qu'elles vont foutre en Indo ? confie-t-il à ses compagnons de cabine, c'est un sacré merdier là-bas... En tout cas, ce n'est certainement pas leur place...

La présence de ces jeunes femmes à bord ajoute encore à l'ambiance de croisière. Le temps passe ainsi dans l'irréel feutré. Les choses se gâtent après l'escale de Djibouti. Le *Cap-Saint-Jacques* navigue dans la tempête jusqu'à Colombo. Péréra ne quitte plus sa cabine, et ne reprend goût à la vie que lorsque le bateau malmené pénètre dans le détroit de Malacca. Les mondanités reprennent. La salle à manger refait le plein à chaque repas. Un bal masqué fête le passage de la ligne du Cancer. Les idylles dénouées par la tempête renaissent. Le *Cap-Saint-Jacques* laisse Singapour sur tribord le 8 juillet sans y faire escale. Péréra goûte l'apparition des premières jonques.

— Ça sent déjà l'Indo, apprécie-t-il, je n'aurais jamais pensé être si pressé d'arriver…

Le navire des Messageries passe bientôt au large de la terre plate de Ca Mau, pique au nord dans la mer de Chine, attend à l'ancre la montée de la marée pour s'engager dans la rivière de Saigon. Les passagers reçoivent l'ordre d'évacuer le pont.

— La guerre est là, lance le Lorrain à ses trois compagnons de cabine, rien n'a changé… Les Viêts tiennent toujours les rives désertes du fleuve…

Le *Cap-Saint-Jacques* accoste dans la soirée du 11 juillet au quai qui fait face à la rue Catinat. Des officiers et quelques sous-officiers en tenues blanches attendent leurs épouses. Quelques quolibets fusent du pont du bateau, vite repris en chœur par la majorité du renfort.

— Cocus ! Cocus ! hurle la rumeur moqueuse qui gomme les sourires aux faces des époux en blanc.

— C'est pas très malin de se foutre d'eux, regrette le Lorrain, depuis le temps qu'ils doivent espérer leurs bobonnes…

Un flot de paras, de fantassins et de marins s'écoule sur les coupées du *Cap-Saint-Jacques.*

— D'où peuvent-ils bien sortir, tous ces gars-là, s'étonne un des compagnons de l'ancien tirailleur.

Péréra suit le lent écoulement du renfort sur le quai. « Ils ont voyagé en cale comme des animaux, se dit-il en se souvenant de son premier voyage, pour eux ça n'a pas dû être tous les jours la fête… »

Les gradés isolés sont menés en camion au camp Petrusky.

— On voit que de Lattre est passé par ici, fait remarquer l'ancien instructeur du 151e R.I., de mon temps tout était bien plus sale dans ce camp, et il n'y avait pas un seul parterre de fleurs…

Le Lorrain retrouve les moustiques. Il passe une très mauvaise nuit dans la moiteur de son baraquement de transit. La chasse aux affectations commence dès le lendemain matin.

— Faut pas compter avoir des nouvelles valables avant le 15 ou le 16, annonce un adjudant de l'état-major aux nouveaux arrivés, tout le monde prépare le défilé du 14… Vous n'avez pas de chance…

Péréra est tout heureux de retrouver René Stroh, un adjudant d'artillerie qui est de son village.

— Je savais que tu allais débarquer du *Cap-Saint-Jacques,* lui confie le sous-officier, qui a la tête ronde et des moustaches. Où est-ce que tu voudrais être affecté ?

L'ancien du 7e R.T.A. hausse les épaules.

— Je suis là pour faire la guerre, répond-il simplement, à la grâce de Dieu !

L'artilleur sert à l'état-major de la zone opérationnelle ouest.

— Il y a deux ou trois postes à pourvoir par chez nous, à Cantho, propose-t-il à son pays, si tu veux venir avec nous, je peux peut-être faire quelque chose pour toi… Tu seras vite fixé car je pars demain…

Les affectations tombent le 16 juillet au soir. Esbach et Blanchard sont désignés pour rejoindre immédiatement le Tonkin.

— Et moi ? interroge Péréra.

Le gratte-papier du bureau des désignations hausse les épaules.

— Rien pour vous, mon adjudant, faut attendre, lui répond-il l'air sincèrement navré.

L'oublié revient aux nouvelles le lendemain dès l'ouverture du bureau.

— J'ai un message vous concernant, lui annonce le secrétaire en le reconnaissant. Vous êtes affecté à l'état-major de la zone ouest, à Cantho…

Le Lorrain s'empare du message.

— Sacré René, se réjouit-il, il a réussi… J'aurais jamais cru qu'un adjudant d'artillerie pouvait avoir autant de poids… Etat-major ou pas, une fois là-bas, je me débrouillerai pour barouder…

Le guerrier en partance glane un maximum de renseignements concernant la zone ouest. Cette vaste région opérationnelle est divisée en trois secteurs, Long Xuen, Soc Trang et Cantho. Le Viêt-minh est le vrai maître des rizières du sud de la zone et d'une partie importante de son territoire de l'ouest.

— C'est le colonel Noblet qui est le grand patron par là-bas, précise au Lorrain le sergent secrétaire qui lui a signifié son affectation. Vous le connaissez, mon adjudant ?

Le Lorrain se souvient bien du grand colonel roux, un bigor de tradition, qui commandait le secteur de My Tho en 1947, et la zone centre en 1949.

— Oui, avoue-t-il, c'est un sacré bonhomme, pas très commode, mais salement efficace…

Le sous-officier désigné pour Cantho apprend encore que la zone ouest est en train de passer tout entière sous la responsabilité des troupes vietnamiennes.

— C'est peut-être pas un mal, commente-t-il en se séparant de son interlocuteur et en sortant du mess du camp Petrusky, en tout cas j'y verrai plus clair une fois là-bas…

Le Lorrain, qui a touché des vêtements coloniaux, short, chemisette et hautes chaussettes, prend place dans un convoi qui quitte Cho Lon le 17 à 7 heures du matin. Les véhicules s'engagent vers le sud sur la route coloniale n° 16, franchissent le Vaïco occidental sur le pont Eiffel de Ta Nan qui est gardé par des tirailleurs sénégalais et, bifurquant vers l'ouest à quelques kilomètres de My Tho, longent la plaine des Joncs vers Cai Lay.

— Ça sent le Viêt ! constate l'ancien tirailleur en laissant traîner son regard sur la plaine déserte et bordée de tours de guet de plus en plus rapprochées.

Des automitrailleuses M.8 américaines du 2e spahis marocains sont tapies aux endroits les plus propices à l'embuscade. Le convoi fait étape à Cai Lay où se tient le P.C. des spahis, et reprend la route vers le sud-ouest. Le Lorrain reconnaît bientôt le poste P 17, plusieurs fois repris aux rebelles et où il a bien souvent embarqué dans des L.C.M. avec ses tirailleurs pour attaquer les bandes viêts de la plaine des Joncs. Cai Be est ensuite atteint, les camions franchissent le Mékong en bac et marquent une nouvelle pause à Vinh Long.

— Plus que quarante kilomètres, se souvient le Lorrain impatient d'arriver à Cantho, on y sera vite maintenant...

Les derniers kilomètres du voyage sont parcourus sans incident. Péréra débarque de son camion à l'ancien lycée de Cantho. L'artilleur de Ranguevaux est là pour l'accueillir.

— Tu as le choix entre deux affectations, annonce-t-il d'emblée à son compatriote, la compagnie de commandement de la zone, ici à Cantho, ou un poste d'instructeur à l'école des cadres vietnamiens de Binh Thuy, à vingt kilomètres d'ici... Réfléchis vite !

Les deux hommes se quittent. Péréra passe la nuit dans une salle occupée par une vingtaine de Cambodgiens, et se présente le lendemain matin au quartier général de Cantho, bien décidé à se faire affecter à la compagnie de commandement.

— Je n'ai pas fait tout ce voyage pour jouer les instructeurs, confie-t-il à René Stroh qui l'introduit dans le bureau du chef d'état-major, ça serait tout de même dommage...

L'entretien de bienvenue est vite expédié.

— Je file renifler ma compagnie, lance à son compagnon l'adjudant tout heureux d'avoir obtenu l' affectation désirée, on se voit au mess...

Le Lorrain est reçu très cérémonieusement par son nouveau commandant d'unité. « Bien trop poli pour un véritable soldat, commente-t-il pour lui-même après l'entretien sans chaleur, va falloir jouer serré avec lui... »

La compagnie de commandement, la C.C.Z.O., est composée de plusieurs services dirigés par de vieux adjudants-chefs. Elle regroupe la trésorerie, le bureau des effectifs, les transmissions, le service auto, les magasins d'habillement et d'armement, les cuisines, les foyers et le service social. Péréra hérite des fonctions de discipline et, ce qui le ravit, de la section d'intervention.

— Là au moins, confie-t-il le soir même à René Stroh qui est affecté au bureau opérations du P.C. de zone, je vais être dans mon élément...

La section d'intervention est composée de six groupes de douze hommes, presque tous cambodgiens, à une dizaine d'Annamites près.

La compagnie de commandement cantonne dans deux des trois bâtiments du lycée de Cantho, la troisième bâtisse étant réservée à l'état-major. Le lycée désaffecté est entouré d'un haut mur qui le transforme en forteresse. Les Cambodgiens et les Annamites de Péréra sont très mal logés dans un village de paillotes planté dans un marigot à la sortie de la ville.

Le Lorrain fait rapidement connaissance avec ses futurs compagnons de combat. N'Guyen Van Phu, son adjoint pour la discipline, est un tout petit Annamite à lunettes, qui a perdu un œil et l'usage d'un bras dans un camp viêt-minh.

— Tenez, mon adjudant, zézaye l'ancien prisonnier des rebelles, je vous présente votre garde du corps, il s'appelle N'Guyen Van Sinh...

Le Lorrain sursaute au mot « garde du corps ». L'homme qui se tient au garde-à-vous devant lui semble mal à l'aise dans son uniforme de la coloniale. Ses yeux tout noirs pétillent de malice. Il a un petit nez épaté au bout relevé et des pommettes luisantes.

— Il m'a tout l'air d'un pirate, se réjouit l'adjudant favorablement étonné, on va faire une belle paire tous les deux...

L'ancien tirailleur se coule vite au moule des troupes coloniales. Il adopte l'ancre de marine comme tous les autres gradés de sa compagnie, qui viennent pour la plupart du 43e R.I.C., ainsi que la majorité des indigènes.

— Bon, décide le nouveau marsouin après s'être installé dans une chambre individuelle meublée d'un lit en fer, d'une table, d'une chaise et d'une armoire, maintenant faut visiter la ville...

Cantho s'appelait La Perle avant la guerre. Occupée par un escadron du 2e spahis, une compagnie du Train, des marins et des troupes vietnamiennes, hérissée de défenses gangrenantes, elle ne mérite plus son joli surnom. Péréra profite de l'absence de couvre-feu pour traîner chaque soir dans ses rues animées et sillonnées de patrouilles en armes. Les gargotes indigènes font florès autour du marché et sur les bords du Song et du Bassac qui enserrent la ville.

— Tu devrais faire attention, conseille l'adjudant Stroh à son ami, les Viêts sont chez eux dans les coins où tu te balades... Moi je ne sors plus le soir...

Et l'artilleur apprend à son protégé qu'il a échappé de peu à un attentat.

— Un Viêt a lancé une grenade, précise-t-il, un copain est mort dans mes bras d'un éclat en plein cœur... Tu comprends pourquoi on ne me voit plus en ville ?

L'ancien tirailleur ne tient pas compte des conseils et, tout de même armé d'un pistolet allemand récupéré en 1944, se complaît dans l'ambiance des quartiers indigènes de l'ancienne perle de Cochinchine.

Deux cinémas et un théâtre annamite fonctionnent chaque soir à Cantho. Les soldats français, échaudés par quelques attentats, ne les fréquentent pas en masse. Un cinéma de garnison, qui leur est réservé, ne désemplit pas. Deux dancings, réservés aux Européens, civils et militaires, font aussi le plein chaque nuit. Le Lorrain y retrouve le plaisir trouble des danses tarifées. Un bar, tenu par une ancienne prostituée de race blanche, est comble dès la fin de chaque jour. Marins, marsouins, spahis et tringlots y boivent du mauvais pastis dans des verres douteux, pour le seul plaisir d'être parfois frôlés par la tenancière pourtant rassise.

— Il y a d'autres Européennes à Cantho, fait remarquer au Lorrain un sergent d'intendance à la sortie du bar, mais elles ne traînent pas par ici... Chasse gardée ! Le mess des officiers leur est ouvert en permanence, et elles en profitent bien...

Le Lorrain se sent vite chez lui à Cantho. Le sergent Phu le prévient un matin qu'un message réclame des renforts en direction de Long My, au sud de la ville.

— Ça sent peut-être la vraie guerre, espère-t-il en se pressant vers le bureau d'état-major du capitaine Peltier.

— Prenez une cinquantaine de vos gars, lui ordonne tout aussitôt l'officier, et foncez en L.C.M. vers Caïrang...

Les indigènes sont vite rassemblés. Ils embarquent dans un engin de la marine. Le L.C.M. dépasse Caïrang, et s'engage plein sud dans le canal Xa No. Le renfort parvient bientôt à la hauteur de l'opération.

— Drôle de bataille, se rend compte le Lorrain en découvrant tout le 2e bataillon de marche d'Extrême-Orient étalé pour arracher des tonnes de locs binhs dans le canal, ce n'est pas encore aujourd'hui que je vais retrouver le baroud...

Les Indochinois débarquent dans la boue. Un capitaine de la coloniale approche de leur chef.

— Les Viêts ont construit cette saloperie de barrage pour empêcher le passage de nos barges, explique-t-il, il y a des locs binhs sur des kilomètres... Le colonel vous attend tout au bout des travaux...

Péréra mène ses cinquante hommes dans la direction indiquée.

— Je vais enfin voir le colonel Duqué, se réjouit-il, il n'est jamais à Cantho... Il préfère le bled...

La section d'intervention parvient à la fin de la colonne de faux coolies. Un Européen ahane en arrachant des brassées de plantes aquatiques au milieu d'une centaine d'Indochinois. Il est torse nu et dans l'eau jusqu'à la poitrine.

— Où est le colonel Duqué ? lui crie le Lorrain.

L'inconnu arrête de travailler.

— Qu'est-ce que vous me voulez ? lance-t-il pour toute réponse.

Le chef de section, armé d'une mitraillette Mat 49, rectifie machinalement la position et explique qu'on l'a envoyé là en renfort.

— Vous ne serez pas de trop, apprécie l'adjoint du colonel Noblet, installez vos hommes là-bas au bout... Et au boulot !

L'arrachage dure plusieurs jours, tantôt sous un soleil de plomb, tantôt sous des trombes d'eau. Le rach est bientôt suffisamment dégagé pour permettre aux engins de Marine Cantho d'avancer tout contre les troncs de cocotiers plantés dans la vase par les coolies du Viêt-minh qui ont travaillé à marée basse.

Le barrage est vite disloqué, des nappes épaisses de locs binhs s'écoulent dans le courant. Le colonel Duqué félicite ses hommes sans trop de mots.

— C'est un vrai chef, reconnaît le Lorrain qui a appris pas mal de choses sur le grand officier de la coloniale pendant le dur labeur. Espérons tout de même qu'il aura d'autres ordres à me donner bientôt... des vrais, de ceux qui mènent au feu !

32. LES TIGRES DE LY CANH

Le Lorrain est convoqué à l'état-major le 2 août. Tous les officiers sont en effervescence.

— Les Viêts ont libéré une douzaine de prisonniers, deux par deux, dans des villages proches de Caïrang, explique le chef d'état-major au chef de section, on va nous les amener sous peu... Le colonel Noblet vous charge d'organiser une surveillance serrée autour d'eux, et de vous tenir prêt à les escorter jusqu'à Saigon...

Le capitaine Peltier apprend aussi au patron de l'élément d'intervention qu'il aurait dû se rendre aujourd'hui même à Saigon, mais que les rebelles ont coupé la route Vinh Long-Cai Be à proximité de P 17.

Les libérés sont regroupés aux bâtiments de la compagnie de commandement. Péréra place des sentinelles intraitables pour couper la route aux curieux de tous grades, officiers compris, qui, alertés par la rumeur répandue en ville par le Viêt-minh, veulent venir bavarder avec les douze hommes.

Le cerbère très strict fait vite connaissance avec ses protégés, un lieutenant, un adjudant, deux sergents, un caporal-chef, quelques marsouins, un Martiniquais et un Algérien, qui ont supporté pour la plupart près de cinq ans de captivité.

Les libérés sont défaits de leurs pauvres vêtements et douchés. Assis à croupetons, ils gardent leur attitude d'humbles nha qués dans les uniformes neufs qu'on leur remet.

— Il faudra bien du temps pour qu'ils redeviennent des soldats, apprécie le Lorrain qui ne les quitte pas d'une semelle, ils sont brisés...

Les langues se délient tout de même au fil des heures. Péréra apprend que le caporal-chef se nomme Douce, qu'il servait au bataillon de marche du 151e R.I., et qu'il a été fait prisonnier en 1947. Puis l'adjudant se détend lui aussi.

— Moi, confie-t-il à l'homme qui est chargé de le protéger de la curiosité malsaine des gens de Cantho, je suis un spécialiste de la captivité, presque dix ans en tout : cinq chez les Boches, et cinq chez les Viêts... Je commence à avoir l'habitude des camps...

— Celui-là va s'en tirer plus vite que les autres, estime le Lorrain en appréciant la pointe d'humour grinçant du sous-officier poursuivi par la malchance.

Le libéré a envie de parler encore, comme pour exorciser la peine des années passées.

— C'était plus dur chez les Viêts, précise-t-il, au début ils se sont conduits comme de vrais salopards...

Et l'horreur défile : coups, privations, autocritiques humiliantes et lavages de cerveau.

— Au bout d'un an, ânonne le rescapé de l'indicible, ils nous ont placés comme esclaves dans des bleds pourris de la pointe de Ca Mau... Ils n'avaient plus besoin de nous garder, là-bas, celui qui s'éloigne des villages se fait bouffer à coup sûr par le marais... Ils sont tout de même malins, ces macaques...

Un jeune marsouin très maigre tient en permanence un chiffon contre sa joue droite. Péréra s'approche de lui, et apprend qu'il est lorrain.

— On est pays, lui avoue-t-il, je suis de Ranguevaux...

Les yeux morts de l'homme au chiffon s'allument un peu, et il se confie douloureusement.

— J'ai eu un phlegmon, raconte-t-il, les Viêts ne m'ont jamais soigné... Je me suis guéri moi-même avec des herbes et de la boue des rizières... Mais maintenant j'ai la joue trouée...

Le prisonnier libéré écarte le chiffon de sa joue. Son interlocuteur réprime difficilement un sursaut de recul. Le trou annoncé est corné et laisse voir les dents jaunes du marsouin.

— Ça s'arrangera, se force à promettre l'adjudant, les toubibs te referont une joue toute neuve...

Le rescapé des camps viêts replaque son chiffon sur le trou de sa joue dégoulinant de salive, l'éclat de ses yeux se patine, il se tait et se tasse accroupi contre le mur de la pièce où il attend, fataliste, la marche du temps.

Péréra arme deux groupes pour l'escorte sur Saigon. Ses protégés et ses hommes se partagent dans trois Dodge 6X6 qui prennent au matin du 3 août la direction du bac de Vinh Long. Le convoi est bientôt à la hauteur des destructions qui ont retardé l'acheminement des libérés.

— Le pont est complètement foutu, râle le Lorrain en abandonnant les Dodge, on passe en L.C.M.

Une fois parvenu sur la rive opposée du bras du Mékong, l'adjudant désigne Sinh et deux Cambodgiens pour l'accompagner jusqu'à Saigon.

— Les autres vont nous attendre au poste, explique-t-il à son garde du corps, on ne nous envoie qu'un seul camion...

Un sous-officier du poste qui défendait le pont saboté accourt vers le Lorrain.

— Poupeau, s'étonne ce dernier en reconnaissant un sergent-chef du 151e R.I., qu'est-ce que tu fais là ?

Les deux hommes échangent un flot de nouvelles. Poupeau raconte comment les Viêts ont réussi à faire sauter le pont Eiffel sous le nez des armes de son poste.

Une A.M.8 du 2e spahis marocains approche de la route.

— On doit vous escorter, annonce son chef de bord, on part quand vous voudrez...

Le Lorrain donne le signal du départ. Le G.M.C. parcourt tranquillement quelques kilomètres derrière le blindé des spahis. Péréra, qui s'est serré dans la cabine du véhicule avec le lieutenant libéré, subit stoïquement le bavardage saccadé de l'officier qui lui vante les mérites du système politique viêt-minh. Des coups violents s'abattent soudain sur le toit du camion. Sinh hurle des mots inintelligibles. Son chef craint un instant l'embuscade. Le chauffeur freine brusquement. Le caporal à la tête de pirate saute du camion.

— L'Algérien a disparu, annonce-t-il à son chef de son curieux accent sifflant, je viens de m'en apercevoir...

Le Lorrain jure entre ses dents. L'A.M., qui a stoppé elle aussi, fait demi-tour. Les deux véhicules sont vite au poste de Poupeau.

Le Nord-Africain est là, qui a été récupéré dans un groupe de paillotes par les gens de l'ancien du 151e R.I.

— Qu'est-ce qui t'a pris de t'éloigner ? le questionne brutalement l'adjudant furieux, c'est malin...

L'Algérien baisse la tête, et reprend sa place dans le G.M.C. au milieu de ses compagnons taciturnes.

— On file, ordonne le Lorrain énervé par l'incident, on va finir par prendre du retard...

Le lieutenant se remet à réciter les versets communistes qu'il a assimilés malgré lui pendant des mois de lavage de cerveau. Le petit convoi parvient à la bifurcation de My Tho. Une jeep, occupée par un lieutenant et deux hommes d'escorte, lui barre la route.

— On vous attend au P.C. du colonel, ordonne le jeune officier, vous devez me suivre...

Les prisonniers débarquent bientôt dans la cour du mess des officiers de My Tho, et sont tout de suite entourés et pressés de questions. Péréra ne peut rien faire pour les soustraire à la curiosité malsaine dont ils sont l'objet. Le lieutenant intoxiqué à l'extrême est mené au bureau du chef de secteur. Des casse-croûte sont servis aux libérés et à leur escorte.

Le lieutenant libéré ne reparaît dans la cour du mess que deux heures plus tard. L'A.M.8 des spahis demeure à My Tho lorsque le Lorrain reçoit enfin l'autorisation de poursuivre sa route vers Saigon. Un 6X6 bondé d'artilleurs du 4e R.A.C. la remplace en escorte. Les deux véhicules pénètrent dans Saigon en fin d'après-midi, et stoppent devant les bureaux administratifs de la Sécurité militaire. Tout est prêt pour accueillir les libérés. Péréra se sépare sans regret du lieutenant toujours aussi bavard, serre chaleureusement la main du Lorrain à la joue trouée, prononce quelques paroles d'encouragement à l'intention de l'adjudant habitué à la captivité, et se dirige vers un camp de transit où il doit attendre le lendemain pour regagner Cantho.

— Les pauvres gars n'ont certainement pas fini d'en baver, ne peut-il s'empêcher de prévoir, ils ne sont pas près d'être vraiment libérés...

Le Lorrain a bien du mal à récupérer son garde du corps à l'heure du départ. Sinh n'a pas fermé l'œil de la nuit, qu'il a passée dans les bouges les plus infâmes de Cho Lon.

— T'auras qu'à roupiller dans le camion, lui conseille son chef, pas fâché de constater que son ombre fidèle est un bon vivant lui aussi.

L'ancien instructeur du 151e R.I. prend un peu plus sa grosse section en main dans les jours qui suivent la mission d'escorte sur Saigon.

— J'ai un renseignement sûr, lui confie le sergent-chef Phu au matin du 18 août, un de mes cousins m'a dit que des Viêts vont se réunir cette nuit dans une vieille pagode pas loin d'ici...

Le Lorrain sursaute.

— La guerre va reprendre enfin, espère-t-il soudain.

Le sous-officier borgne saisit l'intérêt de son chef.

— Oui, poursuit-il de sa voix aigre, les salopards d'un comité d'assassinat vont rencontrer ceux d'un groupe de propagande à Ap Tho Hoa, sur le bord du Bassac...

L'adjudant obtient facilement l'autorisation de monter un coup de main. Une patrouille se faufile à la nuit dans les faubourgs de Cantho. Sinh, coiffé d'un chapeau civil de feutre gris, ouvre la progression de sa marche féline. La colonne furtive frôle des paillotes endormies, franchit des marigots puants, dérange des meutes de chiens en chasse, et s'engage sous les couverts d'un bois moite. Les flots du large Bassac chantent de plus en plus fort.

— On arrive bientôt à la vieille pagode, susurre le guide au chapeau de feutre qui a enrayé une nouvelle fois l'avance pour étudier la nuit peuplée de mille bruits. C'est par là-bas…

Le Lorrain fait venir auprès de lui le sergent Ly Canh, un petit Cambodgien au nez plat.

— On va se déployer dès qu'on verra la pagode, lui souffle-t-il, préviens tes gars…

Le sous-officier, qui se bat depuis sept ans dans la coloniale, remonte la colonne pour transmettre l'ordre d'attaque. Sinh se relève. La marche reprend, encore plus silencieuse.

L'homme au chapeau peu réglementaire se baisse à nouveau lorsque la masse sombre de la pagode s'impose au centre d'une clairière à son regard de fauve.

— On y va ! ordonne son chef lorsque le groupe s'est coulé en position d'attaque.

Les Cambodgiens aux pieds nus bondissent hors du bois. Des bruits de portes claquées couvrent les sourds froissements de l'herbe foulée.

— Ils nous ont sentis, enrage le chef de patrouille en accélérant le mouvement, c'est foutu !

Des silhouettes fugaces filent vers la rive du Bassac. Tach Siou, un caporal cambodgien, les poursuit d'une longue rafale de sa Mat 49. Un Viêt-minh s'écroule en hurlant dans l'eau d'un marigot étalé au ras d'une bananeraie.

— Il est mort, crie un Indochinois qui s'est jeté sur l'homme abattu.

Les autres silhouettes ont disparu. Les Cambodgiens fouillent rapidement la pagode.

— Il y avait deux femmes, pavoise Sinh en poussant devant lui une forme tassée, elles savent tout sur les Viêts… C'est bon pour nous, chef…

Le Lorrain donne le signal du retour. Ses hommes ne prennent plus du tout de précautions. Une des captives profite adroitement du relâchement pour se lancer dans une fuite éperdue. Sinh pousse un cri de bête enragée. Quatre voltigeurs bondissent à sa suite sur les brisées de la fuyarde.

— Ce sont des tigres, ces gars-là, apprécie leur chef, on finira par faire du bon boulot…

Une voix de démente perce soudain la nuit. Le Lorrain frissonne. Sinh et ses compagnons sortent du bois, et jettent sur la piste la femme qu'ils ont rattrapée. Les coups pleuvent sur elle pendant une minute.

— Ça suffit, hurle le Français aux Cambodgiens hilares, on rentre…

Sinh ne semble pas comprendre l'ordre qui a mis fin au calvaire de la captive ensanglantée.

— C'est une Viêt, plaide-t-il avant de reprendre la tête de la patrouille, il faut qu'elle paie…

L'ancien maquisard serre les dents.

— Je n'ai jamais rencontré autant de haine, reconnaît-il lorsque son petit commando s'ébranle, c'est inhumain...

Les prisonnières sont livrées à la Sûreté fédérale quelques heures après le retour du groupe à l'ancien lycée de Cantho.

— Il faut sortir de plus en plus la nuit, explique le Lorrain à son commandant de compagnie après avoir rendu compte du demi-succès de son expédition, nos gars sont faits pour un travail de commando...

Le capitaine aux cheveux luisants de brillantine ne dit pas non.

— On verra ça plus tard, promet-il, pour l'instant contentez-vous de bien les prendre en main...

Péréra suit le conseil. Il étudie un à un ses Indochinois.

— Je suis sûr qu'on pourrait transformer la section en commando, se persuade-t-il en se souvenant de l'expérience du lieutenant Candelier, si seulement j'arrivais à convaincre le patron...

Ce dernier cueille le Lorrain à la sortie du mess des officiers.

— Venez avec moi, lui ordonne-t-il, je vais reconnaître un dépôt de riz à la sortie de la ville... On n'en aura pas pour longtemps...

Le capitaine est dans une jeep, et seulement accompagné d'un sergent.

— Je n'ai pas d'arme, lui fait remarquer l'ancien du 7e R.T.A., je file chercher une Mat à la compagnie...

L'officier paraît pressé.

— Vous n'avez pas besoin de mitraillette, insiste-t-il, montez près de Morel...

L'adjudant se rend aux raisons de son patron et s'installe près du sergent, qui est désarmé lui aussi. Le chauffeur cambodgien passe la première vitesse de sa boîte grinçante, démarre en direction de Binh Thuy, et stoppe bientôt à deux cents mètres du dernier bastion de protection de la ville.

— Il avait raison le capitaine, reconnaît le Lorrain en descendant du véhicule immobilisé, on ne risque rien par ici, la route de Binh Thuy est libre...

Une énorme paillote se dresse à une centaine de mètres de la route, au bout d'une piste étroite et bordée de bananiers à larges feuilles.

— Ce doit être le dépôt, suppute l'officier aux cheveux soignés, allez y faire un tour avec mon chauffeur qui vous servira d'interprète s'il y a du monde...

Les deux hommes s'engagent sur la route détrempée au pas de gymnastique. Un nha qué, qui marchait dans leur direction en se dandinant sous une palanquée, laisse tomber ses charges en les apercevant, et file à toutes jambes vers le dépôt de riz.

— Faut le rattraper, hurle l'adjudant en se mettant à sprinter entre les bananiers, c'est un Viêt…

Le chauffeur cambodgien est plus rapide que le Français. Il rejoint presque le fuyard. Ce dernier bondit vers la porte de la paillote d'où sort un second homme en noir armé d'un pistolet. Trois balles claquent aux oreilles de Péréra et de son compagnon. Les deux Viêts disparaissent.

— Quelle connerie de ne pas être armés, peste le Lorrain, on a raté un beau coup…

Le chauffeur de la jeep file vers la route entre les premiers arbres de la bananeraie. Le capitaine est déjà dans la Willys et manœuvre nerveusement le véhicule pour le remettre en direction du dernier poste de Cantho. Il démarre aussitôt que ses compagnons sautent derrière lui. Péréra ne desserre pas les lèvres. Son patron, très pâle, respecte son mutisme. Ce n'est qu'une fois revenu au lycée-caserne que l'officier se décide à parler.

— On a eu chaud, commence-t-il à dire à l'adjudant furieux, vous ne trouvez pas ?

Péréra décide de tirer parti de la situation dans laquelle s'est fourré son chef.

— Laissez-moi retourner là-bas cette nuit, demande-t-il d'un ton qui réclame une réponse affirmative, les Viêts y seront peut-être encore…

Le capitaine accepte en tutoyant son adjoint. Péréra a bien du mal à masquer sa profonde satisfaction.

— Ça y est, jubile-t-il en quittant son chef, il est ferré… Il ne peut plus rien me refuser ! Je le tiens peut-être, mon commando…

33. LE BONZE FOU

Les hommes qui veillent sur la route de Binh Thuy aux dernières défenses de Cantho sont avertis de la sortie nocturne du Lorrain.

— Je ne suis pas certain de pouvoir coxer les Viêts, se dit le chef de patrouille lorsque ses voltigeurs ont dépassé le poste périphérique, mais on ne sait jamais…

L'ancien gradé de tirailleurs se sent bien dans la nuit avec ses Indochinois. Le petit commando est bientôt à la hauteur de la paillote suspecte. Péréra laisse la moitié de ses vingt hommes en garde sur la route de Binh Thuy, et s'engage avec le reste sur la piste qui éventre la bananeraie. Les longues et larges feuilles de bananiers, remuées par un vent léger, crissent en se frottant les unes contre les autres. Les pieds nus des

Cambodgiens caressent souplement le sol sans faire de bruit, les pataugas de leur chef et des quelques Annamites de la patrouille n'en font guère plus.

Le voltigeur de tête s'arrête à vingt mètres de l'objectif. Péréra glisse courbé vers lui. La patrouille se fond au ras des bananiers. Rien ne bouge vers la paillote. Le concert des crapauds-buffles se fait de plus en plus présent. Une odeur de poisson pourri traîne sur la rizière. Quelques minutes passent. Le Lorrain se relève.

— File avec la moitié des gars sur l'arrière du gourbi, chuchote-t-il au sergent Ho Van Haï, moi je le prends de face...

Les Indochinois s'éloignent des bananiers. Le chant monocorde des crapauds baisse d'un ton.

— A nous, souffle l'adjudant à Sinh, les autres sont en place...

Le Cambodgien fait un geste aux hommes tapis derrière lui. La paillote est bientôt prise en tenaille. Péréra siffle par deux fois pour avertir Ho Van Haï, et lance son attaque.

— Bon Dieu que ça pue ! a-t-il le temps de se rendre compte en s'engouffrant dans la vaste cagna.

Les assaillants butent sur trois hommes allongés sur des nattes. Des coups sourds et des plaintes naissent dans l'obscurité. Les Indochinois bousculent des paniers, cassent des jarres, et allument quelques lampes à huile que leurs yeux de chat leur ont permis de trouver. La paillote, mal éclairée, se révèle être une petite fabrique de nuoc-mâm. Sa fouille est vite terminée.

— Ça pue trop, lance le Lorrain à ses compagnons, je n'en peux plus... Je sors...

L'adjudant se gonfle les poumons d'air frais pendant que les voltigeurs d'Ho Van Haï furètent alentour. Sinh est resté dans la puanteur. Des hurlements de douleur égratignent la nuit. Le Lorrain serre les dents.

— C'est une affaire de Jaunes, gronde-t-il lorsque les plaintes se font plus vives, il faut que je les laisse faire...

Les clameurs insoutenables se taisent enfin. Ho Van Haï jaillit souplement de la paillote.

— Ils ont parlé, lance-t-il à son chef, les Viêts ont passé la journée ici pour surveiller le Bassac... Mais, poursuit le sergent, ils savent certainement encore bien des choses...

Et, comme le sous-officier annamite retourne à la question, son adjudant l'arrête par le bras.

— On rentre, lui ordonne-t-il, laissez-les tranquilles...

Les captifs sont soigneusement liés les uns aux autres. Les groupes reforment une colonne bien étirée sur la route de Cantho. Les voltigeurs furtifs se font reconnaître par les veilleurs du premier poste de la ville endormie. Les trois prisonniers aux visages tuméfiés sont confiés à l'aube à la Sûreté fédérale, qui demeure encore sous la coupe d'un commissaire et de trois inspecteurs français, alors que la Sûreté nationale est tout entière indochinoise.

Le sergent Tach Sen, qui remplissait à la section d'intervention les fonctions de sous-officier adjoint, est muté à l'état-major quelques jours après le coup de main sur la fabrique de nuoc-mâm.

— Ho Van Haï est très bien pour le remplacer, conseille au Lorrain le sergent-chef N'Guyen Van Phu, c'est un homme sûr...

Le chef de section a décidé une fois pour toutes de se fier au sous-officier borgne, et accepte la proposition.

— Quel dommage qu'il ne soit plus lui-même opérationnel, se dit-il lorsque Phu sort de sa chambre, mais les Viêts l'ont trop esquinté...

Le Lorrain se rappelle une nouvelle fois l'histoire du vieux sous-officier qui, après avoir servi avant guerre dans un régiment de tirailleurs annamites, avait été porté disparu au cours d'une embuscade en 1945, et retrouvé un an plus tard ligoté sur un sampan flottant à la dérive, maigre à faire peur et couvert de plaies. Il s'était peu à peu remis de toutes les atteintes de la torture viêt-minh, gardant tout de même un œil crevé et un bras mort en souvenir de l'enfer.

— Ce bonhomme-là ne rêve que de vengeance, se dit l'ancien tirailleur, il a tissé un véritable réseau d'informateurs dans Cantho... C'est un atout majeur dans mon jeu...

Le Lorrain, toujours veillé de près par le cruel Sinh, coule peu à peu sa section au moule commando. Elle est bientôt forte de six groupes de dix à quinze hommes. Deux sont commandés par deux sergents annamites, N'Guyen Van Lieu et N'Guyen Van Nhut. Ly Canh est le patron des tigres cambodgiens, et trois autres groupes sont commandés par les caporaux Maï Co, Tach Siou et Tach Song.

Les Indochinois ont tous adopté leur nouveau chef, et l'invitent souvent à leur village de la sortie de Cantho.

— Nos planqués des bureaux ont le culot d'appeler ce bidonville le « camp des mariés », rage le Lorrain, nos gars ne méritent pas de vivre dans cette merde infâme...

Le camp est bâti sur un marigot insalubre où s'écoulent les rigoles puantes des eaux polluées par les usages domestiques. Des nuages de mouches volent de plaque de crasse en égout sillonné par une armée de rats. Une lourde odeur de pourriture flotte en permanence entre les rangées de cagnas branlantes, et le camp, dans lequel ne s'aventure jamais un Européen, n'est protégé que par le rempart symbolique d'un mur de bambous mal joints.

— C'est une honte, mon capitaine, affirme le Lorrain au lendemain d'un repas chaleureusement partagé au camp insalubre avec deux familles cambodgiennes. Il faut absolument faire quelque chose pour améliorer la vie de nos gars...

L'officier, qui ne s'éloigne plus du centre de la ville depuis sa sortie sur la route de Binh Thuy, ne saisit pas tout de suite où veut en venir son chef de section.

— Je parle du camp des mariés, est obligé de préciser ce dernier, chez moi on n'y parquerait même pas des animaux...

Le commandant de compagnie semble saisi par le ton véhément du Lorrain.

— Ce sont tes oignons, lui lance-t-il, si tu crois pouvoir faire quelque chose, tu as carte blanche...

Le Ranguevalois tient la promesse pour argent comptant.

— Il faut trouver des gars du bâtiment, demande-t-il à Phu, est-ce qu'il y en a dans nos groupes ?

L'œil valide de l'ancien prisonnier du Viêt-minh brille d'excitation lorsque le chef de section lui apprend qu'il a besoin de ces hommes pour bâtir un camp en dur pour les guerriers indochinois.

— Oui, il y en a quelques-uns, s'empresse-t-il de répondre, mais ils sont toujours envoyés en corvées dans les autres unités...

Le Lorrain fait une enquête rapide et s'aperçoit que le caporal N'Guyen Van Phat, un menuisier de métier, passe la plupart de ses journées avec quelques autres spécialistes du bois à confectionner des cantines et des meubles pour des cadres européens.

— Ça va changer à partir de maintenant, décide-t-il après avoir aussi appris que des anciens maçons étaient employés à de simples corvées de nettoyage des casernements. Ces gars-là travailleront chez eux !

Le capitaine tient parole. Il accepte de retirer le chef menuisier et ses compagnons de leurs corvées indignes. Les travaux commencent. L'ambiance monte de plusieurs tons à la section d'intervention.

— Il ne faut quand même pas oublier la guerre, confie le Lorrain à Phu lorsque le camp commence à s'assainir, on se rouille...

Le colonel Duqué monte à la mi-septembre une opération dans la région de Thot Not qui s'étale sur la rive sud du Bassac, à cinquante kilomètres au nord-ouest de Cantho.

— C'est le pays des Hoa Hao de Ba Cut, confie Phu au Lorrain à la veille de la mise en route de la manœuvre, ce salopard de Doigt-coupé terrorise tout le monde par là-bas...

Le Lorrain ne sait pas grand-chose sur la secte Hoa Hao, et encore moins sur le redoutable Ba Cut qui mobilise contre lui des forces importantes. Le rescapé des geôles viêts-minhs éclaire gentiment sa lanterne.

La secte Hoa Hao, qui porte le nom du village natal de son fondateur, a été créée en 1939 par Huynh Phu So, le Bonze fou exécuté en avril 1947 par le Viêt-minh. Huynh Phu So, né de santé fragile, est resté grabataire pendant les premières années de sa vie. Des médecins, des sorciers, toutes sortes de devins et de médiums ne réussirent pas à rendre la force au jeune homme, par ailleurs doué d'une intelligence supérieure. Son père, un petit notable, le mena en désespoir de cause à la sainte pagode de Tra Sôn, où vivait un bonze réputé. Ce dernier, sans doute saisi par la vivacité d'esprit du jeune malade, le prit sous sa protection, le guérit par l'acupuncture et, lui enseignant des rites éternels de sorcellerie, lui apprit à dominer son entourage de nha qués crédules par l'hypnotisme.

So fut un bon élève et, lorsque mourut son vénérable maître, il revint dans son village en 1939 pour annoncer, après une nuit d'orage passée en transes devant l'autel de ses ancêtres, qu'il était le prophète d'une nouvelle religion. Le jeune homme, qui avait un visage maigre à faire peur, des grands yeux brillant d'une flamme intense et de longs cheveux noirs, devint vite le maître de quelques centaines de nha qués de sa région d'abord intrigués par sa guérison inespérée, puis fascinés par son magnétisme débordant.

La secte du Bonze fou prit tout de suite de l'importance. Quelques milliers de bouddhistes hérétiques commencèrent à prendre son fondateur pour le Bouddha vivant. Les autorités centrales de Cochinchine ne virent évidemment pas d'un bon œil se répandre l'hérésie et l'aura du thaumaturge. Elles arrêtèrent vite le Bonze fou, puis l'enfermèrent dans un asile psychiatrique. Les Japonais, facilement victorieux dans toute l'Indochine malgré quelques barouds d'honneur, décidèrent d'utiliser les Hoa Hao à leur service. Libéré, le Bonze fou fit semblant d'être le féal des Nippons, tout en armant de fortes bandes pour s'emparer du pouvoir. Ses deux adjoints, Tran Van Soaï et Lan Than N'Guyen, Nam Lua et Haï Ngoan de leurs vrais noms, menèrent une telle politique dans l'ouest du pays que les Japonais furent obligés d'intervenir. Leur coup de force du 9 mars 1945 repoussa les bandes bouddhistes dans les marécages les plus reculés du sud-ouest de la Cochinchine. Le Bonze fou pactisa alors avec le Viêt-minh naissant. Cantho redevint sa capitale. Le flirt hors nature ne dura pas longtemps. Il se termina par une bataille sanglante, et Huynh Phu So n'échappa que de justesse à la mort. Ses bandes de Hoa Hao menacées d'extermination durent leur salut à l'arrivée du corps expéditionnaire français. Profitant de l'appui inespéré des troupes du général Leclerc, les fidèles du Bonze fou se livrèrent à des massacres de représailles, noyant des centaines de sympathisants d'Hô Chi Minh dans le large Bassac et dans le Song qui s'y jette à Cantho.

Le maître, sentant revenir la chance, décida ensuite de former une coalition anticolonialiste avec quelques clans nationalistes et son récent ennemi. Tran Van Soaï, son second toujours très actif, lança ses bandes armées en novembre 1946 contre le corps expéditionnaire après avoir décapité les instructeurs français mis à sa disposition.

Le Viêt-minh demeura pourtant très prudent vis-à-vis des Hoa Hao, fit éclater le Front national unifié, tout en nommant le Bonze fou commissaire spécial exécutif du Nambo, pays du sud. Les Hoa Hao changèrent encore d'ennemi un mois plus tard mais, cette fois excédées, les autorités viêts-minhs capturèrent le thaumaturge, et l'exécutèrent à la fin du mois d'avril 1947. Tous les membres de la secte, jusque-là partagés entre les deux partis de la guerre, se réunirent contre les assassins de leur maître. Tran Van Soaï obtint des Français l'équivalence du grade de général, et engagea ses chi doîs (régiments) contre ses anciens amis.

Des dissidences éclatèrent bientôt dans la secte redevenue puissante. Lan Than N'Guyen, un des premiers fidèles du Bonze fou, se retira avec ses soldats dans la zone des Sept Montagnes, aux marches du Cambodge. Tenace, Tran Van Soaï réussit pourtant à réunifier ses troupes en élisant capitale à Caï Von, la ville qui fait face à Cantho, sur la rive nord du Bassac.

— Il n'y a plus que ce fou de Ba Cut qui n'obéit pas à Tran Van Soaï, conclut le sous-officier borgne, et il réussit toujours à s'échapper quand il se sent menacé...

Le Lorrain quitte l'homme qui sait presque tout de l'histoire tourmentée de son pays. « Copains aujourd'hui, ennemis demain, se dit-il perplexe, les Jaunes sont trop compliqués pour moi... »

L'adjudant est convoqué au P.C. de secteur, qui est indépendant du P.C. de zone. L'officier qui le reçoit ne lui est pas inconnu. C'est le capitaine Piau, qui était officier de renseignements à Bentre en 1948. Les deux hommes ne s'attardent pas sur le passé.

— C'est la dernière opération que je monte, confie le spécialiste du 2e Bureau à l'ancien du 7e R.T.A., je suis muté... Un officier indochinois va venir me remplacer...

Le Lorrain prend rapidement connaissance de la mission qui l'attend.

— Votre section manœuvrera avec le commando Sampanier qui est formé de partisans de Binh Thuy, lui apprend l'officier en fin d'affectation. Il est commandé par le sergent-chef Forestier, qui va lui aussi passer ses fonctions à un Vietnamien...

Le capitaine précise que l'opération mobilise deux compagnies d'un bataillon vietnamien, une compagnie de Hoa Hao du général Tran Van Soaï, et sera appuyée d'un poste par une batterie d'artillerie de 105.

— Des automitrailleuses du 2e spahis accompagneront votre convoi jusqu'à la zone de Thot Not, conclut le capitaine, le départ est fixé après minuit...

Les deux hommes se séparent après avoir échangé quelques souvenirs de Bentre. Péréra retrouve ses chefs de groupe impatients de partir en guerre contre Doigt-coupé, l'ancien compagnon du Bonze fou.

34. LE CHEF DES ASSASSINS

Les Cambodgiens et les Vietnamiens de la section d'intervention de Cantho, chapeaux de brousse, pataugas, fusils Mas 36, fusils-mitrailleurs 24/29 et mitraillettes Mat 49, embarquent à l'heure prévue dans des G.M.C. qui prennent, feux éteints, la route du nord-ouest qui longe le Bassac à contre-courant. Les partisans du sergent-chef Forestier se mêlent à la colonne au passage de Binh Thuy. La chenille aveugle roule à bon rythme sur la route détrempée par une des dernières averses de la mousson du sud-est. Les camions chargés du commando Sampanier et des groupes de Péréra stoppent bien avant Thot Not qui se découpe en ombres carrées dans la nuit. Les sections du bataillon vietnamien et les Hoa Hao poursuivent leur route plus au nord-ouest.

— Ils vont débarquer par petits paquets tous les deux kilomètres, explique Péréra à Ho Van Haï, et nous, on va marcher vers eux en longeant les rives d'un rach qui doit être par là-bas... On doit normalement tous se regrouper vers midi, si tout se passe comme prévu...

Forestier, un véritable colosse, mène les ombres souples de ses commandos sur la rive opposée du rach.

— Et naturellement, râle le chef de la section de Cantho lorsque les partisans se sont éloignés sans bruit, on n'a même pas un poste radio pour assurer la liaison...

Les gens d'un fortin tout proche remontent à leur défense. La section de Cantho s'ébranle à son tour.

— Il y a plus de cinq cents bonshommes dans la manœuvre, se rend soudain compte le Lorrain, et nous ne sommes que deux Européens... La guerre est vraiment devenue une affaire indochinoise par ici...

L'avance des groupes est souvent cassée pour garder le contact avec les derniers commandos de Binh Thuy. De grosses gouttes d'eau commencent à piqueter les eaux du rach et les boues qui le bordent. La progression franchit un arroyo sur un pont de singe branlant. Son passage ne fait pas taire les centaines de crapauds qui coassent dans les joncs. Puis elle s'engage sous une longue cocoteraie. Un violent orage éclate. Les palmes des arbres, torturés par des rafales de vent, ploient sous des trombes d'eau.

— On va perdre le contact avec les gars de Forestier, estime Péréra, vivement que le jour se lève...

L'avance est ralentie par les coulées de boue que vomit la terre vers le rach. La tornade dure plus d'une heure.

— On a bien parcouru la moitié du chemin, confie le Lorrain à Ho Van Haï, on va bientôt sortir de la forêt...

Le jour se lève enfin. Les premiers voltigeurs trempés débouchent devant des étalements de rizières. Les six groupes se partagent en s'étirant sur des diguettes étroites. Des suspects affolés, pauvres nha qués arrachés à quelques paillotes isolées, se mêlent aux maigres colonnes.

Les rizières sont très vite traversées. Le contact est repris avec le commando Sampanier.

— Tout va bien, hurle le colosse qui le commande lorsque Péréra s'est approché du bord du rach.

La fouille continue à travers des buissons de bambous, quelques cocoteraies et des bois de palétuviers. La section de Cantho est à nouveau obligée de progresser en colonne par un. Le groupe Maï Co ouvre la marche peu à peu ralentie par l'épaisseur de la végétation.

Les voltigeurs du caporal cambodgien se figent soudain, accroupis. Péréra, Haï et Sinh s'élancent à la course vers eux.

— Des hommes ont parlé par là-bas, souffle Maï Co, c'est peut-être Viêts-minhs...

Le Lorrain braque ses jumelles vers les paillotes indiquées par le caporal. Rien ne bouge. Les crapauds-buffles invisibles épellent régulièrement les O de leur lancinante litanie. Un gong résonne au lointain.

— Les Viêts n'ont pas besoin de radio pour passer leurs messages, râle le chef de la section immobilisée, ils sont moins bêtes que nous...

Il est déjà dix heures. Les commandos de Forestier ne s'annoncent pas sur la rive opposée du rach. Quelques coups de feu éclatent, très loin au-devant de l'avance enrayée.

— On va tout de même pas coucher là, décide l'adjudant, faut fouiller les gourbis...

La plus grosse partie de la section s'installe en protection. Les tigres du sergent Ly Canh filent vers les habitations à reconnaître. Un des Cambodgiens demeuré en couverture salue d'un cri l'apparition d'un homme en noir sur l'autre rive du rach.

— Il a un fusil, hurle nerveusement le guetteur, c'est un Viêt !

La silhouette sombre se tasse dans les joncs, et ne reparaît plus. Une explosion résonne dans les paillotes qui ont avalé le groupe Ly Canh. Le Lorrain bondit vers le lieu du fracas. Sinh le suit à trois mètres, la mitraillette armée. Les deux hommes bousculent trois Cambodgiens qui se replient à la course. Un homme de Ly Canh est appuyé au chambranle d'une porte béante, la cuisse en sang.

— Il a sauté sur une grenade piégée en rentrant dans la cagna, explique Ly Canh, il faut faire attention...

Un cri oblige l'adjudant à se retourner. Un des Cambodgiens qui ont couru vers le reste de la section se tord de douleur au bord de la piste. Il a le pied transpercé par les pointes rouillées d'un piège diaboliquement dissimulé dans la boue.

— Attention, hurle le Lorrain, tout le coin doit être piégé…

L'homme au pied déchiré ne se plaint pas. Sa chaussure de brousse n'est plus qu'une éponge gorgée de sang. Deux de ses compagnons l'empoignent. Le trio laisse derrière lui une traînée pointillée de sang.

Le commando Forestier arrive à la hauteur des paillotes piégées.

— Ils ont aussi un blessé, se rend compte le chef de la section de Cantho lorsque deux partisans de Binh Thuy déposent une civière de fortune dans la boue, on ne va plus pouvoir marcher dans les temps prévus…

Le Cambodgien au pied transpercé est solidement maintenu par un de ses frères de race. Un autre tente de le défaire de l'amalgame de boue sanglante de sa chaussure. Il grimace et sue à grosses gouttes, se tord sous les morsures de la douleur, mais ne laisse pas échapper une plainte. Le travail dure près d'une demi-heure, et s'achève en même temps que la construction d'un brancard de bambous verts.

Le blessé à la cuisse insiste pour marcher. L'avance reprend dans une chaleur étouffante. Un tam-tam perdu au loin dans une cocoteraie marque sa progression.

— Le nommé Ba Cut devait être prévenu de l'opération, commente Péréra, ses gars doivent être loin…

Les effets de la marée descendante se font sentir. L'eau limoneuse du rach entraîne d'énormes plaques de locs binhs vers l'est. Un coup de feu résonne au loin. Les voltigeurs retardés par le transport du blessé se faufilent au travers d'un fouillis de hautes touffes de joncs.

— On n'est plus très loin du point de regroupement, lance le Lorrain au treillis gorgé de sueur à son adjoint, on a plus d'une heure de retard sur l'horaire…

La progression bute bientôt sur un arroyo large de trois mètres.

— Il faut sauter, décide le chef de la section bloquée en constatant qu'il n'y a pas un bosquet de bambous à moins d'un kilomètre, on est bons pour le bain de merde…

Les voltigeurs prennent leur élan et sautent le plus loin possible. Certains réussissent à franchir l'obstacle d'un seul coup. D'autres s'affalent dans la boue. Le brancard est supporté par quatre hommes qui s'enfoncent dans l'eau jusqu'à la poitrine. Un hurlement de fauve blessé couvre les bruits du franchissement. Un Cambodgien se tortille dans la boue, planté sur un bambou pointu. L'eau limoneuse de l'arroyo rougit vite sous lui. L'empalé est hissé au sec par deux de ses compagnons et étendu sans connaissance.

— Ce pauvre gars va encore nous retarder, gronde le Lorrain en désignant quatre hommes au transport du blessé, pourvu qu'il s'en tire…

L'homme au ventre déchiré est installé sur une sorte de chaise formée de deux vestes de treillis sales et de fusils. Le gros de l'opération est enfin rejoint à un gros village de paillotes. Les suspects ramassés dans les hameaux traversés depuis l'aube sont confiés à une équipe de renseignement.

— Vous devez maintenant gagner un poste où vous attendent vos camions, ordonne un capitaine indochinois à Péréra, vous n'avez qu'à suivre le bord du rach...

Les blessés sont sommairement pansés et allongés dans un sampan qui suit la progression. Les camions sont atteints au bout d'une heure de marche sans histoires.

— Ba Cut nous a eus, conclut le Lorrain en s'installant dans la cabine d'un G.M.C., le vrai baroud ce sera pour une autre fois...

Le convoi se met en route, encadré par des automitrailleuses du 2e spahis marocains.

— En tout cas, se dit l'adjudant en se laissant bercer par les ronronnements réguliers du camion américain, la balade aura tout de même eu du bon : mes gars manœuvrent bien, dommage qu'on ramène trois blessés...

Il pleut de plus en plus. La garnison de Cantho ne sort presque pas pendant tout le reste de la saison humide. Péréra lance tout de même quelques coups de main aux bords du Song et du Bassac, rodant chaque fois un peu plus ses groupes, et sélectionnant déjà les Indochinois capables de faire de bons commandos.

La section quitte La Perle au complet le 7 octobre pour assurer la protection d'un convoi de six camions chargés de matériel pour les garnisons de Soc Trang, qui se trouve à cent kilomètres au sud-est de Cantho, Bac Lieu et Ca Mau, à quatre-vingts et deux cent quarante kilomètres au sud-ouest de la première halte.

Les véhicules s'engagent sur la R.C.16, qui n'est plus, après Caïrang, qu'une levée de terre au milieu de rizières en eau et abandonnées. La route longe un canal boueux. Des tours occupées par des partisans et leurs familles sont plantées tous les trois ou quatre kilomètres. Le paysage devient désert après Soc Trang, la capitale du riz. Les abords de la R.C.16 ont été essartés par des centaines de coolies et de coloniaux travaillant de la hache, de la scie et du coupe-coupe, ou carrément incendiés pour éviter les embuscades. Le convoi traverse, à mi-route de Bac Lieu, des vagues de paillotes qui s'étalent tout autour du grand poste de Phu Loc.

Péréra est à Bac Lieu juste avant la nuit. Ses hommes dorment sur des sacs de paddy. Les quatre derniers G.M.C. chargés de matériel reprennent à l'aube la route de Ca Mau. Deux groupes de partisans commandés par un sergent-chef européen renforcent l'escorte du Lorrain.

Les G.M.C. roulent sans ennuis à travers un monde inondé. Des mangroves de palétuviers, immenses verrues poussant sur la moindre langue de boue, cassent de temps en temps le paysage qui luit sous le soleil. Quelques hameaux de paillotes sur pilotis sont entourés d'une nuée de sampans, seul mode de locomotion dans cet enfer d'eau et de limon. Le Lorrain, étonné, aperçoit bientôt les énormes défenses d'un poste planté sur un large terre-plein étayé de troncs. Les camions font une courte halte, tout de suite entourés par une nuée de gosses braillards et fureteurs.

Les camions pénètrent à midi dans Ca Mau, après avoir traversé une très longue forêt de palétuviers ennoués dans la boue.

La ville n'est qu'un fantôme. Un fortin, construit par la Légion, émerge de ses ruines. Il est occupé par une compagnie vietnamienne. Et un élément d'armes lourdes renforce cette garnison du bout du monde.

— Faut pas moisir ici, conseille le sergent-chef des partisans à l'adjudant de Cantho.

Le Lorrain, saisi par l'extrême désolation du lieu, fait accélérer la remise du matériel. Les camions délestés reprennent la route du nord-est.

— C'est pas très malin de suivre le même itinéraire qu'à l'aller, râle l'adjudant, mais il n'y a pas moyen de faire autrement dans ce foutu pays de flotte...

Le convoi traverse le plus vite possible la sombre forêt de palétuviers qui sent l'herbe pourrie, éventre la platitude silencieuse des rizières, et rejoint Bac Lieu en fin d'après-midi. Les camions vite chargés de riz atteignent Cantho sans encombre.

— On ne va tout de même pas passer notre temps à faire des balades touristiques, confie le Lorrain à Phu qui est devenu son ami, vivement la pleine saison sèche...

Le sous-officier borgne opine.

— J'ai peut-être un renseignement pour vous, lance-t-il de sa voix fluette et zézayante. Tran Van Hoach, un de nos gars, connaît la paillote d'un chef du comité d'assassinat...

Le Lorrain privé de vraie guerre saute sur l'occasion.

— Oui, poursuit Phu, Hoach peut vous mener à Ap Binh Pho quand vous voudrez... L'homme qu'il connaît a personnellement liquidé plusieurs notables profrançais...

Le coup de main est vite monté. Les défenseurs d'une tour bâtie près d'un pont qui enjambe le Song au sud de Cantho sont prévenus de la sortie nocturne. L'ancien Corsaire a tout préparé minutieusement. Il a étalé le déroulement de son raid en fonction de la marée. Les douze hommes qu'il a sélectionnés pour la manœuvre se sont munis de cordes et de lampes électriques. Bien renseignés par Hoach, qui est né à Ap Binh Pho, ils savent exactement où se trouve la paillote des assassins. Leur chef donne à minuit le signal du départ. Le groupe furtif laisse la ville endormie derrière lui. Les partisans qui occupent la tour sud de Cantho ont amarré quatre sampans au bord du Song. Les commandos les occupent, trois par trois, et sans bruit.

— C'est un régal de sortir la nuit avec ces gars-là, se réjouit le Lorrain en se souvenant des problèmes que lui causaient ses tirailleurs à chaque équipée nautique, personne n'a pu les entendre...

Les sampans étroits, bien menés, longent deux par deux les rives du cours d'eau. Un léger vent d'est fait chanter les hautes herbes. L'équipée silencieuse frôle des murs de souples bambous, des alignements de bananiers et des touffes élancées de cocotiers. Les ombres du paysage bruissant se découpent nettement sous la lune.

Tran Van Hoach guide les quatre sampans dans un dédale d'arroyos bordés d'îlots de paillotes endormies. Le clapotis des rames maniées avec une extrême retenue par les sampaniers ne dépasse pas les bruits du vent. Aucun animal ne s'éveille au passage des commandos. Les inévitables crapauds-buffles modulent à peine leur concert rituel. Hoach, au bout deux heures de calme navigation à marée montante, fait un signe de bras. Son chef, qui occupe un autre sampan avec Sinh et Ly Canh, rameute les quatre esquifs dans les joncs de la rive droite de l'arroyo. Les commandos sautent dans la boue. Leurs pieds nus claquent menu sur la piste qui conduit au repaire des tueurs du Viêt-minh. Haï, Hoach, Sinh, et Thi, un quatrième Annamite, filent vers l'objectif qui se découpe, net, à cent mètres à peine du bord du cours d'eau. Ly Canh et ses Cambodgiens se tapissent autour du Lorrain, prêts à intervenir.

Quelques minutes s'écoulent, silencieuses.

— Qu'est-ce qu'ils foutent ? s'impatiente l'adjudant, les Viêts ne doivent pas être là...

Un maigre rai de lumière de lampe à huile sourd soudain par la porte de la paillote. La silhouette étroite de Sinh s'y découpe en faisant de grands signes de bras. Le chef de commando bondit vite vers la lumière pâle, pénètre dans la paillote, et découvre deux hommes en ké kouans, déjà ligotés et allongés sur le sol.

— Tout va bien, annonce le sergent Haï en bousculant d'un pied nu l'un des captifs, c'est celui-là le chef du comité d'assassinat...

Les deux prisonniers, face contre le sol, roulent des yeux fous. Sinh, un mauvais sourire plaqué sur son visage chafouin, propose de les interroger. Le Français réfléchit vite.

— D'accord, décide-t-il, mais fais vite... Les Viêts pourraient bien nous tomber dessus pour délivrer leurs exécuteurs...

Et, rejoignant le groupe de Ly Canh étalé tout autour de la paillote, le sous-off se remet en veille. Des échos de coups, des questions criées et des râles de douleur s'échappent de la cagna investie. Le cruel interrogatoire dure près d'une demi-heure. La porte de la paillote s'ouvre à nouveau. Sinh et Thi en sortent. Ils poussent devant eux et dans les rayons lumineux d'une lampe torche un des captifs saucissonnés. Le trio se dirige vers un entassement de grosses jarres, et s'affaire en fouille.

— Je vais voir ce qui se passe, souffle leur chef à Ly Canh, continue d'ouvrir l'œil...

Le Lorrain rejoint Sinh au moment où ce dernier laisse échapper une exclamation de triomphe en extrayant de sous une jarre un paquet entouré de chiffons.

— Il a avoué où il cachait son revolver, explique le pirate à son chef, il doit être là-dedans...

Le très mauvais français de Sinh n'empêche pas l'adjudant de saisir tout de suite ce qu'il veut lui faire comprendre. Le paquet graisseux est vite défait. L'Annamite pousse un deuxième cri de joie en brandissant l'arme à barillet du tueur viêt-minh. Des paquets de cartouches de 11,43 sont aussi dénichés sous la jarre.

— On rentre, décide Péréra, tout le monde aux sampans...

L'homme du comité d'exécution se tasse au fond du sampan du sergent Haï. Le second captif se coule avec Sinh et Ly Canh dans la barque du Lorrain, et s'agenouille devant ce dernier. Les sampans surchargés naviguent sans précautions. Ils filent en colonne au milieu du rach et sous des flots de nuages bas. Sinh et Ly Canh pagaient de plus en plus vite.

— On prend de la flotte, se rend compte leur chef qui tient à deux mains les bords du sampan, il est bien temps qu'on arrive !

La longue barque qui sent le calfat roule soudain bord sur bord, pique du nez, et embarque un gros paquet d'eau saumâtre. Le Lorrain, trempé, se recale au milieu de l'embarcation rééquilibrée.

— Nom de Dieu, gronde-t-il en s'apercevant que le prisonnier a disparu, retrouvez-le !

Les sampans se mettent en travers du courant pour s'immobiliser au plus vite. Des jets de lampes électriques balaient les bords du rach. Quelques Cambodgiens sautent à terre, et fouillent nerveusement les joncs. Haï assomme le chef des assassins pour prévenir tout risque de fuite.

— C'est foutu, lance le patron du commando à Haï et Ly Canh, on ne l'aura plus vivant. Tout le monde à terre, et on balance des grenades !

Le captif assommé demeure seul dans son sampan accoté à la rive boueuse du rach. Une dizaine de grenades offensives explosent sous l'eau. La surface du courant se boursoufle et se brise en geysers. Des herbes aquatiques et de la boue retombent sur les commandos. Les pinceaux lumineux des lampes de poche caressent chaque mètre du rach bouleversé. Le fuyard ne reparaît pas.

— Pas la peine d'insister, décide le Lorrain, tout le monde dans les sampans...

L'assommé reprend conscience. Ly Canh le redresse à demi contre ses genoux. Les quatre sampans abordent bientôt à la tour sud de Cantho. Les partisans alertés par les sourdes explosions des O.F.37 étaient sur le qui-vive. Trois d'entre eux amarrent les embarcations tandis que le commando s'enfile sur la piste étroite qui mène à Cantho.

Le capitaine de la compagnie de commandement exulte au rapport de son adjudant d'intervention après que le chef du comité d'assassinat a été remis à la Sûreté fédérale.

— Tes méthodes sont bonnes, reconnaît-il, continue comme ça...

35. LE PONT SABOTÉ

Le Lorrain est de plus en plus à l'aise à Cantho. Il se lie avec les derniers Européens de la ville, apprécie tout particulièrement la compagnie du commissaire de la Sûreté fédérale, un Nîmois qui vit à La Perle avec son épouse, et celle de Frachet, un adjudant parachutiste détaché au commandement d'un dai doî fort d'une centaine de Hoa Hao de Tran Van Soaï.

Le commandement lance une grosse opération dans les premiers jours du mois de novembre, au sud-ouest de Cantho, dans le secteur de la Ferme Gressier, une région de rizières laissées pour la plupart à l'abandon.

La section d'intervention de Péréra est rattachée pour la manœuvre à un sous-groupement qui se met en chasse entre les canaux du Thi Doï et d'O Mon, à partir du poste de Thoï Laï.

Le premier jour de traque ne donne rien, pas plus que la première partie du second. La fouille approche d'une cocoteraie sous des nuées menaçantes. Le ciel crève en ondées juste au moment où des coups de feu jaillissent des cocotiers. Péréra, qui ferme avec ses groupes la marche de la colonne vite trempée, reçoit l'ordre de déboîter sur la droite de l'attaque pour poursuivre un élément viêt-minh qui se défile le long d'un arroyo.

— Ça va chauffer, se réjouit le Lorrain une fois que ses hommes se sont lancés à la course, on va voir s'ils valent mes vieux tirailleurs en bataille rangée...

Des balles sifflent bientôt au-dessus de la section pressée, à l'approche d'un hameau de paillotes.

Le sergent Haï entraîne le groupe du caporal Tach Siou sur un assemblage de bambous branlants, qui enjambe l'arroyo battu par le feu des éléments retardateurs des Viêts-minhs en repli. Un bo doî qui tirait d'un sampan est abattu. Son corps tombe dans le faible courant sale et flotte à demi, les bras en croix. Trois autres Viêts s'écroulent sur une diguette. Un Cambodgien de Siou méprise le feu qui forcit, court cassé en deux vers la première forme allongée, lui arrache son fusil, et revient vers ses compagnons en hurlant son triomphe. Péréra est aux anges au milieu de la poursuite. Sa section éclate en petits groupes qui se partagent les diguettes de la rizière en feu.

— On a bien fait deux kilomètres, estime-t-il bientôt, essoufflé, il faut s'arrêter là…

Des hurlements, poussés par Sinh et Ly Canh, enraient la poursuite. Les groupes rebelles se perdent dans de très hautes herbes. Les Cambodgiens et les Annamites reviennent vers leur chef, boueux, en sueur, et hilares.

— Le baroud les amuse vraiment, est obligé de reconnaître le Lorrain après avoir constaté que personne n'a souffert du tir viêt, ça me promet de bons moments…

Le bilan de la journée n'est pas mauvais. La fouille serrée du terrain, rizière, hameaux et cocoteraies, permet de dénombrer une quinzaine de tués, autant de prisonniers et, pour une fois, les rebelles ont perdu dix fusils.

Un capitaine de dai doî est reconnu parmi les prisonniers par les gens d'une équipe de renseignement qui a suivi la manœuvre, ainsi qu'un Annamite déserteur de Cantho. Le parti vietnamien n'a perdu qu'un tué et quatre blessés dans l'affaire rondement menée.

L'opération se poursuit dans le bourbier des rizières à l'abandon. Le gros de la bande rebelle, fuyant de jour et de nuit, rejoint les sanctuaires depuis longtemps inviolés de la région de Long My, très loin au sud de Cantho. Quelques tu vês, auxiliaires sacrifiés à la sécurité des réguliers du Viêt-minh, sont encore abattus. Péréra, après une dernière nuit passée en pointe de l'opération et sous des pluies d'orage incessantes, fait embarquer ses hommes dans deux L.C.M. qui les ramènent au grand poste de Thoï Laï où ils sont gardés en réserve de l'opération qui est démontée le lendemain.

La section d'intervention se refait une santé pendant deux jours, et défile le 11 novembre dans Cantho. Un typhon s'abat sur la ville deux jours plus tard, à midi pile. La liaison téléphonique avec Saigon est tout de suite coupée. Cantho est envahie de trente centimètres d'eau limoneuse en quelques minutes. des poissons-chats gluants et de larges crapauds nagent partout dans les rues et dans la cour des bâtiments du P.C. de zone opérationnelle.

— Pourvu que les familles ne souffrent pas au camp des mariés, espère le Lorrain au lycée-caserne, leurs baraques vont s'envoler…

Des civils affolés courent dans les rues transformées en bourbiers. Des blessés hurlent sous le choc de morceaux de toitures amochées qui volent comme des fétus de paille. La ville paraît avoir subi un sérieux bombardement lorsque les éléments se calment. Péréra file aux paillotes de ses hommes.

— Il n'y a pas trop de casse, constate-t-il, rassuré, quelques planches et tout sera arrangé. Vivement que les baraques en dur soient terminées...

Les rachs et les arroyos, encombrés de masses de végétation, charrient lentement des dizaines de cadavres de nha qués, de buffles, de chiens, de porcs, de poulets et de canards dans les jours qui suivent le passage du typhon.

Le Lorrain mène ses hommes deux semaines plus tard en fouille sur les bords du rach Song Bô qui coule dans le secteur de Ba Sé, pas très loin de Cantho. L'adjudant ouvre la traque dans les brumes de l'aube avec le groupe du caporal Maï Co. La colonne emprunte une piste étroite qui longe le rach.

— Un guetteur, hurle Maï Co en cambodgien, là-bas...

Une longue rafale du caporal taille net dans un bouquet de bambous planté à une quarantaine de mètres de la piste, au bord d'un arroyo qui se jette dans le rach Song Bô. Quelques hommes de la section se lancent à la poursuite du guetteur en pataugeant dans la boue du Song. Leur chef aperçoit un pont de singe tout de guingois.

— On va gagner du temps en faisant le détour, se rend-il compte en donnant à ses voltigeurs l'ordre d'emprunter l'ouvrage de bambous.

Des rafales poursuivent toujours le fuyard qui apparaît de temps en temps entre de hautes touffes de joncs. Le Lorrain s'engage le deuxième sur l'étroit pont de singe. Quatre Cambodgiens le suivent. L'ouvrage s'effondre dans un sinistre craquement. L'adjudant perd à demi conscience. Il a la cuisse déchirée, et est assommé par la crosse de fusil de l'homme qui le précédait. Sinh, qui était encore sur le bord du rach, plonge vers son chef, l'empoigne sous les bras et, brassant vigoureusement l'eau sale de ses jambes nerveuses, réussit à le ramener vers la terre ferme.

— Continue la poursuite, trouve la force d'ordonner le blessé au sergent Haï, rattrape-moi ce salopard...

Deux groupes traversent le rach à la nage, et reviennent bientôt près du pont cassé avec deux suspects capturés dans les joncs. Un Cambodgien, qui inspectait le pont, pousse un cri. Haï bondit vers lui et revient expliquer à son chef, étendu dans un sampan récupéré par une patrouille lancée sur le hameau le plus proche, que deux montants de l'ouvrage ont été entamés à la scie. Sinh, rendu furieux par la blessure de son chef, s'acharne sur les deux captifs avec une cruauté extrême. Les deux hommes affirment, entre deux volées de coups, qu'ils ne sont pour rien dans le sabotage. La section rentre à Cantho. Péréra endure son mal dans le sampan mené sans à-coups par son garde du corps.

Le Lorrain est obligé de renoncer pour un temps à ses sorties de commando. Il profite du repos forcé pour pousser plus loin l'aménagement du camp des mariés. Les hommes arrachent à la végétation envahissante les briques mandarine de quelques bâtisses en dur rasées par les Viêts-minhs autour de Cantho. Les briques intactes sont soigneusement nettoyées avant réutilisation, et celles qui ne sont pas entières sont pilées pour servir de revêtement aux allées rectilignes qu'a fait tracer l'adjudant blessé dans le camp.

— Il va falloir monter une solide enceinte de bambous, décide le bâtisseur qui trouve aux travaux un formidable exutoire à son inaction. Il faut aller en couper sur la route de Binh Thuy...

La section au complet est menée en opération de coupe. Le fruit de sa récolte est ramené au camp en totale transformation, entassé sur des radeaux entraînés par la marée descendante.

— On manque de bras, se rend compte le chef de section, faut trouver une solution...

Le sous-officier à la cuisse douloureuse ne réfléchit pas longtemps. Il obtient facilement l'autorisation de puiser de grosses corvées dans le camp de prisonniers du sous-secteur. Giudicelli, le sergent-chef corse responsable de la section auto du lycée, fournit un G.M.C. qui, chaque matin, va sous bonne escorte charger trente captifs pour les amener au camp. Péréra répartit équitablement ses corvées : dix prisonniers au creusement de la tranchée large de deux mètres qui fera, une fois achevée, le tour du camp pour l'isoler des marécages ; dix autres au nettoyage des milliers de briques récupérées, et les dix derniers sont mis à la disposition de Phu pour les corvées de quartier. Le Lorrain donne des ordres pour que les prisonniers, qui sont parfois de farouches anciens ennemis des habitants du camp, ne soient pas maltraités, et convenablement nourris. Les nouveaux bâtiments, longs chacun de vingt-cinq mètres, sont divisés en dix logements de deux petites pièces.

— On va aussi leur construire une cuisine collective par bâtiment, explique Péréra à son capitaine venu apprécier l'avance des travaux, ça sera plus propre... En principe les premiers logements devraient être prêts dans moins d'un mois...

La vermine, mouches, moustiques, cafards et gros rats, chassée par l'assèchement progressif du cloaque, ne prolifère plus dans le camp. Les petits enfants apprennent à ne plus jouer dans la boue sale.

— Ils seront de moins en moins malades, confie le Lorrain au vieux sergent Nhut qui a accepté la charge de chef de camp. Ils sont bien plus beaux quand ils sont propres...

Les Viêts-minhs ne viennent pas troubler les travaux. Seules quelques balles, tirées de loin, sifflent parfois la nuit au-dessus du camp. La section d'Indochinois participe à une opération sans son chef.

— Je vais voir le toubib, décide ce dernier lorsque, quelques jours avant Noël, un ordre relance ses groupes au combat, et cette fois-ci je pars avec eux...

Le médecin défait le pansement du sous-off.

— Je vous interdis de partir, lui ordonne-t-il en l'obligeant à regarder la plaie purulente qui ne se referme toujours pas, la boue des rizières risquerait d'accentuer encore l'infection... Soyez patient, mon pauvre vieux...

Sinh, Ly Canh et Haï emmènent leurs hommes à la traque des Hoa Hao de Ba Cut qui ont perpétré de nouvelles exactions vers Thot Not. Quelques renforts sont ventilés dans la garnison de Cantho. Péréra accueille sept hommes à sa section, cinq Cambodgiens : Ly Sam, un sergent, et quatre deuxième classe fraîchement engagés, Gantois, un solide Guadeloupéen au nez épaté, et un frêle Pondichéryen qu'il confie tout de suite au service de Phu.

Le premier bâtiment est achevé deux jours avant Noël.

— C'est un joli cadeau, se réjouit l'adjudant toujours aux aguets des nouvelles de l'opération en cours, nos gars ne pouvaient rêver mieux...

Un message vient gâcher le plaisir de l'adjudant, il annonce qu'un L.C.M. a sauté sur une mine dans la zone où grenouillent Sinh et ses compagnons. L'accident a fait une trentaine de morts et quarante blessés. Le Lorrain devient blême.

— Mais, lui précise un radio du P.C. de zone, ce ne sont pas des gars de chez vous...

— C'est salement dur, reconnaît le sous-off, mais c'est tant mieux pour les nôtres...

Et, rassuré, il rejoint Phu pour préparer les festivités de la Nativité. Un camion-cinéma descend de Saigon pour la circonstance. Et le menu de l'ordinaire est copieusement amélioré. Péréra s'abandonne aux réjouissances, mais pas pour longtemps.

— Prenez les hommes qui vous restent, lui ordonne son capitaine après la séance en plein air, et allez patrouiller autour de l'église...

L'église de Cantho est bâtie en dur dans un quartier de paillotes. Deux missionnaires célèbrent la messe de minuit en plein air devant une foule compacte d'Indochinois qui hurlent des cantiques.

— Il ne faudrait pas que des Viêts viennent lancer des grenades, espère le chef de patrouille en guettant les allées et venues au bord de la place comble, ça serait vraiment trop dégueulasse...

Le Lorrain, tout à sa surveillance, ne pense pas à prier. La messe s'achève sans incidents. La patrouille regagne le lycée. Son chef se désarme et rejoint la fête au foyer réservé aux rares Européens de la garnison.

La salle est envahie d'une vingtaine de nouvelles têtes, blondes pour la plupart.

— Des légionnaires, reconnaît tout de suite l'adjudant, la nuit va être joyeuse...

Le Lorrain ne se trompe pas. L'adjudant qui commande la section de képis-blancs se présente, et explique qu'il est venu là en protection d'un convoi. La bière Larue coule à flots. Le ton monte vite. Les légionnaires chantent inlassablement des noëls d'Outre-Rhin. « J'aimerais bien être à la place de leur chef, se laisse aller à songer le Ranguevalois gagné par la nostalgie, c'est dur d'être toujours avec des Jaunes... »

L'adjudant se sent soudain ramené en France, vers sa femme et son fils, qui pousse sans lui. « Doucement, Lulu, se reprend-il, tu es un soldat, ne l'oublie pas... »

Et il accompagne *mezza voce* une chanson de marche.

36. VICTOIRE À RACH GOÏ

La section rentre à Cantho après Noël, intacte. Péréra est convié aux cérémonies d'un mariage au camp des mariés. Dao Ich et Thi Samout sont les derniers épousés de l'année. Un cortège accompagné d'éclatements de pétards quitte la paillote du fiancé, et mène lentement ce dernier jusqu'à l'habitation de la future madame Ich, où il offre des présents rituels aux proches de la jeune fille. Puis le repas commence, qui a été précédé d'innombrables vœux de fécondité et de longévité. Les époux se sont longuement répandus en *lays* de remerciement. Des dizaines de plats sont installés sur une longue table basse, viandes de bœuf, buffle, porc, poulet et canard finement tranchées et dorées à l'huile. Une odeur d'épices et de nuoc-mâm flotte dans la paillote parée de tentures de soie brodée. Elle se mêle aux lourdes senteurs distillées par des bâtonnets d'encens qui se consument très lentement. Le Lorrain est obligé de goûter à tout, et forcé de boire entre chaque plat des petits verres de choum et de mauvais cognac. Des cierges éclairent le banquet chaleureux qui dure des heures et s'achève par des pâtisseries dures et poisseuses.

Le marié, éméché, se défait de sa position accroupie et demande aux parents de sa jeune épouse, suivant en cela le rituel séculaire des épousailles, l'autorisation d'emmener cette dernière chez lui. La procession pétaradante se reforme pour accompagner le couple. L'écho des derniers pétards meurt. Les deux jeunes gens s'isolent.

— Ils vont longtemps prier devant l'autel des ancêtres, souffle Phu au Lorrain, ce n'est qu'après qu'ils seront vraiment mariés...

Le calme de la nuit s'est emparé du camp. L'adjudant gagne le lycée, la tête lourde et le pas mal assuré.

Le Jour de l'An est dignement fêté lui aussi. Le Lorrain achève aux premiers jours de 1953 la transformation de sa section en commando. Le groupe Ly Canh, maintenant formé des éléments qui se sont le mieux comportés au fil des derniers mois, a touché des mitraillettes Thompson de 11,43. Le sergent cambodgien et ses hommes triés sur le volet sont habillés de ké kouans noirs, comme leurs mortels ennemis du Viêt-minh.

La section est engagée au complet le 20 janvier dans une opération avec les Vietnamiens de la 1re compagnie du 13e B.V.N, l'ancienne 1re compagnie du 151e R.I. La manœuvre a été montée pour nettoyer les abords du poste Maternité, bâti au sud-ouest de Cantho, sur le bord du canal Xa No, et qui est tenu par des partisans chaque nuit harcelés par les bo doîs du Viêt-minh. La compagnie du 13e B.V.N. et la section Péréra sont acheminées en camion jusqu'au poste de Rach Goï. Puis chaque élément progresse à pied jusqu'au Xa No. Les ex-coloniaux du bataillon vietnamien s'engagent ensuite sur le Bon Nuan, un canal secondaire, et les hommes du Lorrain sur leur droite, sur la rivière Kinh Tra, une autre voie d'eau rectiligne. Les deux unités doivent se retrouver l'après-midi, près du canal Kinh Tra Thieu.

Une fusillade éclate à 10 heures du matin.

— Les copains doivent accrocher dur, estime Péréra lorsque des colonnes de fumée montent au-dessus d'une cocoteraie étalée sur la gauche de sa progression, ils sont trop loin pour qu'on file à la rescousse... Et on n'a toujours pas de poste radio !

Le combat dure. Le Lorrain n'y tient plus.

— On file là-bas ! décide-t-il en lançant ses hommes à la course sur la rive droite du Kinh Tra Thieu qu'il vient d'atteindre.

Ly Canh et ses tigres ouvrent la galopade en file indienne. Ils ont déjà parcouru la moitié de la distance qui les séparait de la cocoteraie en feu lorsque cessent les tirs.

— Ralentissez, ordonne alors Péréra, et avancez prudemment...

Les hommes en noir frôlent la rive du canal, à demi camouflés dans les touffes de joncs qui la bordent. Ly Canh fait soudain un grand geste de bras et s'accroupit. Toute la section disparaît, coulée dans les hautes herbes. Un étirement pressé de bo doîs se dirige tout droit vers le canal.

— Ils vont nous tomber dessus, jubile Péréra qui a gagné la tête de sa section, on ne peut pas les rater...

Les voltigeurs de Ly Canh retiennent leur souffle. Leurs Thompson sont prêtes à cracher leurs rafales de 11,43. Les bo doîs qui ont fui la cocoteraie investie par les Vietnamiens approchent encore. L'excitation grandit tout au long de la section d'intervention. Le groupe ennemi n'est bientôt plus qu'à cent mètres des armes braquées sur lui. Le Lorrain laisse échapper un juron lorsqu'il bifurque soudain vers la gauche en trottinant à foulées régulières au long d'un arroyo.

— Rattrape-les ! hurle-t-il à Ly Canh en décidant de jouer le tout pour le tout.

Les faux bo doîs se jettent en poursuite, se mettent à hurler lorsque les Viêts les aperçoivent, et tirent de toutes leurs armes une fois parvenus à moins de cinquante mètres des fuyards. Péréra place ses deux derniers groupes en défensive, en espérant recevoir le choc de nouveaux rebelles débandés. Mais rien ne bouge plus vers la cocoteraie de plus en plus enfumée.

Ly Canh revient vers le bord du canal. Un de ses hommes dépose aux pieds du Lorrain une musette, qui contient des grenades de fabrication locale.

— On a tué deux bo doîs, annonce le chef du groupe noir au souffle court.

Un élément du 13e B.V.N., sans doute alerté par les rafales de Thompson, sort à son tour du fouillis des cocotiers empanachés de fumée noire. Son capitaine rejoint bientôt le Lorrain.

— Nous avons tué dix Viêts, pavoise-t-il en très bon français, nous avons fait deux prisonniers, et récupéré deux fusils et un P.M...

L'officier se défait de son sourire triomphant.

— Mais, poursuit-il, j'ai eu un tué et trois blessés...

Les éléments regroupés au bord du canal cassent la croûte, rentrent au poste de partisans délesté de la bande rebelle en repli, et y passent la nuit.

Le Lorrain, dévoré par des moustiques vrombissants, ne réussit pas à trouver le sommeil malgré les fatigues du jour. La nuit s'écoule, résonnante de coups de gong frappés régulièrement pour empêcher les hommes de veille de s'endormir à leur poste.

L'adjudant remanie une nouvelle fois sa section dès le démontage de l'opération. Ly Canh commande toujours les quinze tigres du groupe noir, et Tach Siou, qui vient de passer caporal-chef en même temps que Maï Co, est son adjoint. Trois autres groupes de voltigeurs armés de Mas 36 et de grenades à fusil sont commandés par Nhut, Lieu et Maï Co. Le sergent cambodgien Ly Sam est à la tête d'un groupe lourd, fort de douze hommes et armé suivant les besoins tactiques d'un à trois fusils-mitrailleurs et d'un mortier de 60.

Péréra, Haï son adjoint, Sinh, qui vient d'être nommé caporal, et

Gantois, le Guadeloupéen, forment l'équipe de commandement de la section.

— Articulé comme ça, commente le Lorrain à l'intention de son capitaine, le commando fera du bon boulot si on me donne l'occasion de le mener sur de bons coups...

Le commandant de compagnie sourit.

— En attendant les coups tordus, commence-t-il à expliquer sans se lever du siège de son bureau, les Viêts ont à nouveau construit un barrage sur le rach qui descend du Bassac vers Phu Hiêp... Les marins vont vous conduire là-bas, et vous le foutrez en l'air...

Péréra est bien obligé d'accepter la mission peu glorieuse. Ses groupes embarquent dans deux L.C.M. de Marine Cantho. Les engins parviennent sans encombre auprès du sabotage viêt. Les commandos débarquent. Leur chef étale la moitié de son effectif en veille sur les rives du rach encombré d'un épais tapis de locs binhs et de lentilles d'eau. Le reste de ses hommes dépose ses armes dans un L.C.M. qui reste en appui au barrage avec ses deux mitrailleuses de 12,7 et, torse nu, Cambodgiens et Annamites commencent le déblaiement des longs pieux plantés dans la vase par les coolies du Viêt-minh.

— On va tâcher de faire vite, explique l'adjudant à ses gradés, pour ça on va travailler tout le jour et une bonne partie de la nuit... D'accord ?

Les chefs de groupe sont eux aussi pressés de rentrer à Cantho où les attendent certainement de vraies missions de commando. Les équipes se relaient à la veille. Les sapeurs d'occasion pataugent sous un soleil de plomb dans la bouillasse infestée de sangsues voraces, et grelottent en corvée de nuit, nimbés de nuées de moustiques. Le travail de délestage du barrage est terminé en quatre jours. Les Viêts ne se sont manifestés qu'une seule fois, la deuxième nuit, très timidement et repoussés au large par les rafales des deux mitrailleuses lourdes des marins et une volée de mortier de 60. Les pieux du barrage sont arrachés à l'aide d'un treuil amené dans le L.C.M. Le pacha de Marine Cantho, un capitaine de corvette, vient assister au finale de la démolition de l'ouvrage et félicite chaudement les Indochinois à la peau tannée et couverte de cloques.

La section est ramenée au soir à Cantho.

— Pas fâché de retrouver ce vieux lycée, avoue le Lorrain à Phu après avoir brièvement rendu compte de sa mission à son commandant de compagnie.

Le sous-officier borgne apprend à son ami à la peau brûlée par le soleil qu'un nouveau petit contingent a été affecté à la compagnie pendant son absence, et que deux jeunes marsouins européens lui ont été réservés.

— J'ai donné quartier libre à la section pour demain matin, lui répond l'adjudant, je les verrai demain après-midi...

Puis il se douche, mange, fait une rapide apparition au foyer européen, et s'endort d'un lourd sommeil.

Les deux nouvelles recrues ne donnent pas signe de vie dans la matinée du lendemain. Le Lorrain ne pense même pas à eux en allant visiter les travaux du camp des mariés. N'Guyen Van Phu vient le tirer de sa sieste en début d'après-midi.

— Les nouveaux sont en train de tout casser dans une buvette chinoise, lui annonce-t-il, visiblement peiné de le réveiller, je crois que vous devriez aller les chercher...

Le Lorrain, furieux, saute de son lit, réquisitionne un 4X4, file rameuter Sinh, Haï, Ly Canh et Siou au camp des mariés, et se dirige à toute vitesse vers le centre de Cantho écrasée de chaleur.

Les deux marsouins ivres, l'écume aux commissures des lèvres, sont vite repérés. Ils sont en train de terroriser quelques civils. L'adjudant freine brusquement. Le Dodge s'immobilise dans un crissement de ses pneumatiques.

— Embarquez en vitesse, ordonne le sous-officier privé de sieste en s'approchant des deux ivrognes déchaînés.

Le premier des deux énergumènes est tout de suite maté, et monte dans le 4X4. Mais son compagnon s'énerve un peu plus, et fonce sur son futur patron. Ce dernier, surpris, ne réussit pas à éviter totalement le direct que lui décoche le jeune colonial. Sinh pousse un rugissement de fauve en bondissant à la rescousse. Le jeune engagé est jeté à terre et durement corrigé par les gradés indochinois.

— Ça suffit, ordonne Péréra à ces derniers, il va certainement comprendre la leçon...

Le forcené est hissé sans ménagements dans le Dodge. L'adjudant reprend le volant.

— On les boucle, lance-t-il à Phu qui attendait son retour au lycée, je les verrai quand ils auront cuvé leur vin...

Le Lorrain regagne sa chambre pour reprendre sa sieste malgré les imprécations que lancent les deux hommes, enfermés dans la pièce qui sert de prison à la compagnie.

— Ce sont peut-être des braves types, se dit-il en s'endormant, on verra ça dès qu'ils seront dessoûlés...

La section se regroupe après la sieste. Son chef sursaute en apercevant, dans l'encadrement d'une fenêtre, les deux nouveaux qui discutent verre en main avec le vieux sergent qui gère le foyer des Européens.

— Nom de Dieu, gronde-t-il, ils se foutent vraiment de moi...

Et, grimpant quatre à quatre les escaliers du bâtiment, il pénètre en coup de vent dans le foyer aux fenêtres grandes ouvertes.

— C'est moi qui les ai libérés, lance en souriant le gérant de l'établissement, ça fait pas bien d'enfermer des compatriotes devant les macaques...

Le Lorrain a envie de frapper le vieux colonial.

— C'est ça, c'est ça, se dit-il en se contrôlant, dis plutôt que tu es content de gagner deux clients pour ton foutu boui-boui...

Le capitaine, qui a l'habitude de faire une tournée des bâtiments chaque après-midi, pénètre à son tour dans le foyer.

— Qu'est-ce qui se passe ici ? s'enquiert-il en arrêtant longuement son regard sur la face marquée d'un de ses nouveaux, expliquez-moi ça, Péréra...

Le Lorrain commence par le début. Le capitaine hoche la tête, visiblement très gêné.

— Je les avais bouclés, poursuit son chef de commando, et celui-là les a fait sortir je ne sais trop pourquoi...

L'officier se gratte le menton, l'œil fuyant.

— Tout ça n'est pas bien grave, tranche-t-il, tout va s'arranger... Ils ont un peu trop arrosé leur arrivée parmi nous, c'est tout...

L'adjudant a l'étrange sensation de rêver. Il se raidit, salue son supérieur, et remonte dans sa chambre sans ajouter un seul mot.

— Qu'est-ce que je dois faire, se demande-t il après avoir retrouvé son calme, laisser courir et passer pour un âne vis-à-vis des civils qui ne comprendront certainement pas que mes deux gars ne soient pas punis pour les conneries qu'ils ont faites en ville, ou casser la baraque et me foutre le pitaine à dos ?

C'est le sage sergent Phu qui trouve la solution au pénible problème. Il a assisté à la grotesque scène du foyer, a saisi le désarroi de son ami, et a foncé tout expliquer à l'adjudant-chef René Stroh. L'artilleur lorrain bondit illico au bureau du chef d'état-major du colonel Duqué. Ce dernier, furieux, convoque immédiatement son commandant de compagnie, lui passe un savon, lui ordonne de punir le gérant du foyer et de faire enfermer à nouveau ses deux recrues turbulentes.

Péréra est bien sûr mis au courant de la tournure des événements.

— Ça fait bien plaisir d'avoir raison, confie-t-il à Stroh et à Phu, mais l'ambiance ne va pas être joyeuse à la compagnie pendant un bon bout de temps, le pitaine va certainement m'en vouloir...

Le commandement de Cantho lance une opération deux jours plus tard. Péréra reçoit l'ordre d'accompagner deux compagnies du 13e B.V.N.

— Je vais voir ce que vaut mon boxeur, se réjouit l'adjudant en libérant l'homme qui l'a frappé et en l'intégrant au groupe du sergent N'Guyen Van Lieu. Dommage que l'autre ivrogne ait été détaché aux cuisines par le capitaine...

La manœuvre rejoint le poste de Thoï Laï à l'aube. L'officier vietnamien qui la dirige explique le déroulement du mouvement à ses chefs de section.

— Nous allons progresser en colonnes très éloignées à travers les rizières, leur indique-t-il en lançant son bras droit vers les axes à suivre, et nous nous regrouperons à 16 heures au village d'Ap Truong Trung...

Les tigres de Ly Canh ne débusquent pas de Viêts tout au long de la matinée. Des Cambodgiens trouvent seulement quelques planches à clous et des grenades piégées à l'abord d'un îlot de paillotes désertées. Le Lorrain offre une pause à ses hommes un peu avant midi auprès de cagnas isolées et habitées par trois familles apeurées. Sinh capture un poulet, l'occit, le plume en un tour de main, et le prépare rapidement avec du riz et des herbes aromatisées, arrachées au jardinet bien soigné des nha qués du hameau.

Le repas est vite avalé. La colonne se remet en marche vers Ap Truong Trung. Le Lorrain progresse avec Ly Canh sur le bord d'un rach, tandis que Haï en suit la rive opposée. Les deux colonnes parcourent tranquillement deux kilomètres sous le soleil. Le sergent Haï appelle bientôt son chef de section.

— Le groupe Lieu ne suit plus, lui explique-t-il, je ne le vois même plus...

L'adjudant décide d'attendre les traînards. Les voltigeurs du sergent annamite apparaissent enfin entre les joncs qui bordent le rach large d'une quinzaine de mètres.

— Mais, c'est pas vrai, rugit le Lorrain en s'apercevant que le groupe a été retardé par le taulard libéré, il se fait porter !

Sinh approche de son chef.

— Il a bu beaucoup de choum tout à l'heure, lui souffle-t-il, c'est pas bon pour marcher...

L'adjudant entre en furie, bondit dans le rach qui étale ses boues à marée basse, se hisse sur son autre rive en empoignant des touffes de joncs, et tombe à bras raccourcis sur l'ivrogne qui ne se défend même pas. Puis, calmé, il rejoint le groupe Ly Canh.

— Ce type-là est une honte pour mes braves Indochinois, rage-t-il en relançant la marche, je vais le renvoyer d'où il vient...

Le sous-officier se sent personnellement insulté par la conduite dégradante du jeune marsouin, que ses compagnons hilares ont couché au fond d'une barcasse menée par un Cambodgien. « Quand je pense que des gars comme ça touchent une belle prime pour venir faire la guerre, songe-t-il encore en approchant du point de regroupement, c'est une honte... Ils prennent n'importe quoi... Tout leur est bon pour le casse-pipe, petits délinquants, vrais repris de justice, fainéants de tout acabit, et ivrognes comme l'autre cloche... Pauvre armée française... »

Les Vietnamiens du 13e B.V.N. sont déjà au village. Le Lorrain marche comme un automate en ruminant sa rancœur. « Bien sûr, avance-t-il, dans le tas il y a certainement de vrais soldats, et d'autres qui le deviendront, mais il y a bien trop de déchets... »

L'opération est démontée. L'ivrogne quitte la section dès le retour à Cantho.

Une chaleur exceptionnelle lamine les rives du Bassac dès les premiers jours du mois de février. Même les nuits sont tièdes jusqu'à une heure avancée. La section Péréra sort presque chaque jour en courses vaines. Cantho célèbre la fête du Têt le 14. Le Lorrain est bien sûr invité à participer au rituel de liesse au camp des mariés, qui prend de jour en jour plus belle allure. Il partage son premier repas de fête dans la famille du sergent Phu.

— Dire qu'il va falloir remettre ça au mois d'avril quand ce sera le Jour de l'An des Cambodgiens, craint-il, mon foie ne supporte pas facilement tous ces excès...

La section quitte le lycée le 19 février, alors que viennent d'éclater les derniers pétards du Têt et que s'achèvent les cavalcades du dragon-licorne. Elle doit être employée dans une importante opération montée pour aérer le gros poste de Rach Goï, situé à vingt-cinq kilomètres au sud de Cantho, qui est harcelé presque chaque nuit par de fortes bandes rebelles.

Les groupes du Lorrain grenouillent en vain pendant deux jours. Les soldats du Viêt-minh se sont fondus dans les boues chaudes et les longs fouillis de brousse qui enserrent Rach Goï. Le commandement de l'opération insiste. Les fouilles continuent. Péréra reçoit le 21 février l'ordre de partir à la recherche d'une colonne qui a perdu le contact radio avec le P.C. de la manœuvre, installé à Rach Goï. Son groupe noir ouvre la marche à travers de hautes tiges de riz qui ne permettent pas aux faux bo doïs de voir à plus de deux mètres. Ly Canh marche au milieu de son groupe étalé en râteau devant le reste de la section, qui suit en colonne.

Une galopade naît, toute proche, devant la ligne des hommes armés de Thompson. Ly Canh pousse un cri. Ses tigres mettent un genou en terre et, tirant à courtes rafales, créent une lame de feu qui taille les hautes herbes. Des balles claquent en riposte immédiate. Le chef de section bondit vers le feu, suivi de Sinh qui grimace soudain en portant une main à sa cuisse droite.

— Qu'est-ce que tu as ? s'inquiète l'homme qu'il ne quitte jamais de plus de trois mètres et qui venait juste de se retourner pour apprécier la position de la section.

L'Annamite ne répond pas. Une tache rouge s'élargit sur le haut de son pantalon de treillis. Mais il demeure debout.

— Gantois, hurle le Lorrain pour rameuter son agent de liaison, reste près de lui, je reviens...

Et le sous-officier, très inquiet du sort de son fidèle garde du corps, rejoint Ly Canh sous la mitraille viêt-minh.

— On fonce ! lui ordonne-t-il.

Les Thompson des tigres noirs font boule de feu. Les Cambodgiens libèrent de formidables clameurs et se lancent à l'assaut. Le tir des bo doîs invisibles faiblit puis cesse tout à fait lorsque leur groupe surpris s'égaille dans les herbes.

— Continue ! hurle le Lorrain à l'intention de Ly Canh qu'il a perdu de vue.

La poursuite tiraillante débouche bientôt au bord d'un arroyo qui tranche au travers d'une rizière plus clairsemée. Le reste de la section déborde le groupe noir sur ses flancs. Des cris de joie saluent la découverte de deux Viêts-minhs blessés qui tentaient de se dissimuler dans les joncs de l'arroyo. Des rafales de 11,43 les achèvent avant que le chef de section n'ait eu le temps de donner l'ordre de les garder en vie.

Un Cambodgien du groupe noir montre une main sanglante à son adjudant. L'homme, qui ne se plaint pas, n'a plus que quatre doigts.

— Dire qu'on ne pourra pas le soigner correctement avant des heures, rage le sous-off en se souvenant de sa souffrance du 16 juin 1948, il va avoir le temps de jongler...

De nouvelles exclamations triomphantes alertent l'ancien tirailleur. Deux de ses hommes en noir extraient un bo doî blessé de l'arroyo fangeux. L'homme, gris de limon, saigne abondamment d'une épaule. Sinh, dont le pantalon est maintenant dégoulinant de sang, claudique vers lui. Le Lorrain lit l'envie de tuer dans son regard noir.

— Arrête ! hurle-t-il pour devancer le geste assassin du blessé, il faut le ramener pour qu'il parle...

Le Cambodgien semble hésiter, grimace de douleur, et relève le canon de sa Mat 49 armée. Un Annamite jette de l'eau sur le visage du prisonnier blessé.

— C'est un salopard de Tonkinois, rugit le sergent Haï, il faut qu'il meure...

Le chef de section est à nouveau obligé d'user de toute son autorité pour préserver la vie de la statue de boue.

— S'il vient du Tonkin, explique-t-il à son adjoint aux traits déformés par la haine, c'est que c'est quelqu'un d'important... Il faut donc absolument le ramener en vie, il doit savoir beaucoup de choses...

Ho Van Haï fronce les sourcils, et se rend aux raisons du sous-officier français. Le sous-groupement aux moyens radio défaillants, alerté par l'intense fusillade de l'accrochage, dépêche une forte patrouille en liaison vers la section victorieuse. Le Lorrain reçoit l'ordre de guider la colonne bientôt tout entière rameutée vers le gros de l'opération qui a atteint le poste Maternité. Sinh et le Cambodgien à la main fracassée sont évacués en L.C.M. par le canal Xa No, en même temps que le cadre du Viêt-minh très sommairement pansé.

La section Péréra grenouille encore pendant deux jours dans les rizières aux herbes hautes et qui ne seront pas moissonnées. Puis elle rentre à Cantho.

Le Lorrain retrouve son capitaine tout rayonnant. « Il a dû recevoir des félicitations pour notre travail », envisage-t-il, étonné par la chaleur de l'accueil.

L'officier semble avoir tout à fait oublié l'incident du foyer et ses suites fâcheuses.

— Je reviens de l'hôpital, précise-t-il au chef de section au visage mangé de barbe, j'ai donné cinq cents piastres à Sinh et à l'autre blessé, ils vont très bien...

Le chef de section apprécie le geste de son commandant de compagnie transformé par le succès de Rach Goï.

— Vous avez bien fait pour les piastres, souligne-t-il, mais on pourrait peut-être penser à faire citer quelques-uns de nos gars... Ce sont de vrais guerriers, ils aiment les médailles...

Le capitaine fronce les sourcils.

— Tu as raison, lâche-t-il, je file à la zone avant que les autres ne se servent...

L'officier revient vite de l'état-major.

— Ils sont d'accord pour huit citations, annonce-t-il à son chef de commando qui l'attendait au foyer en dégustant une Larue bien fraîche, je te charge d'en établir les propositions... Fais vite...

Le commandant de compagnie regagne son P.C.

— Il est malin, se rend compte le Lorrain, il sait très bien que je ne vais pas m'abaisser à me proposer moi-même pour une banane... bien joué, mon capitaine !

37. LE CLAIRON DE PHONG DIÊN

Le camp des mariés prend fière allure. Deux longs bâtiments de briques chaulées abritent les groupes annamites de N'Guyen Van Nhut et N'Guyen Van Lieu.

— On va bientôt manquer de bambous, confie le sergent Phu au Lorrain, il faut aller en chercher...

L'adjudant a repéré un étalement de bambous hauts de plus de dix mètres au village de Ap Truong Quo, au bord d'un rach enserré dans une boucle du Song de Cantho, à un endroit verdoyant qui est baptisé « le Jardin d'Hô Chi Minh ».

La section d'intervention, armée de coupe-coupe bin affûtés, gagne la zone des bambous avec quatre G.M.C. qu'elle abandonne à trente kilomètres au sud de sa base à la garde d'un poste de partisans.

Les tigres de Ly Canh ouvrent ensuite la marche le long du Song aux trois quarts vidé de ses eaux par la marée basse. La colonne, qui est autant sur ses gardes qu'en opération de guerre, se coule bientôt au ras d'une mangrove. Quelques hommes en ké kouans se défilent, poursuivis de rafales de Thompson inutiles. Les Cambodgiens du groupe de tête tombent ensuite en arrêt à un coude du Song. Une énorme jonque, piégée sur le flanc par la marée, est vite investie et fouillée de cale en pont.

— C'est son équipage qu'on a vu foutre le camp, avance le Lorrain en montant à son bord, on va sûrement récupérer des choses intéressantes...

Des cris de joie saluent les trouvailles des faux bo doïs. Un Cambodgien ramène à son chef des papiers de l'administration rebelle, frappés au sceau de l'étoile jaune du régiment n° 307 du Nambo. Des jarres de poisson sec, de gros pots de nuoc-mâm, des dizaines de sacs de riz, de gros ballots de toile noire et des coupons de tissu rouge quadrillés de noir et blanc sont bientôt alignés sur le pont penché de la jonque.

— Tout ça, lance l'adjudant ravi de la prise, c'est bien joli, mais faudrait tout de même pas oublier les bambous...

Un groupe demeure en garde du butin considérable, au cas où le Viêt-minh tenterait de se l'approprier à nouveau. Les coupe-coupe entrent en action. Des monceaux de bambous effeuillés s'étendent vite sur la rive du cours d'eau. Ly Canh sillonne les approches verdoyantes de la coupe pendant que les hommes de corvée confectionnent d'énormes radeaux avec le produit de leur taille. La marée remonte. Le bateau de ravitaillement viêt-minh remis à flot et mené par des Cambodgiens redescend vers le poste du Xa No, flanqué des radeaux de bambous verts.

Le Lorrain abandonne tout le riz et la plus grosse partie des jarres de poisson séché aux partisans du poste.

— Il faut garder le reste pour nous, lui conseille ensuite Ly Canh, on pourra habiller toute la section en noir...

Le Cambodgien s'exprime en sabir, mais fait très bien passer le message. L'adjudant décide de taire les trouvailles en rentrant à Cantho avec ses G.M.C. surchargés de bambous. Le butin est débarqué à la nuit tombante au camp des mariés. Le tissu quadrillé est équitablement partagé entre les familles les plus démunies.

— Il y a certainement assez de toile noire pour tailler deux ké kouans à chacun de nos gars, commente le Lorrain pour Phu qui promet de ne pas parler des trouvailles au P.C., et on va couper des foulards de reconnaissance dans les coupons rouges...

Les épouses des combattants confectionnent les uniformes en suivant un modèle donné par le sergent Haï. Le camp des mariés s'embellit toujours. Les corvées de prisonniers ont terminé deux côtés de tranchées. Le marécage est presque vaincu, et des rigoles drainent les eaux sales vers un arroyo.

— Plus de mouches, plus de moustiques, plus de rats, voilà la devise du village, lance Péréra à ses gradés au cours d'une tournée d'inspection bon enfant.

Phu illumine son visage étroit.

— Et, ajoute-t-il de sa voix aiguë, plus de Viêts !

Le mois de mars s'écoule dans la routine. La vie de la petite garnison du lycée passe dans la tradition des troupes coloniales. Son temps meurt en tranches nettes au rythme des sonneries de clairon : réveil, appel, lever des couleurs, soupe, nouvel appel, re-soupe, et l'extinction des feux, que claironne fièrement un vieux tirailleur annamite à la retraite. Péréra garde en mémoire d'autres échos cuivrés. Ceux des clairons viêts-minhs qui accompagnaient les charges de la tragique embuscade du 28 octobre 1948.

— Je vais demander au tirailleur d'apprendre à jouer à deux de nos gars, et on fera comme les Viêts...

Deux volontaires distillent pendant des jours et des jours les notes discordantes qu'ils tirent de deux vieux instruments retrouvés dans des caisses poussiéreuses du lycée. Ils parviennent bientôt à sonner assez correctement la charge, l'air favori de leur chef.

Un chantier animé se développe à la limite du camp des mariés. Le Lorrain, intrigué et décidé à ne pas se mêler des affaires des civils de Cantho, questionne Phu et Haï à son sujet.

— Ce sont des bonzes cambodgiens qui construisent une pagode, lui apprend l'ancien prisonnier du Viêt-minh.

Ly Canh, le patron incontesté des Khmers du camp, accompagne son chef aux travaux gênants pour la sécurité du village de soldats. Les bonzes, enveloppés de toges jaune safran et tondus ras, qui reçoivent les deux hommes ne sont pas autorisés à parler des affaires de leur communauté. Un Cambodgien plus âgé rejoint bientôt le groupe. Il explique à l'adjudant que tous les religieux de la future pagode sont fondamentalement antiviêt-minh.

Le temple dédié à Bouddha prend vite de l'importance. Péréra obtient facilement l'autorisation de poster des gardes sur ses hauts pour surveiller les rizières qui naissent derrière le camp des mariés. L'ambiance monte toujours dans les paillotes maintenant bien dégagées et les deux bâtiments neufs. Quelques vieux tirailleurs et des grands blessés survivent chichement de charité, le plus souvent recueillis par des familles déjà conséquentes.

— Il faut faire quelque chose pour ces pauvres bougres, décide le Lorrain. Si seulement j'avais un gars pour s'en occuper, on créerait un foyer pour eux...

L'oiseau rare est vite trouvé par Phu qui connaît tout le monde à Cantho. C'est un jeune sergent de partisans, mis à l'écart de la guerre par une balle dans la colonne vertébrale, totalement sans ressources, mais très vif d'esprit, qui accepte la charge en échange du gîte et du couvert. Le Lorrain fait agrandir ensuite le terrain de volley-ball, où se déroulent chaque soir des parties acharnées qui sont suivies par une bonne partie de la garnison. L'amélioration du cadre de vie des Indochinois antiviêt-minh n'empêche pas les sorties alentour.

Le Lorrain opère le plus souvent armé d'une légère carabine américaine de 7,62. Il marche au milieu de la colonne du groupe N'Guyen Van Lieu qui s'étire dans la brume d'un matin de la fin mars au ras d'une piste de rizière. Les tigres de Ly Canh manœuvrent à trois cents mètres sur la droite de la première colonne, sur la rive incertaine d'un rach gris.

— Patrouille de routine, ils m'ont dit au P.C. de zone, ils ont de ces mots... se souvient l'adjudant à la carabine, comme si la routine pouvait exister à la guerre, rien n'est jamais tout à fait pareil...

La lente progression approche d'une cocoteraie dont les plumets immobiles émergent curieusement d'une langue de brume découpée en longues tranches. Péréra, le chapeau de brousse bien porté, légèrement en arrière et bord cassé sur le front, essaie de deviner l'avance de Ly Canh.

— Faudrait tout de même que nos chefs pensent un jour à nous distribuer des postes radio, songe-t-il, ça ne serait vraiment pas du luxe...

Un cri rauque naît à quelques mètres devant le sous-officier. Les voltigeurs de Lieu s'accroupissent dans des touffes d'herbe qui mangent la piste humide et mal soignée. Cinq hommes en noir sortent de la cocoteraie, en colonne eux aussi.

— Merde, gronde le chef de section, mes gars n'ont que des fusils... Et Ly Canh est bien trop loin pour les coincer !

Les rebelles refluent sous les arbres en tiraillant. Les Mas 36 des Annamites de Lieu aboient tous en même temps. Des hurlements crèvent la mitraille sans rafales. Un Viêt n'a pas pénétré sous le couvert embrumé. Il court sur une diguette qui longe les arbres.

— Celui-là, espère l'homme à la carabine américaine, il est pour moi...

Et il s'élance sur les brisées du fuyard armé d'un long sabre. Le Viêt-minh augmente le rythme de ses foulées en apercevant le Français qui le talonne.

— Il faut que je le coxe vivant, souffle ce dernier, il nous faut absolument du renseignement...

Le bo doî prend peu à peu du champ. L'adjudant se résout à se servir de son arme. Sa première balle manque la cible de très peu. Le rebelle fait un écart sur la droite, qui le mène dans la rizière où il disparaît dans des hautes herbes. L'œil exercé du chef de section suit son avance au mouvement des tiges élancées. L'homme en noir lui apparaît à nouveau. Deux balles claquent, très rapprochées. La seconde touche le fuyard. Il tombe dans la rizière.

— Il a son compte, estime le Français, il n'avait qu'à se rendre...

Quatre Annamites, qui avaient suivi leur chef dans la poursuite, parviennent à sa hauteur. L'un d'eux s'engage dans les herbes foulées par le Viêt. Son adjudant le suit. Il se penche au-dessus de sa victime qui est tombée face contre terre, la base de la nuque percée.

— Un sabre japonais, s'étonne-t-il en ramassant l'arme du mort, ce n'est pas banal...

Le groupe noir de Ly Canh se rabat sur le gros de la section. Un deuxième bo doî, qui n'est que blessé, est retrouvé. L'homme est désespérément accroché aux bambous d'un pont de singe qu'il avait voulu traverser. Une musette pend de son cou sanglant.

— Des grenades, triomphe en petit-nègre le sergent Lieu, en sortant deux Mills quadrillées et deux engins de fabrication locale de la sacoche du blessé, ces salauds allaient en ville pour faire du vilain...

La patrouille rentre à sa base après avoir été rejointe par les tigres de Ly Canh. Le blessé est allongé dans un sampan mené par un Cambodgien.

La section abat encore un bo doî et en capture une dizaine au cours de ses dernières sorties du mois de mars. Le mois d'avril commence au même rythme.

Péréra savoure quelques bières Larue au soir du 15 avril, au retour d'une escorte de convoi routier qui s'est déroulée dans une chaleur accablante. Une forte détonation ébranle les fenêtres closes du mess. Un lourd silence s'installe dans le foyer. On n'y entend plus que les froufroutements réguliers des larges et longues pales du puissant ventilateur qui pend de son plafond. Un boy, les traits défaits par une terreur folle, pénètre en coup de vent dans le mess.

— Une grenade, hurle-t-il, c'est au camp des mariés...

Péréra bondit dans l'escalier du bâtiment, le dévale en rupture d'équilibre, et fonce à toutes jambes vers le cantonnement de ses hommes. Des formes pressées courent entre les bâtiments rectilignes sous la lumière inégale des lampes installées tout en haut de quelques poteaux. La grenade a explosé tout près d'une paillote accotée à la face est du camp en ébullition, là où logent les chauffeurs cambodgiens de la compagnie de commandement. L'endroit n'est pas protégé par la haute barrière de bambou qui ceint déjà les trois autres flancs du village, et les prisonniers ne l'ont pas encore bordé de profonds fossés.

Des cris de femmes montent dans la nuit lorsqu'une ambulance emmène vers l'hôpital un petit garçon de trois ans qui a été blessé en même temps que deux Cambodgiennes, qui sont soignées sur place. Des groupes haineux s'arment sans ordre de leur chef et bondissent vers les paillotes de nha qués d'où a été lancée la grenade. Les Cambodgiens, Ly Canh en tête, dévastent tout sur leur passage dans le dédale des cagnas surpeuplées.

— Pourvu qu'ils n'assassinent pas tout le monde dans les gourbis, espère leur adjudant qui fait rentrer toutes les familles dans leurs logements, ça n'arrangerait certainement pas les choses… C'est sûrement ce qu'attendent les salauds de Viêts, créer l'irréparable qui jetterait dans leur camp toutes les populations encore indécises…

Aucune détonation n'accompagne les hurlements des tigres déchaînés.

— Les Viêts ont foutu le camp, revient bientôt annoncer Ly Canh à Péréra, ce n'est pas la peine de les poursuivre…

Phu approche du groupe essoufflé.

— Le petit garçon est mort, lâche-t-il dans un souffle triste.

Une rumeur de plaintes envahit les cagnas. Sinh, bien remis de sa blessure, évoque des vengeances d'une cruauté rare.

— Ça ne va pas être facile de les tenir à la prochaine sortie, prédit le Lorrain en s'éloignant du camp endeuillé.

Quelques gouttes d'eau, énormes et tièdes, tombent sur Cantho quelques jours après l'explosion de la grenade.

— La mousson du sud-ouest arrive, se réjouit le Ranguevalois, l'air devenait de plus en plus irrespirable…

Des trombes d'eau s'abattent sur la région desséchée le lendemain du grain précurseur. Une odeur fade monte dans la ville rafraîchie.

Le Lorrain obtient, peu de temps après les premières pluies, l'autorisation de lancer une opération de commando dans une boucle du Song, au large d'un poste de partisans bâti à Phong Diên.

— Tu amènes ton instrument, ordonne-t-il avant le départ au meilleur de ses deux apprentis clairons, et tu me suis…

Le jeune Cambodgien est vite prêt. Il se coule dans l'équipe de commandement de la section, clairon pendant au travers de sa maigre poitrine. Les groupes, menés en G.M.C. jusqu'au poste isolé, s'étirent en colonne le long du rach qui le frôle.

— Il n'y a pas un nha qué dans la rizière, lance le Lorrain à Gantois qui marche derrière lui et devant le clairon, c'est pas bon signe…

Des rythmes de tam-tams résonnent à l'horizon cassé de place en place par des élancements de cocotiers et de basses lignes de paillotes. Sinh grimace.

— Amis des Viêts-minhs, souffle-t-il à son chef, ils préviennent les bo doîs… Ils vont nous attendre !

Les roulements sourds jalonnent l'avance bien réglée des groupes du commando qui se sont partagé les rives du rach. Les fauves de Ly Canh ouvrent la piste devant l'équipe de commandement de leur adjudant, attentifs au moindre détail pouvant signaler la pose d'un piège. Une cocoteraie grandit sur la rive gauche du rach. Une forme pressée en jaillit pour traverser la piste. Un voltigeur lâche vers elle une rafale de 11,43. L'enfer s'abat tout aussitôt sur le site. Toutes les Thompson de Ly Canh déchiquettent les troncs bruns des cocotiers, des grenades explosent au bord de la piste.

— Sonne la charge, hurle Péréra à son clairon, et mets toute la gomme !

Le jeune Cambodgien, qui s'est jeté dans un trou de fossé au milieu d'une touffe de roseaux, se met à souffler comme un perdu dans l'embouchure de son instrument bien frotté au brillant belge. Les notes pressées de la charge se mêlent au chant des armes, d'abord timides, puis triomphantes.

— Ça a tout de même de la gueule, apprécie l'ancien Corsaire, les Viêts ne vont certainement pas en revenir…

Le groupe noir est étiré sous le feu rebelle.

— Bouge pas d'ici et prépare-toi à nous sortir de la merde si ça se gâte, ordonne l'adjudant à Ly Sam, le patron du groupe d'appui armé de ses trois 24/29, moi je fonce aider Ly Canh avec Lieu…

Le petit clairon sonne toujours la charge. Les Viêts-minhs, sans doute rameutés en embuscade par les tam-tams muets depuis longtemps, entament un mouvement de repli.

Les faux bo doîs et les hommes de Lieu se lancent à leur poursuite. Leur galopade vociférante parcourt plus de cinq cents mètres, toujours poussée par la charge claironnée.

— Pas la peine de foncer tête baissée dans un piège, appréhende le Lorrain, faut s'arrêter…

Les Cambodgiens obéissent à regret à ses ordres hurlés. Le calme revient sur la cocoteraie, la piste et la rizière, seulement troublé par les déchirements aigus du clairon.

— Va lui dire de s'arrêter, ordonne l'adjudant à Gantois, il va se péter les poumons…

Le groupe d'appui rejoint le gros de la section. Les 24/29 se placent en défense. La fouille du terrain s'engage, nerveuse. Les Khmers furètent dans les herbes comme des hyènes en recherche de charogne. Ils ramènent quatre cadavres sur la piste. Deux d'entre eux, volubiles, brandissent chacun un fusil, un japonais et un Mas 36 français. Un troisième apporte à son chef une grosse sacoche qui, tout de suite ouverte, dégorge des centaines de feuillets concernant le trung doan 307.

— Il faudrait qu'on accroche ce foutu régiment fantôme, espère le Lorrain en donnant le signal du retour, on en finirait une fois pour toutes, même si on devait le payer cher...

Péréra quitte ses commandos le 20 mai, pour aller suivre un stage de perfectionnement de six semaines à l'école des cadres vietnamiens de Binh Thuy. « L'école n'est qu'à dix kilomètres de Cantho, se dit-il après avoir confié ses groupes au sergent Haï, si j'apprends un coup dur je n'aurai pas de mal à revenir vers mes gars... »

Cent vingt sous-officiers se regroupent à Binh Thuy, adjudants, adjudants-chefs et quelques sergents-chefs. Le Lorrain croit rêver en reconnaissant Lafont dans les groupes de gradés en installation.

— C'est pas vrai, se réjouit-il, tu es là toi aussi...

Les deux hommes se replongent dans leur amitié de 1948. Ils ont, au bout d'une minute, la curieuse impression de ne s'être jamais quittés. Péréra retrouve aussi quelques gradés du 151e R.I., comme Portet, un petit pied-noir de type espagnol avec qui il avait sympathisé en Lorraine.

Le temps passe vite hors de la guerre. Les candidats à l'échelle quatre quittent Binh Thuy le 23 juin pour rejoindre Saigon en convoi routier.

— Comme si on n'avait pas pu nous faire passer l'examen final ici, rouspète Péréra, pressé de retrouver l'ambiance de Cantho, on perd du temps...

Une partie des épreuves de fin de stage se déroule à Thu Duc, l'école des officiers de la nouvelle armée nationale vietnamienne qui fonctionne à plein sous les ordres du colonel Bouillet, un grand officier à lunettes.

— Il est de chez moi, confie le patron du commando de Cantho à Lafont, tu te rends compte d'une coïncidence...

— Et d'un coup de pot pour toi, plaisante son ancien adjoint des tirailleurs, t'as plus de soucis à te faire pour ton échelle quatre, sacré veinard...

L'adjudant se présente à l'officier ranguevalois. Les deux hommes partagent une bouffée de souvenirs du pays. Les examens commencent. Chaque épreuve est éliminatoire. Les rangs des candidats s'éclaircissent de jour en jour. Les gradés qui ont raté une marche rejoignent le soir même leur unité. Portet quitte l'école dans les premiers jours, pour une petite erreur de tir aux armes lourdes. Péréra, qui souffre atrocement d'une otite, se retrouve dans la quarantaine de sous-officiers admis à l'échelle quatre.

— Ouf, confie-t-il à Lafont qui, moins heureux que lui, a été éliminé à l'avant-dernière épreuve de la session, je vais pouvoir retourner avec mes Jaunes... Ils me manquent salement...

Une cérémonie marque la fin du stage. Les reçus sont rassemblés dans une salle de l'école. Un général assiste à la publication des résultats. Le Lorrain sursaute en s'entendant appeler le troisième.

— Moyenne : 17,60, annonce l'officiant du rituel énervant.

La note ajoute au trouble de l'ancien Corsaire.

— Quand j'ai entendu ça, avoue-t-il à Lafont qui n'a pas encore rejoint le poste de disciplinaires qu'il tient au fin fond de la brousse cochinchinoise, j'ai bien cru que je rêvais...

— Bientôt adjudant-chef à moins de trente ans, la jaune et un joli paquet de citations, plaisante sans jalousie le sous-officier très brun, tu seras vite officier, mon pauvre vieux...

Le Lorrain balaie cette éventualité d'un geste de main...

— Tu n'es pas fou, proteste-t-il, ne t'en fais pas : je suis sous-off, et je resterai sous-off !

38. ASSAUT DANS L'ÎLE PERDUE

Le futur adjudant-chef rejoint son commando. Il est amaigri de plusieurs kilos. Ses oreilles le font de plus en plus souffrir. Il oublie ses douleurs en retrouvant Phu, Sinh, Ly Canh, Haï, et tous ses hommes du camp des mariés, qui s'est encore embelli.

— C'est pas bon à Cantho, lui confie le sergent-chef borgne, il y a eu du malheur...

L'adjudant, soudain inquiet, apprend en quelques mots que la tension monte entre Hoa Hao et réguliers de l'armée nationale ; qu'un marin vietnamien a été poignardé en ville, que Sinh et quelques autres commandos sont sérieusement impliqués dans l'exécution, et que les choses risquent encore de s'envenimer.

Le commandant de la compagnie de zone accueille chaleureusement son chef de section.

— Tu t'es défendu comme un lion, le félicite-t-il, mais je sais que tu es malade, il faut que tu te reposes sérieusement : je t'envoie quelques jours en permission...

Le Lorrain n'est pas d'accord.

— Non, refuse-t-il, avec tout ce qui se trame par ici, je veux rester avec mes gars...

L'adjudant en méforme subit chaque jour des injections de pénicilline pour enrayer la furonculose qui s'attaque à ses conduits auriculaires.

— Il n'y a plus guère d'Européens en ville, se rend-il compte au cours d'un de ses aller et retour entre le lycée et l'hôpital militaire de Cantho, heureusement qu'il nous reste les matafs des engins, le commissaire, et mon ami Frachet…

Le Lorrain regrette particulièrement le départ d'un sergent-chef algérien du 2e spahis, Si Chérif, que lui avait présenté Frachet, et avec qui il passait de nombreuses soirées au mess du lycée. Sa section ne sort presque pas jusqu'au 14 juillet. Elle défile, tout entière vêtue de noir, et quelques Indochinois sont ensuite décorés de la croix de guerre des T.O.E.

Des accrochages embrasent les rives du Bassac au soir de la fête nationale. Des groupes Hoa Hao harcèlent des unités vietnamiennes.

— Ça sent vraiment pas bon, tout ça, regrette le Lorrain en apprenant les faits, il va falloir ouvrir l'œil… Je n'aimerais pas être à la place de mon copain Frachet, qui est tout seul avec ses Hoa Hao…

La guerre s'enlise tout au long du Bassac. Le Lorrain ne reçoit plus que des missions de protection de convois fluviaux.

— Ces balades ont au moins le mérite de ressouder les groupes, apprécie-t-il au retour d'une escorte sans intérêt, et puis pendant ce temps-là mon vieux Sinh ne s'occupe pas de ce qui se passe en ville…

La section de faux bo doîs repart en guerre le 18 août, au long du canal de Su Dua Bé, vers les hameaux épars d'Ap Nhon Khanh. Ly Canh et ses voltigeurs éclairent l'avance des groupes en fouillant des dizaines de paillotes pendant des heures.

— Ils vont de plus en plus vite, constate leur adjudant, on dirait qu'ils n'y croient plus…

Les éclaireurs armés de Thompson quittent un dernier hameau. Sinh se porte à la hauteur du Lorrain.

— Ils n'ont pas fouillé là-bas, lui fait-il remarquer en utilisant le charabia que comprend de mieux en mieux le sous-officier, j'ai pourtant vu bouger du monde…

Un remue-ménage naît en effet sur l'arrière d'une cagna bâtie un peu à l'écart des autres paillotes, et cinq hommes se lancent bientôt à la course vers le canal.

— Arrêtez, leur hurle Sinh en tenant son arme canon levé vers le ciel, revenez…

Les fuyards ne tiennent pas compte de l'avertissement. Le cruel Annamite baisse son arme, et tire tout un chargeur. Deux hommes boulent dans les herbes en hurlant de douleur. Péréra en abat un troisième d'une balle de carabine U.S. Les deux autres disparaissent dans une bananeraie vers laquelle courent les voltigeurs du sergent Haï.

La paillote dédaignée par les hommes de Ly Canh est fouillée de fond en comble. Sinh pousse un cri de triomphe en découvrant un fusil américain qui était camouflé sous un bat-flanc.

Des coups de feu attirent le Lorrain au-dehors de la cagna dévastée. Ils signent la mort d'un quatrième rebelle. Le dernier fuyard est fait prisonnier.

— Il faut citer Sinh, propose l'adjudant à son commandant de compagnie, ça lui fera oublier ses ennuis avec la Sûreté nationale...

Le capitaine accepte. Le loup annamite agrafe un deuxième clou sur le ruban de sa croix de guerre.

La section escorte six jours plus tard un convoi jusqu'à Sadec, à soixante kilomètres au nord de Cantho. Ses trois G.M.C. descendent seuls vers le sud.

— On ne risque rien, confie le Lorrain à Haï, tout le secteur est tenu par les Hoa Hao de Tran Van Soaï...

Le convoi aborde une courbe au travers d'une longue cocoteraie. Des rafales infirment soudain le propos optimiste de l'adjudant. La colonne stoppe. Les hommes en noir bondissent dans les fossés. Leur chef se redresse pour essayer de déceler les points de feu de l'embuscade. Les Thompson de Ly Canh tirent toutes en même temps, à courtes rafales. Des grenades à fusil, judicieusement lancées entre les arbres, explosent sur les arrières de l'embuscade. Le Lorrain se souvient en un éclair de l'assaut furieux du 28 octobre 1948.

— Ils vont sûrement nous tomber dessus, lance-t-il à ses chefs de groupe, soyez prêts !

Les commandos subissent un feu d'enfer pendant deux minutes. Puis le tir rebelle faiblit.

— Ils vont foutre le camp, jubile le chef de section, faut en profiter...

Et, se redressant sous le feu mourant, il ordonne à Maï Co et à Lieu de filer vers une ligne de bananiers dans laquelle se sont enfilés une dizaine de bo doîs. Le silence s'empare de la cocoteraie. Les voltigeurs demeurés dans les fossés se relèvent un à un. Les groupes lancés en poursuite reviennent près des camions.

— J'ai un blessé, vient annoncer Ly Canh à son chef, c'est Tach Trang : il a reçu une balle dans le bras...

Le patron du groupe noir ne fait pas grand-chose pour améliorer son français. Le Lorrain ne comprend pas du premier coup son débit saccadé.

— Tach Trang, est-il obligé de répéter, une balle dans le bras...

La nuit ne va pas tarder à tomber. L'adjudant décide de sortir de la cocoteraie.

— File reconnaître la route jusqu'à la rizière, ordonne-t-il à Ly Canh après avoir installé le blessé dans la cabine d'un G.M.C., les camions vont suivre tout doux...

La reconnaissance est rondement menée. Les Viêts-minhs ont fui.

— On s'en tire à bon compte, se réjouit l'ancien tirailleur lorsque son convoi est sorti de la forêt, après cette embuscade nos gars vont croire à notre baraka... Et la chance, ça compte dans la guerre !

Hoach, le protégé du sergent Phu, qui vient de passer caporal et de recevoir une citation, a des attaches familiales dans tous les villages des boucles du Song. Il avertit son chef qu'un comité d'assassinat doit se réunir dans une paillote d'Ap Binh Thuan dans la nuit du 2 au 3 septembre. Le Lorrain monte rapidement un coup de main. L'affaire se déroule suivant le même scénario que celle d'Ap Binh Pho. Trois terroristes sont abattus, un quatrième blessé aux deux jambes, et le cinquième homme du comité d'exécution est capturé. Le commando, formé du groupe Ly Canh et renforcé de Haï et Sinh, ramène à Cantho un Colt 45 et une masse de documents concernant des exactions projetées dans toute la région.

René Stroh a terminé son séjour. Il quitte l'Indochine quelques jours après le coup de main réussi.

— Ça fait un vide, regrette Péréra après avoir promis de revoir son ami à Ranguevaux, avec lui j'étais prévenu de tous les bons coups... Je n'ai plus d'antennes au P.C. de la zone...

Le capitaine de corvette commandant Marine Cantho lance des opérations avec tous ses engins. Péréra reçoit l'ordre de mettre sa section aux ordres du marin. Ses Indochinois, tassés dans un L.C.M., grenouillent pendant près d'une semaine à l'embouchure du Bassac dont les hauts-fonds se déplacent sans cesse au gré des marées. Ils débarquent, parfois plusieurs fois par jour, sur des îlots et îlets piquetés de mangroves, de cocotiers, et peuplés de nuages d'oiseaux de mer, mouettes et cormorans.

— Ça commence à bien faire, râle le Lorrain au bout de cinq jours de courses vaines sur des îles désertes, les gars vont finir par avoir envie de rentrer...

La section débarque dans la matinée du 2 octobre 1953 sur l'île de Cu Lao Dung. Ses équipes s'étalent sous des palétuviers dont les racines s'évadent d'une masse de boue fétide et gluante. Le L.C.M. s'éloigne pour aller se poster en recueil à l'autre extrémité de l'île à fouiller dans toute sa longueur. Le ronronnement de ses moteurs s'estompe, et meurt tout à fait. La section a du mal à s'extirper du piège de lises et de racines dans lequel elle a débarqué. Elle est encore très resserrée lorsqu'un Cambodgien aperçoit des formes vagues en bout de la mangrove.

— C'est Viêts-minhs ! hurle-t-il pour alerter ses compagnons embourbés.

Des rafales commencent à déchiqueter les entrelacs de racines.

— Nom de Dieu, gronde Péréra en reconnaissant le staccato d'un Bren, les matafs nous ont posés en plein guêpier…

Les Cambodgiens de Ly Canh bondissent vers une langue de terre sèche en tiraillant.

— Dispersez-vous, leur hurle le Lorrain soucieux des les épargner, étalez-vous au maximum !

Le combat s'enrage. Des luttes au corps à corps s'engagent dans de petites clairières. Le sous-bois spongieux résonne de hurlements de douleur et de rage.

— Cette fois, estime gravement l'ancien Corsaire, on va avoir de la casse…

L'adjudant rejoint les tigres de Ly Canh, et se hisse sur un amas d'énormes racines enfoncées dans la vase comme des tentacules de poulpe géant, pour avoir une vue d'ensemble de l'accrochage.

Les Viêts, boueux eux aussi, s'extraient des abris de vase qu'ils avaient dû gagner à l'approche du L.C.M. Ils reculent vers le centre de l'île. L'un d'eux se dresse devant le caporal adjoint de Ly Canh.

— Siou, hurle Péréra, ne tire pas : il se rend !

Le Cambodgien bondit sur le bo doî, lui arrache son fusil et, insouciant des balles qui claquent autour de lui, le bouscule vers le bord de l'eau.

Des ordres accélèrent le repli des rebelles surpris. Le servant du Bren repéré par le Lorrain tire une dernière rafale et bondit vers les bo doîs dont il protégeait la retraite. Sinh l'aperçoit, pousse un hurlement, saute de nœud de racines en languette de terre ferme et le rattrape presque. L'homme se retourne, et tire une courte rafale de son arme tenue à la hanche. Les balles manquent l'Annamite vociférant. Ce dernier plonge sur le tireur à la naissance d'une sente tavelée de traces de semelles. Le Viêt laisse tomber son fusil-mitrailleur. Sinh veut l'abattre, jure en s'apercevant que le chargeur de son arme est vide, empoigne la lourde Thompson comme une massue, et en assène des coups violents sur l'ennemi désarmé. Péréra saute à bas de son perchoir, et court vers le début de la piste étroite.

— Laisse-le, ordonne-t-il à son garde du corps déchaîné, et viens avec moi…

Un voltigeur s'empare du Bren, un autre pousse son servant à la face éclatée d'un coup de crosse vers le bord de mer, où le groupe lourd a installé son mortier de 60.

Péréra organise ses groupes en poursuite lorsque la majorité de son monde s'est extraite de la zone boueuse. Le rush hurlant traverse un étalement de mares saumâtres et de buissons d'épineux. Des tireurs placés en élément retardateur ralentissent adroitement la poussée.

— Leurs petits copains vont réussir à nous semer, enrage l'ancien

Corsaire en exhortant ses voltigeurs de sa voix éraillée par des dizaines d'ordres hurlés, faut pas se laisser piéger dans ce marais…

De nouvelles rafales d'armes collectives s'abattent sur la section éclatée en petits paquets de trois ou quatre hommes qui avancent sans visibilité.

— Elles viennent de la droite, apprécie son chef, il faut foncer par là…

La poursuite désordonnée infléchit ses bonds vers la naissance des longues rafales.

— Des rizières, s'étonne soudain le Lorrain en parvenant au bout de la zone impraticable, l'île est habitée !

Un bo doî se roule dans la boue en hurlant de douleur.

— Il va crever, se rend compte le sous-off insensible en l'enjambant, un de moins…

L'île résonnante de coups de feu est laminée par un soleil cruel. L'adjudant ruisselle de sueur. Les Viêts ne tirent plus. Leurs silhouettes se font minuscules vers le centre de l'île.

— On arrête, hurle soudain le Ranguevalois, et on fouille le terrain…

La section se regroupe, bien couverte par son élément lourd qui pilonne la rizière de ses volées de mortier, loin vers la fuite rebelle. Les Cambodgiens de Ly Canh furètent comme des épagneuls au marais. Chacune de leurs trouvailles, grenades, poignards, cartouchières et musettes, est saluée par des cris de joie. Quatre tués sont retrouvés lorsque l'arrivée du L.C.M. met un terme aux fouilles.

— Les matafs ont dû entendre le raffut de l'accrochage, estime le Lorrain.

Et il donne à Ly Canh et à ses autres chefs de groupe l'ordre de ramener le butin vers le bord de mer. Cinq prisonniers sont bientôt ligotés dans la cuve de la barge. L'armement récupéré, le Bren, deux Mas 36, un fusil U.S. et un pistolet allemand, est déposé sur le château arrière de l'engin. Les Cambodgiens se chamaillent comme des écoliers en partageant une vingtaine de grenades, quelques poignards et des ceinturons.

— Sacrés pirates, songe leur chef en les regardant faire, ils ont encore eu une belle chance, pas un seul d'entre eux n'a souffert…

La section victorieuse débarque à nouveau à Cu Lao Dung le lendemain, avec une compagnie d'un bataillon vietnamien rameutée de Soc Trang.

— Nos Viêts ont dû foutre le camp de nuit avec des jonques, estime le Lorrain après avoir complètement traversé l'île sans rencontrer âme qui vive, on a pourtant tout fouillé et refouillé…

Les deux unités ne rembarquent pas au soir venu. Elles reçoivent l'ordre de passer la nuit sur place. Une violente fusillade éclate un peu après minuit.

— Ils sont revenus, avance le Lorrain en préparant ses groupes à la contre-attaque, ou alors ils sont sortis d'abris indécelables...

L'officier vietnamien de Soc Trang ne donne pas l'ordre espéré. Les Cambodgiens et les Annamites de Cantho rongent leur frein sous la mitraille imprécise. Les rebelles décrochent avant l'aube.

— On est bons pour refouiller l'île dans le sens contraire, lance Péréra à ses chefs de groupe lorsqu'il revient de chercher ses ordres à la compagnie vietnamienne, et je suis sûr qu'on va tomber sur le vide absolu...

Le mouvement se met en route dans les brumes matinales. Un voltigeur de Lieu butte contre un bo doï mort. L'homme est désarmé, et vêtu d'une tenue de combat kaki identique à celles que portaient les rebelles abattus la veille. Les Vietnamiens de Soc Trang retrouvent trois autres cadavres et récupèrent un fusil. L'opération est démontée le lendemain. La section de Cantho est ramenée chez elle le 5 octobre. Son chef est convoqué à l'état-major de la zone pour y recevoir de chaudes félicitations et donner des détails sur son succès du 2.

— C'est très bien, tout ça, approuve le colonel Duqué, je vais vous faire citer à l'ordre de l'Armée...

Le Lorrain accuse le coup.

— Mais, au fait, poursuit l'officier supérieur, depuis combien de temps êtes-vous à la tête de votre section ?

— Seize mois tout juste, mon colonel.

Le patron de Cantho fronce les sourcils.

— Et c'est la première fois que vous allez être récompensé ? s'enquiert-il à nouveau.

L'adjudant hoche la tête.

— Eh oui, mon colonel, avoue-t-il.

— Vous pouvez disposer, et encore bravo, conclut son supérieur qui le raccompagne sans façons jusqu'à la porte de son P.C.

Le Lorrain se dirige vers le camp des mariés pour annoncer les citations promises à Sinh et à quelques autres. « Je n'allais tout de même pas lui raconter, songe-t-il, qu'à chaque retour de bon coup le capitaine me félicite, me fait établir des propositions pour les meilleurs de mes pirates, et *basta*... »

Les groupes d'intervention ont quartier libre le lendemain de leur retour. Phu vient chercher le sous-off au début de la soirée.

— Il faut venir, lui conseille-t-il, Sinh a fait des bêtises...

L'adjudant bondit dans la cour du lycée. Trois policiers indigènes de la Sûreté nationale encadrent son garde du corps qui est ivre.

— Il a tiré sur des soldats vietnamiens, annnonce d'une voix neutre un des inspecteurs, avec cette arme...

Le Lorrain tique en reconnaissant son Mauser récupéré en France.

— Bon Dieu, fulmine-t-il, cette foutue tête de mule l'a fauché dans ma piaule...

Les policiers s'éloignent en emportant l'arme allemande.

— Je suis obligé de te fourrer au trou, explique alors l'adjudant en empoignant son ombre fidèle.

Le coupable se laisse guider vers la prison de fortune du lycée.

— Tu sais, lui précise son chef, si je fais ça c'est surtout pour te protéger des réguliers vietnamiens qui doivent te chercher partout...

Le redoutable guerrier ne l'entend pas de cette oreille. Il se met à hurler des imprécations lorsque le Lorrain referme la porte de sa geôle.

— Tu m'as trahi, lance-t-il à ce dernier qui s'éloigne, tu n'es plus mon chef, plus mon ami... Tu n'es plus rien pour moi... Je ne serai plus jamais à ton service !

L'adjudant sourit en comprenant à peu près le sens du pataquès hurlé.

— Cause toujours, vieille crapule... On verra bien demain.

39. LE GÉNÉRAL HOA HAO

Le Lorrain rentre en possession de son Mauser dès le lendemain de l'incident, grâce à l'intervention du commissaire nîmois. Et il libère Sinh en lui faisant promettre de ne pas se rendre en ville pendant un mois. L'élargi file faire un brin de toilette au camp des mariés, et vient se remettre au service de son chef comme si de rien n'était. Ce dernier trouve même un petit bouquet de fleurs dans sa chambrée.

— Sacré pirate, se dit-il en souriant à l'attention, la vie serait monotone s'il n'était pas là...

La section d'intervention reçoit officiellement l'appellation de commando. Le Lorrain s'en aperçoit en lisant des feuilles d'ordre de mission au P.C. de zone.

— Pas trop tôt, se félicite-t-il, même si ça ne change rien à la valeur de mes groupes, ça fait tout de même plaisir... Chef de commando : ça sonne tout de même mieux que chef de section !

Le commando perçoit un canon sans recul de 57 mm en remplacement de son mortier de 60. C'est un solide Cambodgien, Tach Sum, qui en devient le tireur après un petit stage à l'école de Binh Thuy.

— On va certainement faire du beau boulot avec cette pièce, se réjouit le Lorrain, il a une plus longue portée que le 60, et il est tout aussi facile à transporter à dos d'homme, sinon plus...

Les Hoa Hao de l'adjudant Frachet sortent souvent avec les hommes au foulard rouge. Les deux commandos réunis menacent en permanence les dai doîs du régiment 307. Phu, toujours à l'écoute des moindres ragots de la ville, explique le 17 novembre à son chef, rentrant de deux jours de grenouillage avec Frachet, qu'un nouveau comité d'exécuteurs doit se réunir dans le hameau d'Ap Xuan Hoa.

— Ce n'est pas à un kilomètre du poste sud de la ville, se rend compte l'adjudant, ils sont tout de même gonflés... On va les foutre en l'air comme les deux autres...

L'opération réussit comme l'avait prévu l'ancien Corsaire. Le comité est anéanti. Un pistolet est récupéré, et un prisonnier remis à la Sûreté fédérale. L'homme avoue vite qu'il avait été envoyé à Ap Xuan Hoa pour remettre sur pied toute l'organisation viêt-minh mise à bas par l'action des commandos.

Le Lorrain reçoit quelques jours plus tard l'ordre d'aller faire une démonstration de tir au canon de 57 devant les officiers Hoa Hao de Tran Van Soaï, à Caï Von, de l'autre côté du Bassac.

— Ça ne m'enchante pas tellement, s'avoue-t-il franchement, ils ont assez massacré de gars de chez nous en 1948...

L'adjudant se met en tenue de sortie, avec toutes ses barrettes de décorations et sa fourragère personnelle. Le sergent Ly Sam, Tach Siou, le tireur du 57, et Tach Rot, son chargeur, s'installent dans un Dodge avec l'arme lourde. Le 4X4 franchit le Bassac en bac. Le Lorrain se met à penser à l'évolution du pays depuis que les zones de My Tho et Vinh Long sont passées sous contrôle vietnamien.

— Les Viêts font à nouveau les yeux doux aux disciples du Bonze fou, se dit-il, il font tout ce qui leur est actuellement possible de faire pour amener Tran Van Soaï dans leur camp...

Un officier de la secte de Caï Von accueille l'adjudant circonspect sur la rive nord du Bassac.

— Je vais vous conduire à l'endroit choisi pour votre démonstration, lui annonce-t-il en excellent français pendant que le 4X4 débarque du bac, ce n'est pas très loin d'ici...

Le champ de tir expérimental se trouve en pleine rizière.

— Au moins, apprécie le Lorrain, je ne suis pas dépaysé...

Une vingtaine d'officiers de Tran Van Soaï en tenue française sont là, avec quelques dignitaires de la secte vêtus de soie.

— Mets la pièce en batterie pendant que je fais mon laïus, ordonne le démonstrateur occasionnel en regrettant que les chefs pirates se soient peu à peu transformés en officiers tout ce qu'il y a de plus ordinaires, et tiens-toi prêt à tirer dès que je te le dirai...

Ly Sam fait pointer sa pièce sous le regard intéressé des notables et des officiers de Caï Von. L'officier qui a accueilli le Lorrain au bord du fleuve traduit mot pour mot les explications techniques sur le 57 à l'intention des Hoa Hao qui ne comprennent pas parfaitement le français.

— Maintenant, annonce l'adjudant, nous allons tirer quelques obus sur les paillotes que vous voyez là-bas...

Des officiers braquent leurs jumelles sur un hameau planté à huit cents mètres à un carrefour de pistes-digues. Tach Sum tire dix obus à bonne cadence. Les paillotes se déchirent. Une rumeur approbative monte de l'aréopage Hoa Hao.

— On peut ranger le fourbi, ordonne le démonstrateur, et on rentre...

L'officier interprète s'approche de la pièce.

— Je dois vous conduire chez le général, annonce-t-il au Lorrain, il nous attend...

Le 4X4 suit le cortège des officiels, et s'arrête à Caï Von devant une somptueuse demeure de plain-pied. Le quartier général du maître Hoa Hao est entouré de jardins soignés. Des gardes impassibles approchent du véhicule. Le capitaine leur fait un signe. Ils se postent à trois mètres du Dodge, l'arme au pied. L'officier interprète guide l'adjudant dans le mini-palais.

— Je vais maintenant vous introduire devant le général, lui annonce-t-il une fois parvenu devant une large pièce tendue de soieries, vous verrez, il est très aimable... Il va vous offrir de l'alcool...

Le successeur du Bonze fou est vêtu d'un somptueux ké kouan d'un blanc très pur. Il est assis sur sa jambe gauche repliée. Il a les cheveux blancs, et arbore une paire de moustaches en crocs relevés, tout aussi blanches que sa chevelure soignée. « On dirait Clemenceau avec les bacchantes à l'envers, ne peut s'empêcher de penser le Lorrain saisi par l'ambiance solennelle de la pièce de réception, dire que ce beau vieillard a fait massacrer des milliers de personnes, et qu'il en fera certainement encore tuer pas mal... »

Le général fait un signe au capitaine. Ce dernier indique un fauteuil à l'adjudant qui s'est défait de son képi après avoir salué son hôte illustre. Puis, en vietnamien, il fait un rapport rapide sur la démonstration réussie dans la rizière. Le vieil homme sourit, visiblement satisfait.

— Maintenant, imagine le Lorrain assis très raide dans le large fauteuil qui fait face au maître de milliers de sectaires fanatiques, le bonhomme va tanner le cuir du haut commandement de chez nous pour obtenir des 57, à moins qu'il en achète sur sa cassette...

L'adjudant abrège ses élucubrations.

— Je vous connais bien, adjudant Péréra, lui dit en effet le vieil homme au regard perçant, un de mes capitaines qui est à Cantho me parle souvent de vous... Je n'ai que de bons renseignements... C'est très bien que vous opériez contre le Viêt-minh avec mes hommes et l'adjudant Frachet. Parlez-moi de vous...

Des boys silencieux, yeux baissés devant le maître, apportent de l'alcool de riz. Tran Van Soaï en boit deux petites tasses. Le Lorrain apprécie la qualité du choum qui n'a rien de commun avec celui qu'il a l'habitude de boire avec ses pirates au camp des mariés.

L'épouse du général, la Tigresse de Caï Von, apparaît soudain derrière son mari. Elle aussi a un regard vrillant. Elle sourit pendant un quart de seconde lorsque Péréra se lève pour esquisser une brève révérence.

Des gardes du corps sont alignés au ras des murs de la salle du conseil des sectes. L'entretien dure près d'une heure. Le général fait un signe de sa main droite parcheminée. Le capitaine Hoa Hao reconduit le visiteur hors du palais hanté d'ombres silencieuses.

Le 4X4 frôle une section de femmes en armes avant d'arriver au bac.

— Ce sont des filles d'un des dai doïs de la générale, commente le capitaine qui a tenu à raccompagner l'adjudant jusqu'au Bassac, chacune d'elles vaut dix bo doïs du Viêt-minh...

L'adjudant impressionné par le faste rigoureux du palais de Caï Von fait dès son retour un rapport de sa journée à l'état-major, et retrouve ses pirates au camp des mariés.

Une nouvelle poussée de furonculose ramène le chef de commando à l'hôpital le lendemain de la démonstration de Caï Von.

— Cette fois, vous allez m'écouter, décide un médecin, vous êtes à bout de forces sans que vous vous en rendiez vraiment compte... Je vous envoie vous reposer en cure à Dalat !

Le sous-officier est obligé d'obéir. Il se refait une santé à la ville des hauts plateaux, et revient à Cantho le 25 novembre, avide de nouvelles et pressé de retrouver la guerre.

— Ba Cut s'est rallié, lui annonce le sergent Phu, les Viêts vont avoir du travail avec lui...

Le Lorrain hausse les épaules.

— Ça ne fait guère que la cinquième fois qu'il se soumet, ce sacré Doigt-coupé, fait-il remarquer au borgne heureux de son retour, il va obtenir des sous, du matériel et de l'armement, et il risque de changer encore de camp... Il ne cherche que son propre intérêt...

— Cette fois, précise le sergent-chef, il a habilement négocié, il est maintenant colonel, et sa solde est payée par la France...

Le commando est en opération depuis quelques jours. Le commandant de la compagnie de zone s'approche des deux bavards.

— Viens avec moi, propose-t-il à l'adjudant retapé par la cure de repos, on va aller au-devant de tes pirates...

Les deux hommes embarquent sur un L.C.M. qui file avec d'autres engins à l'embouchure du Xa No, au sud-ouest de Caïrang.

— Ça sent bon la guerre, jubile le sous-officier en tenue de sortie en humant à pleines narines les vapeurs de gasoil brûlé que laissent traîner les engins sur le Song, vivement que je reprenne mes affaires en main...

Le commando noir est au rendez-vous. Les colonnes de ses groupes s'étalent près d'un poste de partisans. Les Cambodgiens et les Annamites aperçoivent leur chef, et se bousculent vers la barge pour le saluer.

— Où est Sinh, s'enquiert tout de suite ce dernier en s'étonnant que son garde du corps ne soit pas le premier auprès de lui, il est blessé ?

— Non, lui répond Haï, mais il n'était plus bien à Cantho depuis ton départ, alors il est reparti chez lui, à Long Xuen...

Le Lorrain questionne Phu dès le lendemain au sujet de la permission imprévue du tueur annamite.

— Il a reçu des menaces de mort des réguliers vietnamiens, lui explique le sergent-chef, il n'était plus en sécurité par ici... Il a bien fait de partir avec sa femme et ses gosses, il ne risque plus rien à près de cent kilomètres d'ici...

Le Lorrain retrouve la guerre deux jours après son retour de cure. Il mène son commando sur la rive du rach Caï Co. Le dai doï Hoa Hao de Frachet grenouille sur l'autre bord du cours d'eau. Les deux unités en tenue noire, l'une foulardée de rouge et l'autre de bleu, avancent sans anicroches pendant un kilomètre. Un coup de feu s'échappe d'une cocoteraie entourant des paillotes. Le mouvement s'accélère. Péréra cherche du regard la silhouette massive du para détaché au service de Tran Van Soaï. Ce dernier l'aperçoit, et fait un signe de main pour lui conseiller la prudence. Ly Canh est déjà dans la cocoteraie avec son groupe. Une explosion épaisse ébranle tout le site.

— Une grenade piégée ! reconnaît aussitôt le Ranguevalois en se lançant à la course vers les paillotes qui se dessinent, imprécises, entre les troncs de cocotiers.

Cao Trom, un des plus farouches tueurs du groupe Ly Canh, se tord de douleur dans une mare de sang. Ses yeux ont perdu leur habituel éclat de cruauté. Le tigre n'est plus qu'un homme qui souffre. Des coups de feu, tirés de plus en plus loin, jalonnent la fuite rebelle.

— Si on fonce, il est foutu, envisage le Lorrain en détournant les yeux des taches rouges qui s'élargissent sur le ké kouan de pirate du blessé, il faut le ramener tout de suite à Cantho...

Le Cambodgien criblé d'éclats est installé sur un brancard de fortune. Le groupe Haï, qui s'est avancé de trois cents mètres au-delà des paillotes, fait sauter trois autres grenades piégées, puis revient vers le gros de la manœuvre.

— On rentre, hurle le Ranguevalois soucieux de préserver les chances de vie du blessé, et en vitesse...

Puis il rejoint le bord du rach pour expliquer ce qui vient de se passer à son ami Frachet. Le chef des Hoa Hao accepte le demi-tour. Le blessé râle aux moindres chocs du transport.

— Et, rouspète son chef, pour une fois il n'y a pas un sampan dans les environs, les Viêts ont dû les récupérer tous...

Les Cambodgiens de Maï Co ouvrent la marche rapide. Six silhouettes noires se figent soudain devant eux sur la piste.

— Nom de Dieu, se rend compte le Lorrain qui bondit en tête de sa colonne, des Viêts nous suivaient pour refermer le piège dans lequel voulaient nous entraîner leurs petits copains...

Un accrochage s'engage. Les rebelles sautent dans la rizière.

— Il me les faut, hurle l'adjudant décidé à venger son blessé, passez tout au peigne fin...

Les groupes s'étalent en ratissage vers une petite bananeraie plantée au bord d'un groupe de paillotes désertes. Cinq hommes et une femme sont retrouvés allongés dans le petit canal qui l'irrigue. Les commandos se déchaînent sur eux, ivres de haine. Les coups pleuvent aussi rapidement que les questions. Les prisonniers ficelés serré n'ont plus figure humaine lorsqu'ils sortent des mains des hommes de Haï. Péréra relance le retour vers les L.C.M. qui patrouillent pas très loin depuis le début de l'opération. La captive, qui a été épargnée par Haï au cours de l'interrogatoire et ne marche pas entravée comme ses compagnons, trottine en queue de leur colonne piteuse.

Maï Co engage l'étirement du commando au milieu d'un fouillis de roseaux et de bambous. La Vietnamienne fait un brusque saut de côté. Et, écartant de ses deux bras tendus le rideau de verdure, tente désespérément de fuir. Haï pousse un rauque cri de rage. La fuyarde est vite rattrapée et ramenée sur la piste. La colonne reprend la route. La captive aux traits déformés par la haine se replace derrière ses compagnons. Ses bras sont cette fois étroitement liés derrière son dos.

Un L.C.M. récupère les commandos. Cao Trom, exsangue, est opéré dès son arrivée à Cantho.

— Il va s'en tirer, peut bientôt annoncer le Lorrain aux compagnons du blessé qui se sont massés silencieusement devant l'hôpital, vous pouvez rentrer au camp...

Le colonel Noblet laisse peu après le commandement de la zone au colonel Duqué. La compagnie de commandement reçoit du renfort. Péréra crée un quatrième groupe de voltige qu'il confie au sergent Le Van Sau. Deux caporaux européens arrivent de France. L'un d'eux, Soinard, qui était menuisier dans le civil, commence par aider aux travaux du camp puis, saisi par l'ambiance guerrière, finit au bout d'un mois par sortir avec les commandos.

L'anniversaire du 19 décembre 1946 approche. Le Viêt-minh, comme chaque année depuis le jour tragique de la vraie naissance de la guerre d'Indochine, multiplie ses exactions. Pas une nuit ne se termine sans que des postes aient été durement attaqués. Les Vietnamiens loyalistes lancent le 17 une grosse opération au sud de Phu Hiêp. Les commandos Frachet et Péréra y sont engagés. La manœuvre ne réussit pas à piéger les bo doîs signalés dans la région par des nha qués indicateurs.

— On rentre à la maison, annonce le Lorrain à ses gradés le 19, des camions vont venir nous chercher...

Des G.M.C., escortés d'A.M. armées par les Vietnamiens qui ont remplacé les spahis à Cantho, débouchent sur une large route qui remonte au nord en suivant le cours d'un canal. Le convoi tombe en embuscade. Les commandos sautent de leurs véhicules, bondissent à l'abri d'une longue diguette parallèle à la route, et ripostent à l'aveuglette à l'embuscade rapide sur l'autre rive du canal.

Le plus fort du feu ennemi gicle d'épaisses touffes de joncs. L'ancien Corsaire évalue vite le poids de l'embuscade.

— On pourrait facilement les contourner s'il n'y avait pas ce foutu canal, regrette-t-il, ils sont installés comme des bleus...

Le canon de 57 aboie rageusement. Les obus de Ly Sam labourent le sol, juste devant les rebelles. Leurs tirs faiblissent.

— Ils foutent le camp, jubile le chef de la section qui a pris le dessus sur son ennemi mal embusqué, les grenades à fusil, vite !

Les Cambodgiens de Ly Canh sont déjà au bord du courant. Trois d'entre eux plongent dans l'eau trouble. Une jeep occupée par l'officier vietnamien qui commande l'opération s'arrête à la hauteur du Lorrain.

— Ce n'est pas la peine de les poursuivre, ordonne-t-il à ce dernier qui l'accueille, faites remonter vos hommes dans les camions, et filez à Cantho... Nous sommes le 19 : les Viêts peuvent faire du vilain là-bas...

Ly Sam coupe la conversation des deux hommes.

— Tach Rot, annonce-t-il, il est mort !

Le Lorrain oublie l'officier. Il court vers la position du canon. Le Cambodgien qui l'avait accompagné à Caï Von gît près de l'arme muette, le crâne éclaté.

— Il n'a pas souffert, murmure machinalement le chef de commando en se penchant sur lui, portez-le dans un camion...

Les hommes en ké kouans noirs, jusque-là habitués à la chance insolente qui les poursuivait depuis l'arrivée de l'ancien tirailleur à Cantho, sont tous abattus. Ils remontent dans leurs véhicules avec des gestes las. Le convoi atteint Cantho sans nouveaux ennuis. Le Lorrain avertit immédiatement son commandant de compagnie. Le mort, bien nettoyé de son sang, est installé dans le foyer du camp des mariés transformé en chapelle ardente.

— J'ai pourtant vu des centaines de morts, s'avoue le Ranguevalois en sortant du bâtiment dans lequel il a placé un de ses groupes en veille d'honneur, mais celui-ci m'impressionne... J'ai la sale intuition que ma baraka va foutre le camp...

40. LES BO DOÎS D'AP AN XUAN

1953 se consume dans la routine. Les commandos ne réussissent pas à venger leur frère enterré en grande pompe au cimetière de Cantho. Ils surprennent, le 7 janvier 1954, un dai doî au repos dans un village situé au sud de Rach Goï. Le commando Frachet est de la fête et se taille la part du lion, abattant une dizaine de rebelles et récupérant deux fusils. Péréra doit se contenter de trois tués, et ramène deux Viêts blessés à la Sûreté fédérale.

— On dirait que le retour de Sinh a ramené la chance, annonce-t-il à Phu après le compte-rendu qu'il vient de faire à l'état-major, Tach Rot est vengé...

Le commando repart en guerre dès le lendemain. Au nord de Phu Hiêp cette fois. Les groupes du Lorrain débarquent au troisième jour de la traque sur le bord du rach Caï Co.

— Il y a de plus en plus de locs binhs dans la flotte, fait remarquer Sinh à son patron au bout de deux kilomètres de fouilles stériles, c'est peut-être Viêts-minhs par là-bas...

L'ancien du 7e R.T.A. saisit le sens de l'avertissement. « Le bougre a sans doute raison, envisage-t-il, les Viêts ont saboté le canal pas loin d'ici... » Et il fait accélérer l'allure de la progression laminée par un soleil d'enfer. Des locs binhs, des lentilles d'eau, des nénuphars géants, des monceaux de roseaux et de joncs s'agglomèrent en tapis de plus en plus épais sur le cours d'eau.

— On approche du barrage, en déduit le Lorrain, il y a peut-être encore du monde dans le coin...

Une cocoteraie naît à deux cents mètres des premiers voltigeurs du commando.

— Si les Viêts sont encore par ici, apprécie l'adjudant, c'est là-dedans qu'ils se planquent...

Un L.C.M. suit la manœuvre. Son avant trace une sorte de canal dans le magma de verdure amassé sur le rach. Les armes lourdes des marins, mitrailleuses de 12,7 et canon de 20, ouvrent un feu d'enfer sur des bo doîs qui filent soudain sur les rives du cours d'eau, abandonnant en catastrophe l'achèvement du barrage de troncs de cocotiers.

Le clairon des commandos sonne la charge. Ses hommes en noir se lancent à la course. Ils parviennent bientôt auprès de l'ouvrage inachevé. Du matériel abandonné marque l'itinéraire de la fuite rebelle. Les voltigeurs qui suivent le rush du groupe Ly Canh ramassent des musettes, des grenades et des cartouches. Le vacarme des pièces de la marine cesse. La sonnerie têtue du jeune clairon cambodgien mène seule la fouille. Deux Viêts-minhs sont débusqués dans une énorme tache de joncs.

— Je me demande bien pourquoi ils n'ont pas filé avec les autres, lance l'adjudant à Soinard qui fait maintenant partie du groupe de commandement, ils ne sont pourtant pas blessés...

Deux Cambodgiens hurlent à l'unisson. Leurs cris de joie saluent la découverte d'une grosse malle que les deux hommes extraient en peinant de sa cachette de joncs. La cantine se révèle emplie d'une masse impressionnante de paperasses.

— Elle est bien trop lourde pour que nos Viêts aient pu l'emmener sous le tir des matafs, avance le chef du commando, ils ont préféré se faire prendre plutôt que de rentrer les mains vides chez eux... Ils savent trop bien ce qui les attendait...

Le clairon s'est tu lui aussi. Des explosions retentissent. Des cris montent d'une petite bananeraie que fouillaient les voltigeurs du groupe Lieu. Un Vietnamien, dépêché par son sergent, court vers le Lorrain.

— C'est deux blessés par là, ânonne-t-il en montrant l'alignement souple des bananiers d'une main tendue.

L'adjudant alerte Sinh d'un geste. Les deux hommes se lancent à foulées rapides dans la rizière derrière l'envoyé de Lieu qui rejoint l'endroit des explosions. Des rafales serrées les prennent soudain pour cibles. Le trio plonge dans la vase, et rampe vers une basse diguette. Des geysers de boue les encadrent.

— On est salement bloqués, gronde le chef de section, ils viennent récupérer leur foutue malle de paperasses...

Les marins du L.C.M. réagissent vite. Des rafales de 12,7 et des coups de canon de 20 matraquent la lisière de la cocoteraie réoccupée par les bo doîs. La force de feu ennemie diminue à peine sous l'orage.

— Ly Sam, hurle Péréra en se redressant derrière sa diguette, le canon... Vite !

Le sergent cambodgien devance l'ordre de son chef toujours coincé sous les balles viêts-minhs. Tach Sum, bien mieux placé que les marins du L.C.M. bloqués à trois cents mètres du barrage, tire rapidement plusieurs obus entre les cocotiers. Les rebelles, pris en tenaille de feu, commencent à se replier. Sinh et son chef s'extirpent de la gadoue pour rejoindre la bananeraie. Le combat cesse bientôt. Les Viêts, longtemps poursuivis par les armes du L.C.M., se perdent au lointain. Les blessés, Cao Rong et Tach Suong, qui ont tous les deux les jambes déchiquetées par des dizaines d'éclats, sont hissés sur le bateau à fond plat qui est doté d'une infirmerie conséquente. La malle récupérée et les deux prisonniers entravés sont vite enlevés par une équipe de renseignement. Un Viêt-minh est retrouvé mort à la lisière de la cocoteraie.

Soinard, qui manipule le poste S.C.R. 300 récemment affecté au commando, reçoit l'ordre de retour.

Les cinq groupes de faux bo doïs sont vite à Cantho. Le capitaine de corvette de Marine Cantho et le chef d'état-major de la zone sont là pour les accueillir.

— Bravo pour la malle viêt, s'entend féliciter le Lorrain, c'est vraiment du beau travail...

Une épidémie de variole s'abat sur les bords du Bassac dans les jours qui suivent la récupération de la précieuse malle. Deux petites filles meurent au camp des mariés. D'autres gosses sont hospitalisés.

— On ne sera jamais à l'abri des maladies dans ce foutu pays de gadoue, peste le Lorrain qui prend à son compte la mort des fillettes, il faut accélérer la construction des sanitaires des baraques...

Une équipe de vaccination vient traiter les sept cents habitants du camp. L'épidémie n'empêche pas le commando endeuillé de traquer le Viêt-minh. Péréra conduit ses groupes le 28 janvier dans le Jardin d'Hô Chi Minh, vers le village d'Ap Truong Trung, plus de trente fois fouillé et refouillé au fil des mois.

Les voltigeurs de Ly Canh parviennent à l'orée d'une cocoteraie. Ils sont accueillis par une grêle de balles à l'approche des haies de bambous qui protègent le village.

— Ce n'est pas dramatique, constate tout aussitôt le chef du commando lorsque tous ses hommes sont tapis sous le feu roulant, les Viêts sont tout aussi surpris que nous...

Les tigres de Ly Canh, un genou en terre, balaient de rafales les paillotes d'où tentent de fuir les bo doïs piégés par l'arrivée furtive du commando.

— Le clairon, nom de Dieu, hurle le Lorrain, arrive tout de suite !

Le Cambodgien, qui s'était prudemment enfoncé dans un trou de boue dès les premiers tirs, s'extrait de son abri sûr, et rejoint son chef furieux.

— Tiens-toi prêt à sonner la charge, lui ordonne ce dernier, et ne ménage pas ton souffle...

Haï rejoint lui aussi l'adjudant très à son aise dans la mitraille.

— Tu vas essayer de déborder le village par la droite, s'entend-il expliquer, ils sont coincés…

Des cris montent dans les paillotes.

— Ils vont essayer de foutre le camp, apprécie l'adjudant qui a idéalement placé tout son monde pour l'assaut, on peut foncer…

Le sous-off fait un signe à son clairon. Les notes pressées de la charge se mélangent aux claquements et aux sifflements des balles. Une clameur répond à l'aigre sonnerie. Tous les commandos jaillissent de leurs positions d'attente.

— Suis-moi et n'arrête pas de soufflerdans ton biniou, ordonne l'ancien Corsaire à son clairon.

Sinh suit les deux hommes qui filent vers les paillotes. Le trio frôle un Viêt abattu. Une mitraillette Thompson gît à un mètre du mort. Un voltigeur de Ly Canh bondit sur le précieux trophée.

— Attention, s'égosille Sinh dans le tintamarre de la poursuite, c'est Viêts-minhs à droite…

Le Lorrain tire machinalement deux balles de carabine dans une touffe de frêles bambous. Un bo doï en sort en levant les bras. Sinh lui arrache son ceinturon alourdi de deux grenades.

— Ça ne se passe pas mal, se réjouit le chef du commando maintenant tout entier parvenu à l'autre bout du village, il ne s'agit pas de se laisser piéger plus au large…

Le clairon sonne le rappel.

— Tu m'écorches les oreilles, accuse son chef, tu n'es bon qu'à sonner la charge… Et c'est aussi bien comme ça…

Deux morts sont retrouvés dans le dédale des paillotes désertes. Quatre prisonniers sont vite solidement ligotés.

— Naturellement, rage le Lorrain, ils ont eu le temps de planquer leurs armes, ou de les lancer à leurs copains…

Le village est incendié. Les commandos ne déplorent pas un seul blessé. Ils rentrent à Cantho au soir du coup de main. Les prisonniers sont confiés aux mauvais traitements de la Sûreté nationale et les documents saisis dans une paillote donnés à l'état-major de zone.

— Vous repartez demain, s'entend ordonner le chef du commando vainqueur, les Viêts ont harcelé pendant deux nuits un poste du Xa No, vous irez l'aérer un peu avec les Hoa Hao de votre ami Frachet…

Deux L.C.M. transportent bien avant le lever du jour les deux commandos jusqu'à l'entrée du grand canal. Les deux chefs pirates ont décidé de fouiller une zone qui s'étend entre deux canaux secondaires, le Su Dua Nga et le Su Dua Bé, chaque unité prenant un cours d'eau à son compte.

— Il n'y a plus qu'à y aller, conclut Péréra après le briefing précis, pourvu que les Viêts soient toujours dans le coin…

Le mouvement s'ébranle. Ly Canh mène comme toujours l'avance des groupes du Lorrain au bords du Su Dua Bé. Deux de ses tigres surprennent un guetteur vers dix heures.

— Laisse-le-moi, demande Sinh à son chef, il va nous dire où sont les autres...

L'adjudant dévisage le captif, lui trouve des traits veules, et décide de le soumettre à la haine de son garde du corps.

— Il n'aura certainement pas le temps de souffrir beaucoup, estime-t-il lorsque les questions commencent à pleuvoir sur lui, il pue la lâcheté...

L'homme ne supporte que quelques coups de poing, craque, et raconte tout ce que Sinh veut bien entendre. Le Lorrain apprend ainsi que cinquante bo doîs ont passé la nuit au village d'Ap An Xuan, là où les deux commandos doivent se rejoindre.

— Avance de plus en plus prudemment, ordonne-t-il ensuite à Ly Canh qui a assisté au brutal interrogatoire, c'est le moment d'utiliser la bannière viêt...

La fouille reprend. Un Cambodgien brandit un drapeau rouge à étoile jaune récupéré au cours d'un coup de main.

— Comme ça, espère le sous-off, on risque de passer pour de vrais Viêts...

Les pirates de Cantho parcourent deux kilomètres derrière le trophée trompeur. Deux hommes armés sortent soudain d'un fouillis de buissons et traversent la piste. Deux Thompson de Ly Canh les prennent en compte, et les manquent.

— Tout le monde en ligne, hurle le Lorrain.

Le drapeau viêt est enroulé. Les hommes en noir s'étalent en tirailleurs, prêts à se lancer à l'attaque ou à étaler le choc d'une ruée de l'ennemi.

— C'est Viêts-minhs, hurle Siou, l'adjoint de Ly Canh, ils arrivent !

Le clairon donne le signal du combat. Toutes les armes du commando tirent ensemble. Des ordres aigus rejettent la colonne rebelle sous les couverts.

— Ils sont salement nombreux, apprécie le Lorrain sous la mitraille qui jaillit en riposte à ses tirs, il ne faut pas se laisser manœuvrer...

Les Viêts-minhs se replient comme à l'exercice, groupe par groupe, et sans affolement. Le vacarme de l'accrochage cesse bientôt.

— Ils vont certainement se regrouper au village, explique le sous-off à Ly Canh, il faut y aller : ouvre-nous le chemin...

Le sergent cambodgien entraîne lentement ses hommes en ligne sur les brisées de la troupe en repli. Péréra engage deux autres groupes de voltige dans le mouvement, à cinquante mètres derrière les tigres khmers, et confie la couverture de la fouille à Ly Sam, laissant ses deux derniers groupes de voltigeurs à la protection de la pièce de 57.

Des rafales de Thompson rythment l'avance bien articulée des trois groupes dirigés vers les haies de bambous d'Ap An Xuan. Le site explose à nouveau.

— La charge, hurle le Lorrain, et tout le monde au village...

Le clairon sonne à nouveau. L'assaut hurlant franchit quelques canaux d'irrigation, piétine des jardinets, et traverse facilement les barrières de bambous d'un hameau.

Les rebelles rompent pour la seconde fois. Le Lorrain essoufflé rameute tout son commando autour d'Ap An Xuan.

— Fouillez tout en vitesse ! ordonne-t-il à Ly Canh.

Les voltigeurs retrouvent deux cadavres de bo doîs, l'un tué d'une balle en pleine tête, et l'autre d'un projectile dans la poitrine.

— Leurs copains n'ont pas eu le temps de récupérer leurs armes, triomphe leur chef lorsqu'on lui ramène les deux fusils des rebelles abattus.

Une patrouille revient vers le gros du commando en poussant devant elle six prisonniers capturés dans une paillote. Les Hoa Hao alertés par la fusillade qui vient de mourir débouchent au village au pas de gymnastique.

— Deux fusils, c'est bien, lance leur chef à Péréra, surtout par les temps qui courent...

— Ouais, commente son ami, les Viêts sont vachement forts pour faire disparaître toute trace d'une défaite...

41. LA PISTE DE L'ENFER

Cantho subit un deuxième assaut de variole à la fin du mois de janvier. Plus de cent personnes meurent au bord du Bassac. Le Têt est tout de même royalement fêté à partir du 4 février.

— On dirait qu'ils veulent tout oublier, se dit le Lorrain en assistant au défilé traditionnel du dragon-licorne grimaçant, ils veulent s'amuser à tout prix, malgré la guerre et les épidémies...

Le camp des mariés est en effervescence au deuxième jour de la fête, lors de son inauguration officielle.

— C'est ce que j'ai fait de mieux dans ma vie, reconnaît le patron du commando lorsque montent les trois couleurs au mât de pavillon du camp enfin achevé, on a mis le temps, mais c'est fait...

Les commandos oublient les fureurs de la guerre tout au long de la journée qui se termine par le spectacle, en plein air, d'une pièce comique jouée par les acteurs du théâtre aux armées venus de Saigon.

Le troisième jour du Têt n'est pas aussi joyeux que les deux premiers. Toute la garnison vietnamienne et les Hoa Hao sont en alerte. Les Viêts-minhs ont en effet rompu la trêve. Plusieurs postes de partisans de la région sont tombés.

Les réguliers du commando Péréra sont curieusement tenus à l'écart de l'agitation.

— C'est peut-être une chance, apprécie le Lorrain, un peu de repos, ça ne fait jamais de mal... Mes gars en ont bien besoin !

Des renseignements sur les événements qui remuent la région parviennent au P.C. du lycée. La plupart des postes enlevés par les Viêts ne sont tombés qu'à cause de trahisons.

— Ça c'est pas bon pour nos affaires, constate le sous-off avec amertume en s'adressant au sergent Lebrun, un marsouin aux cheveux grisonnants. La trahison, c'est l'arme absolue... On ne peut rien faire contre sans risquer de froisser les susceptibilités des partisans...

Lebrun est un grand sous-officier au visage très ridé qui vient d'être affecté au commando. Il a déjà plus de quinze ans de service, dont six passés en Indochine. Ses yeux sont malicieux. Aucune croix de guerre ne marque sa large poitrine.

— C'est certainement à cause de ça qu'il est venu chez nous, estime son nouveau patron en le quittant, il ne veut pas rentrer en France à poil... C'est courageux !

Le commando, qui s'est aussi enrichi d'une autre recrue européenne, le caporal Duchateau, repart en guerre dans la nuit du 9 février, alors que la fièvre du Têt est retombée dans Cantho.

Ses groupes se faufilent silencieusement dans la ville pour rejoindre, en colonne par un, l'embarcadère de Marine Cantho. Des moteurs de L.C.M. tournent au ralenti dans la nuit tiède. Les Cambodgiens et les Annamites savent qu'ils ne débarqueront pas avant l'aube. Ils s'installent dans la cuve de l'engin qui leur a été affecté et s'endorment pour glaner au fil des heures leur content de sommeil.

Le convoi se forme dans des enragements mécaniques. Le Bassac sent le gasoil. Les barges piquent à l'est pour descendre le courant jusqu'au confluent du rach Khin Caï Thieu, sur les bords duquel doit se dérouler l'opération qui est commandée par le pacha de Marine Cantho.

La manœuvre a pour but de permettre la destruction d'un barrage construit depuis peu sur le rach par une armée de coolies à la solde du Viêt-minh.

L'arrivée grondante des engins sur le site à traiter ne risque pas d'échapper aux guetteurs rebelles. Quelques balles sifflent au-dessus des L.C.M. D'autres ricochent sur leurs tôles. Les marins sont depuis longtemps habitués à ce genre de réception. Leurs armes lourdes demeurent muettes. Les commandos dorment assis et tassés les uns contre les autres. Rodés depuis longtemps aux voyages vers l'inconnu, ils ne s'éveillent qu'une fois au but. Péréra scinde son unité en deux pour en débarquer une moitié sur chaque rive du rach barré. Une trentaine de prisonniers sont mis à terre pour commencer les travaux d'arrachage. Le patron de l'opération appelle le Lorrain près de lui, sur la passerelle de son L.C.T.

— Le sabotage est plus conséquent qu'on aurait pu croire, lui confie-t-il, vous allez pousser au-delà du barrage pour m'aérer en maintenant les Viêts au large…

Le chef de commando a l'habitude de travailler avec l'officier de marine. Ce dernier n'a pas besoin d'en dire plus. Il sait que la protection sera parfaitement assurée.

Les tigres de Ly Canh ont du mal à se frayer un passage dans l'épaisse toison végétale qui naît à quelques mètres de l'endroit où ils ont débarqué. Quelques-uns de ses voltigeurs travaillent du coupe-coupe. Péréra marche derrière eux. Les Annamites du sergent Haï ne sont guère mieux lotis sur la rive opposée. Le sergent Lebrun marche à quelques pas du Lorrain, derrière Sinh. Les deux moitiés du commando ont du mal à conserver la liaison à vue. Les tigres de Ly Canh parviennent à une levée de terre qui s'allonge à deux cents mètres du barrage à détruire. La colline est surmontée d'une haie de hauts bambous. Les éclaireurs aux ké kouans lacérés par des épineux se tapissent soudain au pied de la butte. Des craquements de branches se mêlent au coulis du vent et aux ronronnements incessants des moteurs d'engins.

— Ils vont contourner l'obstacle, prévient le Lorrain à l'adresse du sergent Lebrun qui s'est instinctivement rapproché de lui, si ce sont des Viêts qui ont fait le bruit, ils vont les coxer…

Le bosquet de bambous se révèle désert. Ly Canh relance l'avance de la totalité de ses deux groupes. La chaleur se fait de plus en plus lourde. Lebrun s'éponge sans cesse le front. « Il sera très bien quand il aura perdu quelques petits kilos, prend le temps d'observer l'adjudant qui marche devant lui, je ne suis pas fâché de l'avoir avec moi… »

Les faux bo doïs s'enfoncent un peu plus dans les buissons. Un coup de feu éclate. Puis un deuxième. Les ké kouans noirs disparaissent.

— On continue, ordonne le Lorrain au bout de deux minutes d'immobilité crispante, ça venait de loin…

Lebrun n'a pas bronché aux coups de fusil. Il suit l'adjudant qui s'engage sur une sente qui longe un arroyo large d'une dizaine de mètres. La liane ondulante d'un gros serpent d'eau, dérangé dans son sommeil au soleil, se lance dans le cours d'eau en souples S rapidement faits et défaits. Le Ranguevalois, à qui rien n'échappe, le suit des yeux pendant quelques secondes, sans ralentir sa marche. Une rafale de fusil-mitrailleur part soudain d'un point d'embuscade. L'arme rebelle semble installée à plus de deux cents mètres sur la rive opposée du rach aux eaux calmes.

— Planquez-vous ! hurle l'ancien maquisard en plongeant dans les hautes herbes qui bordent la piste.

Lebrun n'a pas les réflexes du chef de commando. Il s'écroule, la poitrine transpercée par une balle.

— Nom de Dieu ! jure le Lorrain en commençant à ramper vers le grand sous-officier blessé, il n'a pas de pot...

Sinh, aussi souple que le serpent du rach, parvient le premier près du gisant couché sur le dos. Le fusil-mitrailleur viêt-minh, et quelques fusils, continuent à tirer.

— Il faudrait pourtant les faire taire, grommelle le chef de commando, pour qu'on puisse mener ce pauvre Lebrun jusqu'aux engins...

Des bulles rosâtres se forment sur la bouche du blessé, et un flot de sang s'écoule de sa poitrine déchirée.

Haï, piégé jusque-là dans une langue de buissons inextricables, réussit enfin à parvenir à la hauteur du groupe de commandement. Ly Canh fait hacher par les rafales de ses Thompson les buissons de la rive tenue par le groupe de bo doïs. Haï est vite en position d'assaut. Péréra fait un signe à Ly Canh. Les lourds pistolets-mitrailleurs se taisent. Les deux groupes de Haï se lancent à l'attaque. Les rebelles tirent une dernière rafale et décrochent. Péréra hèle Ly Canh.

— Va voir un peu plus loin s'il n'y a pas un sampan qui traîne, lui ordonne-t-il, et ramène-le ici...

Lebrun n'a pas perdu connaissance. Il ne quitte pas le Lorrain des yeux. Ses lèvres bougent, mais aucun son ne sort de sa gorge. L'infirmier du commando se penche sur lui.

— On ne peut rien faire pour lui, souffle ce dernier en se retournant vers son chef, il faut l'évacuer au plus vite...

Ly Canh a trouvé un sampan auprès d'un groupe de paillotes vides. L'homme à la poitrine sanglante est hissé sur la barque étroite.

— Conduis-le aux L.C.M., ordonne le sous-off à Sinh, et reviens vite...

Le sampan s'éloigne.

— Tu l'auras, ta croix, ne peut s'empêcher de murmurer le chef du commando immobilisé, que tu t'en tires ou non... T'en auras même deux si tu crèves : une de bois, et l'autre en bronze !

Les tigres de Ly Canh sont impatients de refiler à la traque.

— Ils ont raison, on y va, se décide l'adjudant ému par la souffrance de son nouveau compagnon, il faut absolument venger Lebrun...

La piste s'élargit vers les paillotes rapidement fouillées par Ly Canh en récupérant le sampan. Mais les hommes de Haï progressent toujours dans un fouillis de buissons. Le hameau est vite dépassé. Un coup de feu claque aux oreilles des éclaireurs qui s'engageaient sous des cocotiers.

— Il y a aussi du monde sur notre rive, se réjouit Péréra, on va les coincer...

Les voltigeurs en sueur forcent l'allure. Une boule de feu naît soudain en plein milieu de la piste, et un souffle violent la balaie. Le Lorrain a les tympans torturés par un bruit d'enfer. De la terre retombe en pluie sur la progression.

— Une mine, se dit le chef de commando, à voix haute et en s'ébrouant, c'est la merde...

Les voltigeurs de tête ont reculé d'une vingtaine de mètres. Ils se tiennent sur leurs gardes. Aucune détonation ne suit la déflagration. Une forme demeure tassée au travers de la piste creusée d'un large cratère. Elle remue légèrement. Le Lorrain se relève le premier et court vite vers le blessé.

— Dao Rong, souffle-t-il en reconnaissant un cruel compagnon de Ly Canh, on va te conduire aux bateaux...

Le blessé a une jambe brisée à angle droit. Du sang s'écoule de plusieurs endroits de son corps. Il n'a pas perdu connaissance, et adresse un pauvre sourire à son chef. Ses compagnons reviennent à sa hauteur.

— Ne vous entassez pas comme ça, leur crie le Lorrain, les Viêts ne sont pas loin...

Comme pour donner raison à l'adjudant, des balles claquent au-dessus de la progression enrayée. Dao Rong est tiré à l'abri des cocotiers. La piste est vide.

— Transportez-le au barrage, ordonne l'ancien tirailleur à trois de ses hommes, et renvoyez-moi Sinh...

Les équipes menées par Haï parviennent à la hauteur de la cocoteraie. Ly Canh espère l'ordre d'avancer encore.

— On y va, décide son chef lorsque le trio portant le Cambodgien fracassé est presque parvenu au barrage. Mais, ajoute-t-il, on marche tout doucement : il y a sûrement d'autres pièges à cons...

Les Viêts se manifestent de loin. Des balles sifflent de temps en temps au-dessus de la très lente progression. Les voltigeurs sur les nerfs découvrent trois grenades grossièrement piégées sur le bord de la piste. Ils se mettent à l'abri et les font sauter de rafales précises. Puis un Cambodgien tombe en arrêt devant une plaque de terre fraîchement remuée et mal recouverte de feuilles sèches.

Péréra se précipite près de la mine. Il la neutralise facilement comme il a appris à le faire dans les Cévennes, au camp du Paradis.

— On peut y aller, lance-t-il à Ly Canh qui suivait son manège du regard, fais de plus en plus gaffe...

La colonne prudente est peu après arrêtée par une tranchée large de trois mètres qui coupe la piste sur toute sa longueur.

— Il n'y a pas moyen de passer ailleurs, constate le Lorrain, à moins de plonger dans l'eau du rach ou de ramper sous les épineux...

Le caporal-chef Siou, qui est toujours l'adjoint de Ly Canh, veut donner l'exemple. Il prend un peu d'élan, s'enlève souplement, et retombe en plein sur une véritable planche de fakir qui était dissimulée sous une mince couche de boue. Le hurlement qu'il pousse donne la chair de poule à Péréra. Le Cambodgien a les deux pieds transpercés.

— La poisse continue, fulmine son chef, il va encore falloir envoyer trois hommes vers l'arrière...

Le Lorrain fait venir le caporal Soinard de la queue de sa colonne bien diminuée.

— Prends trois gars pour amener ce pauvre Siou aux marins, lui ordonne-t-il, et explique bien la situation au pacha... Dis lui que j'ai l'intention de continuer jusqu'à ce que je coince les Viêts...

Siou ne pousse pas une plainte. Il sourit à son patron en se laissant emmener vers le barrage. L'adjudant se sent étrangement gêné. « Ces gars-là sont parfois surhumains, songe-t-il lorsque Soinard s'éloigne avec sa triste corvée, je ne les comprendrai certainement jamais tout à fait... »

Sinh revient du barrage.

— L'officier des bateaux a envoyé le sergent à Cantho, apprend-il à son chef, j'ai d'abord croisé Dao Rong, et puis Tach Siou...

L'adjudant, pas mécontent de retrouver son cruel ange gardien, donne l'ordre de reprendre la marche vers l'inconnu. Ses hommes franchissent un à un le fossé dégagé de son piège.

— Je me demande bien qui sont les Viêts qui nous fuient, s'interroge le chef de commando. Les gars d'une section locale... ou une troupe plus importante dont les chefs, abusés par l'arrivée du convoi fluvial, se trompent sur notre nombre ?

Rendus encore plus circonspects par la blessure de Siou, les tigres de Ly Canh décèlent la présence d'une dizaine d'autres pièges.

— Mais, bon Dieu, jure le Lorrain, est-ce qu'on va finir par s'en sortir ?

Le Cambodgien de tête bute contre une barrière de bambou qui clôt entièrement le large sentier.

— N'y touche pas, lui hurle Ly Canh, tu vas sauter !

Péréra détaille prudemment l'obstacle.

— Je ne vois rien d'anormal, reconnaît-il après son inspection, mais on ne sait jamais... Faut passer dans la boue... Les buissons doivent être truffés de grenades... A moins que ce ne soit le contraire...

Ly Canh donne l'exemple. Sinh le suit. L'adjudant, conscient de la formidable partie d'échecs qui se joue, s'engage à son tour sur le bord du rach qui a baissé de niveau dans le mouvement de la marée descendante. Puis trois voltigeurs évitent à leur tour la barrière.

Le souffle d'une formidable explosion fait voler les chapeaux de brousse des six hommes qui avancent avec de la boue jusqu'à mi-cuisse.

— Nom de Dieu, sacre le patron du commando qui a perdu l'équilibre à la déflagration, encore un gars de foutu !

Le cours très bas du rach se piquette comme en temps de pluie lorsque retombent les dizaines de kilos de terre projetés en l'air par l'explosion de la mine. Le nuage de fumée qui obscurcit la piste dévastée se dissipe peu à peu. Un homme est debout à la place de la barrière atomisée. Il vacille. Ses yeux sont hagards. Sa tenue de combat, taillée dans le tissu récupéré sur la jonque viêt du Jardin d'Hô Chi Minh, est en lambeaux. Il ne semble pas réaliser ce qui vient de se passer, et se met à marcher à pas raides.

— Mais, ne peut s'empêcher de crier son chef en remontant sur la rive du rach, il n'a rien du tout !

Le Lorrain s'approche du miraculé couvert de terre.

— C'est Trach Vreng, se rend-il compte en reconnaissant un des menuisiers de N'Guyen Van Phat qui s'était porté volontaire la veille pour servir au groupe de Ly Canh. A partir d'aujourd'hui on t'appellera « Trompe-la-mort » !

La colonne sans cesse ralentie reprend sa progression. Elle parvient aux abords d'un village bâti au confluent d'un rach secondaire avec le Khin Caï Thieu. L'avance de Haï arrive elle aussi aux paillotes montées pour la plupart sur pilotis.

Le Lorrain, craignant que ses hommes ne tombent en embuscade au-delà du cours d'eau, crie au sergent de s'étaler en veille là où il se trouve. Haï poste ses hommes et, prenant place dans un sampan effilé avec deux de ses voltigeurs, franchit le rach principal.

— Nous avons tué deux Viêts, explique-t-il en français hésitant une fois parvenu près de son chef, il y en avait un qui portait un casque américain…

L'adjudant renvoie le sergent à ses groupes en lui recommandant de bien ouvrir l'œil. Puis il lance les Cambodgiens de Ly Canh à la fouille du village. Les paillotes de son centre sont ornées de banderoles vantant les hauts mérites d'Hô Chi Minh. Des portraits du maître sont placardés un peu partout à l'intérieur des cagnas sur pilotis. Des tirs frôlent la fouille nerveuse.

— Les Viêts sont toujours à la même distance, apprécie le Lorrain, il faut pousser encore un peu plus au large de ce cantonnement abandonné…

Ly Canh envoie un de ses groupes reconnaître quelques paillotes éparses sous des bouquets de cocotiers. Les voltigeurs ne vont pas loin. Un cri de douleur monte de leur ligne. Un Cambodgien a le mollet droit transpercé par un pieu de bambou durci au feu. D'autres pals sont retrouvés un peu partout dans la rizière, tous plantés à 45° dans les hautes herbes.

— Ramène tout le monde au village, ordonne le Lorrain à Ly Canh, cette fois il y a assez de casse...

Un Cambodgien montre la pointe d'un bambou au Français. Le bois acéré est enduit d'une matière brunâtre.

— Ces salopards sont bien capables d'avoir empoisonné leurs pièges, se dit ce dernier, il faut que le blessé soit piqué au plus vite...

Le caporal Thi, qui a rejoint l'avance mouvementée après avoir laissé Dao Rong aux soins des marins, retourne vers le barrage avec trois hommes pour évacuer le commando à la jambe transpercée.

— Demande au pacha des engins si on peut incendier le village, lui ordonne son patron après avoir regroupé tous ses hommes autour du cantonnement viêt, et reviens vite aux paillotes...

Il est bientôt midi. Les hommes en noir capturent quelques poulets, les plument, et les préparent vite à leur mode. Haï traverse le rach avec ses groupes.

— Attention, avertit-il en s'apercevant que des Cambodgiens s'apprêtent à consommer des produits récupérés dans les cagnas. Les Viêts qui sont devant nous sont rusés comme mille diables... Il ne faut manger que les poulets : le reste est certainement empoisonné !

Thi rejoint le village à la course.

— L'officier de marine est d'accord pour tout brûler, lance-t-il à son chef sans prendre le temps d'assurer son souffle, il a dit aussi qu'il faut revenir ensuite aux bateaux...

Les paillotes s'enflamment les unes après les autres et s'écroulent en crépitant. Leurs anciens locataires tirent de toutes leurs armes sur la colonne qui repart vers le barrage.

— C'est très bien, mon adjudant, reconnaît l'officier de Marine Cantho une fois que le commando a repris place dans un de ses L.C.M., vous les avez tenus au large... Comme je vous l'avais demandé...

42. LA MINE DU THI DOÏ

Les autorités de la zone opérationnelle ouest décident de frapper un grand coup en direction de Long My qui, à seulement vingt kilomètres au sud de Cantho, est le royaume des Viêts-minhs. Plusieurs bataillons vietnamiens sont rameutés à Cantho à partir du 15 février 1954. Tous les engins de Marine Cantho et des avions de l'aéronavale sont engagés dans la manœuvre de reconquête. Le commando Péréra est mis à la disposition de l'officier indochinois qui commande le 13e B.V.N. Les éléments terrestres de l'attaque sont amenés à Phu Hiêp au matin du 16 février. L'artillerie est embarquée sur des L.C.M. qui se heurtent vite à de nouveaux barrages rebelles.

Le Lorrain n'attend pas grand-chose de l'énorme déploiement de forces.

— Les Viêts ne sont pas fous, lance-t-il à Soinard qui a épousé en peu de temps tous les tics d'un vrai commando, ils ont des antennes partout... Ils auront filé encore plus au sud...

Les unités vietnamiennes détruisent tous les villages sur leur passage. La plaine, avant Long My, est enfumée. L'artillerie donne souvent. Des chasseurs piquent de temps en temps en carrousels fracassants sur des convois de jonques qui naviguent vers le sud, loin devant les colonnes destructrices.

Les commandos du groupe Lieu font deux prisonniers au deuxième jour des déchaînements. L'un d'eux respire le guerrier de métier, bien que, résistant aux coups de Sinh, il jure par tous les dieux de l'Asie qu'il n'est qu'un simple nha qué.

— Emmenez-les au P.C. du bataillon, ordonne le Lorrain à un de ses caporaux.

Le groupe d'escorte des captifs rejoint vite le gros du commando.

— C'était un parachutiste déserteur, apprend Péréra, un officier l'a reconnu... Ils l'ont tout de suite fusillé !

Le calme semble revenu dans la zone ouest après le formidable rush vers Long My. Le mois de février s'achève dans le calme le plus absolu. Le choléra rôde dans les rizières insalubres. Des civils meurent à Cantho dans les premiers jours de mars. Plusieurs habitants du camp des mariés sont atteints. Phat, le maître menuisier, souffre atrocement. Une escouade d'infirmiers se répand dans les familles pour vacciner tout le monde.

— Il y a une autre maladie qui traîne à Cantho, fait remarquer le Lorrain à Frachet au cours d'une soirée au mess de la garnison, c'est la trouille !

Des combats acharnés endeuillent les troupes engagées au Tonkin. Le bruit court dans Cantho que la majorité des cadres blancs vont être remplacés sous peu dans leurs unités par des gradés vietnamiens, et envoyés au Nord.

— Tous nos chers planqués peuvent bientôt dire adieu à leurs belles tenues blanches, poursuit le chef de commando, et fini les soirées tranquilles comme celle-ci...

Les compagnons de conversation des deux meneurs de pirates n'apprécient pas tellement leurs remarques. Ils s'éloignent, gênés.

— Pour nous, ajoute l'ancien tirailleur une fois demeuré en tête à tête avec le patron des Hoa Hao, ça ne changerait pas grand-chose de monter au Tonkin... La merde là-haut ou ici, c'est kif-kif bourricot !

Les commandos noirs sortent tout au long du mois de mars, sauf Sinh, qui a été arrêté par la police vietnamienne. Ils obtiennent quelques nouveaux succès. Le Lorrain ramène à Cantho, au retour d'un coup de main lancé sur les rives du canal Sainteny, vers Caï Tac, une douzaine d'agents viêts-minhs qui se préparaient à se couler dans la population de Cantho. Le commandant Magron, le nouveau chef d'état-major de zone, lui annonce le lendemain qu'il va être cité à l'ordre de l'Armée.

— Une palme, se réjouit le commando, ça serait formidable, mais je n'y crois pas, j'attends encore celle qu'on m'avait promise le 5 octobre dernier et qui m'est revenue à l'ordre du corps d'armée...

Le nom de Diên Biên Phu commence à circuler tristement dans la garnison. Les nouvelles qui viennent du grand camp retranché de la porte du Laos ajoutent sans cesse au trouble qui règne à Cantho. Le terrorisme croît chaque jour dans la ville qui survit dans la fournaise de fin de saison sèche.

Une opération de nettoyage s'ébranle à l'aube du 17 avril, au sud du canal Thi Doï, au nord-ouest de Cantho.

— Tout sera fini demain, prévoit le Lorrain, puisque c'est Pâques...

La manœuvre est montée pour aérer le dernier poste de partisans qui est bâti au bord du canal, au ras d'une zone contrôlée par le Viêt-minh. Elle est dirigée par le commandant vietnamien du 5e B.V.N. Ses colonnes s'enfoncent dans des rizières laissées en friche. Quelques snipers ponctuent leur avance de coups de feu maladroits. La seconde phase s'achève en fin de matinée. Les colonnes se regroupent autour d'un carrefour de rachs. Les hommes mangent rapidement. Le patron de l'opération donne de nouveaux ordres. La fouille reprend vers le sud.

Les pirates de Péréra investissent vers 14 heures un village désert. Les fouineurs de Ly Canh tombent sur des kilos de ravitaillement rebelle.

— Il y en a au moins pour une compagnie, apprécie leur chef en contemplant le butin, riz, poissons secs, épices, tissu noir, boîtes de conserve et petites jarres d'alcool de riz, on emmène tout ce qu'on peut...

Les Cambodgiens font une razzia de tout ce qui les intéresse. Leur colonne alourdie est rappelée vers le nord. Tous les éléments engagés dans la traque se regroupent à cinq kilomètres du poste menacé de trop près par le Viêt-minh.

Des bo doîs se risquent à harceler les compagnies qui se sont installées sur une longue langue de terre au milieu du marécage des rizières.

— Ils veulent juste nous empêcher de dormir, estime le Lorrain, ils tirent de bien trop loin...

L'aube de Pâques éclaire les bivouacs bien protégés. Les bo doîs ne se manifestent plus. Le commandant du 5e B.V.N. explique rapidement la manœuvre du jour, qui consiste à lancer des colonnes en large mouvement tournant, et à les faire converger ensuite vers le poste dégagé par l'opération.

Le commando Péréra grenouille en vain pendant deux heures. Il se retrouve à quelque six cents mètres d'une large cocoteraie.

— On dirait qu'il y a enfin du monde, lance le Lorrain à Ly Canh tout en balayant de ses jumelles le mur serré des cocotiers, il va falloir avancer prudemment...

Des silhouettes fugaces apparaissent à l'adjudant puis se renfoncent dans la forêt. Le chef de commando fait rapidement mettre son canon de 57 en batterie. Le remplaçant de Dao Rong tire quelques obus pendant que les groupes de voltigeurs s'égaillent dans la rizière pour approcher des arbres. Les commandos fouillent des paillotes plantées dans une large clairière.

— Regarde, chef, conseille Ly Canh à son patron, le riz n'a pas fini de cuire, les Viêts ne sont pas loin...

Il est déjà 8 heures. Le soleil tape très fort. Les hommes au foulard rouge sont en eau.

— On fait une petite pause, décide leur chef, on est bien, à l'ombre des cocotiers...

La halte ne dure pas longtemps. Une fusillade intense éclate sur la droite de la cocoteraie.

— Tout le monde debout, rugit le Lorrain, et en route...

Les commandos sont vite sur pied. Ils filent vers le feu, en colonne sous les arbres, sortent de la forêt, s'engagent sur une piste étroite qui mène vers un rach, et parviennent sans encombre à distance de combat.

— Le canon, hurle l'adjudant dans le vacarme qui ne décroît pas, vite, en position...

Le tireur du 57 envoie quelques obus sur le flanc droit des bo doîs. « Gare aux méprises, se conseille le chef de commando, tout le monde se ressemble vu d'ici... »

Les coups de canon font mouche. Les Viêts se défilent le long d'un petit bois qui borde une autre coupure d'eau.

— Poursuis-les, ordonne l'ancien tirailleur à Ly Sam, on peut encore en coincer quelques-uns...

D'autres obus explosent juste derrière la fuite bien ordonnée. Le commando rejoint ensuite sans encombre les Vietnamiens du 5e B.V.N. Quelques corps en kaki sont allongés sur un tertre nu.

— Merde, gronde le Lorrain en les apercevant, ils ont salement trinqué...

Un ratissage permet de retrouver une dizaine de rebelles morts. Le patron de l'opération refuse de donner l'ordre de poursuivre la bande qui se défile au loin, poursuivie par quelques éclatements de 57. Le commando rejoint le poste et embarque à 10 heures dans un L.C.M.

— C'est bientôt l'heure de la grand-messe à Ranguevaux, songe soudain le Lorrain, ma femme et mon gosse doivent déjà être dans l'église...

Le bruit des moteurs qui s'enragent pour arracher les engins aux boues du Thi Doï tire le sous-off de sa nostalgie. Le convoi se forme au milieu du large cours d'eau. Les moteurs prennent le rythme lancinant de la croisière. Les commandos, qui n'ont pu fermer l'œil de la nuit, se laissent vite bercer par leurs ronronnements. Ils somnolent dans leur cuve vibrante.

Deux L.C.V.P., blindés et solidement armés, ouvrent la navigation de la colonne d'engins bien étirée en frôlant les rives du canal. La barge du commando de Cantho écrase le sillage du premier des L.C.M de la procession. Péréra, Haï et Ly Canh bavardent un peu avec des marins en kaki, sur l'arrière de l'engin. Puis, adossés à des caisses de munitions, ils se laissent eux aussi saisir par le sommeil.

L'enfer se déchaîne soudain sur le Thi Doï. Le L.C.M. du Lorrain est soulevé par l'explosion d'une énorme mine. Son avant se dresse droit vers le ciel bleu. Son château arrière s'enfonce dans l'eau bouillonnante. Le Ranguevalois rebondit contre une plaque de blindage, et se retrouve dans le canal. Il avale une longue gorgée d'eau au goût de terre pourrie, réalise à peine ce qui vient de se passer, et se met à nager vers les herbes de la rive au milieu d'un groupe affolé. Des hurlements horriblement mêlés montent de la cuve du L.C.M. qui dérive lentement au travers du cours d'eau jonché de caisses éclatées et de débris de toutes sortes. L'ancien tirailleur, à demi assommé, boit une nouvelle tasse, puis s'accroche à une grosse touffe de liserons d'eau. Les hurlements ne cessent pas dans la barge désemparée. Toutes les pièces lourdes des marins tirent sur les deux rives du canal. Le vacarme est dantesque. Ly Canh a rejoint lui aussi la rive du Thi Doï.

— Ce n'était qu'une mine, estime son chef en reprenant tout à fait ses esprits et en étudiant le concert hurlant des 12,7 et des canons de 20 mm, je n'entends pas d'armes viêts...

Tous les hommes projetés à l'eau par l'explosion sont bientôt sur le bord du canal. Ils récupèrent, à bout de souffle et allongés sur le sol détrempé. Le Lorrain reconnaît Ly Canh, et lui adresse un pauvre sourire. Haï grimace à quelques mètres en soutenant de sa main gauche son poignet droit brisé.

— Regroupe tout le monde, ordonne l'adjudant au patron des tigres noirs, et assure-toi que rien ne manque... Moi je retourne sur le L.C.M...

Le sous-off trempé saute dans un L.C.V.P. qui le mène vite à l'engin qui a sauté sur la mine marine. Le spectacle qu'il découvre dans la cuve où dormaient ses fantassins est insoutenable.

— Mon Dieu, gémit-il en contemplant le désastre, mon commando est foutu...

Des plaintes montent d'un inextricable fouillis de corps entassés. Du sang coule sur la tôle mouillée. L'équipage d'un second L.C.M. qui s'est mis à couple de la barge désemparée s'active à dénouer l'atroce entrelacs. Péréra se laisse tomber dans la cuve qui s'emplit lentement d'eau. Il aide les marins en maudissant les Viêts qui ont posé et activé la mine. Siou est parmi les plus touchés.

— Dire, se souvient son chef, qu'il n'avait pas voulu de repos après sa blessure du 9 février... Pourvu qu'il s'en tire...

Le sauvetage est mené à bon train. Tous les blessés sont bientôt allongés dans le second L.C.M. Leur patron établit un premier bilan avec les marins en sueur.

— Un de vos gars est mort, lui annonce-t-on, et vous avez au moins vingt blessés graves...

Le Lorrain ferme les yeux, se sent vaciller, murmure quelques malédictions pour Dieu qui a permis ce carnage le jour de la résurrection de son fils, se contrôle, et se dirige vers les allongés.

Ly Canh, qui a lui aussi rejoint la barge tragique, est prostré près du corps mort de Tach Kiêm. Le Français pose sa main droite sur l'épaule du redoutable pirate. Les deux hommes échangent un long regard. Ils communient dans la peine et la rage impuissante.

Les armes lourdes se sont tues. Le convoi se remet en marche lente vers le Bassac. Les deux L.C.V.P. traînent un long filin pour racler le fond du canal et arracher les éventuels fils de mise à feu électrique qui relieraient d'autres mines à des Viêts tapis dans les bambous des rives.

— Encore heureux, se rend soudain compte le Lorrain, qu'aucune grenade ne se soit dégoupillée dans le fouillis... On a évité une véritable catastrophe !

Les blessés aux membres brisés sont couvés par des infirmiers de la Marine.

— Ils sont formidables les matafs, reconnaît le patron du commando décimé, sans eux la guerre serait pire que ce qu'elle est...

Les engins touchent leurs appontements de Cantho à 16 heures. Des ambulances sont là, qui attendaient les blessés. Le corps de Tach Kiêm est mené au camp des mariés. Vingt-six blessés sont hospitalisés. Péréra ramène une colonne d'éclopés à leurs baraquements. Une ambulance se présente au camp dans la soirée. Des infirmiers déposent dans le foyer le corps de Tran Van Hien qui s'est éteint à l'hôpital.

Les morts sont enterrés le lendemain matin, sans faste fracassant. La tristesse la plus absolue règne au camp des mariés.

Les blessés légers et les rescapés du Thi Doï se reposent une semaine au camp endeuillé. Ly Canh devient l'adjoint de Péréra en remplacement de Haï. Le Lorrain obtient, grâce à l'appui du commissaire de la Sûreté fédérale, la libération de Sinh. Ce dernier promet de se tenir tranquille, et prend le commandement des tigres de Ly Canh.

La mousson du sud-est se déchaîne sur l'ouest de la Cochinchine lorsque le commando, réduit à quarante hommes, repart en opération sur le rach Tra Noc avec des éléments du 5e B.V.N. et les Hoa Hao de Frachet.

Les rescapés des Pâques rouges se retrouvent isolés sous une véritable cataracte en pleine rizière.

— On ne voit pas à deux mètres, râle leur chef, il faut trouver un abri...

La colonne s'extrait de la tourmente, et lutte contre les haies de bambous d'un village.

— On va attendre que ça se passe ici, ordonne le Lorrain en rejoignant l'abri d'une cagna ouverte à tous les vents et coiffée d'une toiture de feuilles de lataniers.

Quelques minutes passent sous l'orage. Des hurlements et une grêle de balles se mêlent ensuite aux furies des éléments.

— Dans la rizière ! hurle l'adjudant trempé en réalisant que rien dans le hameau ne peut correctement protéger ses hommes des balles ennemies.

Les commandos rampent sous la mitraille jusqu'à un fossé plein d'eau.

— On est bien là, estime leur chef en organisant un peu mieux la riposte de ses équipes éparpillées, on va les tenir...

Les rebelles tirent de plus en plus.

— Frachet est bien trop loin pour nous sortir de cette merde, lance l'ancien tirailleur à Gantois qui fait le coup de feu à deux mètres de lui, on ne peut compter que sur nos armes...

Les bo doîs invisibles tentent d'encercler les commandos piégés. Le Lorrain s'en rend compte.

— Joue-leur un air, ordonne-t-il au jeune clairon qui est à demi noyé dans son fossé, on va les bluffer...

Le Cambodgien choisit le morceau qu'il joue le mieux et sonne la charge.

— Bon Dieu, mais ça marche, triomphe le chef de commando en se redressant, ils décrochent...

Les bo doîs, abusés par la sonnerie gaillarde, se défilent sous les trombes d'eau. Les commandos délivrés de leur feu réinvestissent l'abri des paillotes. La tornade cesse bientôt. Les Hoa Hao débouchent sur le site détrempé. Le Lorrain ramène ses hommes au camp des mariés.

— Cette petite sortie va certainement redonner le moral à mes gars, espère-t-il, ils ont tous très bien réagi sous le feu... Ils ont envie de venger leurs morts et leurs copains qui sont encore à l'hôpital pour un bon bout de temps...

43. VENGEANCE SUR LE THI DOÏ

Chacun des premiers jours de mai voit revenir un ou deux blessés au camp des mariés. Péréra ne vit plus qu'à l'affût des nouvelles de Diên Biên Phu. Un message annonce le 7 mai que le camp retranché a été submergé. Le commando se met en grande tenue, calots de marsouins, décorations, courtes guêtres blanches, rend les honneurs au monument aux morts de Cantho, et forme une haie sur le parvis de l'église à la sortie d'une messe dite à la mémoire des morts du camp retranché. Quelques petites opérations sillonnent les rizières dans les jours qui suivent.

— On dirait que nos chefs veulent nous occuper à tout prix, songe le Lorrain au retour d'une course vaine et menée sous un déluge continu, et ils n'ont peut-être pas tort...

Des agents viêts-minhs sèment la pagaille le 19 mai dans Cantho, en l'honneur d'Hô Chi Minh. Une auxiliaire féminine de l'armée de terre est tuée, et un sergent blessé à la jambe, alors qu'ils se promenaient sur une route bien protégée par un poste de partisans.

Frachet et Péréra reçoivent l'ordre, tout aussitôt après l'enterrement de la femme soldat, de nettoyer les approches de Cantho, ainsi que ses quartiers les plus mal famés. Les commandos noirs, Hoa Hao, Cambodgiens et Annamites, ratissent pendant des heures des fouillis surpeuplés, mais ne retrouvent pas trace des assassins.

La plupart des blessés du Thi Doï regagnent le commando à la fin de mai.

— On va pouvoir se remettre au travail sérieux, se promet leur chef en les accueillant au camp des mariés, je n'en ai plus que six à l'hosto...

Le commando renaissant est engagé le 30 mai au nettoyage des bords du rach Van Bu. Il manœuvre une fois encore avec une compagnie du 5e B.V.N. Les Vietnamiens accrochent les premiers. Des ordres fusent de partout.

— On dirait bien que ça merde par chez nous, reconnaît le Lorrain, c'est la pagaille...

Les hommes en noir, qui risquent d'être pris entre deux feux, se tapissent le long de basses diguettes sous un épais tapis de balles.

— On ne bouge plus, recommande l'ancien tirailleur à Haï qui a repris sa place d'adjoint, on va certainement recevoir des ordres. Il n'y a qu'à attendre en ouvrant bien les deux yeux...

Un lieutenant vietnamien se coule bientôt le long de la diguette qui abrite le groupe de commandement du commando. Péréra reçoit la mission d'approcher encore du feu, et de bousculer les Viêts en bout d'un mouvement tournant. Il étudie bien le terrain, choisit un itinéraire, et lance le groupe Ly Canh en tête de sa progression.

Les Cambodgiens, courbés, parcourent trois cents mètres de rizières. Puis les rebelles, qui tiennent sous leurs rafales une section vietnamienne imprudemment engagée très en avant de sa compagnie, les aperçoivent et les fuient.

— Plus vite, hurle le Lorrain à l'adresse de Maï Co qui court en tête de la colonne, il faut en coincer quelques-uns...

Les Cambodgiens ont les traits déformés par la haine.

— Ils vont enfin assouvir leur désir de vengeance, se réjouit leur chef, ce n'est pas trop tôt...

Le parti ennemi réussit à s'échapper. Les Vietnamiens délestés de leur feu accompagnent le repli bien ordonné de longues rafales. Deux bo doïs sont tombés sous les balles de Maï Co et de ses compagnons. Un Cambodgien ramène un fusil anglais flambant neuf à son chef.

— Dommage qu'on ne soit pas arrivés avant les gars du 5e, regrette l'ancien Corsaire en rembarquant dans un L.C.M., on aurait peut-être réussi un bon truc...

Le Lorrain est convoqué le lendemain au P.C. du chef de bataillon vietnamien. L'officier le reçoit en souriant, et le félicite chaudement devant tous les cadres de ses compagnies.

— Je vous ai proposé pour une citation, lui annonce-t-il en fin de speech, vous l'avez bien mérité...

Le sous-off n'en croit pas ses oreilles. « Celle-là, elle est bien bonne, se dit-il en sortant de la sympathique réunion, je n'ai pourtant pas fait grand-chose hier... enfin, ça sera pour les coups où je suis passé au travers... »

Le rythme des opérations ne faiblit pas lorsque commence le mois de juin. Les commandos en quête de vengeance abattent quelques rebelles surpris à bord d'un sampan sur le rach Caï Tan, au sud de Caï Tac. Péréra, une nouvelle fois bien renseigné par Phu, lance dans la nuit du 14 juin un petit commando contre la réunion d'un groupe de cadres du terrorisme. La manœuvre réussit. Deux tueurs sont abattus à quelques centaines de mètres de la sortie sud de Cantho, et le Lorrain remet un prisonnier à la Sûreté fédérale. Le captif faisait partie du groupe qui a tué l'A.F.A.T. de l'état-major. Il est condamné à mort et fusillé par un peloton d'exécution formé de volontaires du commando qui l'a capturé.

Le général Ely a remplacé Navarre au commandement supérieur de l'armée d'Indochine.

— Si seulement il avait l'idée de venir par chez nous en inspection, espère son ancien caporal du 10e B.C.P., ça me ferait tout drôle de le revoir...

Une nouvelle opération est montée le 24 juin, sur les rives du Thi Doï. La nouvelle énerve le commando Péréra. Ses groupes débarquent à l'aube auprès du poste de Thoï Laï. Les Hoa Hao sont eux aussi engagés dans la manœuvre. Ils viennent de fêter l'anniversaire de la création de leur redoutable secte par Huynh Phu So, le Bonze fou. Une première journée de fouille ne donne rien. Frachet part avec ses hommes bien avant l'aube du 25 pour éclairer les berges du canal tragique. Péréra fait ensuite embarquer ses groupes dans un L.C.M. Le convoi de Marine Cantho pique vers le sud. Comme après l'explosion de la mine de Pâques, deux L.C.V.P. traînent un filin sur toute la largeur du canal, pour draguer les fils de mise à feu de mines.

Le L.C.M. du Lorrain navigue cette fois en quatrième position, dans le sillage du long L.C.T. de commandement du pacha des marins. Les eaux grises du Thi Doï charrient des tonnes de locs binhs et quelques troncs d'arbres. Le Lorrain, appuyé à la rambarde arrière de sa barge, laisse traîner son regard sur les rives du canal qui défilent lentement autour de lui.

— Voilà Frachet, lance-t-il à Haï après une monotone navigation à travers une platitude plantée par endroits de bananeraies, de mangroves et de cocotiers.

Les Hoa Hao se sont étalés sur les bords du cours d'eau. Ils font de grands signes de bras pour saluer le passage ronronnant des engins gris. Les miradors du dernier des postes défendant le canal apparaissent, à moins d'un kilomètre au sud. Les deux L.C.V.P. qui frôlent les rives du Thi Doï mettent soudain en panne. Tous les autres engins les imitent. Le L.C.M. du commando pique du nez vers les hautes herbes de la rive. Le S.C.R. 300 des marins ne cesse de crachoter des messages hachés.

— Les gens du L.C.V.P. ont repéré une mine, apprend le patron de la barge au Lorrain, je dois vous débarquer... Le pacha vous réclame à sa hauteur...

Le mot mine résonne mal aux oreilles des commandos. Ils ne se décrispent qu'une fois débarqués. Leur chef prend rapidement ses ordres au ras du L.C.T.

— Commencez votre mouvement, s'entend-il intimer, il faut que je neutralise la mine...

La colonne des hommes en noir patauge pendant six cents mètres dans une boue brune. Elle parvient bientôt à la hauteur des L.C.V.P. La mine a déjà été ramenée en surface. Elle flotte, énorme et hérissée d'antennes.

— On dirait un oursin géant, remarque le Lorrain qui a du mal à détacher son regard du piège, c'est sans doute une comme celle-là qui nous a foutus en l'air à Pâques...

Ly Canh engage ensuite ses voltigeurs de tête au travers d'un marécage, puis dans une zone plantée de hautes herbes coupantes, et enfin sur le long glacis dégagé qui mène au poste bâti sur la rive opposée du canal.

Le débarcadère du haut fortin est encombré de partisans, de femmes, et d'une marmaille braillarde.

— On continue, ordonne l'adjudant après avoir laissé ses hommes échanger des plaisanteries avec les partisans, étalez-vous mieux que ça...

La végétation s'épaissit trois cents mètres seulement après le poste. La piste se rétrécit, et disparaît tout à fait, mangée par des touffes de hauts joncs. Les commandos marchent bientôt dans un véritable tunnel. Des froissements de branchages alertent leurs éclaireurs. Puis naissent des martèlements de galopade. Péréra échange un coup d'œil d'intelligence avec Ly Canh qui s'est agenouillé. Les deux sous-officiers n'ont depuis longtemps déjà plus besoin de parler pour se comprendre. Des rafales jaillissent soudain de la profondeur du maquis. Les Thompson du groupe noir ripostent dans la seconde. Un Cambodgien dégoupille une grenade offensive. L'explosion de l'engin bien lancé est suivie d'une seconde galopade. Ly Canh et Siou entraînent leurs voltigeurs à la poursuite des Viêts-minhs invisibles.

Un commando se penche sur le corps d'un ennemi abattu, l'achève d'une courte rafale, et se relève, triomphant, en brandissant le fusil anglais du mort.

Les groupes parcourent plus de six cents mètres en tiraillant. Les bo doïs débandés bifurquent vers la droite, en longeant un affluent du Thi Doï. Ils se défilent bientôt derrière l'abri de quelques palétuviers.

— On continue, crie le Lorrain au souffle raccourci par l'effort, ils vont bien finir par s'arrêter...

Le groupe de fuyards traverse soudain l'arroyo sur un pont de singe, et se jette au travers d'une rizière abandonnée pour rejoindre une cocoteraie. L'ancien tirailleur avise une levée de terre plantée d'une paillote.

— Je serai bien là-haut pour mener cette affaire, se dit-il en se dirigeant vers le tertre. Et, une fois parvenu à la cagna, il braque ses jumelles sur les fuyards.

— Il y en a quinze, souffle-t-il à Sinh et à Soinard qui ont gravi la levée de erre avec lui, ils sont encore loin des arbres... Faites venir le 57 !

Les servants de l'arme lourde n'ont pu suivre le rythme de la poursuite. Deux minutes passent avant qu'ils ne mettent leur pièce en batterie. Les obus éclatent au milieu des Viêts qui parviennent tout juste à la ligne de la cocoteraie. Des rafales arrosent la paillote en riposte.

— Plus long, ordonne le chef de commando, fais-les taire !

L'arme crache une nouvelle volée d'obus qui éclatent tous entre les arbres. Les armes ennemies n'insistent pas. Péréra rameute le groupe Ly Canh grâce à un rappel sonné au clairon. Une fouille rapide de la rive du canal permet aux commandos de retrouver deux autres rebelles morts.

Le Ranguevalois relance son avance au bord du Thi Doï. Le commando parvient au bout d'une demi-heure à la lisière d'un village entouré de cocotiers. Ly Canh part le reconnaître avec son groupe. Un de ses hommes revient au bout d'un quart d'heure vers le reste de la colonne tapie en veille.

— Il n'y a personne, annonce l'estafette en petit-nègre, mais il y a beaucoup à manger...

La nouvelle balaie les fatigues de la poursuite. Les commandos affamés s'égaillent bientôt à la chasse aux poulets et aux cochons rondouillards pendant que leur chef constate, en consultant sa carte d'état-major, que c'est justement à ce village qu'il doit se poster pour la journée. Une bonne odeur de cuisine indochinoise emplit vite la cocoteraie. Les Cambodgiens de Ly Canh ont regroupé quelques sampans à l'embarcadère du village. Les premiers engins de Marine Cantho débouchent sur le canal un peu après midi. Le L.C.T. gris de leur pacha ralentit à la hauteur des cagnas.

— Qu'est-ce qui s'est passé ? crie-t-il au Lorrain.

Ce dernier fait un rapide rapport.

— Parfait, lui lance l'officier de marine, quant à nous, la mine est chargée dans un L.C.M...

Le L.C.T. reprend de la vitesse.

— Bon, explique l'adjudant à ses chefs de groupe en train de manger, on n'a plus qu'à attendre ici le retour des matafs...

L'adjudant partage le menu de Sinh et de Gantois, envoie le groupe Lieu en veille à trois cents mètres du canal, dans des paillotes bâties au bord d'un petit rach, et décide de faire une petite sieste dans la cahute qui sent le poisson pourri.

Un coup de feu le réveille un peu après 14 heures. « C'est un Viêt qui se défoule, se dit-il en se rallongeant sur son bat-flanc, il tire de bien trop loin... »

Un deuxième coup de fusil empêche le sous-officier de retrouver le sommeil. « Faut tout de même aller voir », se décide-t-il.

Sinh s'encadre dans la porte de la paillote, qui venait avertir son chef.

— File chez Lieu, lui ordonne ce dernier, et reviens vite au rapport...

Le pirate part vers le rach en se dissimulant derrière des joncs. Le caporal Tran, l'adjoint de Lieu, l'accompagne lorsqu'il est de retour.

— C'est beaucoup Viêts-minhs venir, zézaye-t-il les yeux brillants d'excitation, c'est eux tirer sur nous pendant la chasse au poulet...

Le Lorrain réfléchit vite. « Les Viêts n'ont pas pu nous voir, se dit-il, ils doivent vouloir tomber sur les gars de Lieu... On va essayer de les coincer... » Et il ordonne à Tran de le mener au groupe Lieu.

Les deux hommes cheminent furtivement au travers des joncs. Lieu montre à son chef l'endroit où sont apparus les premiers rebelles.

— Fais semblant de ne pas t'occuper d'eux, lui ordonne le Lorrain, ne tire pas avant le signal du clairon, je leur réserve une petite surprise...

L'adjudant revient vers le gros de son commando. Sinh l'attend avec ses chefs de groupe.

— Voilà, leur explique-t-il, on va aller renforcer Lieu sans se faire voir... Et on contre-attaquera dès que les Viêts vont bouger...

Le commando tout entier se met à ramper vers le groupe menacé. Haï mène deux groupes sur la droite du petit rach. Ly Canh mène ses tigres deux cents mètres plus à droite encore. Péréra place le groupe lourd en appui tout près du Thi Doï, et rejoint Lieu avec son dernier groupe. La mise en place du piège demande plus d'une demi-heure. Pas un coup de feu n'a salué le mouvement rampant.

— On y est, mon vieux Lulu, se dit le Lorrain qui s'est camouflé derrière une paillote avec son équipe de commandement, il va falloir jouer serré...

L'ancien maquisard a choisi d'attaquer au travers d'une zone de rizières à demi inondées, et sur la rive droite du petit rach.

— Les Viêts ! souffle soudain Sinh.

Des bo doîs apparaissent à deux cents mètres. Des ondulations de hautes herbes en trahissent d'autres.

— Ils ont donné dans le panneau, gronde le Lorrain, on va les avoir...

La tension s'épaissit. Les commandos ne font plus un geste, et retiennent leur souffle. Des oiseaux crient vers le Thi Doï. Le jeune clairon ne quitte pas son chef du regard, guettant l'ordre de sonner la charge. Les bo doîs sont à moins de cent mètres de la paillote qui dissimule l'équipe de commandement de l'ancien tirailleur.

— A l'assaut ! hurle ce dernier, vas-y, sonne...

Le petit Cambodgien embouche son clairon rutilant et donne le signal du rush. Ses compagnons hurlent et courent en tiraillant. Les Viêts, surpris par la largeur de l'attaque, reculent tout de suite. Certains d'entre eux tombent dans le marécage. Les tigres de Ly Canh stoppent de leurs rafales de 11,43 une tentative de défilement sur leur droite. Le clairon sonne à perdre haleine. Péréra s'engage à la course au long d'une rigole d'eau noire. Un Viêt se lève soudain, à dix mètres de lui, et le met en joue. La balle ennemie claque à quelques centimètres de lui.

— Tu m'as raté, gronde l'adjudant, mais moi je vais t'avoir...

Le bo doî détale à toutes jambes. Un premier projectile de carabine U.S. le manque. Le Français, qui perd du terrain, tire une deuxième balle sur l'homme qui fuit, chemisette kaki au vent.

— C'est pas vrai, peste-t-il, je l'ai encore manqué...

Tout le reste du combat bien engagé ne compte plus pour l'adjudant. Seul lui importe le duel avec le bo doî en chemise. Il stoppe sa course, met un genou en terre, prend le temps de viser, et tire une troisième balle. Le rebelle ne vacille pas. Il se défait de son casque conique, et trouve la ressource nécessaire pour allonger encore ses foulées. Le Lorrain tire ainsi les huit balles de son chargeur noir.

— Il m'a roulé, reconnaît-il sportivement en engageant un chargeur plein sous la culasse de sa carabine, je ne l'aurai plus...

L'adjudant furieux est dangereusement engagé dans la rizière. « S'ils lancent une contre-attaque je suis foutu », envisage-t-il calmement en décidant d'abandonner la folle poursuite.

Trois commandos rejoignent l'isolé. L'un d'eux, tout sourire, porte un fusil récupéré. « Bon Dieu, se rend compte son chef, mes gars sont méchamment éparpillés sur la droite... Faut les rameuter ! »

Le petit clairon sonne toujours la charge dans le vacarme du combat. Péréra lui fait signe de le rejoindre. La sonnerie du rappel met un terme à la poursuite. Les armes se taisent. Les groupes sont maintenant à près d'un kilomètre du Thi Doï.

— Bon, lance Péréra à ses gradés, maintenant il faut fouiller le terrain... Des pertes ?

L'adjudant sourit en apprenant qu'il n'y a qu'un blessé dans tout le commando : le caporal Maï Vreng, qui a reçu une balle dans la cuisse. La fouille rapide du champ de bataille s'achève lorsque quatorze corps de bo doîs ont été découverts dans les hautes herbes et qu'ont été retrouvés six fusils.

— Portez les cadavres au bord de l'arroyo, ordonne le chef des commandos rayonnants, on va les charger dans les sampans pour les ramener à l'embarcadère du village...

Les embarcations récupérées sont vite amenées à pied d'œuvre. Les tigres de Ly Canh jettent à leur bord les corps criblés de balles en lançant des plaisanteries en khmer. Le matériel retrouvé épars sur les brisées de la fuite est chargé près des formes flasques.

— Et naturellement, regrette l'adjudant après avoir donné l'ordre de revenir au bord du Thi Doï, il n'y a pas un seul prisonnier... Mes gars ont voulu se venger jusqu'au bout... Ils peuvent maintenant oublier les Pâques rouges...

La guerre d'Indochine se termine dans la confusion. Péréra apprend le 20 juillet, au retour d'une petite opération sur les bords du Xa No, que l'armistice consommant la défaite des armées françaises au Tonkin vient d'être signé à Genève. La nouvelle le frappe de plein fouet alors qu'il rembarque dans un L.C.M.

— On avait beau s'y attendre, reconnaît-il tristement, ça fait tout de même quelque chose d'apprendre qu'on a perdu une guerre...

Les engins abordent deux heures plus tard à Cantho. Une deuxième mauvaise nouvelle tombe sur l'adjudant. Le groupe qu'il avait détaché à la protection d'un officier supérieur partant en inspection vers Thot Not a sauté sur une mine. Les commandos trouvent le camp des mariés en effervescence. Phu donne des précisions sur la catastrophe.

— Il y a eu quatre morts et sept blessés, annonce-t-il à son chef atterré, les blessés sont à l'hôpital, mais les morts sont encore sur la route de Thot Not...

Le Lorrain demeure un instant abasourdi.

— Il faut aller chercher nos pauvres gars, rugit-il soudain, et tout de suite...

Les commandos rendus furieux par la nouvelle embarquent dans des G.M.C. qui prennent aussitôt la route du nord-ouest. Les chauffeurs roulent à tombeau ouvert. L'endroit de l'explosion est vite atteint. Le 6X6 est disloqué dans le fossé de la route. Les quatre corps sont déjà enroulés et ficelés dans des nattes, et déposés dans une paillote proche de la route éclatée.

Une compagnie du 5e B.V.N a passé tout le secteur au peigne fin. Sinh et quelques Cambodgiens se ruent en hurlant sur un groupe de suspects ramassés au cours de la fouille. Leurs cris alertent Péréra.

— Arrêtez ! leur ordonne-t-il en vain.

Les coups de crosse pleuvent sur les nha qués tassés au sol.

— Sinh, hurle à nouveau le Lorrain, ça suffit, on rentre !

Des sergents du bataillon vietnamien entourent les commandos ivres de fureur. La tension atteint vite l'insoutenable. « Mon pirate va tirer, craint un instant l'adjudant, quelle connerie... »

L'Annamite serre violemment les mâchoires. Son regard croise une seconde celui de son chef. Ce dernier lit dans les yeux noirs de son garde du corps toute la détresse d'un homme qui a perdu les meilleurs des siens.

— Allez, viens, lui souffle-t-il en le prenant par le bras, on rentre à Cantho, c'est fini !

Les morts saucissonnés sont chargés dans le premier G.M.C. Le convoi reprend la route du sud-est. Des commandos exorcisent leur fureur en tirant des rafales de Thompson au hasard dans les rizières.

Phu est atterré en accueillant ses compagnons.

— Le sergent Le Van Sau est mort à l'hôpital, susurre-t-il au Lorrain, je viens tout juste de l'apprendre...

Le patron du commando fait toute la nuit la navette entre le camp en ébullition et l'hôpital. Un deuxième blessé succombe à l'aube.

Les sept morts sont enterrés dès le lendemain. Toute la population du camp des mariés assiste à la cérémonie. Les commandos ont les traits durs.

« Curieuse fin de guerre, songe leur chef après les obsèques, elle est peut-être finie pour nous, mais Sinh, Ly Canh et tous les autres auront toujours quelqu'un à venger... »

44. AVEC DES APPELÉS EN ALGÉRIE

Le cessez-le-feu, qui a été imposé dès le 27 juillet 1954 au Tonkin, est appliqué le 11 août en Cochinchine. Péréra quitte Cantho le 25 septembre et, le 3 octobre, embarque à bord d'un Armagnac d'Air France. Le lourd appareil s'arrache en grondant de la piste de Gia Dinh.

— J'ai la sale sensation d'avoir trahi, reconnaît l'ancien chef pirate de Cantho qui vient d'être promu adjudant-chef, je serai toujours malade de l'Indochine...

Des fantômes obsédants escortent le sous-off. Sinh, à qui il a offert son pistolet allemand, le vieux Phu, Ly Canh, le tigre cruel, le courageux petit clairon qui sonnait si bien la charge sous la mitraille, Siou, Haï, et tous les autres, les vivants et les morts, qui semblent lui reprocher son départ. « On dirait que le monde entier a honte de nous, se dit le guerrier hanté d'images fortes, je n'ai même pas eu le droit de voyager en uniforme... »

Le Lorrain est vêtu du costume de prince-de-galles bleu pétrole que lui a taillé un Chinois de Cantho.

L'avion rempli de rapatriables fait escale à Karachi et à Beyrouth, puis se pose à Marseille. L'ancien patron de commando plonge dans la banalité. Il file à la gare Saint-Charles et se retrouve, à peine éveillé d'un long rêve de vingt-sept mois, sur le quai de la gare de Metz. Sa jeune femme est là, avec son fils.

— Bon Dieu, que c'est bon, se réjouit le rescapé de mille dangers en prolongeant la première étreinte des retrouvailles, j'avais oublié tout ça...

Le sous-off reçoit une formidable gifle de bonheur lorsque son tout petit bout d'homme de fils glisse une menotte tiède dans sa main faite pour tenir une arme.

— Je ne partirai plus, fiston, s'entend-il murmurer, c'est bien fini, la guerre...

Un congé de fin de campagne passe vite. L'ancien coureur de rizières, bien réadapté au rythme plat de la vie métropolitaine, rejoint au mois de mars 1955 la caserne Rafenel et le 151e R.I., son ancien régiment.

Le 151e, commandé par le colonel Alix, est en train de se transformer en unité mécanisée et composée de quatre compagnies. « On s'y fera, envisage sereinement le nouvel affecté, un sous-off doit se plier à tout... »

L'adjudant-chef dix fois cité au feu se présente à son commandant de compagnie, un grand capitaine d'une trentaine d'années qu'il range tout de suite dans la catégorie boy-scout.

— Je vous affecte à la 3e section, décide le capitaine à l'issue d'un entretien glacé, bonne chance au régiment...

L'ancien chef de pirates se retrouve à la tête d'une section forte d'une trentaine d'appelés. « Ça va certainement me changer des tigres de Ly Canh, ne peut-il s'empêcher de penser, l'aventure est bien finie... »

Le 151e R.I. est rattaché à la 2e division d'infanterie mécanisée qui est commandée par Beaufre, un grand général à la silhouette de sous-lieutenant. « Il a de la gueule, se réjouit l'ancien chef de bande, dommage qu'il ne nous commande qu'en temps de paix... »

Le régiment lorrain se rode vite aux impératifs de sa nouvelle vocation. Péréra se donne à fond à l'instruction de ses recrues. Il a retrouvé à sa compagnie des anciens comme Portet, Defrance, Boelinger, le sergent Linhart, qui était à Diên Biên Phu, Romagnoli, Yvin, Bertin, Wurtz, Collot, Le Targa, Jacques, Monier et Huet. Tous ces gradés confirmés ont en moyenne deux ou trois clous sur leur croix de guerre. Des gradés du contingent, les aspirants Querquetin et Cailleux, les sergents Mithieu, Lecuyer, Fouassier, Vireto, Sevo, Orsini et Franchina, deux solides mineurs lorrains, complètent l'encadrement de la compagnie.

La division Beaufre est en manœuvre lorsque tombe l'annonce de son départ en Algérie. L'exercice est écourté. Le 151e regagne la caserne Rafenel.

— On a l'air bien pressé de nous envoyer en Afrique du Nord, constate le Lorrain tandis que sa compagnie achève de se recouler au vieux moule de l'infanterie, il n'y a pourtant pas le feu là-bas... C'est tout de même pas l'Indo...

Les choses se précipitent. Le régiment défile, musique et drapeau en tête, jusqu'à la monumentale gare de Metz. Deux longs trains quittent la Lorraine à la nuit. Les appelés sont à Marseille le lendemain, où ils embarquent sur le *Kairouan*.

Le haut bateau blanc touche Alger le 7 juin 1955 dans la matinée.

Le 151e patiente désagréablement pendant trois jours dans des hangars du port, où les appelés et leurs gradés dorment sur de la paille. Il est ensuite mené en camions à L'Arba, une petite ville bâtie à trente kilomètres au sud-ouest d'Alger et au milieu de vastes étendues de vignes. La compagnie du Lorrain cantonne à la ferme Ben Ahcen, à portée de mortier du P.C. régimentaire.

Les sections passent leur temps à se préparer à défiler dans Alger avec toute la 2e D.I.M. Les Algérois ovationnent les douze mille hommes qui défilent derrière le général Beaufre qui se tient très raide, debout dans un *command-car* escorté de motards.

— Bon, espère le Lorrain sur le chemin du retour à L'Arba, maintenant qu'on s'est fait applaudir, on va peut-être penser à faire la guerre...

Le vœu du baroudeur est vite exaucé. Les appelés démontent leurs tentes et plient bagage le soir même pour gagner la montagne de Kabylie, au-dessus de Tizi-Ouzou. Les compagnies essaiment pour occuper des petits villages. La 3e compagnie se retrouve cantonnée dans une colonie de vacances désaffectée, au-dessus du col d'Agouni-Gourghane. Le capitaine, qui a installé son P.C. dans une maison forestière située à moins de cent mètres du grand bâtiment vidé de tous ses meubles, engage ses sections dans une première opération après quelques jours d'accoutumance.

Les fantassins casqués sont trop lourdement équipés au goût de Péréra.

— On est prêts pour attaquer la Wehrmacht, lance ce dernier à un autre ancien d'Indochine, c'est vraiment la guerre pour notre capitaine...

Le commandant de compagnie manœuvre comme en école de guerre. Ses sections, étalées en triangle, dévalent et escaladent des pentes de pitons. Tout le monde est en eau au bout d'une heure de fouille. Les appelés, pliés en deux sous le poids de leur équipement mal adapté, râlent sec. Le soleil tape dur aux flancs de la montagne kabyle. La progression maladroite ne rencontre pas âme qui vive tout au long de la matinée. La compagnie fait halte pour manger le long d'un oued à sec. Quelques fantassins défont leurs rangers de cuir, tous se dépoitraillent, et s'allongent pour récupérer. Les dominos blancs de quelques mechtas piquettent le flanc de la montagne, à quelques centaines de mètres au-dessus de la compagnie harassée.

— On va les fouiller, décide le capitaine en les montrant de la main à ses six chefs de section rameutés autour de lui, tout le monde en marche...

Le calvaire des appelés reprend. Ceux qui avaient ôté leurs rangers peinent plus que les autres. Les mechtas isolées sont vite cernées.

— Il n'y a pas un homme en âge de porter les armes, constate Péréra, rien que des femmes et des gosses...

Les gourbis sont prudemment fouillés par quelques voltigeurs pendant que le gros de la compagnie demeure à l'écart du village. Un message radio crachoté par le S.C.R. 300 du capitaine rappelle les sections à la colonie de vacances. Péréra est blasé.

— Les leçons d'Indochine n'ont servi à rien, regrette-t-il en revivant la dure journée de mise en jambes, j'ai l'impression qu'on est assez mal partis... A moins qu'on s'allège sérieusement...

Les chefs de section touchent dans les jours suivants des fiches de renseignements concernant les chefs de la rébellion en Kabylie : Krim Belkhacem, Ouamram et Ali Kodja. Puis la compagnie est enlevée en camions de son col dans la nuit du 26 juin pour rejoindre le régiment qui est engagé dans une grosse opération qui ne donne rien.

— Ça ne tient pas debout ces gros trucs-là, mon capitaine, explique le Lorrain au retour de la manœuvre qui s'est terminée par la fouille vaine d'un douar aux ruelles encaissées. Il faudrait qu'on sorte la nuit par petits groupes...

Le commandant de compagnie est perplexe. Il connaît le passé de son chef de section.

— Vous n'êtes plus dans les rizières, lui fait-il maladroitement remarquer, ici ce n'est pas la même guerre qu'en Indochine...

Le sous-off laisse parler son patron. « Qu'est-ce que tu sais de l'Indo, se dit-il in petto, tu n'y as jamais mis les pieds... »

Le capitaine accepte tout de même de laisser agir l'ancien chef de commando. Ce dernier goûte à nouveau aux émotions de la traque. Quelques Kabyles s'apprivoisent. Certains d'entre eux s'enhardissent à venir rôder à la colonie de vacances.

Un petit berger, crâne presque tondu et pantalon de coutil déchiré, est amené à Péréra par une sentinelle à l'heure de la sieste.

— Il y a des fellagha dans mon douar, lance le petit Kabyle d'un ton péremptoire, il faut venir avec moi...

Le gosse paraît sincère. Le Lorrain balaie vite l'idée d'un piège, s'équipe d'une Mat 49, rameute quatre sergents et quelques hommes, et entraîne son monde à la course derrière le petit berger dépenaillé. Le douar signalé est à un peu plus d'un kilomètre de la colonie de vacances. Les voltigeurs dévalent une longue pente caillouteuse en rupture d'équilibre.

— Ils se barrent, rage leur chef, plus vite...

Quelques silhouettes sortent d'une mechta, et fuient vers la ligne de crête qui court au-dessus du village. Le Lorrain se retrouve tout en avant de sa petite troupe. Il ne reste plus qu'un fantassin à sa hauteur lorsqu'il atteint à son tour l'arête du djebel. Les deux hommes lâchent quelques courtes rafales sur les silhouettes sautillantes des fuyards.

— C'est foutu, gronde l'adjudant-chef en enrayant sa course, on retourne au village...

Le reste de la patrouille a fouillé la mechta. Péréra oublie ses désillusions en apercevant un grand Kabyle assis contre une murette, les poings liés. L'homme est tête nue, maigre comme tous les coureurs de djebel, vêtu d'un pantalon de toile bleue et d'une veste marron beaucoup trop courte pour lui.

— On rentre, ordonne le Lorrain, le capitaine doit nous attendre...

Le prisonnier est rapidement questionné par l'adjudant Portet, qui parle presque couramment l'arabe, puis dirigé vers le P.C. du régiment.

La compagnie change de chef le 1er juillet. Un lieutenant assez âgé succède au jeune capitaine.

— On n'a vraiment pas de pot avec nos officiers, fait remarquer le Lorrain à Le Targa, le petit sergent breton qui est son adjoint, un gars comme ça n'aurait même pas le temps de déballer sa cantine chez Bigeard... Mais pour nous, pauvres biffins, tu vas voir qu'il va faire l'affaire...

Le Lorrain ne se trompe pas sur les qualités du nouveau venu. Le lieutenant n'a pas pris ses fonctions depuis trois jours que son P.C. est pratiquement commandé par Portet et Boelinger.

Les opérations prennent un rythme de croisière. Le Lorrain a la chance de récupérer trois fusils de chasse dans une mechta.

— Ça va peut-être remonter la cote de la compagnie, espère-t-il, elle en a bien besoin...

Les 2e et 4e compagnies accrochent peu après des rebelles dans leurs secteurs, et en abattent une quinzaine. L'ancien pirate du Bassac apprend la nouvelle avec un rien de jalousie.

— C'est pas à nous que ça arriverait, lance-t-il à Portet, nous, on est tout juste bons pour garder ce foutu col...

L'ambiance se dégrade de jour en jour à la colonie de vacances. Le nouveau patron de la compagnie est un alcoolique qui se saoule consciencieusement avec son sergent d'ordinaire, ce qui a de fâcheuses incidences sur la qualité de la nourriture.

— Ça ne peut plus durer, estime bientôt le Lorrain, nos gars commencent à râler...

Les autres sous-officiers sont du même avis que l'adjudant-chef aux dix croix de guerre. Ils établissent une pétition pour obtenir la relève du sergent ivrogne. Ce dernier est vite remplacé par Collot, un solide ancien d'Indochine.

— Espérons que le lieut' a compris l'avertissement, se dit Péréra lorsque l'ordinaire a retrouvé une qualité acceptable.

La compagnie mal commandée reçoit l'ordre d'aller ratisser un djebel au-dessus du petit port de Port-Gueydon. La montagne surchauffée par le soleil de juillet est ravinée d'oueds à sec, parsemée d'énormes blocs de rocher, et plantée de quelques chênes-lièges et de buissons d'épineux. Des villages haut perchés ressemblent à des châteaux moyenâgeux. Les fantassins progressent lentement en essayant de ne pas se perdre de vue. La fouille vaine dure jusqu'en fin de journée. Quelques silhouettes pressées jaillissent soudain à quatre cents mètres du Lorrain qui s'est arrêté pour observer tout au haut d'un rocher.

— Tout le monde fonce, ordonne-t-il en lançant ses groupes en poursuite, il nous les faut...

Une plaque de rocher cède sous un pied du sous-off. Ce dernier tombe à bas de son promontoire sans pouvoir se retenir. Il rebondit par trois fois sur des arêtes coupantes, et un énorme buisson de piquants l'empêche de dévaler plus bas.

— J'ai eu chaud, reconnaît le Lorrain en se retrouvant allongé sur le dos au-dessus du vide, j'aurais pu me tuer...

Des coups de feu éclatent. « Nom de Dieu, ce sont mes gars, estime l'homme miraculeusement agrippé à son buisson, il faut que je me sorte de là... » Et il entame l'ascension du rocher en grimaçant de douleur. Son radio, qui s'est aperçu de sa chute, lui tend bientôt la main.

— Les fells se taillent, commente l'homme au petit poste vert, ils filent drôlement vite...

L'adjudant-chef a du mal à se relever. Il a la cuisse droite et le coude gauche profondément déchirés et saigne abondamment. Les coups de feu cessent. Les voltigeurs reviennent sur leurs pas.

— On les a ratés de peu, annonce Le Targa à son chef ensanglanté, on n'a pas eu de chance...

La nuit s'annonce. Les sections se regroupent pour rejoindre des G.M.C. qui les ramènent à la colonie de vacances. Péréra se fait soigner par l'infirmier de la compagnie, mais n'accepte pas de quitter le commandement de sa section.

— Pas question, refuse-t-il, ce n'est pas le moment... Je crois qu'on va enfin tomber sur des vrais fells...

Le lieutenant, qui boit de plus en plus, reçoit l'ordre d'abandonner sa colonie de vacances, au milieu du mois d'août, pour aller occuper de nouvelles positions montagneuses, à vingt kilomètres au sud de Tizi-Ouzou, autour du douar de Mizleta.

Les G.M.C. passent par Oued-Aïssi, où se trouve le P.C. du régiment, et remontent deux jours plus tard dans le massif kabyle en empruntant une route qui court en lacet dans un labyrinthe surplombé d'énormes monolithes. « Joli coin à embuscade, estime le Lorrain qui ressent depuis quelques jours la gêne d'une grosseur au coude gauche. Si j'étais un chef rebelle, je ferais de jolis cartons sur tout ce qui passe... »

La compagnie éclate une fois arrivée dans son nouveau secteur. Deux de ses sections, la 2e et la 4e, s'installent dans une vallée à dix kilomètres du P.C. du lieutenant éthylique, dans une école désaffectée, et dans des entrepôts désertés. Le gros de la compagnie, 1re section, section d'appui et section de commandement, s'étale en point d'appui sur un éperon rocheux dominant une courbe de route.

— Et moi, mon lieutenant, s'inquiète l'adjudant-chef au coude douloureux, où est-ce que je dois m'installer ?

Le lieutenant ne se lance pas dans de longues explications.

— Là-haut, souffle-t-il simplement en tendant le bras vers un piton dominant le bivouac à près de cinq cents mètres, vous voyez bien qu'il n'y a plus de place ici…

Le Lorrain obéit.

— Il est complètement bourré, se rend-il compte en entamant la grimpée. Au moins là-haut je ne l'aurai pas tout le temps sur le dos… C'est déjà ça de bon…

Les fantassins de la 3e section ne trouvent que des cailloux et quelques arbres à troncs noués sur le promontoire.

— Montez les tentes, leur ordonne leur chef, et commencez à nettoyer le coin…

Le bivouac prend forme. Les hommes couchent à deux dans des petites tentes qu'ils ont rapidement bordées de murettes de pierraille. L'endroit n'est pas très éloigné d'un petit douar.

— On ira le reconnaître demain dès l'aube, décide l'ancien pirate de Cantho. Tout le monde au pieu…

Les tours de garde sont vite partagés. La fraîche tombe. Les hommes, qui ne se sont pas déshabillés, grelottent sous leurs faibles abris.

Le village ne révèle que des femmes, quelques chibanis édentés, et des gosses sales.

— Ramassez tout ce que vous trouverez comme bouts de bois, ordonne le chef de section, il faut améliorer le campement…

Le bivouac est à peine vivable lorsque naît le mois de septembre. Péréra l'a baptisé « point d'appui Monique », en souvenir de son épouse. L'endroit est difficilement ravitaillé en eau. Les appelés ne se lavent presque plus, et ne se rasent pas souvent.

— Je me demande bien ce qu'on fait ici, râle leur chef en tâtant son coude de plus en plus douloureux, ce n'est pas possible, on nous a oubliés !

L'infirmier de la compagnie ne peut rien faire pour l'adjudant-chef qui ne comprend pas la tactique de ses supérieurs.

— Il va certainement falloir vous faire opérer, avance-t-il à la fin d'une consultation, je crois bien que c'est grave…

Le Lorrain descend à Alger. Se fait ouvrir le coude. Refuse une convalescence. Et rejoint son piton embrumé avec le bras en écharpe.

Des pluies d'automne s'abattent sur la montagne. Le bivouac de la 3e section est traversé par des coulées de boue.

— Ils sont rudement bien mes petits gars, reconnaît l'opéré, j'ai connu des engagés qui foutaient la merde pour bien moins que ça...

Les toiles des tentes sont vieilles et prennent l'eau. La nuit est infernale. Les fantassins se sont enroulés dans des couvertures humides et, serrés deux à deux, attendent l'aube sans vraiment se reposer. Les heures passent, invivables et hachées par les plaintes d'un appelé.

— Putain d'Algérie, ronchonne-t-il, putain de pluie, putain de général de merde, putain de colonel, putain de lieutenant, putain de tente, putain de quille qui ne vient pas...

Péréra ne dort pas. Il apprécie que le râleur l'ait oublié dans sa litanie d'obscénités. La pluie cesse enfin un peu avant l'aube. Les hommes mal reposés ont le visage terreux. Ils sortent un à un de leurs inconfortables couchages. Ils ont les yeux rouges. « Pauvres gosses, les plaint leur chef, on leur fait supporter tout ça pourquoi ? »

Un soleil torride se lève. Les toiles des tentes se mettent à fumer. Il ne pleut plus pendant trois jours. Un mouvement de relève est enfin annoncé.

— On va vivre au village dans la vallée, explique Péréra à ses hommes, on sera peinards, il paraît qu'il y a même des plumards, et des orangers...

Les conscrits oublient d'un seul coup l'enfer de leur isolement. Ils sourient.

Un contrordre les attend dans la vallée.

— La section est désignée pour assurer la protection du colonel à Oued-Aïssi, leur apprend leur chef. C'est pas drôle, mais faut y aller...

Protection du P.C. veut dire tenue impeccable et gardes d'honneur. Les voltigeurs et les servants de pièce de fusils-mitrailleurs font la grimace.

Le colonel Alix a été remplacé par le colonel de Sagazan, un grand homme massif et très amène.

— Vous m'escorterez à chacun de mes mouvements, explique-t-il au sous-off qui se présente à son P.C., vous aurez deux half-tracks...

Le bruit court à Oued-Aïssi qu'une division alpine se prépare à quitter la France pour relever la 2e D.I.M. dans les montagnes de Grande Kabylie.

— Ils seront plus à l'aise que nous cet hiver, reconnaît le Lorrain, il va certainement neiger dur...

La chaîne du Djurdjura est déjà blanche à l'horizon du sud lorsque la section de protection reçoit l'ordre de bouger à nouveau.

— Cette fois on est placés à la disposition du P.C. de la division à Tizi-

Ouzou, explique l'adjudant-chef à ses appelés, ça va être la vie de château…

Le P.C. du général Beaufre est installé dans un hôpital à la construction inachevée, à la sortie de la ville. La section amenée en renfort reçoit la mission de contrôler une route qui descend de la montagne et frôle l'état-major mal logé.

— Au moins ici, la nourriture est bonne, fait remarquer le Lorrain à son adjoint, ce n'est pas comme là-haut… Nos gars ne manquent de rien…

La section, qui bénéficie de tous les avantages de la compagnie de commandement de la division, contrôle chaque jour des centaines de Kabyles qui se rendent au grand marché de Tizi-Ouzou.

— Il faut fouiller aussi les femmes, s'entend bientôt ordonner Péréra, les chefs rebelles se déguisent souvent en fatmas…

Si la fouille au corps se pratique facilement sur les hommes coiffés de hauts et larges chapeaux de paille frangés de petits pompons, celle des femmes voilées est beaucoup plus délicate.

— Pas question d'en profiter pour les peloter, conseille le Lorrain à ses équipes de contrôle, vous leur soulevez seulement le voile… S'il y a des moustaches, c'est un fell… Compris ?

Le temps s'écoule tranquillement à Tizi-Ouzou. Il est partagé en gardes, en surveillances de la route et en sorties en ville, où les appelés dépensent vite leur maigre prêt.

La corvée de protection s'achève. Péréra reçoit l'ordre de ramener ses groupes à Oued-Aïssi pour reprendre les missions d'escorte. Le régiment tout entier reçoit bientôt l'ordre de plier bagage pour laisser le secteur aux chasseurs alpins de la 27e division d'infanterie alpine du général Gouraud. La 3e section rejoint le gros de la 3e compagnie au campement du régiment.

— On remonte les tentes, ordonne son chef, on ne part pas aujourd'hui…

L'adjudant Portet semble tout heureux de retrouver son ami lorrain.

— Le lieutenant picole de plus en plus, lui confie-t-il, ça devient impossible. Viens voir, il est en pleine crise de delirium…

L'officier balbutie des mots inintelligibles. Il n'est plus qu'une loque.

— Faut tout dire au colon, décide le Lorrain peiné par la déchéance de son chef. Viens, on y va tout de suite…

Les deux sous-officiers s'annoncent à la tente P.C. du colonel de Sagazan. C'est Guilloneau, un capitaine, qui les reçoit. L'officier n'a pas le temps d'entendre toutes les explications de Péréra. Le colonel, qui a tout saisi à travers la mince cloison qui sépare la grande tente en deux, brusque les choses.

— Appelez le toubib, ordonne-t-il à un lieutenant qui se trouvait dans le P.C., on va voir de quoi il retourne exactement. Venez avec nous, Guilloneau...

L'ivrogne est immédiatement relevé de son commandement, et le lieutenant Jouaville, le patron de la 4e section, est mis à la tête de la compagnie à titre provisoire.

— Vous aurez bientôt un bon capitaine, promet le patron du régiment, vraiment un bon celui-là, je vous le garantis...

La 2e D.I.M. quitte la Grande Kabylie pour le Constantinois. Le général Beaufre installe son P.C. à Guelma, à cent six kilomètres, par la route, à l'est de Constantine, et le colonel de Sagazan établit le sien à Héliopolis, à moins de dix kilomètres au nord de Guelma.

Le lieutenant Jouaville reçoit l'ordre d'aller occuper Gallieni, à une trentaine de kilomètres au nord-ouest du P.C. régimentaire. Quatre G.M.C. escortés par deux half-tracks quittent Guelma, traversent Kellermann, et s'engagent entre deux massifs montagneux naissant chacun à un kilomètre de son ruban mal goudronné.

— Je ne sais pas pourquoi, songe le Lorrain en étudiant le paysage piqueté de mechtas blanches, mais je me sens plus à l'aise par ici qu'en Grande Kabylie ; je crois qu'on va faire du bon boulot dans ce bled...

45. LES FELLAGHA DE GALLIENI

Gallieni rappelle au Lorrain les plus gros bourgs de Lozère. Quelques familles européennes habitent le centre de la commune mixte qui s'étend jusqu'à la ferme Meurs, un immense domaine situé à une dizaine de kilomètres plus au nord. Le gros village respire la désolation sous la pluie fine qui s'est mise à tomber à l'arrivée du renfort. Sa petite école est occupée par une section de réservistes pieds-noirs. Les élèves de Trigueros, l'instituteur, suivent la classe dans une bâtisse des Travaux publics. L'unique café du bled, tenu par la famille Colonna, ne reçoit presque plus de clients depuis que le car de Guelma ne passe plus au village à cause des embuscades rebelles.

Le Lorrain a le temps d'apprendre tout cela en installant ses hommes dans un hangar planté au bord d'un oued, avec les groupes de la 1re section. Les appelés n'ont pas le temps d'étaler leur paquetage. Une alerte les lance sur la route. Les fellagha ont attaqué une ferme arabe à trois kilomètres du village noyé sous la pluie.

— Ils n'ont pas fait de détail, constate le chef de section en découvrant les dégâts, ils n'ont même pas laissé un mouton en vie...

Pratique, l'ancien commando de Cantho fait découper quelques kilos de viande avant de rentrer à Gallieni qui est dominé de loin par les flancs parsemés de mechtas du djebel Debar.

Il pleut tout au long de la première quinzaine d'octobre. Péréra lance quelques coups de main nocturnes avec ses meilleurs éléments.

— Il faut tuer tous les chiens dans les douars, est-il obligé de décider à l'aube d'une traque vaine, leurs aboiements préviennent toujours les fells de notre arrivée…

Les groupes se lancent à la chasse aux pauvres animaux dans les jours qui suivent. Leurs rafales font naître d'atroces hurlements entre les mechtas. Des gosses fixent sans comprendre leurs bêtes familières qui se vident de leur sang.

— C'est vraiment une sale corvée, reconnaît le sous-officier qui a ordonné le carnage, mais c'est ça, ou pas de fells…

Les réservistes de l'école quittent Gallieni le 14 octobre. La section de tueurs de chiens hérite du confortable cantonnement. Le Lorrain connaît maintenant tout le monde au village. Dupont, le secrétaire de mairie, Zohra, son adjointe, la famille Fauguière, deux frères fermiers et une épouse postière, et les Misud, pieds-noirs d'origine maltaise, fermiers eux aussi.

Le colonel de Sagazan confie le 17 octobre le commandement de sa 3e compagnie au capitaine Moal. Le Lorrain déchiffre d'un coup d'œil connaisseur les barrettes de décorations de son nouveau chef.

— Voilà enfin un vrai soldat, se réjouit-il en reconnaissant la Légion d'honneur, la croix de guerre 39-45 et celle des T.O.E., toutes deux piquetées d'étoiles et de palmes, on va pouvoir parler de baroud…

Le sergent Boelinger est aux anges.

— J'étais avec lui en Indo, confie-t-il à Péréra, et je peux te garantir qu'on peut compter sur lui…

Le sous-officier tire une bouffée de la pipe qui ne le quitte pratiquement jamais.

— Oui, poursuit-il, le Vieux était adjudant dans un corps franc en 40, lieutenant au maquis, il a rejoint de Lattre, et fait deux séjours en Indo…

Le nouveau chef, un Breton stylé qui porte une fine moustache à la Clark Gable, réunit ses chefs de section pour une prise de commandement symbolique. Il met tout de suite son monde à l'aise en ayant un mot aimable pour chacun, appelé comme l'aspirant Querquetin, ou vieux baroudeur comme Portet ou le Lorrain.

Un message radio écourte les présentations. Un car a été attaqué vers le bord de mer, à Herbillon. La compagnie est alertée. Les appelés grimpent dans leurs G.M.C. La nuit de Gallieni résonne de leurs cris.

— Fermez vos gueules, nom de Dieu ! rugit soudain leur nouveau patron, on doit vous entendre à dix kilomètres à la ronde...

Le silence retombe en une seconde dans les sections énervées.

— Il les tient déjà, se réjouit le Lorrain, il lui aura suffi d'une gueulante... Chapeau !

La compagnie matée est à deux heures du matin à Herbillon. Péréra apprend ce qui s'est passé. Six appelés et huit civils ont été massacrés et leur car incendié. Les rebelles se seraient retirés dans le massif de Collo, qui est recouvert de vagues de chênes-lièges. La zone est vite bouclée. La compagnie de Gallieni est lancée en ratissage dès l'aube du 18 octobre. Les assassins demeurent introuvables. Ils se sont facilement fondus dans la population innocente, terrorisée, et parfois complice. Le Lorrain fouille un piton boisé à la fin du deuxième jour de traque. Un de ses voltigeurs tombe en arrêt devant une anfractuosité de rocher. Une rafale claque sous les chênes-lièges. Un homme en djellaba sort du trou sombre. Il est armé d'un vieux pistolet, que lui arrache tout de suite un appelé.

— Faut le conduire au Vieux, ordonne le chef de section qui a vite pris l'habitude d'appeler le nouveau capitaine ainsi, le perdez pas en route...

Le prisonnier est sommairement interrogé par Portet, et renvoyé à ceux qui l'ont capturé.

— C'est un vrai fell, confie l'adjudant pied-noir au Lorrain, faut que tu le gardes jusqu'à demain matin...

L'homme au pistolet a les poignets solidement entravés. La compagnie fait une halte tout juste avant la nuit. Les appelés achèvent le contenu sans attrait de leurs boîtes de rations. Le fellagha laisse traîner un regard de chien battu sur les groupes las. Ses yeux vrillent un court instant ceux du Lorrain, implorants.

— Il a l'air d'avoir faim, comprend l'ancien d'Indochine, il faut qu'il bouffe...

Et, décidé à partager du chocolat et du pain de guerre avec le captif, il ordonne à un des ses hommes de délier ses poignets.

Le rebelle mange sans remercier. La troupe se détend. Des appelés plaisantent. L'Arabe bondit soudain dans les fourrés, juste à la tombée de la nuit. Des rafales saluent sa fuite affolée. Péréra lance une courte poursuite.

— On ne le retrouvera plus, fulmine-t-il, qu'est-ce que je peux être con... il m'a bien eu !

Le capitaine Moal est tout de suite averti.

— Pour un vieux soldat comme toi, se fâche-t-il, ce n'est pas fort du tout...

Le Lorrain ne trouve rien à dire pour sa défense.

— T'en fais pas, le rassure l'officier en changeant de ton, on en aura d'autres... Mais tu es bon pour la tournée générale en rentrant à Gallieni...

Le fautif rejoint sa section. La forêt de Collo résonne de quelques rafales tout au long de la nuit, et une bonne partie du lendemain. Des flashs radio annoncent que quelques rebelles ont été abattus. Un ordre met fin à la traque. Les fantassins du 151e regagnent leur zone de Guelma.

Le Vieux transforme vite sa compagnie en véritable unité de combat. Ses sections nomadisent de jour comme de nuit dans la montagne, pour la plus grande joie du Lorrain. Gallieni est bien protégé. Mais des fermes brûlent souvent à quelques kilomètres des cantonnements d'appelés.

La section Péréra s'éloigne dans la nuit de l'école qu'elle occupe. Elle progresse en colonne silencieuse sur le bord de la route de Guelma. Korcher et Filz, ses deux voltigeurs de tête, s'apprêtent à quitter la départementale. Des coups sourds résonnent soudain dans la nuit. Les deux hommes s'accroupissent.

— Des fells abattent des poteaux téléphoniques, estime leur chef en les rejoignant, ils sont salement gonflés...

Les coups de hache cessent soudain. Korcher et Filz lâchent de longues rafales de mitraillettes. Des plombs de chasse s'éparpillent en riposte dans les fourrés. Une galopade s'éloigne sur le flanc du djebel sombre. La section s'élance à sa poursuite. Des balles traçantes zèbrent la nuit fracassée.

— On redescend sur la route, ordonne Péréra au bout de quatre cents mètres de poursuite, on ne les aura plus...

La bande de saboteurs a eu le temps de mettre quelques poteaux à bas tout le long de la route.

— On ressort demain, décide l'adjudant-chef, et on finira bien par les coincer...

Le capitaine Moal est naturellement d'accord pour la sortie. La section tombe à nouveau sur les locaux de l'A.L.N. Elle est accueillie à coups de fusil de chasse. Les appelés se déploient et entament, comme à l'exercice, la montée vers les points de feu.

— Les salopards sont vachement bien placés, se rend compte leur chef, ça risque d'être dur...

Les anciens d'Indo n'ont pas besoin de hurler des ordres pour mener l'assaut. Toutes les mitraillettes de leurs voltigeurs encadrent bientôt les formes floues des fellagha qui rompent. La section se regroupe au sommet du piton. Quelques grenades à fusil explosent plus au large.

— Ils se sentent maintenant de vrais soldats, se réjouit le Lorrain en ramenant son monde au village alerté par la fusillade, ils en veulent comme des engagés...

La petite garnison s'organise de plus en plus. Chaque section aménage ses quartiers avec des matériaux arrachés aux ruines de quelques fermes attaquées par la rébellion. Un menuisier d'un groupe de Péréra construit même des lits à étages pour gagner de la place dans la salle de classe occupée par ses compagnons. La roulante du sergent Collot est bientôt abritée dans une sorte de blockhaus de rondins de poteaux sabotés. Le petit mess des officiers et gradés est enjolivé chaque jour un peu plus par le deuxième classe Meli, qui est dans le civil un des assistants de Jacques Tati.

La rébellion réagit durement à la nouvelle implantation. Elle lance des raids presque chaque nuit. La ferme Gisselbrecht, qui se trouve au sud-est de Gallieni et où cantonne une unité de dragons, est attaquée et détruite dans la nuit du 29 octobre et, la même nuit, la ferme Atzent brûle à huit cents mètres du village tenu par le capitaine Moal. Une opération est lancée la nuit suivante sur les pentes du djebel Debar, où les terroristes se sont retirés. La compagnie Moal, qui est renforcée de dragons de Kellerman, s'ébranle après minuit sous les ordres du Vieux. La colonne de la compagnie, qui marche derrière les dragons, débouche à trois heures à la naissance d'un long pâturage en pente douce. Elle s'engage, très étirée, sur une sente qui l'éventre. Quelques coups de fusil de chasse s'abattent soudain sur elle. Les appelés se plaquent au sol. Des rafales naissent tout au bout de la prairie.

— Les dragons sont tombés sur les fells, apprend bientôt le Lorrain, ils ont récupéré cinq fusils et un pistolet...

L'effet de surprise est manqué. Le capitaine Moal, en vieux tacticien, devine que rien ne sert de poursuivre la bande dans son sanctuaire truffé de grottes. Il démonte l'opération.

Les rebelles rôdent de plus en plus autour de Kellermann et Gallieni. Les fantassins du capitaine Moal jouent au chat et à la souris avec eux tout au long des premiers jours de novembre. Le F.L.N. marque un point capital à la veille du 11 novembre, en égorgeant le père Ben Larbia, un ancien tirailleur qui assumait la charge de garde champêtre de Gallieni. La mort du vieux fidèle, dont le corps a été retrouvé à seulement deux cents mètres du bourg, marque gravement la population musulmane. Les festivités de la commémoration de l'armistice de 1918, avec le défilé de tout le régiment à Guelma et de la compagnie Moal à Gallieni, affirment bien la présence française, et dissipent un peu le malaise né à la mort de l'ancien tirailleur.

Péréra quitte Gallieni un peu avant l'aube du 5 décembre pour rejoindre avec sa section la commune de Romnia, un village très étalé au flanc ouest du djebel Debar. L'avance furtive se faufile vers la montagne en suivant le lit d'un oued et en se coulant au travers d'un maquis de buissons. Korcher, le voltigeur de pointe qui est fossoyeur dans le civil, se jette soudain à plat ventre en débouchant des couverts. Son chef le rejoint.

— Là-bas, mon adjudant, lui indique l'appelé, ça bouge dans la mechta...

L'habitation blanche se découpe dans la brume à un peu plus de trois cents mètres de la progression figée.

— Elle appartient aux Bouati, se souvient le Lorrain en la détaillant à la jumelle, on dirait qu'ils ont pas mal d'invités... Et ils sont armés !

La mechta n'est qu'à cinquante mètres d'une ligne de crête chauve.

— Ce qu'il faudrait, envisage le chef de section, c'est qu'on approche sans donner l'alerte pour les empêcher de filer par là-haut... Mais ça ne va pas être facile à réaliser...

L'ancien de Cantho explique rapidement son plan d'attaque à ses hommes regroupés à couvert. La section s'éparpille lentement sur la pente tapissée de broussailles. Le maquis meurt à cent mètres de l'objectif.

— C'est là que tout risque de se gâter, reconnaît le Lorrain en préparant l'assaut, il va falloir foncer d'un seul bond...

Le glacis qui reste à parcourir est cassé de murettes écroulées. Le chef de section sort son pistolet Mac 50 de son étui de toile, lève le bras, et se lance à la course vers la mechta Bouati. Des silhouettes pressées s'évadent de la bâtisse à toits de chaume noirs.

— Merde, gronde l'homme au pistolet, ils nous ont vus...

Les armes françaises tirent au jugé. Les fellagha atteignent déjà la crête qui domine la mechta, et s'égaillent en zigzaguant sur la contre-pente abrupte. Les premiers fuyards se courbent sous des couverts épais qui bordent un oued. D'autres se défilent vers un large col, et leurs derniers compagnons débandés tentent de rejoindre des buissons sur la gauche de l'oued. La section se scinde en trois groupes de poursuite. Son chef a choisi de courir vers les couverts de l'oued, car il a repéré un grand fellagha enturbanné d'un chèche et vêtu d'une veste kaki, en qui il devine le chef de bande. Ses voltigeurs ont du mal à le suivre. L'un d'eux, saisi de crampes, s'écroule sur la pente.

— Passe ton fusil, lui crie son chef.

Le sous-off arrache le Mas 36 au fantassin à bout de souffle. Le grand fuyard se retourne à deux mètres des couverts de l'oued, tire un coup de fusil, et bondit dans les buissons.

— Il est à moi, hurle Péréra à ses hommes, faites attention qu'il ne sorte pas vers les hauteurs...

L'ancien d'Indochine se retrouve dans l'oued à sec. Il progresse courbé dans un tunnel d'aulnes et de lauriers-roses.

— On n'y voit goutte, regrette-t-il en essayant de deviner la présence du rebelle au fusil, je suis mal parti...

Un bruit de branchages cassés l'alerte. Des pierres roulent. Il est prêt à tirer. Le fellagha jaillit au travers du cours d'eau tari. Il tire deux coups de fusil de chasse. Les chevrotines claquent au-dessus du Français qui a plongé derrière un rocher rond.

— Il faut que je le baise avant qu'il n'ait le temps de recharger son arme, se conseille le vieux soldat, fais vite, Lulu...

Le Lorrain tire une première balle, manœuvre d'un geste brusque la culasse mobile de son Mas, appuie à nouveau sur la queue de détente avec le bout de son majeur. Le rebelle s'écroule à la troisième balle de 7,5, puis se met à ramper désespérément pour échapper à la mort. Une quatrième balle le touche.

Le fellagha a disparu dans un fouillis de rochers qui encombre un coude de l'oued. L'homme qui l'a abattu veut engager une nouvelle cartouche dans la chambre de son fusil.

— Merde, gronde-t-il, il n'y avait que quatre balles dans le magasin...

Le rebelle ne se manifeste toujours pas.

— Il fait peut-être le mort, envisage le chef de section, faut se méfier, je vais lancer une grenade...

Le sous-off prévient ses compagnons de bien se planquer derrière les rochers, dégoupille une D.37, la laisse fuser quatre secondes dans sa main, et la lance. L'engin explose en touchant le sol. Des branches cassées et des éclats de pierre retombent en pluie crissante sur les bords de l'oued.

— Il a son compte, s'exclame un voltigeur qui a bondi en avant après la déflagration et se penche sur le grand rebelle encore agité de soubresauts. Il a une balle en pleine poitrine...

L'homme en veste kaki est porteur d'une sacoche et un étui de pistolet pend à son ceinturon américain. La sacoche contient un Coran, des fiches au seing vert et rouge de l'A.L.N., et des lettres personnelles.

Quelques coups de feu claquent encore dans le djebel. Le groupe de poursuivants parti vers les buissons le plus en contrebas revient bredouille. Les voltigeurs qui avaient disparu derrière la ligne du col apparaissent bientôt.

— Ils ont attrapé deux fatmas, constate le Lorrain lorsque le petit groupe le rejoint en poussant deux femmes masquées et ligotées devant lui, c'est la guerre en dentelles...

Les « captives » sont en fait des rebelles déguisés.

— On rentre, ordonne le chef de section, et on ramène le corps du grand fell...

Le capitaine Moal est aux anges lorsque la colonne victorieuse rejoint Gallieni. Le mort est allongé sur la place du village. Toute la population défile devant lui. Personne ne le reconnaît. Des gendarmes et des policiers montent de Guelma avec un photographe qui mitraille la dépouille du rebelle sous tous les angles.

— Il va y avoir une enquête, entend le Lorrain comme dans un mauvais rêve, c'est la règle...

Les gendarmes interrogent tous les fantassins qui ont participé au coup de main. L'ancien chef de commando ne comprend rien à rien. « On fait la guerre, oui ou non ? s'interroge-t-il après avoir répondu à un flot de questions. Si on ne peut pas tuer les rebelles... C'est la fin de tout ! »

L'enquête rondement menée permet au moins de préciser la personnalité du premier fellagha tué à la compagnie. L'homme revenait d'un stage en Egypte, et il était responsable de pas mal d'exécutions d'Européens et de musulmans fidèles de la région.

Un froid intense s'abat sur le Constantinois dès le lendemain de l'accrochage. Les fantassins du 151e ne sont pas suffisamment équipés pour résister aux intempéries imprévues. La grippe taille des coupes sombres dans les sections. Le Lorrain est convoqué le 10 décembre au tribunal de Guelma. Toute sa section l'escorte. L'aréopage est composé de musulmans. Les deux fellagha pris déguisés en femmes sont là, témoins eux aussi. L'ambiance est malsaine, suffocante. Le chef de section est obligé de raconter dans le détail la mort du tueur revenu d'Egypte. Des questions fusent, réclamant toujours plus de détails. « Si ça continue, envisage bientôt le sous-off, ils vont m'accuser d'assassinat ! »

Le soldat aux dix croix de guerre sort du tribunal écœuré.

— Si au moins j'avais compris ce qu'ont raconté mes deux prisonniers, râle-t-il, mais le juge leur parlait en arabe...

Le capitaine Moal attend son adjudant-chef au P.C. du régiment, à Héliopolis.

— Qu'est-ce que c'est que cette mascarade, s'emporte-t-il après avoir appris la tournure des événements du tribunal, je vais tout de suite mettre le colonel au courant... Ne te fais pas de souci, ils vont te foutre la paix !

— J'y compte bien, espère le chef de section humilié par la séance de l'après-midi, sans ça, je quitte l'Armée...

46. LA DERNIÈRE VICTOIRE

Le Lorrain façonne sa section au moule commando qui lui est cher. Il a, depuis la première opération, repéré des gars à la hauteur de ses désirs guerriers. Korcher est toujours volontaire pour éclairer les progressions de nuit. Le caporal Legendre est de la trempe d'un gradé, comme Franchina et quelques autres.

Le régiment subit bientôt un formidable revers. Sa 3e compagnie tombe en embuscade sur la route de Gounod, au retour d'une liaison sur le P.C. d'Héliopolis. Le capitaine Nouvelle, commandant de la compagnie, est tué, ainsi que le sous-lieutenant Mersfeld et vingt-deux fantassins. Une opération rapidement montée en poursuite de la bande victorieuse ne donne pas de résultats. La compagnie Moal descend à Héliopolis pour les obsèques des deux officiers et de leurs hommes.

— Un musulman du bled m'a averti qu'un petit responsable du F.L.N. va venir cette nuit dans son douar, explique le Lorrain à son capitaine juste avant le départ pour la triste cérémonie, est-ce que je peux essayer d'aller le coincer ?

L'officier breton ne réfléchit pas longtemps.

— D'accord, mon vieux, accepte-t-il, fais reposer tes gars toute la journée, mais ne le rate pas, ton voyageur...

La section se faufile dans la montagne à 23 heures. Sa colonne souple chemine sous un ciel sans nuages. La lune est claire. Sa lumière rasante balaie les rocs gris du djebel. La vague de froid s'est éloignée. Il fait bon. Les fantassins sont chaussés de pataugas et coiffés de chapeaux de brousse. Ils sont presque tous armés de Mat 49, et de nombreuses grenades alourdissent leurs ceinturons.

Korcher éclaire la marche silencieuse. Il atteint bientôt l'oued le plus important de la région, qui est en eau et que les voltigeurs traversent à gué en sautant sur des pierres glissantes. La procession se coule ensuite au travers de longs vergers, et attaque le djebel par un oued à sec.

— On va éviter les villages et les chiens qui restent en vie, lance le Lorrain à Le Targa, on a le temps d'arriver à la mechta du fell...

L'habitation visée par le petit commando est atteinte sans encombre un peu après minuit. Les fantassins la cernent. Péréra et Korcher se coulent au ras de ses murs. La porte de la mechta est enfoncée d'un coup de pied. La jeune femme que devait visiter le fellagha est seule dans l'unique pièce sourdement éclairée par les braises d'un kanoun.

— Son Jules va venir, avance le chef de section, elle préparait du thé...

La musulmane demeure assise sur une couche de nattes. Elle est pudiquement drapée dans une épaisse couverture.

— Bon, décide le Lorrain en s'adressant à Le Targa, on va l'attendre ici, le tourtereau...

Trois guetteurs sont placés dans la nuit, à quelques mètres de la mechta. Les deux sous-officiers demeurent autour du feu avec les six autres voltigeurs du groupe.

La femme réveillée par l'intrusion du commando refuse de se confier aux Français. Elle leur fait seulement comprendre qu'elle ne parle que l'arabe.

Une heure passe. Péréra décide de faire relever ses trois hommes placés au guet. Le caporal Legendre revient peu après dans le gourbi.

— Il y a un gus qui vient, annonce-t-il d'une voix nerveuse à son chef, il n'est pas très loin...

Le Lorrain fait bâillonner la captive.

— Excuse-moi, ma belle, lui dit-il, mais c'est pour t'empêcher de prévenir ton petit copain... C'est de bonne guerre...

Et il sort de la mechta. Legendre le guide en rampant souplement vers son observatoire.

— Personne ne tire avant mon signal, souffle le sous-off aux trois guetteurs après avoir aperçu l'homme qui marche à bons pas, on ne doit pas le rater...

La lune éclaire parfaitement le djebel. Un vent coulis, presque tiède, frôle les embusqués. Des cailloux roulent sous les pieds du rebelle qui pique droit sur eux en marchant au travers d'une oliveraie.

— Il est armé d'un fusil, peut bientôt se rendre compte le chef d'embuscade, c'est bien lui...

L'homme n'est plus qu'à dix mètres du Français. Il s'arrête soudain, semble humer le vent, puis avance encore. « C'est un soldat comme les autres, se dit soudain l'adjudant-chef, je vais lui laisser une chance... »

Le sous-off fait signe à Legendre d'attendre encore.

— Rends-toi ! hurle-t-il à l'homme qui approche à le toucher.

Le fellagha surpris reste immobile pendant deux secondes. Puis il fait un bond de côté en faisant glisser son fusil de son épaule. Les quatre Mat 49 le prennent dans un étau de balles avant qu'il n'ait eu le temps de tirer. Le Targa sort de la mechta.

— On file, lui ordonne son chef, et on emmène le corps...

Le groupe redescend du djebel en empruntant un autre itinéraire qu'à l'aller. Ses voltigeurs se relaient deux à deux pour se charger du mort.

— Bon Dieu, qu'il est lourd, se plaint bientôt un appelé lorsque la colonne pressée atteint le lit de l'oued en eau, on devrait le laisser là...

Le Lorrain refuse. Les porteurs sont en sueur et trébuchent sur les cailloux du cours d'eau qui chantonne clair dans la nuit en descendant du djebel Bou Aslouge.

La procession parcourt ainsi, les pieds dans l'eau, plus de deux kilomètres.

— Ils n'en peuvent plus, souffle Le Targa à son chef de section qui marche en pointe, on a fait plus de dix bornes... Il faut foutre le fell en l'air...

L'adjudant-chef apprécie la distance qui reste encore à parcourir.

— Bon, décide-t-il, les fells ne risquent plus de nous coincer, on se repose un peu...

Les deux porteurs laissent tomber leur fardeau roulé dans la couverture de la fatma laissée à la mechta. Les voltigeurs au souffle court récupèrent pendant dix minutes, et grommellent lorsque leur chef les remet en marche.

— Il faut absolument ramener ce gars-là au capitaine, plaide-t-il, encore un petit effort...

Des nuages ont envahi le ciel, masquant la lune. La marche devient de plus en plus pénible. Franchina, le voltigeur qui a remplacé son chef en tête de colonne, découvre soudain une bergerie déserte.

— On reste là jusqu'à l'aube, décide le Lorrain, on ne voit vraiment plus assez clair pour continuer...

Les hommes s'écroulent dans le gourbi qui sent le suint. Le corps du fellagha est allongé à l'extérieur contre son mur. Le repos ne dure pas longtemps.

— C'est plein de puces là-dedans, se rend compte l'ancien pirate de Cantho, moi je vais me reposer dehors...

Tout le groupe se retrouve bientôt sous les abricotiers d'un verger. L'aube pointe.

— On continue, lance le chef de patrouille, le capitaine doit se demander ce qui nous est arrivé...

Gallieni sort de la brume à trois kilomètres. Le mort est chargé sur un bourricot au passage d'un douar.

— Dégotez-moi le patron de la bestiole, ordonne le chef de section, ces animaux-là n'obéissent qu'à un seul maître...

Le propriétaire de l'âne, un chibani à moustaches, est vite trouvé. La bête daigne enfin avancer. Le bourg est atteint sans encombre. Le capitaine Moal est rayonnant.

— Bravo, félicite-t-il en accueillant le chef de la petite colonne, et cette fois, je te promets que le juge de Guelma va te foutre la paix...

Le rebelle est exposé à la curiosité de la population tout au long du jour.

— Ça n'en fait qu'un de moins, songe le sous-off, mais j'ai un petit peu vengé les copains de la 3...

Les idées commando font leur chemin à Gallieni. L'adjudant Portet commence à former un groupe de choc avec quelques volontaires musulmans du bourg et des environs. Mais le F.L.N. ne désarme pas. Ses sbires profitent de ce que la compagnie Moal est tout entière en opération vers Kellermann pour attaquer le car de Guelma, tout près de Gallieni, et incendier la ferme Colonna.

— Ils sont chez eux dès qu'on tourne le dos, rage le Lorrain au retour de l'opération, c'est bien joli le sacro-saint maintien de l'ordre, mais ce qu'il faudrait, c'est faire la guerre, la vraie !

Le beau temps dure dans le Constantinois. Le ciel est tout bleu au matin du 20 décembre. La compagnie Moal s'est placée en protection d'un convoi Guelma-Philippeville.

— Ça recommence comme en Indochine, ne peut s'empêcher de faire remarquer Péréra à son adjoint, ça ne sent pas bon...

La section du Lorrain ratisse jusqu'à 10 heures le flanc du djebel Debar, et une autre section, commandée par le sous-lieutenant Kurpinski, traite le versant du Bou Aslouge de l'autre côté de la route.

— On casse la croûte, décide l'adjudant-chef, et on attend ici le passage des camions...

Les groupes s'étalent sur un piton dominant bien la départementale. Le convoi défile sous eux vers 11 heures.

— Liberté de manœuvre jusqu'au retour des véhicules, s'entend ordonner le Lorrain par radio lorsque les camions se sont éloignés.

Le retour du convoi est prévu pour 15 heures.

— On a le temps de grenouiller un peu sur le Debar, propose l'ancien de Cantho à Le Targa, qu'est-ce que tu en dis ?

Le sous-officier breton accepte la proposition. Son chef balaie la montagne de ses jumelles.

— On dirait que ça bouge par là-bas, laisse-t-il échapper en attardant son regard sur un douar planté à quelques kilomètres. On devrait aller y faire un tour...

Le sous-off passe la jumelle au sergent Mesmer, son second chef de groupe.

— Alors, lui demande-t-il, il y a du monde ou non ?

Le chef de groupe est circonspect. Le Targa s'empare à son tour des jumelles du Lorrain.

— Oui, affirme-t-il péremptoirement, il y a du monde, et même du monde en armes...

Le chef de section déplie sa carte d'état-major sur un rocher.

— Merde, gronde-t-il après avoir bien repéré les groupes de mechtas, le bled est dans le secteur des dragons...

Le sous-officier réfléchit vite.

— J'ai pas le temps d'alerter Kellermann, avance-t-il, tant pis pour les histoires de zone, je fonce !

Le groupe du sergent Mesmer est laissé au-dessus de la route pour assurer quoi qu'il arrive la mission de protection du convoi : Péréra entraîne seulement une quinzaine d'hommes vers le secteur des dragons.

— Tu t'occupes du F.M., ordonne-t-il à Le Targa, moi je prends la voltige.

Le petit commando se laisse glisser entre les buissons de son observatoire puis entame la rude grimpée qui mène au douar du Debar.

— Chapeau, les appelés, se réjouit le Lorrain en goûtant à l'extrême l'excitation de l'approche, ils étaient tous volontaires pour me suivre... Ils mériteraient qu'on tombe sur un joli coup !

L'adjudant-chef suppute ses chances de réussite. « Si je rate ou si j'ai de la casse, je suis bon pour une engueulade royale... Mais, se rend-il compte, si j'avais prévenu, le capitaine aurait été obligé de monter une grosse boutique, et les fells auraient eu le temps de filer... »

Le groupe parvient aux approches du village qui est cerné par des figuiers et des oliviers. Les fellagha sont toujours là. Ils se sentent tellement en sûreté sur le Debar qu'aucun guetteur n'est en veille. Le Lorrain retient son souffle, aplati derrière un tas de bois sec, à quelque cinquante mètres seulement d'un rebelle qui coupe les cheveux d'un autre djounoud. D'autres soldats de l'A.L.N. palabrent en faisant de grands gestes de mains.

Les voltigeurs de Gallieni sont bientôt en position d'assaut. Le Targa a rampé avec sa pièce de 24/29 pour se placer sur un petit mamelon dominant le village de quelques mètres par la droite.

« Cette fois, c'est le grand jour, se dit le Lorrain, pourvu que mes gars ne souffrent pas... J'y vais... » Et l'adjudant-chef arme sa Mat 49 d'un geste retenu. Ses hommes le dévorent des yeux, prêts à foncer.

— En avant, leur hurle-t-il en tirant une longue rafale de son arme tenue à la hanche, et gueulez tant que vous pourrez...

L'amandaie résonne de rafales et de hurlements sauvages. La panique envahit le douar écrasé de soleil.

Le Lorrain, tirant toujours à la hanche, pénètre le premier sur la place du douar. Il abat un grand diable de rebelle empêtré dans un figuier avec une large gandoura blanche. Le fellagha lâche son fusil en mourant.

— Attention, s'entend prévenir le chef de section, derrière vous !

Un djounoud sort d'une courette, l'arme braquée sur le sous-off. Le voltigeur qui a crié le tue d'une rafale précise. La bande surprise au gîte s'égaille en hurlant dans toutes les directions.

— Courez-leur au cul, hurle le Lorrain, tous ensemble...

Des rafales se mêlent soudain au concert de cris et de coups de feu. Les appelés enraient aussitôt leur course. Des balles claquent au-dessus d'eux.

— C'est notre F.M., les rassure leur chef, c'est Le Targa...

La poursuite reprend. Le Lorrain s'engage dans le lit tari d'un petit oued descendant du Debar. Il dépasse un de ses voltigeurs qui vient d'abattre un fellagha et brandit fièrement un Mas 36.

— Ça en fait trois au tapis, se réjouit l'adjudant-chef en faisant un clin d'œil à l'appelé, ça devient bon...

Un djounoud se dresse soudain dans un buisson, les bras en l'air. Deux voltigeurs plongent sur lui et lui tordent brutalement les bras dans le dos. La poursuite est obligée d'éclater en petits groupes. Le Lorrain s'acharne à poursuivre quatre fellagha qu'il talonne avec deux appelés. Il piétine presque un quatrième tué. L'homme a une grosse tache de sang à la base du cou. Son arme a disparu. Les fuyards jalonnent leur course folle d'objets dont ils se défont pour s'alléger.

— Nom de Dieu, grommelle le chef de section presque à bout de souffle, ils filent comme des zèbres, ils vont finir par nous semer...

Les deux voltigeurs et leur chef sont obligés de s'arrêter de temps en temps pour ajuster le tir.

— Avec des fusils on les tuerait à coup sûr, prend le temps de lancer le sous-off, on ne les aura plus avec nos Mat...

Le F.M. de Le Targa prend soudain les fuyards en compte. Ses rafales claquent net au-dessus des trois Français essoufflés. Le dernier rebelle se met à battre l'air de ses deux bras juste au moment où il allait atteindre le sommet du djebel, puis il tombe, mort, face contre terre.

— Pas la peine d'aller le chercher, ordonne le Lorrain, il avait déjà foutu son fusil en l'air, on redescend au village...

Le Targa a déjà rassemblé le gros des voltigeurs sur la placette du douar.

— Il manque Bourdelle et Filz, lance-t-il à son chef de section, personne ne les a vus !

L'adjudant-chef récupère, la bave aux lèvres.

— Merde, gronde-t-il, pourvu qu'ils n'aient pas morflé... Faut remonter la pente...

Et l'ancien pirate d'Indochine entraîne une seconde fois Korcher vers la ligne de crête. Des rafales éclatent soudain.

— Ça vient de l'autre versant, se rend compte le sous-off de plus en plus inquiet, les fells reviennent peut-être en force...

L'apparition des deux manquants sur la ligne de crête balaie les craintes du Lorrain. Les deux hommes marchent tranquillement, la mitraillette négligemment maintenue sur l'épaule. Ils sont hilares.

— On a eu le fell qu'on poursuivait, claironne celui qui débouche le premier devant son chef, et on a récupéré son fusil...

Les quatre hommes rejoignent le village.

— Un volontaire pour aller dire au sergent Mesmer de prévenir la une et l'école pour que le poste de Gallieni touche le capitaine à Héliopolis, demande le Lorrain.

Un voltigeur dévale à la course le chemin parcouru avant l'assaut.

Les appelés, ivres de leur victoire sans bavure, ratissent une dernière fois le petit champ de bataille. Les voltigeurs mettent près d'une heure pour ramener quatre cadavres de djounouds entre les mechtas.

— On peut commencer à faire les comptes, lance Péréra à Le Targa, le Vieux va être content...

Le bilan est vite établi : sept rebelles abattus, quatre fusils de guerre récupérés, un tas de ravitaillement, des munitions, et une quantité impressionnante de documents.

— Pas la peine d'essayer de récupérer le mort de la crête et celui de Bourdelle et Filz, décide le chef du groupe victorieux, dégotez-moi des bourricots, et en route…

Les appelés ne trouvent que quatre petits ânes.

— Tant pis, regrette leur chef, on n'emmène que quatre fells…

Un Piper vient tournoyer au-dessus du village. Il descend très bas. L'équipage fait des signes de bras.

— La liaison a dû être établie avec Héliopolis, avance le Lorrain, les copains ont fait vite !

L'avionnet s'éloigne en balançant les ailes. Les corps sont arrimés sur les bourricots. La colonne trace lentement sa route sur la pente. Un groupe apparaît bientôt au-devant d'elle, au sommet d'un mamelon.

— C'est le Vieux, se réjouit Péréra, il a l'air rudement pressé de nous voir…

L'ancien des corps francs de 40 approche à grandes enjambées.

— Tu n'es qu'un salopard, lance-t-il à son chef de section, tu as sauté chez les voisins sans prévenir… Félicitations tout de même, vieux pirate !

Gallieni est en effervescence au retour de la colonne. Un détachement de gendarmes vient identifier les corps des rebelles en fin d'après-midi, et entament l'enquête judiciaire réglementaire. Le colonel de Sagazan envoie un télégramme de félicitations au P.C. de la compagnie, et demande au capitaine Moal d'établir quatre propositions de citations. Péréra est tout naturellement du nombre des récompensés.

— Et de onze, comptabilise-t-il, cette fois c'est peut-être la dernière… Ça fait déjà beaucoup pour un sous-off…

ÉPILOGUE

Le Lorrain reçoit vite la réponse du colonel de Sagazan à sa demande de retour en Algérie. Elle est favorable, comme il l'avait si fort espéré.

— Cette fois le colon de Verdun ne pourra plus me retenir, se réjouit-il, je fonce à la caserne…

La joie du sous-off tombe vite. Le patron du C.I.R. n° 1 refuse de laisser partir son adjudant-chef aux onze citations.

— Et ce n'est pas la peine de revenir à la charge, lance-t-il en mettant fin au pénible entretien, vous êtes bien avec nous…

Le sous-off privé de guerre est décoré de la Légion d'honneur le 11 novembre 1956. Il revit en un éclair toutes les tourmentes traversées. L'Occupation, le maquis, les combats d'Alsace, son premier séjour en Indochine, les pirates de Cantho, et l'Algérie toute proche.

Mais pourquoi ne veut-on pas me laisser repartir au baroud, conclut-il après la rapide évocation, je n'ai que trente-quatre ans, bon Dieu !

La commémoration de l'armistice s'oublie vite. L'ennui de la caserne Niel reprend ses droits. Le nouveau chevalier se décide à demander sa mutation pour l'Allemagne.

— Une fois là-bas, se promet-il, je trouverai bien le biais pour filer en Afrique du Nord…

Sa requête, pourtant tout ce qu'il y a de plus officiel, est rejetée.

— Puisque c'est comme ça, se promet l'adjudant-chef à bout d'arguments, je démissionne…

Le colonel du C.I.R., très vite mis au courant de la demande de mise à la retraite, convoque Péréra à son bureau.

— Il n'est pas question de vous laisser quitter l'armée, lui lance-t-il d'emblée, d'ailleurs je viens de vous proposer pour le grade de sous-lieutenant !

L'adjudant-chef se raidit à la nouvelle inattendue, mais maintient sa décision.

— Sous-off je suis, s'entend-il répéter en se souvenant de la promesse faite en Indochine à son ami Lafont, sous-off je demeure !

Lucien Péréra quitte donc l'Armée, trouve une place de manœuvre aux aciéries de Wendel, serre les dents, et se voit confier très peu de temps après la direction de la cantine Leclerc, à Hayange. Il vit toujours, chez lui, à Ranguevaux, dans la maison qui est celle des Péréra depuis 1829. Et ses deux fils sont eux aussi sous-offs, et fiers de l'être !

TABLE DES MATIÈRES

Cet ouvrage a été réalisé sur
SYSTÈME CAMERON
par la Société Nouvelle Firmin-Didot
Mesnil-sur-l'Estrée
pour le compte des Éditions Grasset
le 18 avril 1986

Imprimé en France
Dépôt légal : avril 1986
N° d'édition : 6991 – N° d'impression : 4307
I.S.B.N. 2-246-35681-4